Teoria Falimentar e Regimes Recuperatórios

ESTUDOS SOBRE A LEI Nº 11.101/05

0888

V677t   Vigil Neto, Luiz Inácio

      Teoria falimentar e regimes recuperatórios: estudos sobre a Lei n. 11.101/05 / Luiz Inácio Vigil Neto. – Porto Alegre: Livraria do Advogado Editora, 2008.

      319 p.; 23 cm.

      ISBN 978-85-7348-577-6

      1. Direito falimentar. 2. Recuperação de empresa. I. Título.

CDU – 347.736

Índices para catálogo sistemático:

Direito falimentar
Recuperação de empresa

(Bibliotecária responsável: Marta Roberto, CRB-10/652)

Luiz Inácio Vigil Neto

Teoria Falimentar e Regimes Recuperatórios

ESTUDOS SOBRE A LEI Nº 11.101/05

Porto Alegre, 2008

© Luiz Inácio Vigil Neto, 2008

Capa, projeto gráfico e diagramação
Livraria do Advogado Editora

Revisão
Betina Senardin Szabo

Direitos desta edição reservados por
Livraria do Advogado Editora Ltda.
Rua Riachuelo, 1338
90010-273 Porto Alegre RS
Fone/fax: 0800-51-7522
editora@livrariadoadvogado.com.br
www.doadvogado.com.br

Impresso no Brasil / Printed in Brazil

Para Teresa Cristina, Lívia e Eduardo.
Por tudo, sempre ...

Prefácio

Tornou-se espécie de lugar-comum nos prefácios iniciar com uma justificativa, quase um pedido de desculpas, com o qual o prefaciador procura esquivar-se das habituais críticas endereçadas a esta breve espécie de texto que antecede uma obra. Muitos o qualificam como desnecessário; outros o acusam de apenas servir ao narcisismo do escritor ou à bajulação do autor da obra.

É fato que o prefácio não salva o livro, não altera sua qualidade. Qual seria, então, sua função? Procurando-a, creio tê-la encontrado nas palavras do mestre do realismo mágico: "O prólogo, quando os astros são propícios, não é uma forma subalterna de brinde; é uma espécie lateral de crítica" (*Prólogo dos Prólogos*).

As palavras de Borges, aliadas ao especial respeito e consideração que nutro pelo Professor Luiz Inácio Vigil Neto, impuseram-me enorme responsabilidade quando aceitei o ofício de prefaciar seu livro. O fato de bem conhecer os predicados do autor contribuíram, devo dizer, para afastar o menor titubeio inicial. O fenômeno da indissociabilidade *obra-autor* oferecia, neste caso, a melhor das garantias.

Todos os que conhecem o Professor Vigil haverão de identificar neste livro aquela que reputo ser sua marca-registrada: a generosidade. Esse traço marcante de sua personalidade faz-se evidente quando Vigil dedica toda a primeira aula a um módulo introdutório ao semestre acadêmico, oferecendo uma belíssima *passeggiata* pela história do pensamento jurídico, desde os Gregos até as modernas teorias acerca da análise econômica do direito.

Crítica mais apressada poderia sustentar a dispensabilidade desta primeira aula, que bem poderia ocupar todo um semestre acadêmico. Mas quem conhece a paixão do autor pelo estudo da história – e não apenas da história do direito – sabe que este curso não estaria completo se não lhe permitisse compartilhá-la.

Merece ser também elogiada a fidelidade da obra – em seu conteúdo e forma – aos propósitos do autor, claramente declinados ao longo do texto, quando a destina aos estudantes de direito. A modéstia do autor – outra de suas virtudes

– deve tê-lo levado a assim proceder, o que eu agora corrigiria, com Vivante, sustentando a utilidade desta obra não apenas aos estudantes, mas também aos estudiosos do direito comercial.

O Autor, aliás, demonstra seguir à risca os conselhos do *maestro* italiano, ao exercer profícua atividade à frente da Procuradoria da Junta Comercial do Rio Grande do Sul.

A leveza do texto – magnificamente defendida por Italo Calvino em suas lições americanas como tentativa de retirar peso à estrutura da narrativa e à linguagem – põe em evidência a preocupação do autor com a didática. Afortunadamente, o mesmo talento que demonstra ter para encantar os alunos e ouvintes com suas exposições faz-se presente no texto escrito. A riqueza de exemplos, tabelas, esquemas e fluxogramas, bem dispostos no texto, destaca a aptidão do autor para com a *arte de ensinar*.

O trabalho prima também pela exatidão – outra virtude tão cara a Calvino – dando execução a um projeto de obra bem definido e calculado. A organização dos pontos de modo correspondente ao número de aulas em um semestre acadêmico reafirma a concepção original da obra como curso de direito falimentar e de recuperação de empresas.

Ao vir dirigido aos alunos, o livro ora dado à estampa evoca o magistral Curso de Direito Comercial do Professor Hernani Estrella, reunindo, como anotado em suas *Palavras aos Estudantes,* as lições dadas pelo emérito comercialista gaúcho a centenas de jovens ao longo de quase meio século ininterrupto de magistério.

Estando o Prof. Vigil noutra quadra da vida, prefiro ver nesta sua obra mais prenúncio do que legado. Oxalá possa, com seu talento, animado por suas virtudes, brindar-nos com muitas outras, contribuindo para a retomada de uma verdadeira escola gaúcha de direito comercial.

Carlos Klein Zanini

Doutor em Direito Comercial pela USP
Professor Adjunto de Direito Comercial da UFRGS
Coordenador do Programa de Pós-Graduação
em Direito da UFRGS

Sumário

Apresentação 15

PRIMEIRA AULA – Módulo introdutório ao semestre acadêmico 19
  1. Apresentação 19
  2. Por que se deve cumprir as "Leis"? 20
    2.1. Análise de legitimidade quanto à origem do Direito 20
      2.1.1. O Direito Natural 21
      2.1.2. O Positivismo Jurídico 32
    2.2. Análise de legitmidade quanto ao procedimento do intérprete 35
      2.2.1. O Formalismo Jurídico 37
      2.2.2. O Realismo Jurídico 38
      2.2.3. O Processualismo Jurídico 40
      2.2.4. O Reconstrutivismo Jurídico e o Interpretativismo Jurídico 41
      2.2.5. A análise econômica do direito 43
        2.2.5.1. Modelos de eficiência jurídico-econômica 44
          2.2.5.1.1. A optimalidade de pareto 44
          2.2.5.1.2. O critério de Kaldor-Hicks 45
          2.2.5.1.3. Direito como instrumento de maximização da riqueza 45
        2.2.5.2. O teorema de Coase 45
        2.2.5.3. A aplicação do método econômico para a interpretação do direito 46
  3. Antecedentes históricos do direito falimentar 47
    3.1. O Direito Falimentar na antigüidade 48
      3.1.1. O "Decoctor" no Direito Romano 48
      3.1.2. A bancarrota na Idade Média 49
    3.2. O Direito Falimentar contemporâneo 53
      3.2.1. O falido no Direito moderno 53
      3.2.2. Os regimes alternativos à liquidação 55

SEGUNDA AULA – O direito empresarial falimentar 61
  1. Apresentação 61
  2. O ciclo de existência econômica das empresas 62
  3. Pressupostos jurídicos de existência de uma empresa e as condições legais de regularidade 63
  4. Análise comparativa entre o Decreto – Lei nº 7.661/45 e a Lei nº 11.101/05 68

TERCEIRA AULA – Apresentação da Lei nº 11.101/05 e de seu regramento ordenatório 73
  1. Apresentação 73
  2. Parte geral 74

2.1. Regra de transição 74
2.2. Regimes de regulamentação da crise da empresa 78
2.3. Destinatários 81
2.4. Jurisdição e competência 84
2.5. Ministério Público 89
2.6. Créditos pré-excluídos 93

Quarta Aula – Institutos comuns à recuperação judicial e à falência (Parte I) ... 97
1. Apresentação 97
2. Administrador judicial 97
2.1. Atribuições 97
2.2. Critérios de escolha e remuneração 102
2.3. Questões de interesse 105
3. Verificação e habilitação de crédito 107
3.1. Credores tempestivos 108
3.2. Credores retardatários 112
3.3. Pedido de reserva 113
3.4. Quadro geral de credores 115
3.5. Ação retificatória 116
4. Comitê de credores 117

**Quinta Aula – Institutos comuns à recuperação judicial e à falência
(Parte II – Assembléia-Geral de Credores)** 121
1. Apresentação 121
2. Realização da Assembléia-Geral de Credores 122
2.1. Atribuições deliberativas 123
2.2. Convocação 125
2.3. Instalação 127
2.4. Despesas 128
3. Participação 129
3.1. Pressupostos e condições 129
3.2. Formas de participação 131
4. Regras de votação 132
4.1. Regra geral 132
4.2. Regras especiais 133
4.2.1. Credores retardatários 133
4.2.2. Credores trabalhistas 134
4.2.3. Credores com direito real de garantia 135
4.2.4. Credores em moeda estrangeira 135
4.2.5. Credores sem direito a voto 136
5. Quorum de deliberação 137
5.1. Regra geral 138
5.2. Regras especiais 139
5.2.1. Comitê de credores 139
5.2.2. Plano recuperatório 140
5.2.3. Forma alternativa de liquidação do ativo 142

Sexta Aula – Recuperação judicial (Parte I) 143
1. Apresentação 143
2. Legitimação 145
2.1. Pressupostos de legitimidade 145
2.2. Requisitos de legitimidade 148

2.2.1. Regularidade temporal 148
2.2.2. Não ser falido 149
2.2.3. Não ter recebido igual benefício 151
2.2.4. Não ter sido condenado por crime previsto na Lei n° 11.101/05 153
3. Alcance de efeitos jurídicos do regime recuperatório 154

SÉTIMA AULA – **Recuperação judicial (Parte II)** 159
4. Procedimento geral 159
4.1. Início do procedimento 160
4.2. Apresentação do plano recuperatório 166
4.3. Avaliação e votação do plano recuperatório e concessão do regime de recuperação
judicial 169
5. Efeitos da concessão do regime de recuperação judicial 175
6. Procedimento especial de recuperação judicial para as microempresas
e empresas de pequeno porte 182
7. Formas de convolação da recuperação judicial em falência 183

OITAVA AULA – **Falência (Parte I – A Teoria Falimentar)** 187
1. Apresentação 187
2. Legitimação 190
3. Base Jurídica 192
3.1. Suporte fático impontualidade 195
3.2. Suporte fático execução frustrada 196
3.3. Suporte fático atos de falência 198
4. Teoria sistêmica 200
4.1. Lançamento judicial da presunção de insolvência do devedor 200
4.2. Oportunidade de destruição da presunção de insolvência
lançada pelo credor 201
4.3. Julgamento da presunção de insolvência 202

NONA AULA – **Falência (Parte II – Fase Pré-falimentar)** 203
1. Apresentação 203
2. Procedimento 204
2.1. Procedimentos em ações falimentares propostas por credor 204
2.1.1. Procedimento falimentar por impontualidade 205
2.1.2. Procedimento falimentar por execução frustrada 211
2.1.3. Procedimento falimentar por atos de falência 213
2.2. Procedimento na ação de autofalência 215

DÉCIMA AULA – **Falência (Parte III – Sentença Falimentar)** 217
1. Apresentação 217
2. Introdução 217
3. Natureza jurídica da sentença falimentar 219
4. Requisitos da sentença falimentar 220
5. Recursos contra a sentença falimentar 229

DÉCIMA PRIMEIRA AULA – **Falência (Parte IV – Sentença Falimentar – Continuação)** 233
6. Efeitos da sentença falimentar 233
6.1. Efeitos da sentença falimentar quanto aos credores 236
6.1.1. Princípio "pars conditio creditorvm" 236
6.1.2. Habilitação automática de todos os créditos remanescentes da
recuperação judicial 243

6.1.3. Conversão dos créditos em moeda estrangeira 244
6.1.4. Vencimento antecipado das obrigações do falido(a) 244
6.1.5. Suspensão do curso da prescrição das dívidas 245
6.1.6. Suspensão das ações e execuções contra a massa falida 245
6.2. Efeitos da sentença falimentar em relação ao falido(a) 246
6.2.1. Efeitos quanto à pessoa do falido(a) 246
6.2.2. Efeitos quanto aos bens do falido(a) 248
6.3. Efeitos da sentença falimentar quanto a terceiros 257
6.3.1. Em relação aos contratos 257
6.3.1.1. Relações contratuais previstas no artigo 119 258
6.3.1.2. Contrato de mandato 261
6.3.1.3. Contrato de conta corrente 261
6.3.1.4. Participação societária e condomínio indivisível 262
6.3.1.5. Contratos bilaterais 262
6.3.2. Em relação aos atos revogáveis 264
6.3.2.1. Ação declaratória de ineficácia 265
6.3.2.2. Ação revocatória falencial 268

Décima Segunda Aula – Falência (Parte V – Fase Falimentar) 271
1. Apresentação 271
2. Princípios jurídicos aplicáveis ao regime falimentar 271
3. Arrecadação e avaliação de bens 274
4. Pedido de restituição 277
4.1. Introdução 278
4.2. Restituição ordinária 279
4.3. Restituição extraordinária 280
4.4. Restituição em dinheiro 282
4.5. Restituição previdenciária 284
5. Liquidação 284
5.1. Introdução 284
5.2. Modalidades de liquidação 285
6. Pagamento 288
7. Providências finais para o encerramento do processo falimentar 290
8. Reabilitação do falido 291

Décima Terceira Aula – Recuperação Extrajudicial 295
1. Apresentação 295
2. Procedimento 296

**Décima Quarta Aula – Direito Penal e Direito Processual Penal Falimentar e
disposições finais e transitórias** 301
1. Apresentação 301
2. Direito penal falimentar 302
2.1. Aspectos gerais 302
2.2. Fundamentos do sistema repressivo penal falimentar 303
2.2.1. Justa causa 303
2.2.2. Configuração típica 304
2.2.3. Condição(ões) para o exercício legítimo da pretensão punitiva 305
2.2.4. Identificação dos agentes puníveis 306
2.2.5. Prescrição 309

2.2.6. Direito intertemporal 310
2.3. Efeitos da condenação 311
3. Direito processual penal falimentar 311
4. Disposições finais e transitórias 313

Bibliografia 317

Apresentação

Apresentar um livro é, antes de mais nada, contar uma história desde o seu início até sua última linha e, quiçá, revelar verdades que nem sempre integram o conteúdo da obra.

Muitos são os momentos de tensão, de desgaste, de isolamento que o autor passa. A relação entre o criador e a obra é uma relação, até certo ponto, repleta de ambigüidades: a vontade de finalizá-la e a preocupação com a qualidade do texto; a leitura criteriosa de outras obras, a preocupação do autor de manter o constante respeito à originalidade e autoria das idéias examinadas; a dedicação apaixonada no desenvolvimento dos conteúdos, as horas de afastamento dos amigos e da família.

Mas, ao final de tudo, pode-se dizer: "Valeu a pena".

Valeu a pena porque se resgata uma dívida pessoal com a comunidade acadêmica, pois a publicação científica mostra-se como tarefa obrigatória a todo professor universitário que não se resume apenas ao professar, mas também ao propor. Este, por sinal, é o desafio que lanço ao escrever esta obra nova: "Não a apresento para repetir, mas para propor...". Além disso, a publicação de um livro concretiza o projeto pessoal de todo professor: contribuir positivamente para a formação acadêmica e profissional dos estudantes de Direito, propiciando-lhes a reflexão, a crítica e o debate.

A história deste livro começou com uma conversa com o então Coordenador do Curso de Direito da Universidade do Vale do Rio dos Sinos (UNISINOS), professor Antônio Carlos Nedel, no dia 18 de setembro de 2006.

Em termos diretos, o Diretor, professor e amigo, ao encerrarem-se os cumprimentos, passou de imediato ao assunto da reunião e, em suas palavras fraternas, asseverou: "Já está na hora de contribuíres com a comunidade acadêmica".

Durante dezesseis anos de magistério na área falimentar, alguns artigos científicos foram publicados, todos referentes ao Decreto-Lei nº 7.661/45, mas nada científico havia sido por mim apresentado em relação à Lei nº 11.101/05.

Teoria Falimentar e Regimes Recuperatórios

Contraditei com um argumento muito utilizado quando se procura adiar um projeto acadêmico: talvez fosse mais cientificamente comprometida a obra que aguardasse um período de maior consolidação nas práticas forenses, na jurisprudência e no debate doutrinário. Porém, a insistência expressa na frase repetida: "Já está na hora, confio no teu trabalho...", venceu qualquer resistência argumentativa.

Dedico um especial agradecimento ao professor Antônio Carlos Nedel, filósofo (amigo do saber) do Direito.

De imediato dei início à pesquisa das obras doutrinárias e decisões judiciais para cumprir a meta inicial de qualquer trabalho científico: a preparação de um alicerce de saber jurídico que pudesse ser manejado proativamente com as idéias desenvolvidas ao longo de dezesseis anos dedicados ao ensino e a atuação profissional nesta matéria.

A segunda meta a ser cumprida era definir um conceito editorial sobre o livro. Como apresentá-lo e para quem dirigi-lo? Esses dezesseis anos ininterruptos de vida acadêmica talvez tenham criado um hábito, uma forma de encarar os fatos da vida: o pensar, acima de tudo, nos alunos. A experiência de ver jovens tornarem-se adultos, tornarem-se advogados, juízes, promotores, ou exercendo dignamente qualquer profissão, é a recompensa que faz o professor continuar a professar. Talvez a melhor explicação para um professor estar em sala de aula está em admitir o quanto ele necessita estar com os seus alunos.

Por isso, a formatação deste livro foi estruturada em aulas professadas para os alunos, com o esclarecimento, em algumas passagens, de dúvidas recorrentes em sala de aula e de altíssimo interesse jurídico.

Contudo, entre bons professores e bons alunos, a relação costuma ultrapassar os anos de curso universitário. Alunos que se tornam profissionais sérios e dedicados buscam nos livros respostas para a resolução de problemas que somente irão enfrentar no exercício da atividade profissional. Por força disso, buscou-se, também, apresentar temas de discussão prática e concreta, ultrapassando, em muitas vezes, os limites mais restritos de discussão jurídica trazida aos manuais estudantis.

Por fim, ainda que estejamos academicamente em uma posição periférica em relação ao centro do saber mundial, muita coisa mudou na universidade brasileira. A criação de cursos de mestrado e doutorado, mesmo que possam sofrer algum tipo de crítica, tem-se apresentado como elemento indispensável para a melhoria da atividade jurídica no Brasil. O livro procurou também não descurar desse compromisso acadêmico. Ainda que se trate de um livro basicamente para uso em cursos de graduação, procurou-se não afastá-lo dos conteúdos de reflexão hermenêutica e metodológica. Além disso, o saber, o ensinar e o aprender há muito ultrapassaram as fronteiras domésticas de um país e de seu povo. A aldeia global deixou de ser um símbolo ou mito, tornou-se uma realidade cotidiana. A busca de uma estrutura comparada entre sistemas jurídicos diversos também se fez possível nesta edição, registrando o meu profundo reconhecimento aos professores e amigos Anupam Chander e Madhavi Sunder (professores da Escola de Direito da Universidade da Califórnia – Davis) e John Breen (professor da Escola de Direito da Universidade Loyola – Chicago).

Definida a linha metodológica da obra, deu-se início à elaboração de um sumário experimental e a produção de duas versões: a) versão livre, concluída no mês de março de 2007, que se desenvolve na chamada "tempestade cerebral de idéias" e, b) versão básica, concluída em dezembro de 2007, comprometida com a coerência, com o debate, com a crítica, com a reflexão e com a inclusão referida de idéias existentes e a proposição de novas.

Faltava, para completar a última meta, a versão final com a verificação das notas bibliográficas, a revisão lingüística, a formatação, o prefácio que se concretizou na primeira semana de janeiro de 2008.

Nenhuma obra, por mais capacitado que seja o seu autor, é fruto de um trabalho eminentemente individual. A colaboração de muitos foi indispensável para a conclusão deste trabalho. Refiro-me a: Alice Corso Cavalheiro (advogada), Graciela Trevisan Ferreira (advogada) e Sabrina Hübner Bergmann (servidora da Procuradoria-Geral do Estado). Jovens que um dia encontrei na vida acadêmica como alunos e que com o passar do tempo tornaram-se amigos, registrando, em relação a todos, o meu profundo agradecimento pela colaboração prestada e a admiração pelo trabalho e espaço já conquistado em poucos anos de carreira profissional.

Registro também um fraterno, inesquecível e inesgotável agradecimento para Ana Paula Russomano Braun (servidora do Ministério Público), Bruno Sequeira Luzzardi (advogado), Carlos Alberto Lopes Guedes Júnior (advogado) e Marta Marques Avila (professora universitária), pelo companheirismo, pela dedicação, pelas contribuições para a melhoria deste trabalho e que a memória e o sentimento jamais me deixarão esquecer.

Fomos todos, nesses meses, muito mais do que uma equipe.

Também não poderia deixar de esquecer todo o apoio, todo o incentivo, toda a camaradagem dos professores da área de Direito Privado da Universidade do Vale do Rio dos Sinos, (instituição a que me dedico ao longo de treze anos), professores da Universidade Federal do Rio Grande do Sul (UFRGS), professores da Pontífica Universidade Católica do Rio Grande do Sul (PUC-RS) e professores da Universidade Católica de Pelotas (UCPEL), instituições que me deram a honra de integrar seus quadros docentes em seus cursos de pós-graduação.

Todo o autor tem orgulho do seu trabalho. Esse orgulho pode, muitas vezes, expressar-se em várias passagens, vários capítulos, várias posições adotadas. Como humano não pude também fugir disso, mas procurei guardar para mim as vaidades secretas.

Entretanto, duas delas não poderia deixar de externar: a) o imenso orgulho de ter o meu primeiro livro editado pela Editora (com E maiúsculo) Livraria do Advogado, que atua há mais de duas décadas no mercado com as qualidades mais essenciais aos que atuam no ramo editorial: a ética e a seriedade; e b) a honra de ter a obra sido prefaciada pelo Advogado e Professor Carlos Klein Zanini, referência internacional do Direito Empresarial brasileiro.

Ao fim de tudo, valeu a pena.

Porto Alegre, janeiro de 2008.

Luiz Inácio Vigil Neto

Primeira Aula – Módulo introdutório ao semestre acadêmico

1. APRESENTAÇÃO

O presente trabalho tem dois propósitos fundamentais: ofertar ao estudante de Direito uma base de compreensão e reflexão sobre o sistema jurídico e desenvolver um debate sobre a[s] teoria[s] metodológica[s] para a aplicação jurídica do sistema de leis e jurisprudência.

Nos tempos atuais, dois grandes sistemas assumem o papel de sistemas proponentes da cultura jurídica [*leading systems of Laws*]: o Direito alemão, identificado como *recht*, e o Direito norte-americano, identificado como sistema [*common*] *law*. No Brasil, ao longo dos anos, vem sendo dedicado um maior espaço de discussão acadêmica ao sistema *recht*, relegando-se o sistema [*common*] *law* a um segundo plano na formação desse debate.

Este estudo procura introduzir o aluno a temas que não são propriamente novos, mas, certamente, muito pouco compreendidos pela comunidade jurídica, inclusive para os que operam profissionalmente o Direito, enfocando, prioritariamente, o pensamento acadêmico desenvolvido pelo sistema [*common*] *law*.

Este estudo inicial foi estruturado, sob um contexto reflexivo – razão e método –, em dois pontos básicos: a) análise sobre as teorias que discutem a origem e a essência dos sistemas jurídicos; b) análise sobre as teorias que discutem métodos de aplicação do Direito, incluindo as teorias anti-metodológicas.

Em sua seqüência, foram abordados aspectos da evolução histórica do Direito Falimentar e Recuperatório.

Teoria Falimentar e Regimes Recuperatórios

2. POR QUE SE DEVE CUMPRIR AS "LEIS"?

Nestes quase três mil anos de construção da civilização ocidental, o Direito, nem sempre assim chamado por seus operadores e nem sempre assim reconhecido por seus destinatários,[1] ainda não foi capaz de resolver todas as suas questões fundamentais.

Dentre as várias questões não resolvidas, destaca-se uma proposição básica: qual a razão que justifica esperarmos que as regras jurídicas sejam respeitadas? Mais se sabe que elas deverão ser respeitadas, menos por quais os motivos.

Tentativas mais, ou menos, científicas para explicar essa condição essencial da vida em sociedade vêm sendo propostas ao longo do tempo. Mas, em quase três mil anos de proposições, debates e reflexões, ainda estamos longe de um consenso mínimo.

Começa-se, quiçá, por uma discussão sobre legitimidade. Existe uma ordem jurídica legítima vigente e, por aceitarmos esta ordem e a sua legitimidade, agimos de acordo com ela. Contudo, se desconfiarmos dessa afirmada legitimidade, estaremos desobrigados a atender aos seus mandamentos? Como poderá uma ordem jurídica posta ser suficientemente forte para impor-se politicamente para os que nela não acreditam, não a temem ou que põem em dúvida a sua legitimidade?

Por isso, a primeira questão a ser abordada neste trabalho introdutório trata da legitimidade originária dos sistemas jurídicos, destacando-se, em especial, as duas grandes linhas de discussão filosófica: o Direito Natural e o Direito Positivo em seus contextos históricos e evolutivos.

A seguir, igualmente importante, serão analisados aspectos filosóficos não mais vinculados à origem dos ordenamentos jurídicos, mas quanto à forma de proceder de seus intérpretes na tarefa de construção da jurisprudência, partindo das linhas formalistas até a interpretação econômica do Direito.[2]

2.1. Análise de legitimidade quanto à origem do Direito

A primeira pergunta que talvez devamos fazer é de onde vem o Direito: da natureza (?), da divindade (?), da razão (?), do Estado (?), da revolução (?). A resposta que entendermos mais adequada servirá como um fundamento para

---

[1] A expressão ocidental de registro histórico mais antigo é o termo grego *dikaión* (*diké*). Os romanos tratavam o Direito como *ivs*. O termo Direito vem da expressão latina (*de*) *rectvm* que passa a ter uso a partir da Idade Média – *cf.* CALHEIROS, Maria Clara. *Prolegômenos a uma História da Origem Romanística dos Modernos Signos Jurídicos Lingüísticos.* Intsituto Jurídico Interdisciplinar. Volume V – junho de 2003.

[2] Os métodos de aplicação do sistema jurídico, sempre, e cada vez mais, revelam-se como cruciais para uma eficiente atividade jurisprudencial. A ação da jurisprudência, mesmo em sistemas romanizados, é fundamental para a elaboração dos sistemas jurídicos.

legitimidade que cada um de nós está disposto a aceitar. Por isso, torna-se plenamente justificável a apresentação das escolas de pensamento jurídico-filosófico que demonstraram preocupação quanto à origem de um ordenamento normatizador.

2.1.1. O Direito Natural

O pensamento jus-naturalista é, sem dúvida, a primeira forma epistemológica de reflexão acerca do conteúdo e da essência do Direito. Traz consigo uma reconhecida aceitação da moral como elemento integrativo do jurídico. O jurídico legítimo é o jurídico moralmente constituído. A perda do valor moral implica a perda da legitimidade do ordenamento, propiciando discussões sobre a desobediência civil.

Além do fundamento construtivo do sistema, afirma que a legitimidade do Direito moralmente comprometido advém de algo que precede à criação humana. O Direito, dessa forma, não seria uma criação, mas uma percepção de um sentimento de justiça ou um de valor ético.

Para alguns pensadores, haveria princípios universais, como leis naturais,[3] para conduzir as atitudes humanas e a postura dos intérpretes do Direito. Essas leis naturais seriam justas, morais e universalmente válidas, cabendo ao homem intelectualizado e justo a sua percepção.

Nesse sentido, um primeiro grupo de reflexão jus-filosófica, liderado por Sócrates, compreendia e acreditava no dever ético de ser justo imposto a todo o cidadão.

Sabe-se que, neste período clássico de ascensão da cultura grega, os povos helênicos almejavam um espaço de igualdade com a grande nação predominante no contexto geopolítico da época, a Pérsia.[4] Para os medo-persas existia um amálgama cultural que pregava a harmonia entre os cidadãos que vivessem vidas virtuosas distantes das tentações e da corrupção. Esse valor oriental foi ocidentalizado por Sócrates, crítico do *statvs qvo* ateniense, que entendia estar maculado por vícios de sua cultura social. Dessa forma, nas palavras do filósofo ateniense: "Existe um dever de todo o cidadão: viver com virtude e ética".

A morte de Sócrates é um tanto reveladora dos preceitos éticos deste filósofo, que acreditava que homem morreria na exata condição moral de sua existência. Segue uma versão do diálogo de Sócrates com Críton, que tenta dissuadi-lo a fugir da prisão para escapar da execução por envenenamento:[5]

---

[3] Decorrendo dessa compreensão o nome Direito Natural

[4] As guerras médicas (entre o Império Persa – atual Irã – e a nação grega) revelam a tentativa daquele império de submeter os gregos à sua dominação e, por outro lado, o projeto grego de expansão política internacional livre de qualquer interferência dos medas.

[5] Vide *Criton*, Platão.

Teoria Falimentar e Regimes Recuperatórios

21

– *Sócrates*: O que estás fazendo aqui a esta hora Críton? Como conseguiste entrar?

– *Críton*: Dei uma gorjeta ao chefe dos Onze. Deixa-te convencer a salvar a tua vida. Já tomei as providências com os carcereiros: nem estão pedindo muito. E de qualquer maneira muitos se prontificaram a ajudar. Não deixes que amanhã alguém possa dizer: Para não gastar o seu dinheiro, Críton não ajudou Sócrates a fugir.

– *Sócrates*: Estou pronto a seguir o teu conselho, mas antes gostaria que decidíssemos juntos se é justo que eu tente sair do cárcere contrariando a vontade dos atenienses. Pois, se isto for justo, então faremos, mas, se for injusto, desistiremos.

– *Críton*: Muito bem dito, ó Sócrates.

– *Sócrates*: Tu não achas, Críton, que nunca se deve cometer injustiça na vida, por motivo nenhum?

– *Críton*: Por motivo nenhum.

– *Sócrates*: Nem mesmo se antes nós sofremos uma injustiça?

– *Críton*: Nem mesmo neste caso.

– *Sócrates*: Vamos então supor que justamente quando eu estou a ponto de escapulir as autoridades apareçam por aqui e perguntem: diga, Sócrates, o que tencionas fazer? Não estarás prestes a nos destruir, logo nós que somos os representantes das Leis, destruindo assim toda a cidade de Atenas? Qual poderá ser a nossa resposta para estas e outras palavras parecidas? Explicaremos que antes da fuga fomos penalizados com uma condenação injusta?

– *Críton*: Claro, pois foi isto mesmo que aconteceu.

– *Sócrates*: E se as autoridades responderem: "Fique sabendo Sócrates que é preciso obedecer a todas as sentenças, justas ou injustas que elas sejam, uma vez que toda a existência do homem é regida pelas Leis. Estão dizendo a verdade?

– *Críton*: Estão dizendo a verdade.

– *Sócrates*: E apesar disto tu gostarias que eu, depois de disfarçar-me de forma ridícula com um capuz em cima dos olhos, quem sabe até com roupas de mulher, fugisse de Atenas para abrigar-me na Tessália, onde os homens costumam viver na mais ordenada devassidão, e tudo isso só para acrescentar mais uns anos a uma vida que já está chegando ao fim. *E quais idéias ainda poderiam ponderar acerca da virtude e da justiça depois de ter infringido as Leis.*

– *Críton*: Nenhuma, na verdade.

– *Sócrates*: Então, meu bom amigo, tu mesmo estás vendo que não posso de forma alguma fugir: mas se de algum modo tu achas que ainda podes me convencer, fala que te ouvirei com a maior atenção.

– *Críton*: Nada tenho mais a dizer, meu bom Sócrates.

– *Sócrates*: Conforma-te, Críton, pois este é o caminho pelo qual os Deuses nos levam. [grifo nosso].

Platão, discípulo de Sócrates, afirmava a existência de uma ética transcendente à realidade, constituída de verdades universais. Acreditava Platão que os homens intuitivamente, mediante abstrações metafísicas, poderiam alcançar a essência dessa verdade. Essa essência verdadeira levaria ao justo.

Aristóteles, a partir de suas observações empíricas, desenvolveu uma teoria sobre justiça,[6] afirmando existir uma ordem natural das coisas. Essa ordem, normativa e justa, por estar na natureza, seria universalmente válida e deveria ser reconhecida pelas sociedades civilizadas. Agir com justiça significaria reali-

---

[6] Segundo Aristóteles, o gênero justiça dividia-se em três espécies: justiça geral, justiça distributiva e justiça corretiva – *cf* BARZOTTO, Luís Fernando. Justiça Social, Gênese, Estrutura e Aplicação de um Conceito. *Revista do Ministério Público do Rio Grande do Sul,* nº 50, p. 19-55

zar racionalmente o bem. Esse ato de razão seria guiado por princípios comuns de justiça. As leis da justiça seriam como as leis da física, latentes na natureza, aguardando apenas um ato humano de percepção.

Aristóteles, que, após a morte de Platão, fora contratado pelo rei da Macedônia, Filipe II, para servir de educador de seu filho, Alexandre, mais tarde rei Alexandre III da Macedônia, reconhecido como o Magno, trouxe para o então futuro rei a renovação das idéias de expansionismo helênico, que, após as Guerras Médicas, em virtude das disputas internas entre os gregos – Guerra do Peloponeso e Guerra Tebana –, encontravam-se adormecidas. Para Alexandre, os gregos, sob a liderança dos macedônicos, deveriam desafiar, invadir e finalmente dominar a Pérsia.[7] Contudo, o êxito da campanha macedônica, que determinou a hegemonia helênica no plano geopolítico mundial, foi breve em virtude da morte inesperada de Alexandre aos trinta e três anos de idade sem que houvesse um herdeiro pronto para assumir imediatamente o trono nem uma definição, ainda que transitória, sobre a sua sucessão. Esse esvaziamento de liderança política resultou no fracionamento do império macedônico e no enfraquecimento cultural do helenismo.

A submissão da Pérsia aos gregos e a posterior decadência do império macedônico, fruto de sua divisão, permitiram o crescimento de duas novas potências: Cartago e Roma. A disputa pelo poder hegemônico entre essas duas nações levou a uma guerra de mais de cem anos.[8]

Todas as perspectivas iniciais indicavam uma vitória certa dos púnicos. Apostando nisso, o rei Alexandre V da Macedônia emprestou total apoio à causa cartaginesa. A surpreendente vitória romana colocou em risco a unidade helênica, tendo os reinos gregos, que não mais aceitavam a submissão à hegemonia macedônica, pedido apoio romano à sua causa libertária. Justificados na traição dos macedônios, os romanos invadiram a Grécia. A ação geopolítica romana trouxe um choque civilizatório à cultura do povo invasor, que não teve outra alternativa senão assimilá-lo, resultando na chamada cultura greco-romana.

Diferentemente dos gregos que estudavam, pensavam e aplicavam o Direito a partir de um amálgama filosófico geral, os romanos procuravam diferenciar o direito do divino e da moral, construindo-o como ciência própria e autônoma, a partir do costumes ancestrais revelados aos *pontifex* como uma *vox* também divina, e também racional, e também correta. Contudo, a *vox* do sistema jurídico, ainda chamado *ivs*, passou a dar lugar a uma necessidade de certeza ou de prognóstico possível para as decisões jurídicas, transformando o costume de fonte oral do Direito para fonte escrita do Direito, alterando a sua

---

[7] Na Batalha de Gaugamela (331 AC) a inesperada fuga de Dario III durante o combate implicou a desarticulação do exército persa e abriu caminho para uma vitória militar macedônica, tornando possível a conquista planejada por Alexandre.

[8] Guerras Púnicas (264 AC – 146 AC), termo assim adotado pelo fato de os romanos chamarem os cartagineses de púnicos.

concepção inicial de *vox* para *lex*,[9] quando, então, poderia ser lido, interpretado e compreendido, alcançado a sua natureza normativa.

Assimilando a cultura geral grega, os romanos não puderam evitar a influência daqueles em seu pensamento jurídico. Naquele mundo romano, póssocrático e pré-cristão, frente as mazelas culturais, morais e políticas do povo romano que abandonara os seus valores culturais históricos, na grande disputa filosófica de definição dos costumes entre epicuristas e estóicos, havia dentre estes últimos aqueles que acreditavam que somente os princípios éticos imutáveis e universalmente aplicáveis poderiam salvar a sociedade. Estes princípios éticos existentes na natureza deveriam ser descobertos e aplicados pelo homem. Marco Túlio Cícero (106 – 43 A.C.), jurista, senador e pensador romano, estóico e defensor da idéias propostas pela teoria do Direito Natural, sustentava a existência de princípios morais de Direito, imutáveis, fixos e universais, que transcendiam às culturas dos povos.[10]

A expansão territorial romana fez com que o seu sistema de dominação geopolítica trouxesse problemas de legitimação e aplicabilidade de seu sistema jurídico, formulado, basicamente, a partir dos costumes e tradições de seu povo. O aumento territorial implicou um alargamento das fronteiras negociais e, com ele, as naturais divergências sobre o "justo". O costume romano vinha do povo romano e seria mais facilmente compreendido pelo povo romano, mas, nem sempre, seria aceito por outras culturas, ainda que estas estivessem sob o jugo político-militar do império. Além disso, o cidadão romano trazia consigo uma idéia de vigência de seu ordenamento restrita a seu povo.

A resolução desse impasse, antes do édito de Caracala, que estendeu o direito à cidadania romana aos povos dominados,[11] foi a criação distintiva de dois sistemas jurídicos aplicáveis: o *ivs civilis*, aplicável para o cidadão romano, formulado a partir dos costumes ancestrais, que passaram a ser escritos desde 451 AC, e o *ivs gentivm*, aplicável nas relações jurídicas: a) entre os não romanos e entre os romanos; b) e nas relações jurídicas entre os não romanos, cuja base era a boa-fé nas relações negociais.[12]

As conquistas romanas trouxeram riqueza, a expansão territorial e permitiram o progresso científico, ao mesmo tempo que trouxeram problemas de administração do império. Problemas esses cuja solução foi iniciada por Diocleciano, a partir de 286 AD, com a divisão administrativa do Império[13] e

---

[9] *Lex Dvodecim Tabvlarvm* – ano 451 A.C – primeira edificação escrita de costumes no Direito Romano, transformando-se no marco histórico da transformação do sistema *vox* para o sistema *lex* antes referido.

[10] De Officivm.

[11] Em 212 AD.

[12] Marco histórico da estruturação conceitual sistêmica do Direito Econômico, que se funda na boa-fé das partes contratantes.

[13] *Pars Occidentis*, governada por Maximiano, e *Pars Orientis*, governada por Diocleciano.

consolidada por Constantino com a fundação de Nova Roma, mais conhecida como Constantinopla, em 330 AD.

A riqueza do Oriente fez com que a nova capital superasse culturalmente a antiga metrópole, que iniciara um irreversível processo de decadência moral, cultural, política, econômica e militar. Constantinopla assumiu a condição de proponente do novo pensamento científico e, conseqüentemente, do pensamento jurídico.

Observando a necessidade de preservar a herança deixada por toda a evolução do pensamento jurídico romano e com o objetivo de unificar todo esse pensamento para uma melhor aplicação do Direito, Justiniano, em 528 AD, designou Triboniano, professor da Escola de Direito de Constantinopla e o maior jurista da sua época, para executar as tarefas de:

1) compilar todas as constituições imperiais[14] desde Adriano – *Codex*;
2) compilar os estudos dos grandes jurisconsultos do Direito Clássico – *Digesto*;
3) organizar o manual escolar – *Institvtas*.

Com o fim do trabalho de Codificação em 534 AD, deveria entrar em vigor um dispositivo que proibisse a criação de novas regras. Isto fez com que Justiniano determinasse a elaboração de novas constituições,[15] as quais integraram o projeto compilatório com o nome de *Novellae*.

Este legado jurídico compilatório deixado por Justiniano: *Codex (Leges Compilatio), Digesto (Ivra Compilatio), Institvtas (Stvdivm Compilatio)* e *Novellae (Imperator Leges* – leis promulgadas por Justiniano, após 534), foi, em 1538, denominado pelo jurista Dionísio Godofredo de *Corpvs Ivris Civilis*.

A queda do Império Romano do Ocidente, em 476 AD, com a derrota das legiões pelos hérulos liderados por Odoacro,[16] criou uma desordem política e econômica mundial. Esse espaço vazio foi aos poucos preenchido por uma instituição formada pelo legado de dois homens que viveram em época anterior aos acontecimentos acima narrados e que em momento algum de suas existências

---

[14] O conceito de constituição na época romana não guarda a mesma conotação atual, significando, na verdade, apenas leis que não emanavam do Senado, mas do próprio imperador.

[15] Vide nota n° 14.

[16] É de se notar que este é um marco muito mais simbólico da história do que real para a política, uma vez que Odoacro, após derrotar as legiões comandadas por Orestes e destronar o filho deste, Rômulo Augusto, que vivia em Ravena, imperador imposto aos romanos, preferiu não assumir o império, remetendo todas as insígnias imperiais para Zenon I, imperador romano em Constantinopla. Em outras palavras, o império romano continuou a existir mesmo após 476 AD. A queda do Império Romano do Ocidente serviu muito mais, utilitaristamente, para a História demarcar o fim da Idade Antiga. Até porque a invasão liderada por Odoacro não foi a primeira. Antes de 476 AD, em 410 AD, Alarico, liderando os visigodos, e, em 455 AD, Genserico, liderando os vândalos, haviam invadido Roma, cf. GIBBON, Edward. *Declínio e Queda do Império Romano*. Cia das Letras, p. 417-448.

Teoria Falimentar e Regimes Recuperatórios

25

tiveram a oportunidade de se encontrar. O primeiro deles trouxe a palavra, o segundo praticou as ações necessárias. Fala-se de Jesus Cristo[17] e de São Paulo.

Jesus Cristo,[18] além da sua missão espiritual, propôs uma revolução de caráter moral e ético para a humanidade. Essas idéias sobreviveram a sua morte, tendo sido absorvidas e executadas por Paulo de Tarso, cuja compreensão racional observou que a forma mais eficaz de difusão da revolução moral e ética que estava proposta seria através de transmissão oral das verdades ditas por Jesus Cristo em encontros entre iniciados e pessoas que não mais acreditavam no sistema espiritual e racional greco-romano. A palavra deste novo grupo seria a palavra do próprio Deus, revelada por seu filho Jesus Cristo, transmitida e refletida por uma instituição chamada Igreja.

A partir da idéia revolucionária proposta por Jesus Cristo, a instituição criada por Paulo,[19] a Igreja, irá assumir o espaço político, cultural e social resultante do fim do Império Romano.[20] A ocupação deste espaço vazio pela Igreja irá também refletir-se na origem e na legitimidade do sistema jurídico.

Na Idade Média, em especial a partir do século XIII, com a *Summa Theologica* de Santo Tomás de Aquino (1225 – 1274 AD), o ainda *Ivs* já não mais era visto como uma simples percepção etérea pelos sentidos humanos, mas como uma racional percepção do bem proveniente de Deus e transmitido aos homens pela Igreja. Os homens deveriam realizar o bem e se afastarem da prática do mal. Os [verdadeiros] sistemas jurídicos são os que propõem regras justas que respeitam valores morais. Nessa epistemologia justificava-se a afirmação: "Quando pensares no Direito, olhe para o céu, pois lá estará Deus; quando fores aplicá-lo, olhe para a terra, pois ali estará o homem".

Contudo, o princípio paulino de controle e influência da Igreja sobre os acontecimentos dos grupos sociais, que foi mantido por todos os Papas que sucederam a Pedro,[21] fez com que o Direito fosse submetido a uma nova onda de transformações. O jurídico deixava de ser especulativo de justiça, com a

---

[17] Sem querer adentrar muito neste tema, pois fugiria completamente aos propósitos deste estudo, sabe-se da divergência conceitual entre os cristãos. Os chamados pré-calcedonianos (coptas, em comunidades no Egito, nestorianos, em comunidades na China, e até arrianos, totalmente desaparecidos) são monofistas, isto é, acreditam em uma só essência de Jesus. Os cristãos, que acreditam na dupla essência de Jesus (homem e espírito), deram origem aos ortodoxos e católicos (mais tarde divididos em católicos romanos, luteranos e anglicanos), cuja uma das divergências básicas entre ortodoxos e católicos é a supressão pelos católicos do segundo mandamento de Moisés. Existiu, ainda, uma concepção cristão formada a partir do pensamento aristotélico que são os gnósticos que ainda mantêm grupos coesos de reflexão.

[18] Cristo palavra não judaica, mas grega, para designar "O Ungido".

[19] No Concílio de Jerusalém ocorrido dezesseis anos após a morte de Jesus, cf. JOHNSON, Paul. *História do Cristianismo*. Companhia das Letras, p. 09 – 81.

[20] JOHNSON, Paul. *Op. cit.*, idem.

[21] No Concílio de Jerusalém, ainda que a posição de Paulo tivesse prevalecido, ficou acordado por todos, inclusive Paulo, que o primeiro Papa seria Pedro, cf. JOHNSON, Paul. *Op cit.*, idem.

sua aura puramente divina de sabedoria.[22] Esse saber racional inspirado pela divindade, agora "materializado"[23] em um único Deus, pai de Jesus e de todos os homens e mulheres, não seria apenas uma fonte de inspiração do justo, mas também uma afirmação concreta de alguns princípios que deveriam ser respeitados por todos, sob pena de uma sanção. Em termos simbólicos, a deusa Themis, mantida pelo Cristianismo como forma de evitar a materialização do Deus [único], este essência em todos os aspectos, a partir de então, deixou de carregar apenas a balança do justo cegamente equilibrada. A deusa Themis passou a trazer consigo também uma espada reta, que definia a imposição sancionatória de uma retidão de conduta a todos os homens e mulheres do mundo. Essa retidão, que contrariava à mera inspiração do justo, iria promover a alteração do *ivs*, sistema concebido por premissas etéreas de um sentimento de justo, para o *[de]Rectvm*, sistema impositivo e sancionador do [justo] correto. Essa expressão dará origem ao termo Direito, adotado por quase todos sistemas jurídicos ocidentais da atualidade.[24]

O "novo" sistema de justiça, agora denominado *[de]Rectvm*, estruturou-se em três eixos básicos: O Direito Canônico, os costumes e as compilações de Justiniano, nesta época reconhecidas como *Corpvs Ivris Civilis,*[25] cujo processo de recepção pela Europa Ocidental houvera iniciado aproximadamente pelo ano 1159 com os estudos dos glosadores na Universidade de Bolonha.[26] Esse "caldo" de cultura jurídica se concretizará no chamado *ivs commvne*, sistema *[de]Rectvm* comum na Europa Ocidental que perdurará até a chegada do século XIX.

Entretanto esse processo não se concretizou uniformemente em todos os países. Dois séculos antes, especificamente no ano de 1066, a Bretanha, sob o domínio anglo e principalmente saxão, foi invadida e conquistada pelos normandos.

A vitória no plano militar trouxe para o novo rei, aclamado como Guilherme I da Inglaterra, o desafio de consolidar-se politicamente como o governante daquela terra que, em sua história, fora originariamente habitada por bretões celtas, e durante quatro séculos submeteram-se à dominação romana e nos seis séculos subseqüentes, à dominação anglo-saxã.

Guilherme I sabia que a sua sobrevivência como rei estaria inviabilizada senão concretizasse a consolidação de seu poder político. A fórmula utilizada

---

[22] Não necessariamente uma sabedoria divina, pois a teoria tomista não teve uma aceitação plena. Dentre os maiores antagonistas, destacava-se Guilherme de Ockham, que afirmava a impossibilidade de se demonstrar racionalmente a verdade pela fé.

[23] A palavra utilizada talvez não tenha o conteúdo desejado ou imaginado pelo autor, pois é contrário a qualquer concepção cristã referir Deus como matéria.

[24] CALHEIROS Maria Clara. *Op. cit.*, idem.

[25] Vide p. 07 deste livro.

[26] SANTOS JUSTO, Antônio. *Direito Privado Romano*. Vol I. Stvdia Ivridica, nº 50. Coimbra Editora, p. 100 – 103.

para a realização desse projeto não representou nenhuma novidade. Manteve os costumes, construiu castelos, propôs melhores condições para os povos bretões em detrimento da elite saxônica e, fundamentalmente, utilizou-se politicamente do Direito como instrumento crucial para a legitimação de seu reinado.

O Direito na Bretanha, até a conquista normanda, era costumeiro local, na forma proposta durante o domínio político saxão, com pouca influência do Direito Romano. A palavra *Law,* de origem saxônica, definia o sistema de regras localmente adotadas, formado com base no Direito Canônico e nos costumes ancestrais aceitos por cada comunidade e sob total controle do chefe saxão que administrava a região. Essa estrutura jurídica-judicial não interessava ao rei normando, pois seu poder político restaria fragmentado em virtude da influência saxã na aplicação do sistema *Law* de costumes locais na definição do "justo".

Guilherme I desejava estruturar um sistema jurídico uniforme no país que estivesse sob o seu controle político. Dessa forma, transformou o sistema *Law* local para o sistema *Law* nacional, em outras palavras, o "novo" sistema *Law* seria o mesmo em todas as regiões do país: norte-sul-leste-oeste. Esse novo sistema *Law* passou a ser comum para todos os habitantes da Bretanha, não importando a região em que residissem. O sistema *Law* tornou-se então *[Common] Law,* o Direito comum a todos.

Conforme antes referido, o trabalho compilatório ordenado por Justiniano e executado por Triboniano, realizado a partir de 533 AD, foi, sete séculos mais tarde, denominado *Corpvs Ivris Civilis.* O conhecimento e a vigência deste trabalho jurídico, basicamente, verificou-se na Europa Oriental por força do poder geopolítico de Constantinopla. A Europa Ocidental somente o recepcionou quase seis séculos após a sua elaboração com os estudos dos glosadores na Universidade de Bolonha a partir do ano 1159 AD.

O fato histórico-político acima descrito ocorreu na Bretanha em período histórico anterior à recepção do *Corpvs Ivris Civilis* pelo Ocidente. Assim sendo, na formação do "novo" sistema *[common] Law,* as compilações de Justiniano ainda não eram suficientemente conhecidas no Ocidente. Dessa forma, a única fonte jurídica disponível, além do Direito Canônico, esse, porém, restrito a alguma áreas específicas, como o casamento e as relações familiares, era a fonte costumeira.

O poder político normando, na [re]construção do sistema *Law* não teve outra alternativa senão utilizar-se do costume como a fonte básica do sistema *Common Law,* para as matéria não tratadas pelo Direito Canônico. Os costumes, agora nacionais, identificados por juizes itinerantes de confiança do rei, iriam construir um sistema jurídico nacional. Para viabilizar esse projeto, as decisões dos juízes que aplicavam costumes tornaram-se vinculantes *[Stare decisis].*[27]

---

[27] VAN CANEGEN, RC. *The Birth of the English Common Law.* Cambridge University Press. 2nd Edition, p. 85-111.

Retomando a discussão sobre origem do "justo", pode-se afirmar que, a partir do século XVI até o crepúsculo do século XVIII, as antigas teorias sobre o Direito Natural terão dado lugar a uma nova concepção dentro desta Escola jus-filosófica.

O Iluminismo, enfocado no empirismo e na racionalidade humana, procurou [des]mitificar a divindade como essência do justo. Haveria uma razão concreta para compreender a justiça das normas emanadas por uma nova instituição que a partir do século XVI estava se formando na civilização ocidental, pela da vontade dos homens e das mulheres, que reunia-se, na época, em redor de um rei o qual exercia poder político sobre um determinado território, habitado por pessoas que guardavam alguma, mesmo que mínima, identidade cultural: o Estado nacional,[28] que rapidamente tornou-se nacional e absoluto.

Mais tarde, John Locke,[29] reagindo às proposições absolutistas, lançava algumas distinções sobre aquilo que acompanhava os valores sociais que em si traziam a idéia do justo "social". O Direito, ainda que natural e ainda que tivesse o nome de Direito, provinha do Estado como um sistema ordenatório posicionado, posto pelo poder de império. Entretanto, os direitos dos homens eram garantidores da liberdade individual e não existiria justificativa em favor do Estado para que seu Direito, criado e posto, desrespeitasse algo que lhe precedesse e que, perante à sociedade, gozava de maior legitimidade: as liberdades individuais.[30]

Se o governo rompesse com esse compromisso, violando a proteção dos direitos individuais, impondo leis injustas ou fracassando ao governar de acordo com o Estado de Direito, a desobediência civil estaria justificada. Os direitos não são criados pelo Estado. O Estado é a criatura trazida à existência pelo povo para garantir a realização dos direitos reconhecidos pela sociedade.

O texto da tragédia tebana "Antígona", escrita por Sófocles, adequa-se perfeitamente a essa idéia. A seguir, transcreve-se uma versão de um fragmento do diálogo entre Creonte e Antígona:

– *Creonte*: Admites ou negas que procedeste assim?

– *Antígona*: Admito, não nego nada.

– *Creonte*: Sabias que eu tinha proibido essa cerimônia?

– *Antígona*: Sabia. Como poderia ignorá-lo? Falaste abertamente.

– *Creonte*: Mesmo assim ousaste desobedecer minhas leis?

– *Antígona*: Desobedeci, porque não se tratava de uma determinação de Zeus. Nem Themis, a deusa da Justiça que habita com as divindades subterrâneas, *jamais estabeleceu tal decreto para os homens. Não creio, por isso, que teu decreto tenha tal força determinante, que seja capaz de permitir a qualquer mortal desdenhar o código dos deuses, imutável e não escrito, que não é de hoje*

---

[28] As teorias propositivas do Estado remontam a Maquiavel (1513), Hobbes (1651), Locke (1690), Montesquieu (1748) e Rosseau (1762). Ao longo da História, este ente chamado Estado foi concebido e também administrado de forma mais, em outros períodos menos, absoluta.

[29] *Segundo Tratado sobre o Poder Civil,* escrito em 1690.

[30] HAYMANN JR. Robert et al. *Jurisprudence: Classical and Contemporary,* West Group, 2ª ed, 2002, p. 5.

e nem de ontem, mas que existe desde toda eternidade, originário ninguém sabe de onde, cujas sanções seria temeridade minha desafiar aos olhos do céu por temor à vontade de algum homem. Teus decretos, eu, que não temo o poder de homem algum, posso violar, sem que, por isso, receba o castigo dos deuses. Eu sei que vou morrer, eu sei que isso é inevitável, mas eu morreria de qualquer forma, mesmo sem a tua decisão. Morrer antes da hora, devo-te dizer, não deixa de ser uma vantagem para mim. O que perde com a morte, quem vive no meio da desgraça? Portanto, a sorte que me reservas é um mal que não preciso levar em conta. Muito mais grave para mim seria permitir que o filho de minha mãe jazesse sem sepultura. Tudo o mais me é indiferente. Se te parece que cometi uma loucura, devo dizer-te que talvez mais louco seja quem me acusa

Sei que vou morrer.

Defrontar-me com a morte não me é tormento. [grifo nosso].

Observa-se em Antígona a existência de uma disputa entre os valores da cultura do povo tebano e uma lei formal legítima criada pelo rei, poder legiferante. A lei de Creonte, criada em um momento de ira contra Polinices, que proibia-lhe as honras fúnebres, contrariava a um valor da cultura grega e, por isso, um direito anterior e inatacável por qualquer lei proveniente dos homens.

Esses conceitos sobre direitos inatos à existência humana que antecedem a razão, cuja função é percebê-los e não criá-los, foram o pano de fundo para as novas idéias construtivas do pensamento liberal que liderou as revoluções americana e francesa argumentando politicamente que os reis não tinham o poder absoluto de criar leis contrárias ao interesse do povo.

A aceitação deste novo ente [chamado] Estado, proveniente de um racional acordo social, segundo o pensamento liberal, teria limites definidos por direitos naturais e consagrados na carta fundamental de direitos e garantias individuais.[31]

No século XIX, Emmanuel Kant questionou a existência de uma liberdade absoluta se as coisas colocavam-se para o homem em uma ordem perfeita de acordo com as leis da natureza. Dessa forma, ao mesmo tempo em que o homem era sujeito das leis naturais, teria, também, a capacidade, pela razão, de colocar-se como mero destinatário da ordem natural.

Entretanto, a partir do século XIX, o aparecimento de uma nova corrente filosófica, o positivismo jurídico, abalou, até a primeira metade do século XX, a influência da linha de pensamento jus-naturalista nos meios jurídico-acadêmicos.

Porém, no último quarto do século passado, algumas linhas contemporâneas, como as de Lon Fuller e de John Finnis, de conteúdo humanista, reavivaram a teoria do Direito Natural,[32] tomando em consideração a identificação do bem e da moral, da igualdade e dos princípios fundamentais de justiça para a

---

[31] O preâmbulo da Constituição francesa de 1791, que incorporou a Declaração dos Direitos do Homem e do Cidadão, define, ao utilizar o termo "Declaração", que os direitos individuais não foram criados pela Revolução, mas por ela reconhecidos e afirmados independentemente da existência do Estado e de seus governantes, cf. GAURIER, Dominique et al. *The French Legal System*. Fourmat Publishing, 1992, p. 21.

[32] HAYMANN Jr. Robert. *Op. cit.*, p. 9 e 10.

construção do sistema jurídico, sem uma maior atenção à origem dos sistemas jurídicos.

Lon Luvois Fuller, catedrático em Oxford, em sua obra: "A Moral do Direito",[33] afirmava a existência de uma moral intrínseca ao Direito, cujo respeito fazia um sistema jurídico ser justo e livre de abusos e arbitrariedades.

John Finnis, em "O Direito Natural e os Direitos Naturais",[34] enfatiza a base de um sistema jurídico voltado para o justo e o ético, forjado a partir de valores culturais essenciais para uma vida socialmente harmônica.

Um fato que exigiu uma reflexão jurídica sobre o ponto de vista do sistema jus-naturalista ocorreu em 1946, quando o Poder Judiciário da então Alemanha Ocidental defrontou-se com um enorme problema de conteúdo jurídico.

A aplicação do princípio de Direito Penal *nvllvm crimen nvlla poena sine lege* impede qualquer sanção por prática de fato considerado punível, se não constante em prévio enunciado legal.

As atrocidades praticadas por oficiais da SS[35] e da SA[36] e da própria Wehrmacht,[37] estes em menor escala, durante o regime nazista, tinham o beneplácito do Estado e, conseqüentemente, os atos criminosos praticados não eram considerados, durante o nazismo, condutas puníveis.

Em situações de normalidade democrática com respeito ao Estado de Direito, as atrocidades que foram praticadas seriam consideradas como delitos penais juridicamente puníveis. Entretanto, na Alemanha nazista, não eram consideradas como condutas ilícitas, se praticadas em defesa do sentimento do povo alemão.

A rendição incondicional da Alemanha e a queda dos nazistas com a conseqüente redemocratização da parte ocidental e criação de Cortes Judiciais e Ministério Público independentes permitiram que os praticantes dessas atrocidades fossem processados. A base comum de defesa dos réus era justamente a aplicação do princípio *nvllvm crimen nulla poena sine lege*, pois, quando os fatos denunciados foram praticados, as condutas eram lícitas, mesmo que moralmente reprováveis. As Cortes Judiciais Federais Criminais, extraordinariamente, optaram pela condenação dos responsáveis pelas atrocidades não com base em textos legais, mas por um princípio de Direito Natural formulado por Gustav Radbruch *(Radruch 'Sche Formel)*. Esse princípio afirmava basicamente que a existência de leis que contrariassem a idéia de Justiça justificaria a atitude

---

[33] The Morality of Law.

[34] Natural Law and Natural Rights.

[35] A SS *(Suchtzstaffel)* era uma organização paramilitar vinculada ao partido nacional-socialista, cuja razão originária de sua criação era a formação de uma guarda pessoal de proteção a Adolf Hitler.

[36] A SA *(sturmabteilung)* eram milícias vinculadas ao partido nazista, chamadas de tropas de assalto do partido.

[37] A *Wehrmacht* eram as forças militares alemãs após o Tratado de Versalhes (*heer* – exército; *kriegsmarine* – marinha; *luftwaffe* – aeronáutica).

Teoria Falimentar e Regimes Recuperatórios

do Magistrado em ignorar essas leis e optar por uma justa aplicação do Direito. Posteriormente, a Corte Constitucional Federal rejeitou esta tese.[38]

2.1.2. O Positivismo Jurídico

A partir do século XVIII, uma nova compreensão da legitimidade dos sistemas jurídicos começou a ganhar forma, cujo processo de elaboração epistemológica completou-se pela metade do século XX.

Ainda que no período de prevalência do Direito Natural, Thomas Hobbes plantara, talvez não propositadamente, a semente para uma forma nova de reflexão.

Em seu contexto histórico de proposição científica do Estado moderno, Hobbes, um dos defensores do Estado absoluto, afirmava que o Direito inglês era aquilo que o Parlamento declarava. Dessa forma, deu início, ainda que de modo não sistemático, a uma discussão sobre a verdadeira origem do Direito. Talvez fosse mais realista e mais verdadeiro admitir que o Direito não obedecia cegamente as leis da natureza nem advinha de uma revelação divina ou da busca racional do justo, mas apenas posicionava-se no contexto de vida de um determinado grupo social, emanado por um ente criado por esse mesmo grupo, ao mesmo tempo legítimo e suficientemente forte para a imposição do sistema.

Dessa idéia, Direito posicionado, surge o termo Direito Positivo, cujo desenvolvimento clássico remonta a Jeremy Bentham e John Austin. Esses questionavam a pouca transparência e [in]certeza das regras jurídicas sob o ponto de vista do Direito Natural.

Tanto Bentham como Austin acreditavam em diplomas legislativos ou atos do Poder Executivo como centrais para a formação do Direito. Dessa forma, o cumprimento das leis não se daria por sentimentos de obrigação moral por parte dos cidadãos, mas pela força legítima de uma ordem posta capaz de impor sanções aos que não respeitassem aos seus enunciados jurídicos. Somente leis provenientes de instituições sociais legítimas de Estado poderiam propor regras de conteúdo normativo.

Essa nova linha de pensar o Direito tornou o seu estudo mais científico, pois, se as leis eram institutos racionalmente construídos, deveriam, para a sua perfeita harmonia com a expectativa das pessoas, ser cada vez mais estudadas cientificamente. Para isso, exigiriam uma metodologia e pressupostos científicos próprios. Dessa forma, os positivistas preocupam-se em distinguir as normas jurídicas de outras normas sociais, como o comportamento e a moral. Essa é uma idéia central para o positivismo, afirmando a separação conceitual do Direito entre as normas jurídicas e os princípios morais. "Devemos cumprir as

---

[38] FOSTER, Nigel and SULE, Satish. *German Legal System and Laws*. Oxford University Press, 3ª ed, 2003, p. 238.

leis pela força e legitimidade do ente politicamente criado, sem uma absoluta preocupação de se criar um sistema totalmente justo".

Entretanto, não há dúvida, para qualquer argumento cientificamente responsável, de que os positivistas não pregam a construção e aplicação de sistemas injustos de Direito. Contudo, deve-se observar que justiça não é o único critério possível para a criação do Direito, em que pese ser, talvez, o mais sedutor para todos, iniciados ou não no estudo de sistemas jurídicos. Nesse sentido, a Escola Positivista preocupou-se mais com o que fosse cientificamente explicável do que a mera percepção etérea de um sentimento de justiça.

O século XX produziu as maiores expressões científicas do positivismo jurídico: na primeira metade do século, Hans Kelsen; na segunda, Herbert Lionel Adolphus Hart.

Kelsen, jurista de origem austro-húngara,[39] nascido em Praga, atual República Tcheca, inspirador da Constituição Austríaca de 1920, perseguido pelo nazismo, mas também severamente criticado por filósofos e juristas de matriz marxista, defendia a tese separacionista entre Direito e moral.

O Direito deveria ser compreendido pelo que ele realmente se apresenta *(sein)* e não pelo que deveria ser *(sollen)*. Kelsen reagia contra a visão transcendental e qualquer tentativa de explicação sociológica do Direito.[40] Em sua visão, a explicação do sistema jurídico por regras de ética ou de compreensão sociológica representaria uma deturpação do caráter científico do Direito.

Assim sendo, deveria o Direito ser cientificamente puro, compreendido e interpretado somente através de normas e conceitos da ciência jurídica, afastando-se de tudo aquilo que expressasse sentimentos, preconceitos e valores metajurídicos, que por sua permeabilidade poriam em risco os direitos do indivíduo, cujas garantias somente poderiam ser de fato realizadas, se estas se sobrepusessem a conceitos transitórios e variáveis.

Contudo, Kelsen rejeitava a Teoria do Comando defendida por Austin, em seu lugar propôs uma estrutura conceitual por ele denominada Teoria Pura do Direito, cujo olhar essencial seria para um sistema científico de regras jurídicas, sem julgamentos morais ou de valores sociais, bloqueando qualquer tentativa de politização ou ideologização do Direito. O Direito não teria um caráter transformador nem seria crítico ou revolucionário, seria apenas o Direito, tão científico e, conseqüentemente tão previsível como qualquer outra ciência, uma vez aplicados corretamente todos os seus pressupostos.

O sistema kelseniano era normativo e hierárquico, construído a partir de uma pirâmide de regras, e livre de qualquer influência [não] jurídica. Todas as normas, hierarquicamente postas, subordinar-se-iam a uma maior, uma norma fundamental: *grundnorm* uma "regra das regras", que pelas demais não poderia

---

[39] País fracionado pelos Tratados de Versalhes e de Trianon após a Primeira Guerra Mundial.

[40] HAYMANN JR, Robert. *Op. cit.*, p. 77.

Teoria Falimentar e Regimes Recuperatórios

ser desrespeitada. Essa norma fundamental, chamada Constituição, teria caráter hierárquico e vinculante sobre todas as outras, que estariam sobre um permanente controle de constitucionalidade.[41]

A apreciação científica sobre o trabalho de Kelsen, em momento algum, pode deixar de levar em conta que sua obra, antes de mais nada, foi uma reação ao totalitarismo, forma de governo através da qual um grupo, ainda que legitimamente, assuma o poder político, mas através de ações e práticas e, em regra, sob o argumento de um interesse de defesa social apropria-se na extensão absoluta de todos os níveis de poder do Estado. A partir da apropriação absoluta do Poder do Estado, procura a perpetuação deste controle identificando e neutralizando os grupos de oposição, rejeitando e destruindo o acesso da população à toda e qualquer idéia divergente. Apresenta os seus projetos políticos como os únicos caminhos que possam ser traçados pela sociedade, que, nessas ocasiões, costuma encontrar-se fragilizada frente à "ameaça externa" que o totalitarismo identifica [ou] cria e dá forma.

Para Kelsen, a força de uma norma fundamental, uma *grundnorm,* seria crucial para a manutenção de um Estado democrático de Direito. Assim como somente critérios jurídicos poderiam ser usados na estruturação sistêmica do Direito, pois teriam a força científica para impedir a penetração, no ordenamento legal, de argumentos políticos de cunho oportunístico. O argumento oportunístico: "Sentimento do Povo Alemão" usado pelos nazistas permitiu que esses, sem precisar revogar a Constituição de Weimar, pudessem destruí-la política e juridicamente.

Passados todos esses anos, as teses de Kelsen ainda têm a força de poder gerar polêmica. Muitos ideólogos de esquerda, ainda que alguns defendessem governos notoriamente totalitários, acusaram as teses de Kelsen de justificação do nazismo.

H. L. A. Hart, por muitos considerado a maior expressão da filosofia do Direito anglo-saxão, aceitava, tal como Kelsen, a idéia de um sistema de regras configurando dois grupos de normas: normas primárias e normas secundárias. As normas primárias definiriam as obrigações dos cidadãos enquanto que as normas secundárias estabeleceriam as regras jurídicas para a criação, modificação, interpretação e aplicação das normas primárias. Destaca-se entre as normas secundárias a regra de reconhecimento, a qual estabeleceria as condições e critérios jurídicos de validade das leis.[42]

---

[41] Pela inspiração de Kelsen, a constituição austríaca de 1920 introduziu o conceito de controle concentrado de constitucionalidade, surgindo, a partir disso, a dualidade da jurisdição de controle constitucional: a jurisdição constitucional de controle concentrado e a jurisdição constitucional de controle difuso, este último a partir do caso *Marbury v. Madison,* julgado pela Suprema Corte dos Estados Unidos em 1803.

[42] É de se ressaltar que a rejeição por Hart da idéia kelseniana de uma norma estática de hierarquia superior decorre também da condição contextual de seu país não ter, em sua história política, elaborado uma constituição escrita.

Hart acreditava na textura aberta da lei que permitia ao magistrado, na ação da jurisprudência,[43] preencher os espaços vazios entre o texto legal e os fatos jurídicos ou quando várias regras fossem, sob o ponto de vista da ciência do Direito, aplicáveis a um mesmo caso.[44]

Para Hart, a obediência às "leis" decorria da aceitação individual do cidadão dos aspectos normativos e de sua legitimidade, havendo uma sensível diferença entre *ter a obrigação de...* e *estar obrigado a...* . Na primeira hipótese observa-se a normatividade da regra social de cunho axiológico, como, por exemplo, ter a obrigação de pagar impostos. Na segunda, ainda que aja sob o comando de alguém e sob a ameaça de sanção, não representa uma relação jurídica por falta de normatividade na conduta pretendida, por exemplo, pelo assaltante que impõe a entrega dos bens da vítima sob a ameaça de violência.[45]

2.2. Análise de legitmidade quanto ao procedimento do intérprete

Uma plêiade de questões básicas, por certo, assola a todas as pessoas que vivem em sociedade, em especial aos não-iniciados no estudo do Direito. O que é o Direito? Para que existe o Direito? O que, ou quem, cria o Direito? Por que eu devo obedecer ao enunciado de quem se diz representante do Direito? O Direito seria melhor se não existissem advogados, juízes, promotores? O Direito seria melhor se somente existissem professores? E se não existissem professores de Direito, ainda assim teríamos Direito? Os políticos são essenciais para a criação de um sistema jurídico?

Nenhuma das perguntas seria por nós juristas, proponentes e aprendizes do Direito, facilmente respondível, ainda mais pelo fato dos sistemas jurídicos dos países que integram a civilização ocidental serem, em regra, duramente criticados por seus destinatários não iniciados na ciência jurídica.

O primeiro grande impasse surge a partir da perspectiva de análise entre os iniciados no Direito e os não-iniciados, uma vez que essas dificilmente coincidem. Enquanto aqueles, em geral, procuram explicar a origem e o método aplicativo mais adequado, estes procuram identificar a finalidade do Direito.

Os juristas têm enorme prazer em demonstrar que a origem legítima do Direito justifica a aplicação de métodos hermenêuticos que ora buscam a justiça, ora a adequação científica de lógica formal ou material, ora a paz social, ora o conceito de igualdade, ora a maximização da sociedade.

---

[43] Nesse contexto, o termo jurisprudência não pode ser visto na mesma acepção do Direito inglês e norte-americano. Para esses dois sistemas, *Jurisprudence* significa Filosofia do Direito, enquanto que adota para as decisões das cortes de apelação o termo *Precedent*.

[44] Os chamados *Hard Cases*.

[45] MURPHY, Jeffrey e COLEMAN, Jules. *Philosophy of Law an Introduction to Jurisprudence*. Westview Press, 1990, p. 21.

De sua parte, os não-iniciados, em geral, esperam que a sentença tenha sido justa em relação à sua expectativa de direito, ainda que a sentença contrarie os seus interesses imediatos.

O Direito, entendido como instituições e práticas[46] que variam entre as diversas culturas ao longo do tempo e que considera, no atual momento da cultura ocidental, algumas variáveis conceituais entre os termos *[common] law e recht*, os atuais sistemas proponentes de cultura jurídica contemporânea,[47] talvez possa ser um pouco melhor esclarecido por aqueles que possuam com ele algum tipo de contato reflexivo: os juristas, ainda que, nesse caso, a sociedade enfrente o risco de nossa notória vaidade.[48] Se por um lado corremos o risco de perder-monos em nossa vaidade, por outro lado podemos oferecer à sociedade uma forma metodológica para a resposta de algumas dessas perguntas.

Na história do Direito inglês existe um fato altamente elucidativo desse confronto. No século XVII, o rei James I questionou a sir Edward Coke, ocupante de cargo semelhante a Presidente da Suprema Corte *(Chief Justice)*: por que, ele o rei, não seria competente para proferir julgamentos se o Direito é fundado na justiça e na razão, categorias não exclusivamente apropriadas pelos juristas? Se o Direito é resolvido a partir desses dois conceitos, seus princípios de justiça e sua base racional não poderiam ser tão boas quanto as de qualquer magistrado? Coke não possuía alegações suficientes para destruir esse argumento, mas respondeu que o Direito é fundado em uma espécie de "razão artificial", a qual somente pessoas suficientemente treinadas e experimentadas no Direito poderiam exercer. O argumento de Coke pode ser dividido em três afirmações: (a) Direito é razão pura, não percepção eventual; (b) a razão que funda o Direito não é a razão comum das pessoas, mas uma própria, em que se aplicam preceitos morais, filosóficos e políticos, nunca isoladamente; (c) somente os iniciados teriam a formação necessária para essa alocação interativa desses diversos preceitos que fundamentam a razão jurídica.[49]

Na afirmação de Antônio Castanheira Neves,[50] o termo metodologia é composto de várias palavras que procuram exprimir um pensamento: *meta,*

---

[46] BIX, Brian – *Jurisprudence, Theory and Context*. Westview Press, 1996, p. 7.

[47] Ao longo da história ocidental, vários ordenamentos jurídicos já desempenharam o papel de sistema proponentes de cultura jurídica (*Leading Systems of Laws)*, como, por exemplo: 1) na antigüidade, o *Ivs Romanvs*, que se dividia em *Ivs Civilis* e *Ivs Gentivm;* 2) na Idade Média, o *Ivs Commvne*, estruturado nas regras do *Corpvs Ivris Civilis*, no Direito Canônico, nos costumes e *Lex Mercatoria* para o Direito Comercial; 3) no fim da Idade Moderna, o Direito Francês assume a vanguarda no período de codificações do século XIX; 4) na Idade Contemporânea, na função de *Leading Systems os Laws*, sistemas *Common Law* e *Recht* .

[48] Não se discute a vaidade do iniciado no pensamento jurídico. Nunca esqueçamos que o símbolo do Direito é uma deusa (Themis) e talvez o jurista, pelo poder de julgar, interferir, modificar a vida dos semelhantes, sinta-se ungido por alguma razão "divina" que a isto justifique. Há os que dizem que o jurista, enquanto aprendiz, é reprovado na primeira e na mais importante lição: a humildade. Esse princípio socrático demonstra-se cada vez mais esquecido entre todos nós.

[49] POSNER, Richard. *Problems of Jurisprudence*. Harvard University Press. 1993, p. 10.

[50] CASTANHEIRA NEVES, Antônio. *Metodologia Jurídica*. Stvdia Ivridica, vol. I, Coimbra Editora. 1993, p. 9

odos e *logos*, que agrupadas, em contexto jurídico epistemológico, propõem a metodologia como a razão intencional de um método, a racionalidade ou o pensamento de [ou] sobre esse método.

Nessa verdade, talvez nós, os iniciados, tenhamos a vantagem,[51] quiçá a pretensão, de tentar responder algumas das perguntas baseados em uma razão intencional de método, para talvez, em plena concordância com Rudolph von Ihering, demonstrar que: "O Direito existe enquanto realizado". A realização do Direito através do método científico é a forma proposta pelos juristas para melhor realizá-lo de acordo com as expectativas sociais.

Contudo, a hermenêutica, sob uma estrutura metodológica, não se apresenta como tese consensual. Observa-se, por exemplo, o trabalho de Hans-Georg Gadamer: "A Verdade e o Método" questiona se a aplicação de métodos jurídicos garante o alcance à verdade real .

O trabalho do filósofo alemão concentra-se em quatro áreas:

1) o desenvolvimento e a elaboração de uma hermenêutica filosófica;
2) o diálogo dentro da filosofia e dentro da história;
3) o engajamento com cultura;
4) o envolvimento com a política e com a ética.

Entretanto, sem ignorar a contribuição do pensamento anti-metodológico, serão apresentadas e discutidas algumas formas jurídicas de realizar o Direito através de métodos hermenêuticos organizados, que foram responsáveis por movimentos e escolas de pensamento jurídico.[52]

2.2.1. O formalismo jurídico

O formalismo jurídico como proposta metodológica afirma o Direito como o único padrão científico possível de resolução de problemas jurídicos. As únicas premissas válidas são as de natureza jurídica. Dessa forma, o processo de resolução consiste apenas em lógica formal e na correção dos resultados atingidos com o processo indutivo-dedutivo, que devem ser coerentes com as verdades e objetivos do Direito positivado. Para os formalistas, as regras positivadas são de essencial importância que deverão, no processo indutivo-dedutivo, ser coerentemente analisadas.

Christopher Columbus Langdell, a grande referência do formalismo jurídico do século XIX, defendia a idéia de que o Direito seria um sistema completo

---

[51] Mesmo que alguns discutam que isto não seja uma vantagem, tendo em vista uma série de erros judiciários por nós cometido ao longo da História da humanidade.

[52] Não se constituindo em um tratado metodológico do Direito, este trabalho não considerou o pensamento de todas as escolas e correntes que contribuem academicamente para este tema. Inclusive, como fora anteriormente referido, há uma preferência para uma discussão sobre as escolas de pensamento metodológico do sistema *Common Law*.

Teoria Falimentar e Regimes Recuperatórios

e auto-suficiente por sua doutrina e princípios. Ao jurista caberia examinar apenas a ciência jurídica para correta e coerentemente interpretar o Direito.

Langdell, dessa forma, via o Direito como um conjunto de axiomas abstratos que deveriam ser mecanicamente aplicados aos casos judiciais, nada de externo vindo da economia, da sociologia ou da política poderia ser aceito pelo risco de desarrumar a neutralidade da ciência jurídica, um sistema conceitual e materialmente puro.[53] Langdell, como Kelsen posteriormente, sustentou uma metodologia apoiada em um sistema positivista.[54]

2.2.2. O realismo jurídico

O século XX trouxe consigo alguns questionamentos às verdades consideradas, até então, absolutas que colocaram em dúvida o manancial ideológico formalista. A primeira contribuição veio do movimento progressista, que sustentava o fluxo contínuo das verdades sociais e somente neste cenário de constante movimentação é que a humanidade poderia progredir.

A crítica progressista à postura dos juízes que cegamente seguiam a metodologia formalista estava no fato de que esses, ao interpretarem o Direito, não apresentavam respostas satisfatórias quando os casos judiciais traziam como problemas fundamentais questões de natureza econômica ou social.

Afirmavam, dessa forma, que a amplitude de questões trazidas ao sistema judicial era mais ampla do que a estrutura do sistema jurídico. Em outras palavras, o sistema judicial deveria utilizar-se do jurídico e do [não] jurídico.

A segunda contribuição advém do crescimento do movimento comportamentalista – *behavioralism* – e das ciências sociais. O resultado disso foi o surgimento do movimento da Filosofia Sociológica do Direito,[55] que se concentrava nas influências da cultura social e seus efeitos nas decisões judiciais.

A combinação dessas duas novas propostas pôs em xeque os fundamentos da ortodoxia formalista.

Oliver Wendell Holmes afirmava que o Direito não poderia resumir-se a uma mera interpretação formal de conteúdos teóricos. O Direito resolve problemas da vida das pessoas, logo deveria o juiz, ao julgar, olhar para a realidade das relações humanas.

Mais tarde, Roscoe Pound incentivava os juristas a abandonarem a então superada visão do Direito como um sistema auto-suficiente e imune a qualquer interferência [não] jurídica. O Direito, por razão conceitual e por necessidade

---

[53] GIACOMUZZI, José Guilherme – Raízes do Realismo Norte-Americano. *Revista do Ministério Público* n. 51. 2005, p. 21.

[54] GIACOMUZZI, José Guilherme. *Op. cit.*, p. 31.

[55] Conforme anteriormente referido, o termo *Jurisprudence* para o Direito Anglo-saxão não significa, como para nós juristas brasileiros, jurisprudência, mas, filosofia do Direito. Logo, a conotação correta a ser dada à expressão *Sociological Jurisprudence* seria Filosofia Jurídica Social[lógica] e não Jurisprudência Sociológica.

prática, era interdisciplinar, com intrínseca relação com a filosofia, a economia e a sociologia.

O realismo pregava um método de análise de fatos e interpretação dos conteúdos jurídicos livre dos limites abstratos impostos pelo Direito. O juiz cumpre a sua finalidade se, ao aplicar o Direito, tiver olhado para a realidade da vida. O Direito lida apenas com o Direito, mas o juiz lida com o Direito e com os fatos. Na expressão de Holmes: "O Direito não é lógica, mas experiência".

A metodologia proposta por Pound aproximava-se em muito da Escola alemã do Direito Livre.[56]

Ainda dentre o grupo dos realistas americanos destaca-se a figura de Karl Llewellyn, considerado por muitos como a grande expressão reformista desse movimento. Llewellyn, um jurista que se preocupou em compreender e professar o poder do contexto fático para a tomada de decisões, entendia que o significado de um texto não teria, simplesmente, a função de agrupar palavras de forma lógica para uma interpretação racional.

Sustentava que o significado hermenêutico de um texto legal variava de acordo com a proposição lançada por seu intérprete e com a expectativa criada pelos destinatários da aplicação do texto jurídico frente às circunstâncias presentes nesse encontro através do texto.[57] A alteração do contexto de aplicação do Direito poderia drasticamente alterar a posição enunciada dos intérpretes ou esperada pelos destinatários. Dessa forma, a compreensão do contexto e do comportamento dos atores no caso concreto seria crucial para a compreensão do texto jurídico e afirmação dos resultados de pensamentos e de ações dos agentes que operavam no processo.

Poder-se-ia, por exemplo, refletir sobre os momentos vivenciados pelos passageiros do transatlântico RMS Titanic, que, enquanto o navio estava à deriva, permitiam civilizadamente a ocupação dos botes por mulheres e por crianças. Contudo, a partir do naufrágio, homens afogavam mulheres e crianças em busca de partes do navio que flutuassem, evitando o seu próprio afogamento. Teria o Direito condições de compreender tão drástica alteração de comportamento? Como as regras de convivência social puderam ser radicalmente alteradas em questão de minutos? Aplicando o pensamento de Llewellyn, o Direito e as normas que compunham aquele microssistema jurídico teriam alterado no exato instante em que as condições de sobrevivência mudaram. O julgamento condenatório ou absolutório deveria levar em conta todas essas circunstâncias.[58]

---

[56] GIACOMUZZI, José Guilherme. *Op. cit.*, p. 31.

[57] BREEN, John M. – Statutory Interpetration and Lessons of Llewellyn. *Loyola Law Review*. Vol 33. 2000, p. 267- 443.

[58] Uma outra situação a ser levada em conta seria a dos jovens uruguaios que sobreviveram à queda de um avião nos Andes.

Em outras palavras, o Direito seria uma proposição afirmativa de seus operadores. A grande preocupação de Llewellyn com o indeterminismo do Direito poderia ser superada com uma base sólida de experiências e crenças que afloravam para o intérprete antes mesmo da leitura do texto jurídico.[59]

2.2.3. O processualismo jurídico

Na década de cinqüenta, observa-se uma nova proposição metodológica para interpretação e aplicação do Direito. A nova teoria, Teoria do Processualismo Jurídico, gradualmente começou a ocupar os espaços de discussão acadêmica.

A teoria do Processualismo Jurídico produziu, inicialmente, uma reação contra as críticas ao Realismo que viam, nesse pensar metodológico dos realistas, uma desestabilização do processo científico do Direito. Porém, ainda que mantendo diversos princípios metodológicos do Realismo, afirmava que o processo analítico não poderia questionar a legitimidade suprema do valor jurídico para a tomada das decisões.

Os julgamentos anteriores deveriam constituir-se na base essencial para novos julgamentos, uma vez que o método de interpretação haveria de emergir de uma análise que atendesse e respeitasse os princípios delimitadores do sistema jurídico vigente.

Segundo os professores Henry Hart e Albert Sacks, a noção de "Competência Institucional" continha a idéia de engajamento do juiz em um processo racional de elaboração jurídica nos limites, ainda que flexíveis, de toda a construção jurídica já existente. Dessa forma, o poder discricionário do magistrado estaria mitigado, pois, mesmo que pudesse propor algumas modificações ao sistema constituído, não teria o poder de ruptura. O rompimento sistêmico, ou a sua tentativa, significaria uma perda da legitimidade do processo adjudicatório[60] diante de uma postura não racional do julgador.

A atividade jurídica realizada por pessoas que tenham legitimidade social para tanto, ao invés de um corpo estático e formal de conceitos abstratos, pressupõe, para o julgador, um poder de propor mudanças à sociedade. Esse poder, entretanto, não é principiológico ao sistema, mas delimitado pelos princípios construtivos do sistema jurídico.

Porém, ainda que com algumas restrições, admite-se que, na prática, os magistrados transformam os ordenamentos. Dentro de uma expressão do Processualismo Jurídico: "Ao final, o Direito será aquilo que o juiz decidirá no caso concreto".[61]

---

[59] BREEN, John M. Op. cit.

[60] Nesse sentido, a expressão "processo adjudicatório" foi utilizada com a conotação de produção de julgamentos.

[61] POSNER Richard. Op. cit., p. 21

Nessas condições, seria correto então afirmar que os juízes estão tão legitimados quanto os legisladores para operarem a transformação do sistema legal. Hart e Sacks, entretanto, argumentavam que o exercício da atividade transformadora do Direito pelo magistrado, devido à sua preparação, os seus princípios éticos, a tradição de respeito ao ordenamento já recebido e aceito pela sociedade, permitiria às pessoas confiarem em sua probidade como agente transformador tanto quanto nos legisladores, ainda que entre políticos e magistrados existissem razões de legitimidade diversas.

Por fim, seguindo as palavras de Posner, Hart e Sacks, desenvolveram o seu pensamento político e jurídico em um período de quase absoluto consenso na sociedade norte-americana que ainda colhia os resultados do grande pacto social daquele país: "*O New Deal*".

Em rápida síntese proposta por William Fisher, o Processualismo Jurídico propunha julgamentos judiciais imparciais, livre de pressões ou emoções, vinculados a princípios jurídicos cientificamente elaborados e representativos das expectativas da opinião pública.

2.2.4. O reconstrutivismo jurídico e o interpretativismo jurídico

John Rawls, em sua obra A Teoria da Justiça,[62] propôs soluções para a problemática da Justiça Distributiva, afirmando que é da essência dos sistemas jurídicos serem sistemas de justiça, decorrendo a expressão: "*Justice as Fairness*", derivada do princípio da liberdade e do princípio da diferença entre os iguais.

Conforme o pensamento de Rawls, três são os princípios de um Direito Social:

1) Princípio de Igual Liberdade: a sociedade deverá assegurar a máxima liberdade compatível com a liberdade comum;
2) Princípio da Diferença: a sociedade deverá assegurar uma distribuição eqüitativa, não igual, de riqueza para garantir o crescimento individual e social;
3) Princípio da Oportunidade Justa: a sociedade deverá garantir igual direito de acesso ao desenvolvimento dos cidadãos.

Para muitos, o trabalho de Ronald Dworkin deverá ser examinado sob a perspectiva do Direito Natural, qualificando o seu pensamento como uma das linhas do neo jus-naturalismo. Há, sem dúvida, uma certa razão nesse entender, se o exame de sua obra delimitar-se apenas ao debate Direito Natural versus Direito Positivo, tendo em vista as críticas que faz sobre os pressupostos principiológicos desta última Escola.

---

[62] A Theory of Justice, 1971.

Contudo, o trabalho de Dworkin não se restringe apenas a compreender o Direito mas também como aplicá-lo. Dessa forma, não é possível omitir a sua valiosa contribuição ao método jurídico.

Dworkin ataca o positivismo,[63] pois a discussão sistêmica e metodológica que procura travar é quanto à existência das normas jurídicas e das normas [não] jurídicas. O modelo positivista reconhece apenas as normas jurídicas, deixando de lado os valores sociais e que informam as normas jurídicas concretas. Por outro lado, e aqui distanciando-se da Escola do Direito Natural, Dworkin não acredita na existência de um conjunto de princípio unitários, universais e imutáveis.

Dworkin, a partir do modelo reconstrutivista de John Rawls, prega a existência de uma terceira via, pela qual os julgamentos deverão ser, acima de tudo, corretos. Em outras palavras, todos os casos – *Hard Cases* e *Easy Cases* – terão sempre uma decisão correta, as quais não poderão ser discricionariamente resolvidas pelo magistrado segundo a sua vontade absoluta, pois a legitimação social conferida ao magistrado não lhe permite a criação de normas e de sua aplicação retroativa, uma vez que isso feriria um princípio constitucional básico.[64]

Se valores formam princípios e princípios ditam as normas e as normas justificam a descrição das regras, nos chamados *[Hard] Cases*, em que mais de uma norma é, ao menos teoricamente, aplicável ou por não ter nenhuma norma diretamente aplicável, não poderá o magistrado seguir uma linha eminentemente emotiva, ainda que movido por sentimento de justiça, pois não haveria justiça confiável na incorreção sistêmica.[65]

O magistrado, acima de tudo, tem compromissos com o sistema jurídico-social em que opera. Somente a decisão sistemicamente correta é que poderá garantir a manutenção de um sistema justo de Direito. Dessa forma, ainda que a liberdade não seja absoluta, o juiz é livre para operar dentro do sistema jurídico que respeita: a) valores sociais, mesmo que conjunturais; b) princípios jurídicos; c) normas e regras legais. Estando sempre atento que a interpretação literal da regra não pode contrariar a norma. Assim como, a aplicação de qualquer norma não pode desrespeitar o princípio jurídico que a institui. Enquanto que os princípios jurídicos deverão representar valores sociais.[66]

Para o interpretativismo é jurídico aquilo que respeita os princípios construtivos e instituidores do sistema legal.

---

[63] DWORKIN, Ronald. *Law's Empire*. Harvard University Press, 1986, p. 115.

[64] Situação que poderá ser facilmente identificada no filme produzido por Constantin Costa Gavras: Seção Especial de Justiça.

[65] O Ministro do Supremo Tribunal Federal Marco Aurélio Mello, em defesa de uma posição adotada em julgamento de alta repercussão no contexto social brasileiro, sintetizou brilhantemente: "Eu sou um magistrado, eu não sou um justiceiro".

[66] A questão que remanesce é: com o atual distanciamento do Estado e seus Poderes em relação à sociedade, a hoje tão comum institucionalização de princípios que contrariam os valores sociais permitem ao povo algum tipo de reação ou a simples resignação?

2.2.5. A análise econômica do Direito

Deixando um pouco de lado as sempre importantes questões de Direito Econômico, como o Direito Regulatório e o impacto das decisões judiciais e das leis na atividade econômica e nos mercados, interessa, neste espaço de discussão acadêmica, discutir a metodologia que prega a aplicação de conceitos e princípios econômicos para uma correta análise jurídica.

Sua epistemologia não propugna uma construção de um sistema jurídico a partir dos princípios [in]certos de justiça. A razão justificadora da criação e manutenção de um sistema jurídico estaria na eficiência que este proporciona à sociedade.

A justiça como *ratio non scripta* de um sistema jurídico, além de incerta, traz o risco da ineficiência sob o ponto de vista social. As sentenças ineficientes ou deficientes não cumprem a expectativa socialmente esperada, colocando em dúvida a sua legitimidade perante seus destinatários.

Somente um modelo econômico racional e previsível poderá garantir aquilo que os modelos hermenêuticos tradicionais ainda não conseguiram e talvez nunca consigam: dar segurança jurídica e constituir-se em uma das ferramentas para o crescimento da sociedade.[67]

A Teoria Econômica do Direito baseia-se em algumas presunções gerais que, para a Economia, têm peso científico.

A primeira delas é que as pessoas tomam decisões racionais para a sua satisfação individual. Esse agir racionalmente individualista, inegavelmente existente em todas as pessoas, ricas ou pobres, liberais ou marxistas, é levado em conta em todas as decisões que estas tomarem.[68]

A segunda presunção é de que as pessoas, ao tomarem decisões, deverão cercar-se, e assim o fazem, de acordo com a sua possibilidade de acesso e percepção, a toda informação possível para uma melhor avaliação de suas escolhas. Somente com a informação que melhor compreenderem poderão, racionalmente, maximizar os seus interesses.[69]

A terceira presunção é que as ações humanas não são neutras para o mercado.

---

[67] Talvez a maior crítica que se faça à Análise Econômica do Direito é que sendo o Direito, prioritariamente, um meio para se alcançar a justiça ou a transformação social, não lhe é permitido ser visto como meio de garantia de manutenção do *statvs qvo* como prega a Análise Econômica do Direito. Um instrumento social que constantemente leve à eficiência do sistema sempre irá melhorá-lo, nunca alterá-lo. Neste particular recomenda-se a leitura dos trabalhos de Duncan Kenedy, Mark Tushnet, Richard Delgado e Roberto Mangabeira Unger, integrantes do movimento Critical Legal Studies (CLS), que afirmam a função reformadora dos sistemas jurídicos.

[68] De natureza financeira, psicológica, estética, etc.

[69] Acreditando existir uma legislação não punitiva, em muitos casos de ação criminosa coletiva, é comum a assunção da integralidade do delito por menores de idade. Ainda que não seja esta a informação absolutamente correta sobre a legislação que protege os Direitos da Criança e do Adolescente, há, nos grupos criminosos, uma utilização racional da informação que dispõem na forma que a compreendem.

Teoria Falimentar e Regimes Recuperatórios

Junto a essas três presunções inclui-se uma análise marginal para todas as avaliações que levam à tomada racional de decisões. Em outras palavras, tanto o homem quanto a mulher, ao tomarem decisões, avaliam o resultado final por aquilo que obterão como vantagem direta e imediata e como vantagem indireta.

A proposta jus-econômica de análise jurídica é, em síntese, disponibilizar ao magistrado ferramentas com as quais possa interpretar e aplicar o Direito de modo eficiente, garantindo o bem-estar social e, dessa forma, manter a credibilidade do sistema jurídico, incluindo o judicial, perante a sociedade.

Esse desafio traz três questões diretas de análise e preocupação:

1) Existem modelos eficientes para se interpretar e aplicar o Direito?
2) Qual o papel que o Estado, em especial o Poder Judiciário, deverá assumir para prestar eficientemente a sua função?
3) Qual a validade das presunções econômicas em um sistema metodológico de Direito?

2.2.5.1. Modelos de eficiência jurídico-econômica

A Teoria Econômica do Direito propôs uma visão utilitarista do Direito. A sua justificativa como sistema científico vinculante a todos está na sua legitimidade, que decorre de sua eficiência. Dentro dessa visão utilitarista, dois modelos metodológicos se destacam:

1) o modelo teleológico, que visa a garantir a satisfação coletiva através do Direito;
2) o modelo igualitário, que propõe uma base equilibrada de Direitos, ou a ação de equilíbrio do Estado, incluindo o Poder Judiciário, quando as bases matriciais forem diversas para a eficiente resolução dos conflitos.

2.2.5.1.1. A optimalidade de pareto

Vilfredo Pareto, economista e sociólogo, propôs que a eficiência aplicativa do Direito surge quando traz o bem-estar para, ao menos, uma pessoa sem causar dano a ninguém, e, segundo o seu entendimento, a *optimalidade* é alcançada quando nenhuma posição melhor poderá ser alcançada sem acarretar prejuízo a terceiro.[70]

A proposição de Vilfredo Pareto, adaptada para a metodologia jurídica, está na ação socialmente equilibrada do Direito, não existindo, muitas vezes, direitos válidos que devam ser plenamente acolhidos ou [in]válidos que devam ser absolutamente rechaçados. Na verdade, o grande desafio da juris-

---

[70] HAYMANN JR., Robert. *Op. cit.*, p. 304.

prudência[71] é alocar adequadamente as regras jurídicas para a optimização sistêmica.

2.2.5.1.2. O critério de Kaldor-Hicks

Esse critério de eficiência, também chamado de "A Eficiência de Kaldor-Hicks", a partir da proposição optimalista de Pareto, desenvolve algumas questões e apresenta algumas propostas.

De acordo com Pareto, a eficiência de um resultado é sentida na medida em que esse traz benefícios a alguns sem causar danos aos demais. Nicholas Kaldor e John Hicks afirmavam que esta optimização é apenas idealisticamente possível. O chamado "Pareto Superior" só seria possível se na escolha não resultassem perdas indiretas, o que não costuma acontecer.[72]

De acordo com o critério de Kaldor-Hicks, a eficiência é somente possível se aqueles que se beneficiam estivessem dispostos a compensar as perdas daqueles que cujo ato trouxe prejuízo. A diferença entre a idéia de Pareto e o critério eficiente de Kaldor-Hicks está no fato de que para aquele a compensação como ato materialmente realizado é obrigatória, enquanto que para estes a mera potencialidade, por disposição voluntária ou por instrumento jurídico, seria suficiente para a criação de um sistema jurídico metodologicamente eficiente.

2.2.5.1.3. Direito como instrumento de maximização da riqueza

Este é o modelo proposto por Richard Posner, que respeitando a idéia lançada por Kaldor-Hicks, o critério de Eficiência, procura desenvolver alguns aspectos próprios. Posner insiste que somente a compensação real é maximizadora da riqueza e que não pode se constituir em uma expectativa, mas em uma certeza. Dessa forma, o Direito deverá assegurar aos que sofrem perdas nas relações sociais uma garantia *ex ante* de compensação social e individualmente consentida, mantendo, dessa forma, o valor coletivo de benefício pelo patamar mais alto socialmente tolerado.

2.2.5.2. O teorema de Coase

Há uma idéia inerente a toda transação econômica: ela gera custos diretos e indiretos. A decisão racional parte da avaliação dos custos e a superação

---

[71] Nesse contexto, adota-se a concepção brasileira sobre o termo jurisprudência.

[72] O exemplo oferecido pela literatura jurídica seria o da implantação de uma empresa poluidora. Talvez as partes negociem de forma que a empresa continue funcionando sem uma preocupação com a proteção ambiental, porém pagando uma indenização aos moradores. Sob uma análise formal, estar-se-ia sob a situação Pareto Superior, pois nenhuma outra forma de resolução do conflito seria mais eficiente. Contudo, a poluição do rio continuaria e os prejuízos [não] econômicos para todos, moradores ou não, não seria eliminado pelo acordo celebrado.

Teoria Falimentar e Regimes Recuperatórios

desses pelos benefícios. Ainda assim, existem os custos indiretos, as chamadas externalidades, que marginalizam-se em relação à transação básica, mas não podem deixar de ser considerados.

Uma vez que o objetivo das sociedades é o seu desenvolvimento, e isso é impulsionado pelas relações de natureza econômica, haveria um papel a ser cumprido pelo Estado na alocação dessas externalidades.

Partindo-se dos extremos, livre mercado absoluto ou intervencionismo estatal, respostas muito diversas serão dadas.

Ronald Coase procurou explicar que a transação não alcança o equilíbrio enquanto não for dada uma final solução aos custos e que as partes procurarão fazê-lo, independentemente, de qualquer ação do Estado.

2.2.5.3. A aplicação do método econômico para a interpretação do Direito

A proposta da Escola Econômica do Direito é construir um sistema que seja eficiente, a partir de certezas observadas na evolução social. Um sistema jurídico pode adotar diversos critérios de adjudicação, mas a sociedade será mais beneficiada se os Tribunais procurarem elaborar sentenças eficientes a partir de certezas consensuais em detrimento da busca de um critério pouco confiável, pois incerto e, conseqüentemente, errático do justo.

O juiz é um agente racional de proposição de um modelo jurídico posto. Deverá assumir o compromisso de contribuir com o progresso social tomando decisões que levem à melhoria coletiva. O seu compromisso [não] se resume e [não] se resolve com o julgamento individual do caso. Pois, além desses muitas vezes repetirem-se para o próprio juiz, o que lhe impede de julgar de forma diversa casos semelhantes aos que já julgou,[73] o precedente criado servirá de base para outros juízes para situações análogas.[74]

O juiz dá o melhor de si quando julga pensando na melhoria coletiva. Quando esse "melhor" não for o justo ou ainda que justo traga perdas a alguns, o sistema político-jurídico-social deverá apresentar alguma compensação, pois é responsabilidade do Estado garantir o equilíbrio entre as diferentes posições sociais.[75]

---

[73] Nesse caso, estar-se-ia construindo um sistema incerto e inseguro.

[74] Uma das razões de justificativa política para a manutenção do sistema *stare decisis* (decisões vinculantes) é garantir ao cidadão que sob os mesmos fatos receberá igual julgamento, consolidando o princípio político do Direito de Certeza Jurídica Quanto às Decisões, cf. BURNHAM, William. *Introduction to the Law and Legal System of the United States*. West Publishing Co. 1992, p. 65.

[75] No plano social, a desigualdade entre os brasileiros faz com que vivenciemos um período triste de constatação da condição de miséria excludente e marginalização de alguns. No plano político, o Estado brasileiro, ainda que de forma ineficiente, procura dar alguma compensação, garantindo às classes excluídas o ensino gratuito, a saúde pública, frentes de trabalho. A incapacidade ou a falta de uma ação concreta de longo prazo, em muitos casos, é compensada pela ação do Poder Judiciário que, diante de dispositivos legais e constitucionais, obriga o Estado a cumprir preceitos de Direitos Fundamentais. Infelizmente, ainda estamos demasiadamente distantes de um equilíbrio aceitável e o fracasso na concretização das compensações observa-se, dentre tantos indicadores, nos assustadores índices de violência de nosso país.

Contudo, além do trabalho da jurisprudência, segundo Posner, é crucial a construção de um sistema jurídico eficiente por leis ou costumes que se constituam na base dos precedentes.

Para Posner, a eficiência sistêmica é crucial para a racional crença em seus postulados e em sua força normativa: "Se nas relações contratuais o adimplemento das obrigações fosse simultâneo, a necessidade de uma proteção jurídica aos contratos seria menos urgente. Uma vez que a simultaneidade é pouco freqüente, a falta de uma regulamentação dos direitos tenderia a encaminhar investimentos em atividades de curta duração, abdicando, a sociedade, de projetos de longo prazo, o que reduziria significativamente a eficiência do sistema econômico". Na defesa dessa tese, apresenta um exemplo: "*A* deseja vender uma vaca. Existem dois interessados, *B* e *C*. A vaca vale $ 50 para *B* e $ 80 para *C* (e somente $30 para *A*). O critério de eficiência indica que a vaca deva ser vendida para *C*. Porém, *B* pode pagar à vista, enquanto *C* só poderá pagar em uma semana. Para *A* valerá a pena vender para *C* (por $ 80) se o ordenamento legal e o Poder Judiciário garantirem-lhe uma estrutura jurídica eficiente de recuperação de seu direito, caso *C* não venha a adimplir o pagamento. Se a estrutura protetiva ao direito de *A* não existir, não for eficiente, ou *A* desacreditar em sua eficiência, preferirá vender para *B*, determinando uma alocação insuficiente do fluxo econômico".[76]

O Direito, se não tiver sido eficientemente estruturado e aplicado, impedirá o crescimento da sociedade. As ações pessoais não protegidas eficazmente pelo sistema jurídico deixarão de ser produzidas. Uma obra literária, por exemplo, se não obtiver uma segura proteção de direitos ao seu criador, dificilmente será disponibilizada para a sociedade.

Uma crítica qualificada ao método de Posner é lançada pelo Professor Anupam Chander, afirma que o Direito Econômico não se resume a pensar apenas na eficiência, há, em sua essência, um lugar para a justiça. O Direito não pode apenas se preocupar com a maximização da riqueza, mas também com a sua justa distribuição.[77]

3. ANTECEDENTES HISTÓRICOS DO DIREITO FALIMENTAR

Dando continuidade à primeira aula deste semestre, uma nova discussão, ainda de natureza introdutória, haverá de se fazer: como e por quais razões surgiu a necessidade de se regular juridicamente o fracasso na atividade econômica.

---

[76] POSNER, Richard. *Economic Analysis of Law*. Harvard Universrity Press. 1993, p. 112.

[77] CHANDER, Anupam. Minorities, Shareholder and Otherwise. *The Yale Law Journal*, Vol 113. 2003, p. 119-177.

Teoria Falimentar e Regimes Recuperatórios

A civilização ocidental, que é o resultado de um "caldo" cultural heterogêneo com raízes greco-romanas, judaicas e germânicas,[78] elege em cada uma dessas culturas um de seus marcos institucionais.

Assim como a cultura grega para nós representa o marco filosófico, a cultura romana se faz representar pelo marco jurídico. Não há dúvida, entretanto, que seria artificial afirmar que antes dos gregos não tivesse existido filosofia ou antes dos romanos não tivesse existido o Direito. Porém, com absoluta certeza, pode-se afirmar a importância histórica desses marcos referenciais na formação da civilização ocidental.

A partir de um deles, o marco jurídico, que tem por referência histórica o Império Romano,[79] é que se dará início a este ponto.

3.1. O Direito falimentar na antigüidade

3.1.1. O "Decoctor" no Direito Romano

O Direito Romano, talvez um pouco diversamente daquilo que se costuma repetir nos meios acadêmicos, nunca se caracterizou por ser um sistema homogêneo ao longo de sua história.

Também diferentemente do que em geral se costuma pensar, a sua base estrutural nem sempre foi a lei, pois, durante muito tempo, teve no costume a sua fonte primária.

As leis, no primeiro momento histórico da civilização romana, tratavam-se apenas de afirmações políticas decorrentes dos embates sociais e não de instrumentos jurídicos. Posteriormente, transformaram-se em instrumentos de poder do imperador,[80] a partir do enfraquecimento político do Senado.

Somente com o trabalho compilatório de Triboniano, posteriormente denominado como *Corpvs Ivris Civilis*, tarefa determinada por Justiniano, é que o Direito Romano passou a ter a feição mais conhecida por nossa civilização.

O Direito Falimentar,[81] entretanto, instituiu-se a partir de uma construção jurídica mais perene.

O reconhecimento público da condição de devedor, *ivdicatvs,* por condenação, ou *confessvs*, por admissão, imputava-lhe o dever de adimplir a obrigação.

---

[78] Essas culturas trouxeram os princípios fundamentais adotados na construção do pensamento civilizatório, por exemplo, na Filosofia, no Direito, na Religião, na Política, na Economia.

[79] O termo utilizado, Império Romano, não deixa de ser uma impropriedade técnica, pois Roma vivenciou diversos períodos políticos além do Império: a) Monarquia (753 AC – 509 AC). b) República (509 AC – 27 AC), c) Império, que se dividiu em dois períodos: Principado 27 AC 286 AD – e Dominato 286 AD – 476 AD.

[80] As leis produzidas pelo poder já absoluto dos imperadores romanos eram chamadas de *Constitvtiones.*

[81] O termo falência não era utilizado nem conhecido pelos romanos, que adotavam expressões outras, como *ivdcatvs, confessvs, decoctor,* este último de uso mais freqüente. O termo falência tem origem na época medieval, pós romana. Esse termo expressava uma adjetivação ao comerciante que falhava no cumprimento de suas obrigações.

Se não pagasse no prazo esperado, recaia sobre o devedor os efeitos da *manvs iniectio*,[82] que consistia na detenção deste pelo credor, que aguardava o pagamento ou a ação de um *vindex* que assumisse a responsabilidade da dívida.[83]

Se nenhuma dessas duas situações se verificasse, o devedor passava à condição de escravo, podendo o credor conduzi-lo à praça pública para ser vendido ou resgatado. Inexitosa essa tentativa, sofria o devedor a *capitis diminvtio maxima*, quando se tornava propriedade do credor, que podia vendê-lo fora do território romano ou matá-lo e, quiçá, esquartejá-lo.

A *Lex Poetelia Papiria*[84] pôs fim às severas prescrições da Lei das XII Tábuas, extinguindo a possibilidade da servidão para o pagamento das dívidas, enquanto que a *Lex Ebvtia*[85] extinguiu a *Legis Actiones,* que estabelecia o procedimento ritualístico e permitia o exercício dos direitos antes referidos.

Ao fim da república,[86] o Direito Pretoriano passou a admitir a *venditio bonorvm* entre os meios de execução forçada, que, após garantir ao credor o direito de entrar na posse dos bens do devedor, permitia a venda desses para a satisfação de seu crédito.

O processo preliminar de tomada de posse do patrimônio do devedor, *missio in bona*, determinava ao devedor apenas a perda da posse de seus bens, não a perda da propriedade. Esses bens ficavam sob a responsabilidade de um curador, nomeado pelo magistrado, cuja missão delegada seria a venda dos bens e o pagamento dos credores.

3.1.2. A bancarrota na Idade Média

O fim do império romano do ocidente causou não apenas uma desorganização geopolítica, mas também jurídica. Os povos germânicos do norte e leste da Europa, fugindo das invasões das hordas orientais, haviam se estabelecido no território romano,[87] criando reinos próprios com um poder político não mais submetido ao imperador de Roma, que havia sido deposto por Odoacro em 476 AD[88]. Essa realocação geográfica de povos romanos e germânicos, ao mesmo

---

[82] *Lex Dvodecim Tabvlaravm*, ano 459 AC.

[83] Havia um consenso na cultura social romana, idéia também absorvida pela cultura medieval, de a insolvência ser uma irresponsabilidade e, como tal, deveria ser exemplarmente punida.

[84] Ano 428 AC.

[85] Aproximadamente pelo ano 200 AC.

[86] Período que se encerra em 27 AC, iniciando-se o Principado sob o comando de Otavio Augusto.

[87] Os francos sálicos no território da Gália (atual França – dando origem ao nome do país); os visigodos, ou godos do oeste, na Hispania (atual Espanha); os ostrogodos (godos do leste) no atual território do norte da Itália; os anglos, os saxões e os jutos na Bretanha (atual Inglaterra); os alamanos no atual território da Alemanha, etc.

[88] Coincidentemente, na história romana, Rômulo é o nome do primeiro e do último imperador do ocidente e Constantino, o nome do primeiro e do último imperador do Oriente .

Teoria Falimentar e Regimes Recuperatórios

tempo violenta e harmônica, em seus momentos iniciais, não permitiu aos líderes políticos regionais a criação de um sistema jurídico uniforme.[89]

Durante muito tempo após a queda de Roma, a nova configuração geopolítica que sucedeu à *Pax Romana* composta por povos romanos ou romanizados e povos bárbaros não encontrou condições suficientemente favoráveis para forjar uma harmonização cultural solidificada que pudesse construir uma nova cultura jurídica comum a todos.

Assim, os novos reinos que se constituíram a partir do fracionamento político do território europeu sob a hegemonia romana adotaram, em geral, o princípio jurídico da personalidade, pelo qual o Direito aplicável ao súdito decorria de sua origem. Em outras palavras, para os germânicos aplicavam-se os costumes ancestrais dos povos bárbaros e para os chamados *romani* aplicava-se o Direito Romano.[90] Esses modelos de Direito Romano aplicados exclusivamente aos *romani*, como a *Lex Romana Visigothorvm* e como a *Lex Romana Bvrgvndionvm*, eram leis propostas pelos reis bárbaros aos súditos de origem romana, que tinham por base o *Codex Theodosianvs*.

O primeiro grande reino após a decadência romana foi o dos francos, graças ao sucesso das dinastias merovíngia e carolíngia. Durante esta última dinastia, foi criado o Sacro Império Romano com coroação de Carlos Magno pelo Papa Leão III no ano 800 AD, que se notabilizou como a primeira tentativa de reunificação do território europeu.[91]

Um pouco antes da coroação da Carlos Magno, a maioria dos reinos já havia abandonado o princípio da personalidade pelo princípio da territorialidade, pelo qual todos os habitantes de um mesmo território submetiam-se a uma mesma lei, independentemente de sua ancestralidade. Aproveitando-se desse momento favorável, os reis, procurando aumentar seu poder político, realizaram inúmeras tentativas de unificar e legitimar o Direito através de sua autoridade política.[92]

Com a dissolução do Império romano e a fragmentação territorial da Europa, os índices de produção da economia haviam caído a níveis críticos. A produção não mais gerava riqueza, transformara-se em atividade de mera subsistência.

---

[89] LE GOFF, Jaqcues. *A Civilização do Ocidente Medieval*. EDUSC. 2005, p. 43 – 54.

[90] O Direito Romano aplicado neste período não pode ser visto como o Direito Romano Clássico nem o Direito do *Corpvs Ivris Civilis*, o qual somente tornou-se conhecido no ocidente, salvo esparsas tentativas, a partir de 1159 AD, com os estudos dos glosadores na Universidade de Bolonha.

[91] Todas as tentativas de reunificação do território europeu por dominação, a partir de 476 AD (Carlos Magno, Napoleão, Hitler) ou não foram perenes ou fracassaram plenamente. O êxito da União Européia talvez esteja na forma, pelo entendimento entre as nações, ao invés de dominação.

[92] As capitulares de Carlos Magno são um exemplo disso.

Enquanto isso, no plano político, o poder dos reis restringia-se apenas ao seu território próximo.[93] Nesse contexto geopolítico e econômico, somente a Igreja estabelecia-se como o único poder supra-territorial.

Nos territórios dos reinos, as lideranças regionais apresentavam-se, diante da fraqueza do rei, como o poder político mais forte, impondo-se aos seus vassalos, pois o poder do rei não era suficientemente organizado para alcançar os habitantes dos feudos. O poder político dos senhores de feudos consolidava-se também pelo poder de propor aos vassalos o ordenamento jurídico, através de um sistema de costumes locais como suporte estrutural do Direito e um sistema judicial administrado pelo suserano, concomitantemente com as regras de Direito Canônico, sistema este administrado pela Igreja. Nessas bases, estabeleceu-se o feudalismo.

A nova organização geopolítica e jurídica da Idade Média formou lentamente um novo modelo econômico. Superada a desordem econômica gerada com o fim da antigüidade clássica e implementada uma nova ordem econômica, a produção começa a se voltar para a geração de riqueza em detrimento da mera sobrevivência.

A oferta de bens de consumo destinada àqueles que pudessem adquiri-los trocando por riqueza fez com que os produtores passassem a trabalhar em níveis que lhes permitissem gerar excedentes econômicos e, com isso, acumular riqueza. Nesse novo cenário sistêmico da economia, surgiu a necessidade de um meio ágil para a troca de bens e serviços pela riqueza daqueles que pretendessem adquiri-los, criou-se a moeda.

Entre produtores e consumidores apareceram aqueles que integravam o novo sistema intermediando essas relações, os chamados comerciantes, que compravam dos produtores, garantindo para estes a venda de sua produção, e revendiam aos consumidores, permitindo a estes um conforto e uma variedade maior de ofertas.

A rigidez das obrigações jurídicas exigia, em muitas oportunidades, a figura do notário,[94] que dava um caráter público e legitimador do direito do credor, cujas disputas eram, em geral, resolvidas por pessoas que tivessem conhecimento dos usos e dos costumes dos mercadores, mais tarde convertidos em lei escrita, a chamada *Lex Mercatoria*.

O sistema jurídico-econômico mercantil, que funcionava a partir do princípio da confiança e da boa-fé, permitia ações fortes por parte dos credores em relação aos devedores que se tornassem inadimplentes, pois o não-cumprimento das promessas significava, no consenso cultural da época, uma afronta à boa-fé.

---

[93] O fim da dinastia carolíngia com a escolha de Hugo Capeto como rei dos francos, que inicia a dinastia Capetíngia, registrou uma diminuição territorial do poder real, restrito basicamente ao território de Paris e adjacências.

[94] Uma leitura altamente informativa sobre como se desenvolviam as relações comerciais neste período de Baixa Idade Média e início do Renascimento é a peça de William Shakespeare: "O Mercador de Veneza".

O sistema jurídico comercial era guiado pelo princípio do *Pacta Sunt Servanda*, cuja assimilação pela *Lex Mercatoria* garantia ao credor um direito absoluto, incondicional e não excetuável de receber o seu crédito. A falta do devedor significava uma quebra de confiança, cujo receio geral seria tornar-se sistemicamente endêmica. Diante disso, o Direito[95] permitia ao credor agir fisicamente contra o devedor faltoso, quebrando materialmente os estabelecimentos dos devedores comerciantes como um significado simbólico de expulsão do faltante.[96]

Posteriormente, observou-se que as bancas dos comerciantes inadimplentes, ao invés de serem quebradas pelos credores, poderiam constituir para estes uma esperança, ainda que mínima, da satisfação de seus direitos pela expropriação dos bens nelas existentes. O resultado disso foi a incorporação do instituto romano da *missio in bona*, pelo qual garantia-se aos credores, juridicamente, o direito de posse dos bens e livros do devedor e, caso fosse oportuno, a administração desse patrimônio por um curador. Note-se, entretanto, que o insolvente ainda respondia fisicamente perante os seus credores, pois aguardava geralmente preso o encerramento do processo e, em algumas vezes, poderia ser torturado.[97]

Como a "banca quebrada" tornara-se apenas um símbolo não mais uma conduta normal por parte do credor, o sistema jurídico-econômico começava aos poucos a migrar para uma destinação de efeitos jurídicos para o patrimônio do faltante ao invés de seu corpo, ou seja, aquele que falhava (fallere)[98] passaria, no nascimento da era moderna, a responder com o seu patrimônio não mais com o seu corpo.

Na antigüidade clássica existiu, de modo consensual, a idéia de a insolvência ser uma irresponsabilidade e, como tal, dever ser severamente punida ou com a morte, ou com a escravidão, ou com a prisão, ou com a tortura, ou com a humilhação, em concordância com o pensamento romano, *verbatim*: "*decoctvs semper cvlposos praesvmiter, donec contrarivm probetvr*".[99] Essa idéia, que fora inicialmente absorvida pela cultura medieval, aos poucos foi sendo abandonada por uma outra de maior eficiência sistêmica na proteção do direito do credor.

A presunção de irresponsabilidade vigorante na cultura da antigüidade clássica e em grande parte da cultura medieval, que vinculava a uma idéia de culpa pelo fracasso da atividade econômica e que legitimava as agressões físicas e morais por parte dos credores, dentro de um sistema jurídico que aceitava

---

[95] Nessa época, a cultura social já havia assimilado a expressão *(de) rectvm* em detrimento do *ivs*, gerando os termos: recht – right – (di)reito – (de)recho – (di)ritto – (de)rept. Destacando-se que para os países de língua inglesa o sistema não é nominado right, termo que se refere a um direito individual ou coletivo, mas Law, o sistema que agrega os rights.

[96] Surgindo daí a expressão bancarrota, proveniente de "*banca rota*" ou banca quebrada, que simbolizava o ato de expulsão do insolvente daquele ambiente comercial .

[97] Vide nota nº 94.

[98] Surgindo a expressão falido.

[99] Sempre presume-se culpado o insolvente até prova em contrário.

como juridicamente legítima a ação do credor não sobre o patrimônio mas sobre o corpo, encontrava-se em irreversível processo de abandono.

3.2. O Direito Falimentar contemporâneo

3.2.1. O falido no Direito moderno

A fragmentação do poder imperial único e o fortalecimento do poder regional desconcentrado durante a Idade Média permitiram o desenvolvimento desigual entre as cidades medievais. Cidades como Gênova, Veneza, Florença destacavam-se no exercício da atividade comercial, constituindo-se nos centros econômicos da época.

Seguindo a tradição histórica,[100] a Europa olhava ambiciosamente para o Oriente, cujas riquezas superavam a dos países ocidentais. O fracasso das cruzadas (1097 AD – 1272 AD) e a queda de Constantinopla (1453 AD) inviabilizaram o comércio com o Oriente por via terrestre.

A necessidade da manutenção desses mercados fez com que o Ocidente pensasse em alternativas às rotas terrestres de intercâmbio entre Ocidente-Oriente. A solução se deu através das rotas marítimas, contornando o sul da África. Por razões geográficas, políticas e tecnológicas, Portugal despontou como a grande nação emergente, secundada pela Espanha e pela França e, mais tarde, pela Holanda e pela Inglaterra.

Mais ou menos nesse período, quando a moeda já havia se consolidado como o grande instrumento de troca e quando o objetivo dos produtores e comerciantes não mais era apenas sobreviver, mas acumular riqueza, dando um caráter monetário à economia, o pagamento das obrigações comerciais, ainda dentro da visão preponderante do *pacta svnt servanda*, era crucial para o equilíbrio e para a segurança dos mercados.

A falta (ou falha ou omissão) no cumprimento de obrigações financeiras eram tratadas como atitudes de má-fé. Abandonando-se a idéia de irresponsabilidade que a expressão *decoctor* trazia e já em superação aos termos bancarrota e quebra[101] que vinculavam a uma idéia de vingança, a cultura pós-medieval introduziu a expressão *fallere*.[102] Adotando-se como modelos mais modernos para a compreensão jurídica do fenômeno econômico-financeiro da insolvência no mundo ocidental as expressões falência[103] e falido.[104]

---

[100] A ambição do ocidente sobre o oriente acompanha os primórdios da civilização ocidental até os dias de hoje. As ações vêm sendo feitas desde a Guerra de Tróia (aproximadamente 3000 AC), passando por Alexandre Magno, Roma, Cruzadas, Descobrimentos Marítimos, imperialismo inglês, francês, russo e norte-americano. A inversão é desproporcionalmente pequena: hunos, mouros, turcos.

[101] Porém, esses termos nunca foram completamente abandonados.

[102] Falhar naquilo que se comprometera com os demais que com boa-fé acreditaram em sua palavra.

[103] A falha.

[104] O faltante.

Teoria Falimentar e Regimes Recuperatórios

Essas expressões traziam consigo novos aspectos ideológicos de compreensão do instituto jurídico-econômico. Num mundo ainda pré-capitalista mas de livre iniciativa já plenamente afirmada, o risco econômico já era compreendido como um acontecimento normal da atividade, alcançável a todos, sem necessariamente significar a irresponsabilidade ou a má-fé.

Além do mais, uma vez abandonada a idéia de vingança, o limite corporal deixou de ter significância para as ações dos credores. Como se tratava de negócio por essa via é que os problemas do devedor deveriam ser resolvidos.

Assim, o limite de ação dos credores passou a alcançar tão-somente o patrimônio do devedor. Porém, como os credores seriam satisfeitos apenas com o patrimônio do devedor deveria esse patrimônio ser igualitariamente dividido entre todos. Assim os credores de um "falido" submeter-se-iam a um princípio jurídico de igualdade de direitos, *verbatim: "pars conditio creditorvm".*[105]

Contudo, a garantia de aplicação de novos conceitos para os casos de *fallere* somente seria possível se a natureza do instituto de ordenação jurídica da insolvência deixasse sua natureza privada, tornando-se de natureza pública.

Não existiriam apenas regras não harmônicas e de aplicação geral conduzidas fatalmente pelos credores. A condução aplicativa das regras do regime passaria dos credores para o Estado, que seguiria normas harmônicas que produzissem efeitos jurídicos tanto para os credores como para o devedor na relação direitos-obrigações.

Nessa transformação de natureza privada para natureza pública, absorvendo uma das proposições fundamentais de construção do sistema jurídico ocidental lançada por Charles Louis de Secondat, conhecido como Barão de Montesquieu, que trouxe uma nova base de configuração do Estado liberal, a aplicação dos regimes jurídicos tornou-se monopólio do Estado como função do Poder Judiciário.[106]

Estas são as bases estruturais sistêmicas da falência moderna:

1) limite patrimonial;
2) condição de igualdade entre todos os credores (*pars conditio creditorvm*);
3) natureza pública e judicial.

---

[105] Princípio até hoje vigente no Direito Falimentar, que se expressa na condição de igualdade entre os credores.

[106] Nessa literatura, tão importante quanto a leitura do "Espírito das Leis" (1748 AD), é necessário o estudo de uma obra que lhe é antecedente: "Uma Análise sobre as Causas da Grandeza e da Decadência do Povo Romano" (1734 AD). Nesse livro, Montesquieu destaca que o bem realizado pelo bons imperadores foi em muito superado pelo estrago causado pelos maus. Concluiu que isto decorreu do fato do poder estar concentrado em apenas uma pessoa. Dessa forma, o poder que não poderia estar pulverizado também não poderia ser monopolizado de forma absoluta por ninguém. Importa também destacar que a criação da Teoria dos Três Poderes atribuída a Montesquieu, é na verdade, um mito, pois, em sua obra, não reconhece o Judiciário como um Poder, afirmando, apenas, o poder judicial – vide BATISTA DA SILVA, Ovídio. *Teoria Geral do Processo*. RT. 2006, p. 62.

3.2.2. Os regimes alternativos à liquidação

A compreensão da matéria falimentar exige do estudante, antes de tudo, uma compreensão contextual do ambiente e das circunstâncias que determinaram os caminhos traçados pela humanidade.

Sabe-se que o Direito normatiza efeitos e ações decorrentes de um acontecimento no mundo dos fatos, cuja concretização de elementos abstratos de suporte fático transformam esse fato comum em fato jurídico.[107]

A insolvência é um fato econômico, cujas repercussões sociais obrigaram ao sistema jurídico normatizá-lo, instituindo regimes jurídicos que regulassem os efeitos e as condutas dos interessados.

Ao longo da história, brevemente narrada acima, desenvolveu-se a evolução histórica dos regimes executórios, que já alcançaram a responsabilidade corporal do devedor, mas que hoje restringem-se à responsabilidade patrimonial.[108]

Contudo, o contar dessa história não se limita apenas a descrever a evolução dos regimes liquidatórios. Em formas mais ou menos desenvolvidas, mais ou menos complexas, mais ou menos populares entre credores e devedores e operadores do Direito, existiram na história do Direito Falimentar regimes alternativos à liquidação.

No Direito Falimentar da antigüidade clássica, mesmo que infreqüente, os credores reunidos poderiam optar por formas diversas à *manvs iniectio* ou a *missio in bona*, concedendo ao devedor o *moratorivm conventionale* (*pactvm non petendo intra tempvs*), que garantia ao devedor um prazo para a satisfação de suas obrigações. Outra possibilidade era o *pactvm remissorivm* (*pactvm de non debiti non petenda*), pelo qual os credores aceitavam um pagamento menor do que o devido mas viabilizava economicamente o devedor ao mesmo tempo em que recebiam, ainda que parcialmente, o seu crédito.[109]

As antigas práticas romanas não passaram despercebidas pelos comerciantes medievais, os quais, ainda que igualmente de modo não freqüente, adotaram-nas como usos e costumes mercantis das cidades.[110]

Essa alternativa se estruturou de forma diferente da originada no Direito Romano, condicionada exclusivamente a uma decisão dos credores. A espera ou a moratória medievais legitimavam-se a partir de um acordo entre devedor e credores, passando a ser reconhecida como uma concordata diante da concordância dos interessados.[111]

---

[107] De acordo com Pontes de Miranda, fato jurídico é o fato ou o complexo de fatos sobre o qual incidiu a regra jurídica. *Tratado de Direito Privado*, v. I. Borsoi, 1979, p. 77.

[108] A qual, nos dias de hoje, sequer pode ser considerada uma responsabilidade patrimonial absoluta, pois a sua execução esbarra nos limites traçados pela impenhorabilidade de alguns bens do devedor.

[109] MENDONÇA, J. X. Carvalho de. *Tratado de Direito Comercial*. v. VII, Freitas Bastos. 1968, p. 15.

[110] Por exemplo, o *concordato remissionario* utilizado em algumas cidades italianas.

[111] Nessas situações, a concordância de credores e devedor.

Essa idéia que já havia ultrapassado a idade Média, ainda que sem uma regulamentação oficialmente definida, foi recepcionada durante o movimento codificatório iniciado no século XIX por diversos países, consolidando o nome concordata e transformando-se em um instrumento protetivo ao devedor honesto coerente com os princípios do liberalismo econômico. O Código Comercial espanhol de 1885 introduzia um sistema de suspensão de pagamentos submetido ao voto deliberativo dos credores. Também a Lei belga de 1887 estabelecia o regime de concordata preventiva para os devedores infelizes e de boa-fé, com o fim de evitar a declaração da falência, o mesmo pode ser dito em relação à Lei francesa de 1889, que introduziu as *liquidations judiciares*, benefício exclusivamente concedido como atenuante dos rigores da falência, e em relação à Lei italiana de 1903, que introduziu a concordata preventiva.[112]

A turbulência dos acontecimentos da política internacional verificada no século XX, especialmente após a Primeira Guerra Mundial, expôs as deficiências do liberalismo manchesteriano até então predominante na ordem econômica mundial do Ocidente.

A desestruturação desse sistema econômico ocorreu dez anos após a assinatura dos tratados de paz do primeiro conflito mundial[113] com o *crash* da bolsa de Nova York e a inviabilização do comércio e da produção mundial.

Conseqüente a quebra da bolsa seguiu-se a recessão da economia norte-americana,[114] a qual, em que pese a liderança, não era suficientemente forte para sozinha manter o sistema econômico mundial.

Já anteriormente consolidado na União Soviética através do governo marxista-leninista, em processo inicial na Alemanha e na Itália, através do nacionalismo radical nazista e fascista, e nos Estados Unidos da América a partir do New Deal,[115] o intervencionismo do Estado na Economia, absoluto nos três primeiros modelos e coadjuvante no último, começou a ser visto como elemento essencial ao crescimento econômico das nações.

A recessão que afetava a economia norte-americana implicava o fechamento de postos de trabalho. O fechamento de postos de trabalho implicava o desemprego. O desemprego implicava perda de renda. A perda de renda im-

---

[112] MENDONÇA, J. X. Carvalho de. *Op. cit.* v. VIII, p. 485 e 486.

[113] Tratado de Versailles com a Alemanha, Tratado de Trianon com a Hungria, Tratado de Saint-Germain com a Áustria, Tratado de Neully com a Bulgária, Tratado de Sévres com a Turquia.

[114] A Primeira Guerra Mundial redesenhou o mapa da economia e da política internacional. O exaurimento da economia alemã, o esfacelamento do poder político e econômico do império britânico, a revolução bolchevique na Rússia, a instituição do cordão sanitário de separação entre as potências empobrecidas- Alemanha e Rússia (criação da Polônia, Romênia, Iugoslávia, Tchecoslováquia) mudaram os eixos de proposição econômica. Novos atores (nações emergentes) surgiram no cenário geopolítico internacional: os Estados Unidos e o Japão.

[115] Que pode ser compreendido como o Novo Pacto Social, na tradução literal: "O Novo Acordo". O New Deal foi um verdadeiro pacto político entre Estado e sociedade norte-americana, que recuperou a economia do país em menos de uma década após o *crash* da bolsa de Nova York e a recessão subseqüente.

plicava a diminuição da capacidade de consumo. A diminuição da capacidade de consumo implicava a diminuição da demanda. A diminuição da demanda implicava a retração da capacidade produtiva. A retração da capacidade produtiva implicava o fechamento de postos de trabalho. O fechamento de postos de trabalho implicava em mais desemprego e a espiral recessiva não parava de crescer, ao ponto de afetar a solvência das empresas com uma crise epidêmica da economia do país.

A legislação vigente nos Estados Unidos era o *Bankruptcy Act of 1898*, pelo qual, ainda que em algumas situações excepcionais fosse possível evitar a liquidação do patrimônio da empresa insolvente, não previa um instrumento jurídico similar à concordata preventiva.

Dessa forma, por mais eficiente que fosse a aplicação do regime jurídico pelo sistema judicial de cortes, o instrumento regulatório da insolvência se demonstrava ineficiente para o atendimento das expectativas sociais da época.

Na era do *New Deal*, pensava-se em ações políticas voltadas ao bem-estar social. Essas ações somente seriam realizáveis se o Estado garantisse que a sociedade pudesse gerar riqueza. A riqueza social, ainda que em quantidades e graus distintos, deveria ser gerada e apropriada por todos, tanto pelos que detivessem o capital quanto pelos que detivessem a capacidade de trabalho.

A recuperação das empresas seria crucial para o sucesso do pacto social proposto pelo *New Deal*, pois somente as empresas garantiriam empregos em massa.

Estando as empresas diante de uma crise conjuntural, talvez o caminho a trilhar não fosse tão-somente a busca de um projeto apenas macroeconômico. Talvez o Direito pudesse também contribuir com o processo de recuperação da atividade econômica.

Diante disso, uma vez que a lei falimentar da época basicamente previa apenas a liquidação do patrimônio da empresa, no ano de 1938, a lei foi consideravelmente emendada a partir da publicação do *Chandler Act of 1938*, que introduziu um novo instituto no Direito norte-americano: A Recuperação da Empresa.[116]

Posteriormente, em 1978, houve a aprovação do *Bankrupcty Code of 1978*, revogando o *Bankruptcy Act of 1898* e o já incorporado texto do *Chandler Act of 1938*.

O *Bankruptcy Code*, que entrou em vigor em 1979, foi estruturado em princípios normativos que refletem as políticas fundamentais do novo texto legal:[117]

---

[116] A palavra utilizada no jargão norte-americano é *Reorganization*.

[117] WARREN, Elizabeth. *Business Bankruptcy*. Federal Judicial Center. 1993, p. 03.

1) prover um método aplicativo de Direito compatível com o sistema econômico de livre iniciativa e risco;

2) prover um sistema único de satisfação geral para todos os credores, evitando ações e, conseqüentemente, êxitos individuais;

3) prover um sistema que possa oferecer um valor maior ao patrimônio do falido, diminuindo as perdas dos credores;

4) prover um sistema que garanta uma certa igualdade aos credores.

O Código norte-americano de Bancarrotas está dividido em parte geral, composta de três capítulos (I, III e V), e uma parte especial, que trata das diferentes regulamentações jurídicas para a insolvência (VII, IX, XI, XII e XIII),[118] na forma que segue:

1) O Capítulo I trata das provisões gerais: definições, aplicabilidade dos artigos, poderes da Corte Federal de Falências;

2) O Capítulo III trata da administração dos casos judiciais: como inicia o processo, a identidade e a responsabilidade do administrador judicial e seus auxiliares, a administração da massa falida;

3) O capítulo V trata das obrigações e direitos dos credores, deveres e benefícios do devedor e direitos da massa falida;

4) O capítulo VII regula a liquidação de empresas insolventes, sejam sociedades empresariais ou empresas individuais, porém não alcançando as estradas de ferro e as entidades governamentais, os bancos e as seguradoras, que possuem disposições específicas para a sua liquidação;

Os demais capítulos tratam da reorganização:[119]

1) o capítulo IX regula a reorganização dos municípios;

2) o capítulo XI a reorganização das empresas;

3) o capítulo XII a reorganização para os produtores rurais;

4) o capítulo XIII a reorganização para pessoas naturais, não empresas individuais, cuja dívida não garantida não ultrapasse a US$ 100,000 (cem mil dólares) e a dívida garantida não ultrapasse a US$ 350,000 (trezentos e cinqüenta mil dólares).[120]

Com a Lei francesa nº 84-184 de 1984, relativa à prevenção e ao regulamento amigável das dificuldades das empresas, e a Lei nº 85-98 de 185, relativa à recuperação e à liquidação judiciária das empresas, a Lei portuguesa de 1985 e a Lei inglesa de 1986 a preocupação maior passou a ser com a sorte da empresa, devido ao interesse público em conservar-se um organismo produtor de riquezas

---

[118] As numerações não são contínuas, pois no Congresso vários capítulos (II, IV etc.) foram rejeitados, não integrando o Código, optando o legislador norte-americano pela manutenção originária do projeto (I, III, V, VII, IX, XI, XII e XIII) ao invés da readequação – WARREN, Elizabeth. *Op. cit.*, p. 04.

[119] Vide nota nº 116.

[120] WARREN, Elizabeth. *Op.cit.*, p. 23 e 24.

e empregador de mão-de-obra, e não mais tanto com os direitos dos credores, embora continuassem a merecer especial tratamento legal.[121]

No ano 1993, foi protocolado, na Câmara de Deputados Federais do Brasil, o Projeto nº 4.376/93, com a finalidade de inovar e modernizar o Direito Falimentar brasileiro. O diploma então vigente, Decreto-Lei nº 7.661/45, cuja estrutura sistêmica fundamental ainda remontava ao Decreto 917/1890, já havia chegado ao ponto de tensionamento máximo como instrumento jurídico de regulamentação do fato social e já não mais oferecia as respostas esperadas pela comunidade diante da insolvência das empresas.

Pelo ano de 1997, houve, no Congresso brasileiro, a apresentação de substitutivo pelo Congresso ao projeto apresentado pelo Poder Executivo, fazendo-se incluir o instituto da recuperação da empresa como regime jurídico substitutivo da concordata e mantendo-se a falência como regime liquidatório.

O projeto e o substitutivo retornaram à discussão parlamentar pelo ano de 2003, tendo o último sido aprovado pela Câmara de Deputados, recebendo diversas críticas por sua falta de sistematização.

Em virtude do sistema bicameral, o projeto foi encaminhado ao Senado Federal onde foi protocolado como projeto de lei nº 71/2003. Nessa Casa legislativa, o projeto foi substancialmente alterado, observando-se forte influência política do Governo e do sistema financeiro. Na estrutura definitiva do projeto aprovado pelo Senado foi mantida a falência como regime liquidatório, porém, em relação aos meios alternativos à liquidação da empresa, foram extintas tanto a concordata preventiva quanto a concordata suspensiva, sendo substituídas pela recuperação judicial e pela recuperação extrajudicial.

Uma vez aprovado com alterações, teve de retornar à Câmara Federal onde foi novamente aprovado, tendo sido sancionado pela Presidência da República em 09 de fevereiro de 2005 com três vetos: artigo 4º, artigo 35, II, "a" e artigo 37, § 6º, II. Na conformidade do artigo 201, o novo texto teria uma *vacatio legis* de 120 dias, tendo entrado em vigor em 09 de junho de 2005.

---

[121] LOBO, Jorge. *Direito Concursal*. Forense. 1996, p. 06.

Segunda Aula – O Direito Empresarial Falimentar

1. APRESENTAÇÃO

A escolha de uma escola de compreensão filosófica do Direito e de uma metodologia interpretativa e aplicativa ou uma combinação de seus elementos mais aceitos constitui-se em uma ferramenta essencial para o aluno operar no sistema jurídico.

Após a compreensão dos aspectos introdutórios de fundamental importância para o estudo do Direito, importa discutir, mais especificamente, o microcosmo jurídico econômico.

A economia é uma ciência que estuda atitudes, como:

1) a tarefa de corretamente alocar bens escassos para o atendimento de necessidades ilimitadas;

2) as decisões racionais que levam aos melhores resultados, as causas de êxitos e fracassos, etc.

O Direito é uma ciência que regula todas essas atitudes, sejam elas praticadas por entes humanos ou por entes fictícios, públicos ou privados.

Se o objeto finalístico da Economia é a geração de riqueza, reconhecendo como econômica toda a atividade que potencialmente leve a esse desiderato, o Direito traça regras limítrofes para essas atividades a partir de valores presentes na sociedade.

Se gerar riqueza é uma atividade econômica, a exploração sexual de crianças, ainda que gere riqueza, é juridicamente ilícita, pois fere um valor da cultura social. O mesmo poderá ser entendido em relação às atividades que exploram o trabalho escravo, poluem o ambiente, traficam substâncias entorpecentes, extorquem ou enganam as pessoas, etc.

Teoria Falimentar e Regimes Recuperatórios

Logo, a relação interativa entre Economia e Direito, muito mais do que uma vaidade dos pensadores das duas ciências, é uma exigência da sociedade civilizada.

A Economia tem como princípio finalístico básico a geração de riqueza. Dessa forma, pode-se afirmar que as atividades propostas para atingir a esse objetivo são qualificadas de atividades econômicas e seus praticantes são chamados de agentes econômicos.

Assim sendo, tanto a empregada doméstica, quanto o funcionário público, quanto o advogado ou o médico, quanto a empresa, por praticarem atos que potencialmente são aptos a gerar riqueza, integram uma categoria comum: agentes econômicos.

Não obstante, se para a Economia não existe uma separação conceitual entre os diversos agentes produtores de riqueza, para o Direito essa separação existe. Pois, conforme anteriormente escrito, o Direito regula a atividade econômica traçando regras de ação legal e definindo limites de licitude. Dessa forma, o conjunto básico de regras jurídicas que, por exemplo, regula a atividade econômica da empregada doméstica é o Direito do Trabalho, enquanto que o conjunto básico de regras que regula a atividade econômica do funcionário público está disciplinado no Direito Administrativo.

Fica claro que a atividade econômica da empresa é regulada pelo Direito Econômico-Empresarial, cuja estruturação sistêmica é forjada pelo Código Civil, Livro II – Direito de Empresa –, e pelas demais leis econômicas que orbitam em redor do estatuto nuclear.[122]

2. O CICLO DE EXISTÊNCIA ECONÔMICA DAS EMPRESAS

Os agentes econômicos empresariais, assim como os seres vivos, têm um ciclo de existência. Em outras palavras, assim como os seres vivos, as empresas nascem, crescem e morrem.

O Direito, por regular tanto a vida humana quanto a Economia, interage em todos os momentos desses dois ciclos de existência: a) propondo condições legais para o reconhecimento jurídico tanto da existência humana quanto da existência econômico-empresarial, b) propondo regras jurídicas para uma existência regular tanto na vida em sociedade como nas relações econômicas e, finalmente, c) propondo regras que reconheçam o fim da existência humana e o fim da existência econômico-empresarial.[123]

---

[122] Conforme a Teoria da Teia de Aranha, existe uma lei nuclear sobre a qual orbitam várias leis de complemento. Um sistema jurídico terá diversas teias que orbitam sobre uma lei nuclear superior, que é a Constituição, cuja textura moral é medida pelo respeito aos valores da cultura social do povo.

[123] O Direito, no artigo 2º do Código Civil, propõe a condição para o reconhecimento jurídico da existência humana: o nascimento com vida. Não significa que a ciência médica esteja adstrita a essa afirmação adotada

Assim como o Direito regula o reconhecimento da morte humana, real ou presumida,[124] também disciplina os efeitos jurídicos que decorrem do fim da existência econômica da empresa.

Com as empresas o Direito relaciona-se da mesma forma, propondo condições para o reconhecimento jurídico da sua existência e da sua regularidade existencial, assim como os requisitos afirmativos da morte econômica e os efeitos jurídicos decorrentes.

Durante o ciclo de vida de uma pessoa humana é normal que, em vários momentos, passe por debilidades físicas oriundas de algum tipo de enfermidade. Se esta enfermidade for debilitante ao ponto de tornar irreversível o processo de reabilitação física desta pessoa, tenderá a morrer; se a enfermidade debilitante for reversível, a tendência será a recuperação da pessoa e a sua continuidade como ser vivo, após submeter-se a um tratamento medicamentoso.

Essa é a exata correlação existencial da empresa. Durante seu ciclo de existência passará por dificuldades que a debilitarão. Se essas dificuldades debilitantes forem reversíveis, submeter-se-á a um tratamento reabilitante, cujo sucesso implicará a sua recuperação; caso encontre-se em estado de irreversibilidade, tenderá a submeter-se a um processo falimentar de caráter liquidatório.

A diferença entre o ente humano e o ente empresarial está no fato de a doença daquele ser de natureza física e/ou psíquica e os remédios, em geral, de natureza química, enquanto que a natureza da enfermidade do ente empresarial ser de natureza econômica e seus remédios aplicáveis serem jurídicos.

Neste semestre acadêmico será feita uma abordagem sobre a doença da empresa, cujo jargão jurídico-econômico refere como crise da empresa, e os regimes jurídicos aplicáveis de acordo com a gravidade desta.

3. PRESSUPOSTOS JURÍDICOS DE EXISTÊNCIA DE UMA EMPRESA E AS CONDIÇÕES LEGAIS DE REGULARIDADE

A vigência do novo Código Civil Brasileiro representou muito mais do que o ingresso de uma nova legislação comprometida apenas com a atualização e a correção de textos legais.

---

pelo legislador brasileiro. Contudo, a regra de reconhecimento dos direitos do homem e da mulher condiciona-se a esse evento da natureza. Tanto a afirmação de existência adotada pelo Direito não é definitiva que este reconhece eficácia *ex tvnc* (ou seja retroativa) ao nascimento com vida, protegendo os direitos do nascituro desde a concepção.

[124] Nesse particular não existe uma regulação objetiva do Direito sobre o que seria morte, relegando a uma afirmação da ciência médica.

Teoria Falimentar e Regimes Recuperatórios

63

Celebrado por muitos, mas, ainda assim, sofrendo algumas críticas, o Código, partindo de princípios básicos de culturalismo e eticidade,[125] procurou reconfigurar o sistema jurídico de Direito Privado no Brasil.

Seguindo a lição proposta por Augusto Teixeira de Freitas, adotada pelo Código Civil alemão de 1896,[126] o novo Código incorporou a idéia de unificação do Direito Privado, terminando com a distinção legislativa entre Código Civil e Código Comercial,[127] uniformizando as matérias jurídicas em termos de princípios filosóficos e metodológicos.

A aplicação da Teoria da Teia de Aranha[128] estabelece o Livro II do Código Civil, que disciplina o Direito de Empresa, como a regra matriz nuclear do microssistema do Direito Econômico-Empresarial.

O *capvt* do artigo 966 do Código Civil lança os pressupostos de reconhecimento jurídico do ente empresarial:

1) ter finalidade econômica;[129]

2) através das atividades de produção de bens, intermediação entre produtor e consumidor ou a prestação de serviços;

3) com forma organizada de empresa.

A aquisição cumulativa desses pressupostos é condição essencial para o reconhecimento da entidade jurídica como de Direito Empresarial.[130]

Não há dúvida quanto à compreensão dos dois primeiros pressupostos: finalidade e atividade. O mesmo não pode ser dito quanto ao terceiro pressu-

---

[125] MARTINS COSTA, Judith e BRANCO, Gerson. *Diretrizes Teóricas do Novo Código Civil Brasileiro.* Saraiva. 2002, p. 14 – 144.

[126] O Código Civil alemão – *Bürgerlische Gezets Buch (BGB)*- unificou o Direito Privado em relação à matéria obrigacional. Entretanto, existem matérias próprias de Direito Comercial que foram reguladas em um código comercial específico – *Haendel Gezets Buch (HGB)*. A grande inspiração dos Pandectistas, incorporada ao Direito alemão, além da proposta idealizada por Teixeira de Freitas de unificação do Direito Privado, foi a divisão sistêmica do Código em parte geral e parte especial, em oposição ao método francês até então prevalente no Direito Ocidental.

[127] A descoberta, ou o apossamento do território brasileiro, ocorrido em 1500 AD pelos portugueses, determinou, de imediato, a vigência das Ordenações Afonsinas, promulgadas em 1446 AD. Posteriormente, em 1521, pelo Rei Dom Manuel, foram promulgadas as Ordenações Manuelinas. Finalmente, em 1603, houve a promulgação das Ordenações Filipinas. Essas codificações eram de caráter geral, contendo dispositivos de Direito Civil, Direito Processual, Direito Comercial, Direito Penal. Em 1850, com a vigência do Código Comercial, houve a revogação parcial das Ordenações Filipinas. Representando a primeira grande separação legislativa entre o Direito Civil, que continuaria sob o regramento Filípico até 1917 – ano de vigência do Código Civil-, e o Direito Comercial. A proposta de Teixeira de Freitas era, sob uma nova matriz sistêmica, retomar a idéia da unificação legislativa [parcial] para o Direito Privado.

[128] Vide nota nº 122.

[129] Em outras palavras, praticar atividades que visem a geração de riqueza.

[130] A falta do primeiro requisito levará ao reconhecimento jurídico como associação ou fundação. A aquisição do primeiro e do segundo requisitos torna agente econômico, mas a falta do terceiro encaminhará ao reconhecimento jurídico como atividade individual liberal ou, no caso de coletividade de agentes, como sociedades simples, não empresarial e não submetida ao regramento econômico-empresarial.

posto, uma vez que se trata de conceito metajurídico. Isto porque o legislador brasileiro, acertadamente, optou por não definir[131] já que uma definição escrita poderia "engessar" o conceito, afastando-o da compreensão social ao longo dos anos. O risco de engessamento jurídico de conceitos culturais reduz, consideravelmente, a elasticidade de um enunciado legal, tendendo a tencioná-lo em um curto período de tempo.

Assim sendo, a lei adotou um pressuposto metajurídico que se coloca junto aos dois pressupostos jurídicos acima referidos, que também deverá ser atendido pelo ente para que a sua atividade econômica seja reconhecida como empresarial.[132]

No exato momento em que o ente econômico cumpre esses três pressupostos torna-se empresa, como tivesse sido capturado pela teia normativa de Direito Econômico-Empresarial e, com isso, submete a sua atividade econômica ao regramento dado pelo Direito empresarial e leis orbitais, ainda que sua vontade originária, por exemplo, fosse de submeter-se ao regramento civil. Isso ocorre dessa forma porque a incidência dos efeitos jurídicos da teia normativa independe da vontade ou escolha do agente.

Compreendendo-se sempre que o Direito nunca poderá ser visto como uma obra completa e acabada frente as afirmações gerais, serão sempre possíveis situações excepcionais. Logo, ainda que se constitua em um sistema por integração automática,[133] existem algumas exceções, tipificadas nos artigos 971 e 984 do Código Civil, que admitem a integração ao regime jurídico empresarial por adesão voluntária.[134]

Superados os pressupostos de existência, importa discutir as condições de regularidade. Partindo-se de uma idéia simplista, sabe-se que a existência de uma pessoa humana decorre de seu nascimento com vida e de sua continuidade existencial.

Em momento algum a pessoa sofre qualquer imposição legal do registro para existir. Em outras palavras, as pessoas existem se tiverem nascido e se mantiverem sua continuidade existencial. Porém, dentre as pessoas existentes, a grande maioria terá atendido a uma regra normativa de convivência social, pois terão o seu nascimento registrado, enquanto outras não. As pessoas do primeiro grupo, além de terem cumprido o pressuposto fundamental de existência,

---

[131] Afirma-se a correção do legislador, pois, uma definição escrita por certo "engessaria" o conceito de empresa e poderia tencioná-lo em relação a um nova idéia da cultura social sobre o tema em alguns anos passados da vigência do Código.

[132] Importa observar que o legislador brasileiro excepcionalmente criou uma definição jurídica objetiva includente ao regime jurídico da empresa quando refere, no artigo 982, parágrafo único, que as sociedades por ações são sempre empresariais. Ao mesmo tempo, criou, ainda no dispositivo supra-referido, uma exclusão objetiva ao regime jurídico empresarial, afirmando que as cooperativas são sociedades simples.

[133] Cumpridos os pressupostos, o ente passa a integrar o regime jurídico da empresa.

[134] Dispositivos relacionados com a atividade rural, a qual poderá optar pelo regime que entender mais conveniente.

Teoria Falimentar e Regimes Recuperatórios

atenderam a condições secundárias, em termos de existência biológica, mas de capital importância para a vida em sociedade.

O atendimento dessas condições, registro válido de seu nascimento, confecção de documento de identificação civil, cumprimento com as obrigações eleitorais, etc., faz com que a existência da pessoa humana seja considerada juridicamente regular, garantindo-lhe a manutenção de todos os direitos socialmente reconhecidos.

Por outro lado, as pessoas integrantes do segundo grupo, não registradas ou que desatendam as demais imposições legais da vida em sociedade, por terem uma existência não regular, não terão garantidos os mesmos direitos[135] enquanto não se registrarem.

A compreensão desse enunciado lógico é fundamento aplicativo ao regime jurídico da empresa. Um ente econômico torna-se empresarial se cumpridos os pressupostos do artigo 966 do Código Civil. Uma vez cumpridos esses pressupostos, observando-se as regras excepcionais dos artigos 971 e 984 do Código, integra o regime jurídico das empresas, submetendo-se ao registro, por força das regras dos artigos 967 e 985 do Código.

O registro deverá ser visto como uma condição de regularidade[136] para a aquisição de todos os direitos e obrigações previstos no microssistema jurídico-empresarial em sua plenitude. Os que não forem registrados, ainda assim, serão considerados entes empresariais, terão todas as obrigações, mas nem todos direitos enquanto permanecerem em condição de irregularidade.

Se a realização dos pressupostos[137] for obra de uma individualidade, homem ou mulher, esta individualidade será considerada pelo Direito como uma empresa individual. Se, além dos pressupostos de existência, atender a(s) condição(ões) de regularidade,[138] será pelo Direito considerada como uma empresa individual regular, com aquisição plena dos direitos e das obrigações.

Se, entretanto, não atender à condição do artigo 967, será considerada uma empresa individual irregular, com aquisição de todas as obrigações, mas de apenas parte dos direitos criados e reconhecidos pelo ordenamento positivado.

Se a realização dos pressupostos do artigo 966 for obra de uma coletividade de pessoas naturais e/ou jurídicas, essa coletividade será reconhecida pelo

---

[135] Somente as pessoas registradas poderão votar e serem votadas, poderão ter direito à emissão de passaporte, poderão prestar concurso público; poderão ter direito à abertura de conta bancária, etc..

[136] Importa destacar que o registro não é a única condição de regularidade exigida pelo Direito Empresarial. A empresa, além do registro, deverá manter sua escrituração em dia e realizar as publicações periódicas – vide COELHO, Fabio Ulhoa, *Op. cit.*, p. 66

[137] Artigo 966 do Código Civil.

[138] Artigo 967 do Código Civil.

Direito como uma sociedade empresarial.[139] Se, além dos pressupostos descritos no artigo 966 do Código Civil, for constituída sob um dos tipos societários[140] regulados nos artigos 1.039 a 1.092[141] e atender à(s) condição(ões) de regularidade impostas pela legislação, dentre elas a prevista no artigo 985, será considerada pelo Direito como uma sociedade empresarial regular, com aquisição plena de obrigações e direitos.[142] Se não atender às condições de regularidade exigidas pelo Código Civil, será uma sociedade empresarial não regular, com aquisição plena de obrigações, mas parcial de direitos.[143]

Diante da explanação acima, fica evidenciada a nítida diferença entre sociedade e personalidade da pessoa jurídica. A sociedade passa a existir no exato momento em que houver a conjunção de esforços e patrimônios de seus integrantes para a realização do desiderato econômico comum. A sociedade criada adquire personalidade a partir do registro, de acordo com a regra dos artigo 998 do Código Civil. Sem o arquivamento do ato constitutivo, a sociedade, ainda que existente, carece de personalidade jurídica, passando a integrar a categoria das sociedades não personificadas, como sociedade em comum, prevista nos artigos 986 a 990 do Código Civil.

A aquisição da personalidade jurídica faz vigorar o princípio da autonomia existencial da pessoa jurídica em relação a seus sócios. Possuindo uma personalidade jurídica própria distinta da de seus sócios, a pessoa jurídica passa a obrigar-se pessoalmente no mundo dos negócios.

Destaca-se, contudo, a existência de eventual equívoco de interpretação quanto à condição de [ir]regularidade pelo não-arquivamento de alterações contratuais. A omissão dos sócios em arquivar na Junta Comercial a alteração contratual já regularmente constituída não implica em perda da condição de regularidade por parte do ente coletivo. Apenas não haverá produção de efeitos[144] jurídicos do ato perante terceiros enquanto não for arquivada a alteração, ainda que se trate de retirada de sócio, o qual continuará juridicamente responsável enquanto a alteração não tiver sido arquivada.

---

[139] Se a coletividade de pessoas não se reunir em torno de uma finalidade econômica, não terá sido criada sequer uma sociedade, mas uma associação sem fins lucrativos. Se houver a destinação de um patrimônio para a realização de uma ou várias atividades, ter-se-á criado uma fundação.

[140] Os tipos societários referidos são: a sociedade em nome coletivo, a sociedade em comandita simples, a sociedade em comandita por ações, a sociedade limitada e a sociedade anônima.

[141] Vide regra do artigo 983 do Código Civil

[142] Na opinião do autor, a regularidade será avaliada não apenas na constituição, mas durante toda a sua existência.

[143] Parte da doutrina defende uma tripla estruturação da pessoa jurídica empresarial: 1) sociedade com ato constitutivo elaborado e arquivado – sociedade regular; 2) sociedade com ato constitutivo elaborado, mas não arquivado – sociedade irregular; 3) sociedade sem ato constitutivo – sociedade de fato. Essa tese, ainda polêmica, encontra sustentação no artigo 987 do Código Civil.

[144] Plano de eficácia jurídica.

Teoria Falimentar e Regimes Recuperatórios

4. ANÁLISE COMPARATIVA ENTRE O DECRETO-LEI Nº 7.661/45 E A LEI Nº 11.101/05

Conforme enunciado no primeiro ponto desta aula, as empresas, ao longo de seu ciclo de existência, poderão ser acometidas de enfermidades debilitantes de sua saúde econômica e financeira.

No jargão falimentar, a "doença" da empresa é chamada de crise e, como já anteriormente referido, seus "remédios" são referidos como regimes jurídicos.

O Decreto-Lei nº 7.661/45 e a Lei nº 11.101/05 tratam da mesma temática fático-jurídica: a crise das empresas e os regimes jurídicos de regulamentação.

O Decreto-Lei nº 7.661/45, que vigorou de 1º de novembro de 1945 a 8 de junho de 2005, instituía para a regulação da crise da empresa dois regimes jurídicos:

1) a falência como regime liquidatório universal de bens para o pagamento de todos credores;

2) a concordata como regime de recuperação financeira para comerciantes em dificuldades.

A concordata se dividia em preventiva e suspensiva. A primeira objetivava evitar a decretação de uma falência, proporcionando para a empresa em dificuldades um financiamento compulsório dos credores em prazo (moratória), taxa de juros e desconto sobre o principal. A segunda pressupunha a decretação da falência da empresa. A finalidade era tentar evitar a liquidação do ativo, permitindo ao falido pagar os seus credores através da retomada dos seus negócios.[145]

A Lei nº 11.101, que entrou em vigor a partir de 09 de junho de 2005, instituiu para regular a crise da empresa, também, dois regimes:

1) manteve a falência, com algumas alterações;

2) extinguiu a concordata, substituindo-a pela recuperação, que poderá ser judicial ou extrajudicial.

Em relação ao regime liquidatório de falência, a mudança foi mais principiológica do que estrutural, mas, quanto aos regimes alternativos à liquidação, a mudança foi principiológica e estrutural, não significando apenas uma nova nomenclatura do "remédio", mas uma profunda alteração de sua "fórmula".

A primeira grande diferença entre os dois sistemas está no critério jurídico de aplicação dos regimes. Na vigência do Decreto-Lei, a decretação da falência

---

[145] Vide regra do artigo 139 do Decreto-Lei nº 7.661/45.

ou a concessão da concordata submetia-se a uma análise de correlação econômico-financeira[146] da empresa.

Assim sendo, no regime jurídico anterior, o juiz decretava a falência se tivesse uma certeza material ou formal da insolvência da empresa, detectada por um sistema de presunções jurídicas que levassem o juiz a concluir que a crise era de natureza econômica e financeira. Se, por outro lado, a crise detectada fosse meramente financeira, o juiz deveria conceder à empresa um regime de recuperação apenas financeira, denominado concordata.

Decreto-Lei 7.661/45 (em vigor até 08.06.05)		
Econômica	Financeira	
1) -	-	→ Crise econômica e financeira = Falência
2) +	-	→ Crise financeira = Concordata

De acordo com o quadro acima, verifica-se que na hipótese nº 01 a crise é econômica e financeira, cuja irreversibilidade leva ao estado de insolvência, sendo, dessa forma, aplicável o regime liquidatório de falência. Na hipótese nº 02, observa-se que a crise da empresa é apenas financeira, estando sob equilíbrio econômico, identificando-se aqui situação permissiva à concessão de concordata.

O regime de recuperação financeira, denominado concordata, representava aos credores uma imposição judicial de financiamento ao devedor comum em termos de prazo, juros e eventual desconto sobre o principal.

Toda a informação relevante para a decisão era unilateralmente trazida pelo devedor e a análise de viabilidade recuperatória e de concreção jurídica dos elementos abstratos do suporte fático era feita, exclusivamente, pelo magistrado, relegando-se aos credores apenas uma manifestação de caráter formal, sob a forma de embargos à concordata.

Desse modo, o convencimento que importava ao devedor realizar com sucesso era o do magistrado, não o dos credores, que se submetiam aos efeitos jurídicos da concordata por força de uma decisão judicial. Isso fazia, invariavelmente, com que estes se afastassem animicamente do processo.

O Decreto-Lei representava, por outro lado, um engessamento na potencialidade do devedor, pois a lei "pré-diagnosticava a doença"[147] e "pré-determi-

---

[146] A gestão econômica pode, nesse contexto, ser entendida como a que demonstra o resultado da atividade produtiva (ganho ou perda – lucro ou prejuízo – sucesso ou fracasso, etc.). A gestão financeira é a que demonstra as entradas e saídas do caixa da empresa (o dinheiro da empresa), ou seja, os seus ativos líquidos. Por isso, uma empresa poderá estar muito bem na condição econômica de seu negócio, mas carecer de moeda corrente para a administração de seu fluxo de caixa, estando, dessa forma, apenas em crise financeira.

[147] Como crise financeira.

Teoria Falimentar e Regimes Recuperatórios

nava a medicação".[148] O devedor haveria de se submeter a esse "tratamento", ainda que não fosse o quadro de sua crise nem essa a forma mais indicada para a sua recuperação. Tal situação afetava a eficiência do regime da concordata, pois muitas eram as situações em que a empresa necessitava algo diverso da moratória dilatória ou remissiva e demais repactuações.

Ademais, esse financiamento era pouco eficaz, pois alcançava tão-somente os credores quirografários. Essa categoria de credores, que no passado teve a sua importância histórica na formação do passivo das empresas, nos tempos atuais, estava em muito superada pelas dívidas trabalhistas e encargos sociais, dívidas tributárias e dívidas bancárias de alto vulto com garantias reais que repercutem de modo muito mais expressivo no passivo das empresas. Em outras palavras, o que realmente "pesava" no passivo das empresas não era alcançado pelo regime de concordata, tornando a recuperação do devedor muito tímida e de mínima probabilidade de sucesso.

Para a Lei nº11.101/05, a correlação econômico-financeira, ainda que seja importante, deixou de ser uma situação decisiva para a aplicação dos regimes de falência ou recuperação. Assim, o juiz poderá conceder recuperação ainda que a empresa esteja tecnicamente insolvente, em outras palavras, mesmo que a sua crise seja econômica e financeira. Isto apresenta-se como um ponto crucial para a compreensão do novo regime proposto pela legislação.

Lei 11.101/05 (em vigor a partir de 09.06.05)		
Econômica	Financeira	
1) –	–	⟶ Falência ou Recuperação
2) +	–	⟶ Recuperação

O quadro demonstra que a crise econômica e financeira, para a Lei nº 11.101/05, não afasta a possibilidade de concessão dos regimes recuperatórios, que dependerá decisivamente de outros requisitos, considerados por esta nova legislação como cruciais.

A concessão judicial de um regime recuperatório instituído pela Lei nº 11.101/05[149] depende do atendimento de, pelo menos, uma entre duas condições exigidas pela lei:

1) ainda que tecnicamente insolvente,[150] a empresa poderá pleitear a concessão do regime de recuperação, se apresentar um plano de viabilidade futura aceito pelos credores;

---

[148] Moratória, com repactuação da taxa de juros e eventual desconto sobre o principal.

[149] É importante destacar a existência de outros regimes recuperatórios instituídos por leis especiais para determinadas atividades, como bancos, seguradoras, administradoras de consórcio, etc.

[150] Ou seja, identificada a crise econômica e financeira.

2) ou, ainda que rejeitado,[151] o plano poderá ser imposto aos credores, se for judicialmente reconhecido o desempenho de função social pela empresa em crise.

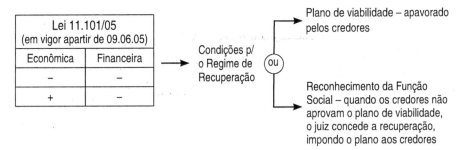

O quadro evidencia que o atendimento de uma das duas condições acima descritas legitima a concessão do regime recuperatório, não se constituindo a correlação econômica e financeira, no momento do pedido, como um fator decisivo.

Nesses termos, como pressuposto fundamental de compreensão da nova lei, analisando-se comparativamente os dois diplomas legais, os regimes instituídos pelo Decreto-Lei impunham ao magistrado um olhar para a situação presente da empresa. Se o desequilíbrio fosse econômico e financeiro, situação real ou potencial de insolvência, o regime aplicado seria o de falência. Se o desequilíbrio fosse apenas financeiro, o regime recomendável seria o de concordata.

Para a Lei nº 11.101/05, o olhar do julgador não se restringe ao momento atual da empresa, mas, primordialmente, a potencialidade futura, ainda que no momento atual esteja esta tecnicamente insolvente. Essa potencialidade futura será demonstrada não pelo desempenho momentâneo, mas pelo plano reorganizativo da empresa, que será avaliado pelos credores e pela sociedade. Dentro dessa análise geral, os credores também deverão observar a capacidade da empresa de cumprir as obrigações assumidas no plano recuperatório.

Se os credores rejeitarem o plano, ainda assim, poderá ser concedido o regime recuperatório, desde que o magistrado, atendidas certas condições,[152] imponha aos credores a sujeição ao plano, tendo em vista o reconhecimento prévio de desempenho de função social, caracterizando-se em um ônus de submissão ao plano recuperatório imposto aos credores em prol de um ganho social futuro.

Também diversamente daquilo que o sistema do Decreto-Lei previa, a obtenção do regime de concordata através de uma ação unilateral do devedor, o regime instituído pela nova legislação demanda uma ação proativa entre credores

---

[151] O que, em princípio, encaminharia para uma decretação de falência.
[152] Previstas no artigo 58, §§ 1º e 2º, que serão oportunamente examinadas.

e devedor. Este deverá contatar e convencer os credores de que seu projeto econômico, além de ser viável, representa, senão a melhor, ao menos, uma solução factível para a satisfação de seus direitos. Esse convencimento será imprescindível para o sucesso do projeto reorganizativo do devedor, uma vez que somente com a aprovação do plano é que o magistrado poderá conceder a recuperação, salvo se o impuser aos credores por ter reconhecido o desempenho de função social. Em virtude disso, é condição necessária para o sucesso do projeto do devedor a transparência e a credibilidade de sua gestão negocial, pois os credores deixaram de ser espectadores passivos no processo.

Por outro lado, a Lei nº 11.101/05 propôs uma maior flexibilidade e uma maior abertura em relação à real crise da empresa, além de um método mais adequado para a sua recuperação. Assim, o novo regime não "pré-diagnostica a doença" e nem "pré-determina o remédio". Aquela será descrita com clareza pelo devedor e, a partir disso, será identificada, pelo devedor junto com os seus credores, a forma mais indicada para a resolução da(s) crise(s) específica(s) da empresa em dificuldades.

Finalmente, o alcance limitado da concordata, restrito apenas aos créditos quirografários, fator que afetava a eficiência do regime, foi ampliado na recuperação. Pois, se o caminho da reorganização da empresa passa pela construção coletiva de um projeto econômico e/ou financeiro, deverá estender-se às relações jurídicas essenciais à manutenção da empresa, independentemente da natureza do crédito, tendo em vista que a recuperação não se resume a uma forma de repactuação do pagamento das dívidas, mas a própria reorganização da empresa.

Dessa forma, como enunciado geral, observadas alguma exceções que oportunamente serão discutidas, pode-se sustentar o alcance de eficácia jurídica universal do regime recuperatório para todos os credores.

Terceira Aula – Apresentação da Lei nº 11.101/05 e de seu regramento ordenatório

1. APRESENTAÇÃO

A estruturação formal da Lei nº 11.101/05 poderia ter seguido a idéia de código, dividindo-se em parte geral e parte especial. Na primeira parte, encontrar-se-iam disposições fundamentais e disposições comuns de aplicação geral aos regimes jurídicos instituídos. Na parte especial, seriam apresentados os regimes e suas regras de regulamentação próprias, além de regras de Direito Penal e Processual Penal.

Ainda que o legislador não tenha adotado o critério da simplicidade, preferindo dividir o texto em diversos capítulos, não se pode deixar de reconhecer alguma sistematização no trabalho realizado, que permite, com absoluto respeito à formula adotada na Lei, seguir-se a idéia clássica de divisão em parte geral e parte especial.

Dessa forma, o estudo da lei que se irá realizar neste semestre acadêmico será dividido em seis capítulos a serem analisados nas diversas aulas na ordem que segue:

Capítulo I – Parte Geral: em que se estudará as Disposições Preliminares e as Disposições Comuns à Recuperação Judicial e à Falência (Capítulos I e II da Lei) e regras correlatas;

Capítulo II – Recuperação Judicial: em que se estudará as disposições específicas da Recuperação Judicial e das disposições que regulam a Convolação da Recuperação Judicial em Falência (Capítulos III e IV da Lei) e regras correlatas;

Capítulo III – Falência: em que se estudará as disposições acerca do instituto falimentar (Capítulo V da Lei) e regras especiais aplicáveis;

Teoria Falimentar e Regimes Recuperatórios

Capítulo IV – Recuperação Extrajudicial: em que se estudará as disposições que regulam o instituto recuperatório extrajudicial (Capítulo VI da Lei) e regras correlatas;

Capítulo V – Direito Penal e Direito Processual Penal Falimentar: em que se estudará os meios de repressão desta espécie de criminalidade econômica (Capítulo VII da Lei);

Capítulo VI – Temas Finais e Conclusão: em que se estudará sobre as Disposições Finais e Transitórias (Capítulo VIII da Lei).

2. PARTE GERAL

Conforme antes referido, neste capítulo serão discutidas disposições de aplicação geral para os regimes falimentar e recuperatório, basicamente seguindo a ordem de apresentação de temas contidos nos Capítulos I e II da Lei, com eventuais incursões em artigos de outras capitulações, necessários para uma eficiente compreensão da matéria.

2.1. Regra de transição

A regra de transição, respeitando a tradicional estrutura legislativa brasileira, não se encontra alocada na parte geral, mas nas disposições finais e transitórias.

Porém, para fins didáticos, é imprescindível que o aluno saiba manejar, desde o início, a regra de direito intertemporal, para que possa aplicar corretamente a lei ao caso concreto.

A questão a ser debatida é: qual a lei aplicável para processos que se iniciaram sob a vigência do Decreto-Lei, mas que continuavam em tramitação quando a nova lei entrou em vigor?

De acordo com a regra do artigo 1º da Lei de Introdução ao Código Civil, salvo disposição contrária, a Lei começa a vigorar em todo o país 45 (quarenta e cinco) dias após de oficialmente publicada.[153] Isso quer significar que ou a lei indica o início de sua vigência, com o fim da *vacatio legis* estabelecida, ou expressamente indica que o início da vigência será da data da publicação, ou aplicar-se-á, de forma subsidiária, a regra do artigo 1º acima referida.

O legislador optou pela regra da *vacatio legis*, definindo no artigo 201 a vigência da Lei em 120 (cento e vinte) dias após a sua publicação, que ocorreu em edição extra do Diário Oficial da União no dia 09 de fevereiro de 2005.

---

[153] Vide artigo 1º, *"capvt"*, da Lei nº 4.657/42.

Diante disso, conclui-se que a Lei nº 11.101/05 entrou em vigor no dia 9 de junho de 2005.[154]

O segundo artigo a ser citado é o artigo 200,[155] o qual, expressamente, revoga o Decreto-Lei, porém na forma preconizada pelo artigo 192. Este é um artigo de difícil assimilação, pois a sua idéia está fragmentada nos dispositivos do *capvt* e parágrafos.

O primeiro enunciado, contido no *capvt*, não representa a idéia plena do artigo, podendo, caso analisado isoladamente, levar a uma interpretação aquém da proposta legislativa.

Segundo dispõe, a nova lei não se aplica a processos de falência ou concordata ajuizados antes do início da vigência da nova lei, os quais serão concluídos pela regra anterior. Se o legislador tivesse optado pela simplificação, mantendo apenas o *capvt*, a regra interpretada sinteticamente seria: o processo será regulado pela lei vigente à época de sua instauração.

Contudo, o legislador optou por uma regulação mais complexa, conforme se observa pela leitura dos §§ 2º, 3º e, principalmente, 4º do artigo.

Nos dois primeiros parágrafos citados (2º e 3º), observa-se que a existência de uma concordata não impede que o devedor requeira, por novo pedido, a recuperação judicial, a qual, caso concedida, extinguirá o regime concordata anterior. Contudo, essa hipótese não será possível, conforme a regra do § 2º, se o devedor em concordata pretercer a conversão para o regime especial de recuperação de microempresas e empresas de pequeno porte.

Identifica-se, então, que, diferentemente do que se encontra lançado no *capvt*, um processo de concordata iniciado antes da vigência da Lei nº 11.101/05 não será, necessariamente, concluído nos termos do Decreto-Lei, pois poderá ser extinto na forma da artigo 192, § 3º.

Mas a principal nota de destaque é a afirmação do § 4º de que a nova lei se aplica às falências decretadas em sua vigência[156] resultantes de convolação de concordatas ou de pedidos de falência anteriores, às quais se aplica até a decretação, o Decreto-Lei nº 7.661/45, observado, na decisão que decretar a falência, o disposto no artigo 99 do novo estatuto.

Em outras palavras, já pelas regras dos §§ 2º e 3º observa-se um enfraquecimento do enunciado geral do *capvt* que se consolida de forma definitiva pela regra do § 4º.

---

[154] Em sentido contrário, destaca-se a posição de Rubens Approbato Machado que sustenta o início da vigência da Lei a partir de 10 de junho de 2005. *Comentários à Nova Lei de Falências e Recuperação de Empresas,* Quartier Latin. 2005, p. 43.

[155] *Verbatim*: "Ressalvado o disposto no artigo 192 desta Lei, ficam revogados o Decreto-Lei nº 7.661/45 de 21 de junho de 1945, e os artigos 503 a 512 do Decreto-Lei nº 3.689 de 03 de outubro de 1941 – Código de Processo Penal".

[156] Em outras palavras, na vigência da Lei nº 11.101/05.

Teoria Falimentar e Regimes Recuperatórios

A combinação de todos esses enunciados afirmativos deverá ser compreendida na fórmula adiante desenvolvida.

O processo de falência é bifásico, constituindo-se de uma fase pré-falimentar, cujo objetivo é o reconhecimento judicial do estado econômico de insolvência, e de uma fase falimentar. Uma vez reconhecido judicialmente o estado econômico-finaceiro de insolvência, através da sentença falimentar, dá-se início ao procedimento de execução liquidatória dos bens da massa falida.

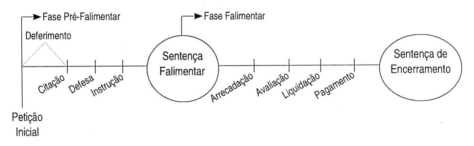

Conforme mostra o quadro acima, a primeira fase (fase pré-falimentar) tem como marco inicial a data da distribuição da petição inicial, enquanto que para a segunda fase (fase falimentar) a data da prolação da sentença falimentar marca o seu início.

Dessa forma, toma-se a separação das duas fases (pré-falimentar e falimentar) identificando seus marcos jurídico-processuais de início e observando a sua concretização em relação à data de início de vigência da Lei nº 11.101/05.

A regra completa, combinação do *capvt* e parágrafos, traz a seguinte sabedoria: "A fase que tiver iniciado sob a vigência de uma lei será por esta lei regulada".

Sabe-se que a Lei nº 11.101/05 iniciou sua vigência em 09 de junho de 2005, restando o dia 08 de junho como último dia de vigência do Decreto-Lei nº 7.661/45. Dessa forma, duas são as hipóteses possíveis:

1) se a petição inicial tiver sido distribuída antes de 09 de junho de 2005, a fase pré-falimentar será regulada pelo Decreto-Lei;[157]

1.1) se, nesse processo, a sentença falimentar tiver também sido prolatada antes de 09 de junho de 2005, tanto a fase pré-falimentar, já mencionada, como a fase falimentar serão regidas pelo Decreto-Lei;

1.2) se, nesse processo, a sentença falimentar tiver sido prolatada a partir de 09 de junho de 2005, ainda que a fase pré-falimentar tenha de ser regulada pelo Decreto-Lei, a fase falimentar, incluindo a formatação dos

---

[157] RIO GRANDE DO SUL, Tribunal de Justiça, *Apelação Cível 70013062229 TJRGS*, 5ª Câmara Cível, Relator: Desembargador Pedro Luiz Rodrigues Bossle, 2007.

requisitos da sentença,[158] será regulada pela nova lei, de acordo com o artigo 192, § 4º e artigo 99;

2) se a petição de início do processo falimentar tiver sido distribuída a partir de 09 de junho de 2005, as duas fases, pré-falimentar e falimentar, serão reguladas pela Lei nº 11.101/05.

Por fim, na primeira hipótese (1.1), quando as fases pré-falimentar e falimentar forem reguladas pelo Decreto-Lei, haverá uma ultratividade deste, cujos enunciados normativos serão respeitados pelo novo estatuto com apenas uma ressalva prevista no § 1º do artigo 192. Caso seja decretada uma falência pela regra anterior, a única interferência da Lei nº 11.101/05 na aplicação do diploma anterior é não permitir a concessão de concordata suspensiva da falência.[159] Nesse caso, a liquidação dos bens na falência, ainda que dentro da ultratividade da regra revogada, será obrigatória, não podendo ser evitada pela concessão de concordata suspensiva.[160]

Em se tratando de pedidos de concordata preventiva ou suspensiva ajuizados até o dia 08 de junho de 2005, deverão estes tramitar até a sua finalização, regulada de acordo com as regras do Decreto-Lei,[161] permitindo-se, outrossim, o pedido de recuperação judicial, se formulado a partir de 09 de junho de 2005, para empresas que estejam sob o regime de concordata, de acordo com a regra do artigo 192, § 2º. Nessa hipótese, uma vez deferida a petição inicial da ação recuperatória judicial, o processo de concordata será extinto.[162]

Uma questão de alto interesse formulada em sala de aula questiona a incidência da regra aplicável para a fase falimentar quando o julgamento de primeiro grau tiver ocorrido antes de 09 de junho de 2005 e a confirmação em segundo grau, após essa data.

Não há dúvida que existem dois atos judiciais de julgamento, a sentença e o acórdão, e que ambos são suficientemente legítimos para a decretação da falência.

A definição de qual deles prevalece como marco definidor do início de fase é crucial, pois significa a aplicação de uma série diversa de enunciados legais garantidores de direitos do devedor e dos credores.

A lei não apresenta nenhuma resposta a essa intrigante pergunta. Logo, partindo-se da proposição lançada por Hart acerca da textura aberta da lei que reclama uma ação construtiva da jurisprudência, algumas soluções poderão ser apresentadas a título de contribuição:

---

[158] Vide regra descrita no artigo 99.

[159] BRASIL, Superior Tribunal de Justiça, REsp 971215/RJ, 3ª Turma, Relator: Ministro Humberto Gomes de Barros, 2006.

[160] Vide regra do artigo 192, § 1º.

[161] Vide regra do artigo 192, *"capvt"*.

[162] Vide regra do artigo 192, §§ 2º e 3º.

Teoria Falimentar e Regimes Recuperatórios

1) levando-se em conta não só a hierarquia existente no sistema judicial como também a questão temporal, haveria de se aceitar a prevalência do acórdão sobre a sentença, considerando, nesse caso, a data de sua prolação como referencial da fase;

2) se, entretanto, o acórdão for confirmatório da sentença de decretação da falência, significa que esta já foi decretada anteriormente sendo apenas uma ratificação do enunciado sentencial, tendo o julgamento de segundo grau uma eficácia *ex tvnc*.

2.2. Regimes de regulamentação da crise da empresa

O tema de discussão básica deste ponto não representa, inicialmente, nenhuma novidade, uma vez que seus aspectos básicos foram referidos com certa freqüência nos textos anteriores.

Dessa forma, não é nova a afirmação de que, em se tratando de crise irreversível, a tendência será a morte econômica da empresa e a aplicação do regime liquidatório de falência.

Se a crise for reversível, haverá a possibilidade de se reoganizar a empresa visando a sua preservação, através de um regime recuperatório.

Assim sendo, o artigo 1º estabelece que a Lei nº 11.101/05 disciplina a recuperação judicial, a recuperação extrajudicial e a falência.

Como já visto na aula antecedente, o regime liquidatório de falência sofreu muito mais modificações principiológicas do que estruturais. Assim, ainda que sob a orientação de uma nova matriz principiológica,[163] o intérprete irá utilizar-se de diversos institutos já existentes no antigo sistema falimentar. Dentre eles:

1) a presunção de insolvência decorrente da concretização de suportes fáticos abstratos (artigo 94, I, II e III);

2) a autofalência (artigo 105);

3) o procedimento bifásico;

4) a sentença falimentar (artigo 99);

5) o pedido de restituição (artigos 85 a 93);

6) as ações revocatórias (artigos 129 a 138);

7) o quadro-geral de credores (artigo 83);

8) o Direito Penal e Processual Penal Falimentar (artigos 168 a 188), etc.

A principal novidade, como já referido, está no regime alternativo à liquidação, com a extinção da concordata e a adoção do regime recuperatório.

---

[163] Conforme o artigo 75, deverá o intérprete guiar-se pelos princípios da preservação da empresa e da otimização produtiva de seus bens, ativos e recurso produtivos, incluindo os bens imateriais, como marcas, patentes e tecnologia.

A recuperação, de acordo com a regra do artigo 1º, divide-se em recuperação judicial e recuperação extrajudicial. Sendo que, em relação ao primeiro regime, o devedor poderá optar por um procedimento geral de recuperação, com modalidades reorganizativas previstas no artigo 50 ou, se for microempresa ou empresa de pequeno porte, poderá optar, alternativamente, por um procedimento especial de recuperação judicial, com plano restrito a um parcelamento. Tornando essa afirmação mais simples, o regime geral de recuperação judicial (artigo 50) poderá ser adotado por qualquer tipo de empresa, independente do seu tamanho, incluindo a microempresa e a empresa de pequeno porte. Já o regime especial de recuperação judicial (artigo 70) somente poderá ser adotado pela microempresa ou pela empresa de pequeno porte.

Entre a recuperação judicial e a recuperação extrajudicial algumas diferenças existem e precisam ser explicadas. A primeira explicação é quanto à nomenclatura adotada a qual não se apresenta como a mais indicada. Ao se nominar recuperação judicial e recuperação extrajudicial, talvez a conclusão mais óbvia a que o aprendiz possa chegar, por raciocínio lógico-elementar, é que o primeiro regime submete-se à supervisão do Poder Judiciário e a fiscalização do Ministério Público, enquanto que no segundo não haveria nenhum tipo de participação do Estado ou da sociedade na relação direta entre credores e devedor.

Entretanto, não é isso que a Lei está a apresentar. Conforme a leitura das disposições relativas aos dois regimes, tanto o de recuperação judicial como o de recuperação extrajudicial submetem-se à supervisão do Poder Judiciário. A diferença entre as duas espécies de regimes recuperatórios está na intensidade da participação do Poder Judiciário e do Ministério Público durante o processamento, concessão e execução dos regimes.

Em face disso, a recuperação judicial deveria ter sido chamada de recuperação plenamente judicial, pois, nas três fases de seu procedimento, a) negociação; b) concessão e c) execução, há a participação direta ou indireta do Poder Judiciário e a fiscalização do Ministério Público. Conforme se observa no quadro abaixo, o devedor, ao ter deferida a sua petição inicial de pedido de recuperação judicial, estará autorizado oficialmente a procurar os seus credores e propor-lhes uma negociação.[164] O resultado das negociações estabelecidas será materializado em um plano, o qual será submetido novamente ao credores (fase de negociação). Se o plano for aprovado e forem atendidas todas as determinações legais, o magistrado concederá o regime recuperatório judicial ou, caso rejeitado, para não decretar a falência, imporá o plano aos credores, se reconhecer o desempenho de função social (fase de concessão). Uma vez concedida a

---

[164] Entretanto, não há nenhum impedimento legal ou ético de o devedor contatar os seus credores mesmo antes de propor a ação judicial recuperatória, ainda que careça de um caráter de oficialidade.

Teoria Falimentar e Regimes Recuperatórios

recuperação judicial, durante os dois primeiros anos,[165] o juiz irá, juntamente com a fiscalização do Ministério Público, supervisionar as ações do devedor para o cumprimento das obrigações assumidas (fase de execução).

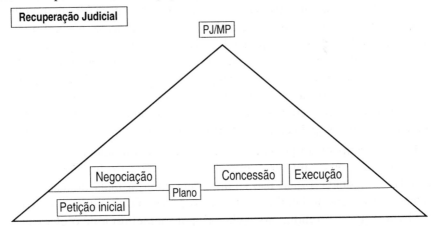

A recuperação extrajudicial, por outro lado, deveria ter sido chamada de recuperação parcialmente judicial, isto porque, das três fases mencionadas, somente na concessão há a participação direta do Poder Judiciário.

Em conformidade com as disposições procedimentais, o devedor irá procurar seus credores sem o conhecimento oficial por parte do juiz (fase de negociação). O resultado dessa negociação será materializado num plano que acompanhará a petição inicial, em cujo pedido irá o autor expressar a sua pretensão à homologação do plano. Após o decurso de prazo para qualquer impugnação, o juiz decidirá homologando o plano, salvo se acolher a(s) impugnação(ões) apresentadas pelo(s) credor(es) (fase de concessão). Uma vez concedida a recuperação extrajudicial, exaure-se a jurisdição, dando-se início às ações de cumprimento das obrigações assumidas com os credores, todavia sem a supervisão do magistrado ou a fiscalização do Promotor de Justiça.

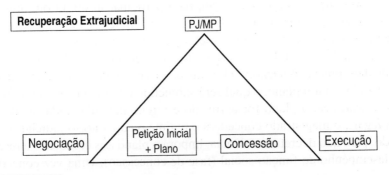

---

[165] Se o plano aprovado pelos credores for superior a dois anos, a execução continuará, porém desjudicializada, isto é, sem a supervisão do Poder Judiciário e a fiscalização do Ministério Público.

A segunda diferença importante é a que trata do alcance vinculativo dos regimes. A decisão que concede a recuperação judicial, além de observar o atendimento de requisitos legais, irá examinar se o plano proposto pelo devedor, ou não sofreu impugnação ou obteve a maioria dos votos exigidos na forma do artigo 45. Se uma dessas condições for atendida, concederá a recuperação judicial, cujos efeitos jurídicos alcançarão inclusive aos credores que tiverem votado contra a aprovação do plano, em virtude do efeito vinculativo desse regime.

O mesmo não poderá ser dito em relação à recuperação extrajudicial, pelo menos de forma absoluta, pois, ressalvada a hipótese prevista no artigo 163,[166] somente alcançará os credores que aceitarem a negociação proposta pelo devedor.

Uma terceira e importante diferença é que na recuperação judicial, em conformidade com o artigo 56, § 4º, a rejeição do plano poderá implicar juridicamente a decretação da falência, se o juiz não o impuser pelo reconhecimento de função social desempenhada pela empresa. Já na recuperação extrajudicial, a não-homologação do plano não traz consigo esse efeito jurídico adicional,[167] podendo, inclusive, ser apresentado novo pedido de recuperação extrajudicial.[168]

Por fim, destaca-se, dentre tantas outras diferenças, que na recuperação judicial os créditos trabalhistas poderão ser incluídos na negociação, ainda que sob uma regra especial (artigo 54, *"capvt"* e parágrafo único). O mesmo não será possível na recuperação extrajudicial, conforme disposição contida no artigo 161, § 1º.

2.3. Destinatários

A insolvência ou a crise de solvência são fenômenos possíveis ao longo do ciclo de existência dos agentes econômicos.

Sob o ponto de vista do controle corporativo da empresa, o sistema jurídico reconhece dois grandes grupos de agentes de Direito Econômico:

1) agentes econômicos de controle estatal (empresas públicas e sociedades de economia mista);
2) agentes econômicos de controle privado (de Direito Civil e de Direito Empresarial).

---

[166] Artigo 163: "O devedor poderá, também, requerer a homologação de plano de recuperação extrajudicial que obriga a todos os credores por ele abrangidos, desde que assinado por credores que representem mais de três quintos de todos os créditos de cada espécie por ele abrangidos".

[167] Por outro lado, haverá de se observar que a não-homologação do plano recuperatório extrajudicial poderá implicar a falência do requerente, não por um efeito jurídico imediato, mas pela manutenção da crise da empresa e pela não execução de nenhum plano recuperatório.

[168] Vide regra do artigo 164, § 8º.

Teoria Falimentar e Regimes Recuperatórios

As empresas públicas e as sociedades de economia mista são entes jurídicos que desempenham atividades econômicas, destacando-se o controle governamental absoluto na primeira hipótese e majoritário na segunda hipótese. A sua categorização como ente econômico não decorre apenas da atividade desempenhada, mas também de compreensão jurídica prevista na Constituição Federal.[169]

Ainda que se submetam ao controle governamental, de acordo com o disposto no artigo 173, § 2º, da Constituição Federal, recebem o mesmo tratamento jurídico dado às empresa privadas. Assim sendo, tanto a empresa pública quanto a sociedade de economia mista, no exercício de suas atividades econômicas, diferentemente da União, Estados, Municípios, suas autarquias e fundações, não possuem nenhum privilégio ou tratamento diferenciado por parte da legislação.[170] Sendo agentes econômicos e, conseqüentemente, suscetíveis a crises, com tratamento jurídico de empresas privadas, seria possível interpretar o alcance dos efeitos jurídicos da Lei nº 11.101/05 tanto para as empresas públicas como para as sociedades de economia mista.

Contudo, a Lei nº 11.101/05, seguindo a tradição das legislações brasileiras, optou por restringir a aplicação de seu sistema falimentar e recuperatório somente para agentes econômicos de Direito Privado sob o controle privado, excluindo, dessa forma, as empresas públicas e as sociedades de economia mista (artigo 2º, I), que terão regimes próprios instituídos por legislação específica.

Não há dúvida da compatibilidade, ao menos teórica, da aplicação de um regime recuperatório ou mesmo liquidatório de caráter para agentes econômicos de Direito Público, o capítulo IX do *Bankruptcy Code* é um exemplo disso.

Mesmo no Brasil, durante um breve período, a partir de 2001, com alterações trazidas pela Lei nº 10.303/01 até a entrada em vigor da Lei nº 11.101/05, era possível a decretação de falência de sociedade de economia mista.

No Brasil, essa exclusão deu-se muito mais por razões históricas e políticas do que jurídicas, pois o Governo nunca se demonstrou receptivo à interferências externas nos entes jurídicos que controla.

Quanto aos agentes econômicos de Direito Privado, também por razões [não] jurídicas, ao longo da história falimentar brasileira, vem-se optando por um sistema restritivo, tendo destinado os antigos regimes de falência e de concordata por mais de um século, aos comerciantes[171] e, mais recentemente, aos empresários.

---

[169] Vide Título VII da Constituição Federal – Da Ordem Econômica e Financeira – artigos 170 a 192.

[170] BRASIL. Supremo Tribunal Federal. *RE 172286/RJ* , Relator: Ministro Francisco Rezek, 1994.

[171] Até a vigência do novo Código Civil.

A Lei 11.101/05 não revolucionou nesse aspecto e, conforme a regra do artigo 1º, destina-se ao empresário individual e à sociedade empresarial.

As atividades econômicas não empresariais[172] terão as crises reguladas pelo Processo de Insolvência Civil, previsto nos artigos 748 a 786 do Código de Processo Civil.

Como foi explicado na terceira aula, a atividade econômica empresarial poderá se realizar pela individualidade de uma pessoa ou pela coletividade de pessoas naturais e/ou jurídicas.

No primeiro caso tem-se a empresa individual, no segundo a sociedade empresarial. Ambas são destinatárias da Lei nº 11.101/05 na forma que segue:

1) a falência, vista não como uma sanção jurídica penal-punitiva, mas como uma sanção econômica pelo fracasso do empreendimento, independe da condição de regularidade, destinando-se às empresas individuais ou às sociedades empresariais tanto regulares como não regulares;
2) a recuperação judicial não deixa de ser um benefício, ainda que construído em conjunto e aprovado pela maioria de credores, que o ordenamento legal oferece para aqueles que atenderem os pressupostos de regularidade. Dessa forma, só poderá ser concedida a recuperação para empresas individuais ou sociedades empresariais regulares.

Restam ainda duas questões a serem debatidas a respeito da destinação da lei. A primeira delas é quanto algumas atividades empresariais pré-excluídas. Ninguém pode colocar em dúvida que um banco, uma companhia de crédito imobiliário, uma empresa de arrendamento mercantil, uma financeira, uma seguradora, uma administradora de consórcio, uma empresa de previdência privada, uma empresa de capitalização ou um plano de saúde sejam agentes econômicos

---

[172] Profissionais liberais e sociedades simples.

de Direito Empresarial. Contudo, por força da regra contida no artigo 2º, II, são expressamente excluídos do alcance da lei, submetendo-se a regimes próprios, instituídos por leis especiais.[173]

A segunda questão remanescente é quanto às cooperativas. Segundo o artigo 982, parágrafo único, do Código Civil, as cooperativas são sempre consideradas sociedades simples e, por via de conseqüência, não são destinatárias da Lei, de acordo com a regra do artigo 1º.

Há, todavia, quem sustente o contrário, adotando uma argumentação meramente formal, mas até certo ponto válida, porém carregada de muita artificialidade, afirmando que as cooperativas não se enquadram naquela exclusão por dois motivos:

1) existe em relação as cooperativas uma situação anômala, pois, ainda que consideradas sociedades simples, segundo o artigo 18, § 6º, da Lei 5.764/71, têm o arquivamento de seus atos constitutivos a cargo das Juntas Comerciais, dando-lhe uma configuração híbrida;

2) a exclusão do artigo 2º, inciso II, foi específica para as cooperativas de crédito, mantendo, por interpretação lógica, as demais cooperativas dentro do sistema falimentar/recuperatório instituído pela nova lei.

Não há como se aceitar tal interpretação frente à expressa definição dada pelo artigo 1º.[174] A confusão, entretanto, é devida a uma descuidada postura do legislador que, ao descrever o grupo de empresas excluídas no inciso II em relação às que exercem atividade financeira, simplesmente transcreveu a idéia contida no artigo 1º da Lei nº 6.024/74 sem observar que as cooperativas de créditos já estariam previamente excluídas pela regra do artigo 1º.[175]

2.4. Jurisdição e competência

Mesmo tratando-se de uma discussão um tanto breve, o tema é de alta importância para a correta aplicação da lei.

A Lei nº 11.101/05 é uma lei de origem federal e de igual e absoluta vigência no território nacional,[176] contudo é matéria de jurisdição estadual.[177] Em

---

[173] Por exemplo a Lei nº 6.024/74, o Decreto-Lei nº 73/66, o Decreto nº 2.321/87 e a Lei nº 9.514/97, a Lei Complementar 109/01.

[174] RIO GRANDE DO SUL, Tribunal de Justiça, Apelação Cível nº 70015702830, 5ª Câmara Cível – Relator Desembargador Umberto Guaspari Sudbrack. 2007.

[175] BRASIL, Superior Tirbunal de Justiça, REsp 770861/SP, Primeira Turma. Relator: Ministro Luiz Fux, 2005.

[176] Vide regra do artigo 1º da Lei de Introdução ao Código Civil.

[177] Neste momento, não se está levando em conta o conceito científico dado pela Teoria Geral do Processo sobre jurisdição, reconhecido como o ato praticado pelo juiz que o realiza por dever de função ao aplicar a lei ao caso concreto na condição de terceiro imparcial – in BAPTISTA DA SILVA, Ovídio e GOMES, Fabio Luis. *Op. cit.*, p. 74, mas a estruturação do sistema de Cortes Judiciais.

outras palavras, serão as Cortes Judiciais de primeiro ou de segundo grau de jurisdição quem irão decretar a falência ou conceder a recuperação judicial, de acordo com a regra descrita no artigo 109, I, da Constituição Federal.[178]

Dessa diretiva básica, algumas questões são necessárias examinar.

Começando com o regime liquidatório, há uma fácil compreensão da idéia de que os Tribunais Estaduais examinando os chamados "recursos ordinários" estarão legitimados a decretar a falência em grau de recurso. Não obstante, como todas as afirmações de conteúdo geral no Direito são muito perigosas, existe, sempre, a necessidade de se realizar alguma discussão a esse respeito.

1) Se a ação falimentar for julgada improcedente, em conformidade com a regra prevista no artigo 100, poderá ocorrer a interposição de recurso. A reforma da sentença de primeiro grau implicará, nessa hipótese, a decretação da falência pela Corte Recursal.

2) Se o plano de recuperação judicial tiver sido aprovado pelos credores em assembléia ou imposto pelo juiz pelo reconhecimento de desempenho da função social, ainda que contrariando a posição dos credores, a decisão judicial que, a partir desses acontecimentos, conceder a recuperação judicial é passível de recurso, de acordo com a regra do artigo 59, § 2º. O provimento deste recurso implicará a decretação da falência. Entretanto, há quem possa sustentar, nesse caso, que o provimento do recurso alcançaria apenas ao efeito concessivo, não podendo a Corte Recursal, além de [des]conceder a recuperação judicial, também decretar a falência, pois o juiz estaria julgando *vltra petita*. Ainda que se admita a possibilidade de a jurisprudência brasileira optar por esse caminho, pouca serventia teria para a empresa, uma vez que a negação do regime jurídico recuperatório a manteria em situação de crise, que inexoravelmente a levaria a falência, porém com uma corrosão patrimonial ainda maior. Dessa forma, se o Tribunal prover o recurso interposto contra a decisão concessiva do regime recuperatório, deverá pensar nos credores e, de imediato, decretar a falência, caso contrário terá prejudicado todas as partes interessadas: o devedor, por não ter mantido a recuperação inicialmente concedida e os credores, por não ter decretado de imediato a falência e, conseqüentemente, esgotando ainda mais o patrimônio do devedor.[179]

3) Por sua vez, o plano de recuperação extrajudicial homologado por sentença, na forma do artigo 164, § 5º, poderá, pela regra do § 7º, ser passível de recurso de apelação. Adotando-se o mesmo raciocínio das hipóteses anteriores, o provimento do recurso implicaria a decretação da falência. Todavia, para a recuperação extrajudicial, esse não é um efeito jurídico possível. Isto porque, de acordo com a regra do artigo 164, § 8º, a não-homologação do plano pelo magistrado de primeiro grau não lhe confere o

---

[178] BRASIL. Superior Tribunal de Justiça, CC 83.437/SP, Primeira Seção. Relator: Ministro Luiz Fux, 2007.

[179] Nesta hipótese frustrando qualquer expectativa de uma sentença eficiente.

Teoria Falimentar e Regimes Recuperatórios

poder de decretar a falência. Dessa forma, diferentemente da recuperação judicial, o insucesso na homologação do plano recuperatório extrajudicial não implica a decretação da falência.

Logo, se o Tribunal reformar a sentença que homologou o plano extrajudicial, não decretará a falência, podendo o devedor, se quiser, apresentar novo plano (artigo 164, § 8º), pois a lei não legitimou o Poder Judiciário, tanto de primeiro quanto de segundo grau, decretar a falência nessa hipótese.

Se em relação a possibilidade de decretação da falência pela Corte Recursal pouca divergência pode existir, o mesmo não se pode dizer quanto ao poder de concessão de recuperação.

A lei, como toda a obra humana que dificilmente alcançará a perfeição, deixou uma lacuna, a qual poderá ser suprida por um dos métodos hermenêuticos.[180]

O artigo 59, § 2º, começa trazendo um aparente empecilho, pois, segundo seu texto, somente será recorrível a decisão que conceder a recuperação judicial.[181] Esta restrição de âmbito do recurso justifica-se pelo fato de que se o juiz negar a concessão, irá decretar a falência,[182] prolatando uma sentença que atenda os requisitos previstos no artigo 99 e que será recorrível pela regra do artigo 100.

Mas o impasse ainda permanece: se ao examinar a negação do regime recuperatório, por rejeição da assembléia de credores e não reconhecimento pelo juiz em primeiro grau de desempenho de função social por parte do devedor,[183] com a conseqüente decretação da falência, o Tribunal, em grau de recurso, ao reformar o julgamento de primeira instância, desconstituindo o regime falimentar, estará, no mesmo julgamento colegiado, concedendo a recuperação judicial? A lei não trouxe resposta, criando um certo "vácuo interpretativo".

A resposta poderá ser afirmativa se, além de desconstituir o regime falimentar, o Tribunal se manifestar no sentido de estarem atendidas as condições prévias estabelecidas nos artigos 57 e 58, *capvt*, §§ 1º e 2º e, diferentemente do magistrado de primeiro grau, reconhecer o desempenho de função social, uma vez que a negação do regime foi determinada pela rejeição do plano recuperatório pelos credores e pelo não reconhecimento, por parte do juízo *a qvo*, do requisito subjetivo de função social.[184] Conforme anteriormente visto, as condi-

---

[180] Conforme Friedrich Karl von Savigny, os métodos hermenêuticos seriam: (a) o literal; (b) o lógico; (c) o sistemático; (d) o histórico – SAVIGNY, Karl von. *Metodologia Jurídica*. Edcamp. 2004 p. 8.

[181] Artigo 59, § 2º: "Contra a decisão que conceder a recuperação judicial caberá agravo, que poderá ser interposto por qualquer credor e pelo Ministério Público".

[182] Vide regra do artigo 56, § 4º e artigo 58, "*capvt*".

[183] Vide regra do artigo 58.

[184] Porém, em respeito ao princípio processual *tantvm devollvtvm qvantum appellatvm*, o recorrente não poderá deixar de requerer em seu recurso a concessão do regime, sendo-lhe defeso requerer tão-só a reversão do regime falimentar.

ções jurídicas para a obtenção do regime recuperatório são: pela aprovação do plano pelo credores ou pelo reconhecimento da função social por parte do Poder Judiciário.

Se a negação do regime não for por rejeição do plano mas por não atendimento de uma das condições dos artigos 57 e 58, "*capvt*", a situação ficará ainda mais crítica em termos de uma solução definitiva. Nessa hipótese, ocorreu a aceitação pelos credores da proposta reorganizativa do devedor, mantendo-se, em princípio, a fonte produtora e os empregos. Porém, a não apresentação das certidões negativas de débitos fiscais e parafiscais poderá, dependendo do livre convencimento do magistrado, ser condição impeditiva à concessão do regime que se sobreponha ao próprio reconhecimento de função social.

Nesse caso, o decreto de falência não seria em virtude da rejeição do plano, mas por falta de um requisito formal: a não apresentação das certidões negativas fiscais e parafiscais. Isso faria com que o Tribunal, em grau de recurso, mesmo desconstituindo, pelo provimento, o regime falimentar, não tivesse argumento legal para conceder a recuperação judicial, pois a rejeição do plano é condição *sine qva non* para que o Poder Judiciário se pronuncie sobre a função social da empresa em crise. O plano, nesse caso, não sofreu rejeição, logo o Poder Judiciário não está autorizado a manifestar-se sobre a função social, tendo a não-concessão e a conseqüente decretação da falência como base jurídica um interesse próprio da Fazenda Pública.

A resposta definitiva, que dependerá em muito da ação da jurisprudência, poderá, ainda assim, ser favorável para a empresa em crise se guiada na Teoria Interpretativista do Direito[185] ou pela Teoria Econômica do Direito.[186] Pela primeira teoria, respaldada no princípio da preservação da empresa, valor consensual na cultura social; pela segunda, no argumento de eficiência social do julgamento que permitiria a manutenção da capacidade produtiva e dos empregos, evitando a exclusão econômica daquele grupo social. Nenhum desses dois argumentos, contudo, poderá ser utilizado de forma oportunística ou demagógica, pois desnaturaria o preceito filosófico das teorias.

Porém, não há dúvida, nesse caso, que o juiz deverá realizar uma avaliação de preponderância entre o interesse do Estado e o interesse social, quiçá concedendo a recuperação judicial pelo interesse social coletivo que deverá preponderar sobre o interesse do ente fazendário.

Fábio Ulhoa Coelho defende a possibilidade excepcional de simples negação do regime recuperatório pelo juiz de primeiro grau sem a decretação da falência, pois a empresa não deixou de atender um dos requisitos essenciais

---

[185] Esse seria um exemplo típico de *hard case*, cuja fórmula de solução proposta por Dworkin seria pelo sistema ordenado: valor – princípio – norma – texto. Vide referência feita na primeira aula ponto 2.2.4 – O Reconstrutivismo Jurídico o Interpretativismo Jurídico, p. 28–31 deste livro.

[186] Vide referência feita na mesma aula da nota anterior, ponto 2.2.5 – A Análise Econômica do Direito, p. 27 –32.

Teoria Falimentar e Regimes Recuperatórios

para a concessão, no caso, a aprovação do plano recuperatório pelos credores. A tese proposta é válida no plano jurídico, mas ineficiente sob o ponto de vista econômico, uma vez que a empresa continuará em crise.

O segundo tema a ser discutido neste ponto é o que trata da competência. A jurisdição, como já afirmado, pertence ao sistema estadual de cortes, mas, dentro deste sistema jurisdicional, qual seria o juízo competente?

A regra é aparentemente fácil, mas alguns cuidados são exigidos para a sua correta interpretação. Seguindo o que dispõe o artigo 3º, o critério inicial de identificação é onde se localiza a sede da empresa.

Tendo essa resposta, a lei estabelece dois caminhos:

1) se a sede da empresa for no Brasil: o juízo competente dentro da jurisdição estadual será o do local do principal estabelecimento;
2) se a sede da empresa for fora do Brasil, o juízo competente dentro da jurisdição estadual será o do local filial, havendo mais de uma, o da principal filial.

Note-se que, em relação à primeira regra, o juízo competente não será o da sede se esta divergir do local do principal estabelecimento. A maior evidência da correção desse argumento está no primeiro grande caso de aplicação da Lei nº 11.101/05, que foi o caso VARIG, cuja sede da empresa era Porto Alegre, mas o pedido de recuperação judicial foi processado e julgado na comarca do Rio de Janeiro, local de seu principal estabelecimento.

Há algum tempo se discute se a competência do juízo falimentar é absoluta ou relativa. Ainda que não exista nenhuma referência expressa na Lei, não se pode pensar em resposta diversa da que define como absoluta esta competência judicial. Isto porque, a competência que aqui se trata é *ratione materiae*, ou seja, pela natureza da causa, e de acordo com o Código de Processo Civil, absoluta.

Além do critério de correção jurídica, existe também uma justificativa vinculada à eficiência sistêmica. Aceitar a prorrogação da competência, decretando a falência onde não se encontram os bens, onde não se centralizaram as operações econômicas, onde não se estabeleceram as principais relações jurídicas, é certamente garantir um futuro tumulto processual.[187]

Outra dificuldade não é relativa à matéria processual mas quanto ao conteúdo fático-jurídico material de identificação do principal estabelecimento. Este conceito, dentro das diretrizes culturalistas do pensamento jurídico contemporâneo, também não teve uma maior definição legislativa.

A regra do artigo 1.142 do Código Civil define estabelecimento, diferenciando-o de filial. Por interpretação estritamente legalista, poderá ser dito que a descrição deste artigo demonstra-se insuficiente para o diploma Falimentar-

---

[187] Essa posição está referendada em acórdão do Superior Tribunal de Justiça, prolatado no *CC nº 37.736*, 2002.

Recuperatório, pois a Lei nº 11.101/05 elegeu não apenas o estabelecimento como o indicativo de competência, mas optou pelo principal estabelecimento.

Porém, se este caminho jurídico não servir, haveria algum outro alternativo? Sabe-se que os agentes econômicos organizam-se racionalmente de acordo com interesses estratégicos e que essa relação dinâmica dos interesses negociais nem sempre representa aquilo que a teoria jurídica concebeu para o texto legal. É possível admitir que o artigo 1.142 do Código Civil não tenha definido o termo principal estabelecimento, mas condicionou, minimamente, aquilo que um estabelecimento empresarial deva corresponder. Estes requisitos deverão estar presentes em todo estabelecimento empresarial, em especial, no principal, que deverá centralizar e majoritariamente controlá-los.

2.5. Ministério Público

A atuação do Ministério Público na fiscalização da correta aplicação das normas previstas nos regimes instituídos pela Lei nº 11.101/05 foi prevista em um enunciado geral contido no artigo 4º da Lei.[188]

Após a aprovação no Congresso, houve veto presidencial a esse artigo. As razões do veto seguem, *verbatim*:

O dispositivo reproduz a atual Lei de Falências – Decreto-Lei nº 7.661 de 21 de junho 1945, que obriga a intervenção do parquet não apenas no processo falimentar, mas em todas as ações que envolvam a massa falida, ainda que irrelevantes, e.g. execuções fiscais, ações de cobrança, mesmo de pequeno valor, reclamatórias trabalhistas etc., sobrecarregando a instituição e reduzindo a sua importância institucional.

Importante ressaltar que no autógrafo da nova Lei de Falências enviado ao Presidente da República são previstas hipóteses, absolutamente razoáveis, de intervenção obrigatória do Ministério Público, além daquelas de natureza penal. Senão, veja-se:

Art. 52. Estando em termos a documentação exigida no art. 51 desta Lei, o juiz proferirá o processamento da recuperação judicial e, no mesmo ato:

(...)

V – ordenará a intimação do Ministério Público e a comunicação por carta às Fazendas Públicas Federal e de todos os Estados e Municípios em que o devedor tiver estabelecimento.

Art. 92. A sentença que decretar a falência do devedor, dentre outras determinações:

(...)

XIII – ordenará a intimação do Ministério Público e a comunicação por carta às Fazendas Públicas Federal e de todos os Estados e Municípios em que o devedor tiver estabelecimento, para que tomem conhecimento da falência.

Art. 142 (...)

§ 7º Em qualquer modalidade de alienação, o Ministério Público será intimado pessoalmente, sob pena de nulidade.

---

[188] Artigo 4º: "O representante do Ministério Público intervirá nos processos de recuperação judicial e de falência.

Parágrafo único – Além das disposições previstas nesta Lei, o representante do Ministério Público intervirá em toda ação proposta pela massa falida".

Art. 154. Concluída a realização de todo o ativo, e distribuído o produto entre os credores, o administrador judicial apresentará suas contas ao juiz no prazo de 30 (trinta) dias. (...)

§ 3º Decorrido o prazo do aviso e realizadas as diligências necessárias à apuração dos fatos, o juiz intimará o Ministério Público para manifestar-se no prazo de 5 (cinco) dias, findo o qual o administrador judicial será ouvido se houver impugnação ou parecer contrário do Ministério Público.

O Ministério Público é, portanto, comunicado a respeito dos principais atos processuais e nestes terá a possibilidade de intervir. Por isso, é estreme de dúvidas que o representante da instituição poderá requerer, quando de sua intimação inicial, a intimação dos demais atos do processo, de modo que possa intervir sempre que entender necessário e cabível. A mesma providência poderá ser adotada pelo parquet nos processos em que a massa seja parte.

Pode-se destacar que o Ministério Público é intimado da decretação da falência e do deferimento do processamento da recuperação judicial, ficando claro que a sua atuação ocorrerá pari passv ao andamento do feito. Ademais, o projeto de lei não afasta as disposições dos arts. 82 e 83 do Código de Processo Civil, as quais prevêem a possibilidade de o Ministério Público intervir em qualquer processo, no qual entenda haver interesse público, e, neste processo específico, requerer o que entender de direito.

Razões de Veto Presidencial

Em um regime democrático, é plenamente admissível no processo legislativo a existência do veto presidencial,[189] total ou parcial, a um projeto de lei aprovado pelo Congresso.

Contudo, em conformidade com o disposto no artigo 66, § 1º, da Constituição Federal,[190] o veto deverá ter motivação de inconstitucionalidade ou de contrariedade ao interesse público.

Remanescem algumas questões: é inconstitucional ou lesiva ao interesse público a intervenção pró-ativa do Ministério Público em um processo falimentar ou recuperatório? Contraditoriamente, a resposta negativa é dada na própria mensagem de veto, quando, na tentativa de justificar-se perante opinião pública, diante das críticas formuladas pelos segmentos de opinião, afirma tanto a constitucionalidade como o interesse social na participação ministerial. Não sendo prejudicial à sociedade brasileira nem ferindo a ordem constitucional do país nem lesando os interesse da nação, qual a razão jurídica do veto? Nenhuma, tendo o veto da Presidência da República explicações apenas de natureza política.

Sabe-se que o Ministério Público do Brasil vem se destacando há muito tempo como um dos referenciais de construção ética do país. Sua postura intransigente na defesa desses valores e a sua ação independente de interesses oportunísticos, corporativos ou ideológicos resultaram na perda do anonimato institucional, sendo hoje uma instituição visível no contexto político nacional.

---

[189] Checks and Balances no sistema norte-americano, freios e contrapesos no sistema constitucional brasileiro, que garantem um controle preventivo da constitucionalidade das leis – Vide FERREIRA FILHO, Manoel Gonçalves. *Curso de Direito Constitucional*. Saraiva. 2002, p. 34-37.

[190] Artigo 66, § 1º, da Constituição Federal: "Se o Presidente da República considerar o projeto, no todo ou em parte, inconstitucional ou contrário ao interesse público, vetá-lo-á total ou parcialmente, no prazo de 15 (quinze) dias úteis, contados da data do recebimento e comunicará, dentro de 48 (quarenta e oito) horas, ao Presidente do Senado Federal os motivos do veto".

Tayllerand, ao aconselhar Napoleão Bonaparte sobre os eventuais riscos inerentes de um iminente retorno da dinastia Bourbon à cena política francesa, especificamente sobre a postura da nobreza daquele país quanto aos compromissos que teriam com o povo e o seu espírito revanchista contra os que integraram o projeto napoleônico, afirmou, na ordem: talvez nunca aprendam,[191] mas jamais esquecerão[192] [...]".

É de se registrar as posições defendidas por Ricardo Negrão[193] e por Manoel Justino Bezerra Filho[194] que sustentam como necessária a intervenção ministerial nos processos de falência e de recuperação.

Abstraindo-se do caráter eminentemente político que norteou a posição governamental manifestada no veto, observa-se, no plano técnico, mais uma vez, a incerteza das regras jurídica legadas à sociedade. A aplicação dos conteúdos orientadores previstos nos artigos 82 e 83 do Código de Processo Civil, de caráter geral, permite que os membros de uma mesma instituição, em processos similares, arrimados no princípio da independência funcional, manifestem-se diversamente quanto a necessidade de intervenção. Dessa forma, o Ministério da Justiça a quem cabe a construção de paradigmas para a consolidação de um sistema jurídico coeso, mais uma vez, optou pela regra da incerteza e indefinição.[195]

O Ministério Público do Estado do Rio Grande do Sul, através de sua Corregedoria-Geral, vem orientando os Promotores de Justiça a intervir em todos os processos decorrentes da aplicação da Lei nº 11.101/05,[196] na forma que segue:

---

[191] Que assumem compromissos com a sociedade.

[192] A oportunidade de revanche.

[193] NEGRÃO, Ricardo. *Aspectos Objetivos da Lei de Recuperação de Empresas e Falência*. Saraiva. 2005, p. 157 a 160.

[194] BEZERRA FILHO, Manuel Justino. *Nova Lei de Recuperação e Falências Comentada*. 3ª ed. Revista dos Tribunais, 2005, p. 55 e 56.

[195] Recomenda-se a leitura dos textos do movimento acadêmico Critical Legal Studies (CLS) onde se discute, dentre vários temas, que a estruturação hermética de um sistema jurídica o torna tão inacessível ao povo que este jamais terá força suficiente para alterá-lo.

[196] Ofício-Circular nº 012/2005-CGMP Porto Alegre, 31 de maio de 2005.

Senhor(a) Promotor(a):

Considerando a edição da Lei nº 11.101/05, que entrará em vigor no próximo dia 09 de junho de 2005, e que regula a recuperação judicial, extrajudicial e a falência do empresário e da sociedade empresária;

Considerando que o veto ao art. 4º do projeto aprovado pelo Congresso Nacional (que determinava a intervenção do Ministério Público em todos os processos de recuperação judicial e falência) pode provocar a equivocada interpretação de que a intervenção não mais se faz necessária;

Considerando que persiste o interesse público e social consubstanciado no resguardo da par conditio creditorium; resta inalterada a necessidade da coleta de elementos probatórios para apuração de crimes falimentares e que não há razão para limitação da atuação ministerial, seja nos processos de recuperação judicial e de falências, bem como nas outras ações em que massa falida vier a ser interessada;

Considerando os enunciados elaborados por um grupo de estudo iniciado a partir da iniciativa do Centro de Apoio Cível, composto por membros do Ministério Público com atuação nos feitos falimentares.

Teoria Falimentar e Regimes Recuperatórios

a) é obrigatória a intervenção do Ministério Público *cvstos legis* no processo de falência, a partir da sentença de decretação;

b) é obrigatória a intervenção do Ministério Público *cvstos legis* no processo de recuperação judicial, a partir do deferimento do processamento;

c) a forma de intervenção deve se dar mediante a exigência de vista dos autos antes que seja proferida qualquer decisão no processo e mediante intimação de todos os atos decisórios prolatados;

d) considerando a hipótese de recuperação extrajudicial, é obrigatória a intervenção do Ministério Público *cvstos legis* para manifestar-se sobre o pedido de homologação do plano de recuperação exrajudicial, sobre eventual impugnação apresentada e na hipótese prevista no art. 166 da Lei 11.101/05;

e) considerando a hipótese de demanda em que a massa falida é parte, é obrigatória a intervenção do Ministério Público *cvstos legis* em razão da existência de interesse público e social;

Considerando, por fim, que a intervenção do Ministério Público se relaciona apenas com a configuração do interesse público, que permanece inalterado frente à continuidade do concurso de credores;

RECOMENDAMOS a Vossa Excelência que continue a oficiar nos autos de falência, pedidos de recuperação judicial ou extrajudicial e ações em que sejam partes ou interessadas empresas em recuperação ou falidas, nos termos dos seguintes enunciados:

É obrigatória a intervenção do Ministério Público custos legis no processo de falência, a partir da decretação;

É obrigatória a intervenção do Ministério Público custos legis no processo de recuperação judicial de empresa, a partir do deferimento do processamento;

A forma de intervenção deve se dar mediante a exigência de vista dos autos antes que seja proferida qualquer decisão no processo e intimação de todos os atos decisórios prolatados;

Considerando hipótese de processo de recuperação extrajudicial, é obrigatória a intervenção do Ministério Público custos legis para manifestar-se sobre o pedido de homologação do plano de recuperação extrajudicial, sobre eventual impugnação apresentada e na hipótese de alienação prevista no art. 166 da Nova Lei de Falências;

Considerando hipótese de demanda em que a massa falida é parte, é obrigatória a intervenção do Ministério Público custos legis em razão da existência de interesse público e social;

Considerando hipótese de demanda em que empresa de recuperação judicial é parte, não é obrigatória a intervenção do Ministério Público custos legis, salvo a existência de interesse público e social no caso concreto;

Considerando hipótese de demanda em que empresa em recuperação extrajudicial é parte, não é obrigatória a intervenção do Ministério Público custos legis, salvo a existência de interesse público e social no caso concreto;

Considerando que a Nova Lei da Falência não contempla o procedimento do inquérito judicial, a investigação dos crimes falimentares será levada a efeito preferencialmente pelos órgãos do Ministério Público, sem prejuízo de outras formas de investigação, adotando-se o procedimento estabelecido na Resolução 03/2004 do Órgão Especial de Colégio de Procuradores de Justiça;

Considerando o princípio da efetividade do Ministério Público, devem ser atribuídos ao órgão do Ministério Público com atuação na área falimentar a investigação, o oferecimento de denúncia e acompanhamento da competente ação penal.

Atenciosamente,

Mário Cavalheiro Lisbôa,

Corregedor-Geral do Ministério Público.

Roberto Bandeira Pereira,

Procurador-Geral de Justiça.

f) considerando a hipótese de demanda em que a empresa em recuperação judicial é parte, não é obrigatória a intervenção do Ministério Público *cvstos legis*, salvo a existência de interesse público e social;

g) considerando a hipótese de demanda em que a empresa em recuperação extrajudicial é parte, não é obrigatória a intervenção do Ministério Público *cvstos legis*, salvo a existência de interesse público e social.

2.6. Créditos pré-excluídos

Mantendo a tradição legislativa, a nova lei pré-excluiu a pretensão reivindicativa de alguns credores nos processos de falência e de recuperação judicial.[197]

Constituem-se em créditos legitimamente reconhecidos pelo ordenamento legal, porém não poderão ser exigidos enquanto o devedor estiver em um desses dois regimes.

Entre um e outro sistema legislativo existem algumas diferenças na relação de pré-exclusão dos regimes jurídicos instituídos.

Como muito bem observou o professor Gladston Mamed,[198] a primeira grande diferença é de natureza conceitual: no sistema do Decreto-Lei, a pré-exclusão apresentava-se na impossibilidade de reclamar o direito. No sistema da Lei nº 11.101/05, a pré-exclusão é quanto a suspensão da exigibilidade em relação à empresa que estiver sob um dos regimes jurídicos.

No sistema do Decreto-Lei nº 7.661/45, as pré-exclusões eram restritas apenas ao regime falimentar com um elenco maior de exclusões em relação às hipóteses lançadas no artigo 5º, I e II, da Lei nº11.101/05.[199] No sistema anterior, além das obrigações a título gratuito e das despesas para participação no processo, também não poderiam ser reclamadas na falência as prestações alimentícias e as penas pecuniárias por infração das leis penais e administrativas.

A nova lei manteve a pré-exclusão das obrigações a título gratuito, que não poderão ser exigidas enquanto a empresa estiver sob regime de falência ou de recuperação judicial. Assim sendo, em relação ao inciso I do artigo 5º, existe a possibilidade de se exigir dos eventuais coobrigados caso não estejam sob um dos dois regimes jurídicos.

---

[197] A redação deste dispositivo restringe a exigência desses créditos somente para os regimes de falência e de recuperação judicial. Por interpretação lógica, poderão ser exigidos quando o devedor estiver sob o regime de recuperação extrajudicial.

[198] MAMED, Gladston, *Op. cit.*, p. 64.

[199] Artigo 5º: "Não são exigíveis do devedor, na recuperação judicial ou na falência

I – as obrigações a título gratuito;

II – as despesas que os credores fizerem para tomar parte na recuperação judicial ou na falência, salvo as custas judiciais decorrentes de litígio com o devedor".

As despesas dos credores para tomar parte na recuperação judicial e na falência também não poderão ser exigidas enquanto vigorar o regime jurídico, de falência ou de recuperação judicial. Uma vez que a regra trata de suspensão da exigibilidade, durante a tramitação do processo, essas dívidas poderão ser cobradas após o seu encerramento. Na falência, obviamente, se ainda existirem bens após o encerramento do processo.[200]

Todavia, os gastos referentes às custas decorrentes de litígio com o devedor, não incluindo nesta restrição a regra de sucedâneos de sucumbência os honorários advocatícios, poderão ser exigidos durante o processo. Na falência, como crédito extraconcursal na forma do artigo 84, IV; na recuperação judicial de acordo com o regramento jurídico das custas processuais. A Lei não estabeleceu uma regra definitiva sobre honorários advocatícios. Ressalta-se a posição de Roberto Ozelame Ochoa[201] que defende o pagamento de honorários advocatícios quando o processo de integração ao processo falimentar ou recuperatório demandar litigiosidade.[202] Talvez uma única ressalva possa ser feita a esse entendimento, quando se tratar de habilitação retardatária, pois a judicialização que terá forma de impugnação, pela regra do artigo 10, § 5°, decorreu de conduta omissiva ou negligente imputável ao credor.

Pela nova lei, as dívidas alimentares serão reclamadas ainda que o devedor se encontre sob o regime falimentar ou sob o regime recuperatório, judicial ou extrajudicial.

Entretanto a falta de uma maior preocupação com esse tema, por parte do legislador poderá trazer alguns transtornos na aplicação da lei.

Como não foi dado nenhum destaque especial, é de se concluir que o legislador remeteu a inclusão desse crédito na recuperação judicial para a regra geral do artigo 49, *"capvt"*. Logo, o requisito autorizativo para a cobrança do crédito alimentar é que se submeta à condição de igualdade com os demais credores, fazendo parte do plano reorganizativo e eventuais condições propostas pelo devedor e aceitas pela coletividade dos credores. Se por um lado é possível argumentar a preferência das prestações alimentares e, dentro desse raciocínio, a sua não-submissão a qualquer inovação da obrigação alimentar, por outro, poderá ser contra-argumentado que a condição diferenciada dos direitos alimentares não é absoluta, uma vez que os créditos trabalhistas também de natureza alimentar, submetem-se ao plano, ainda que sob uma forma diferenciada.[203]

Desse modo, importa, inicialmente, identificar as diversas naturezas de crédito alimentar:

---

[200] Vide regra do artigo 153.

[201] OZELAME OCHOA, Roberto e WEINMANN, Amadeu. *Recuperação Empresarial na nova Lei de Falências e novo Direito Penal falimentar*. Livraria do Advogado. 2006, p. 24.

[202] BRASIL, Superior Tribunal de Justiça, AgRg no Ag 795973/PR, Quarta Turma, Relator: Ministro Aldir Passarinho Júnior, 2007

[203] Vide regra do artigo 54, *"capvt"* e parágrafo único.

1) os originados nas relações familiares;
2) os decorrentes de atos ilícitos;
3) os de origem trabalhista.[204]

Em relação aos últimos, o legislador já afirmou a sua submissão ao plano na forma do artigo 54, incluindo os direitos decorrentes de serviços prestados e os decorrentes de acidente do trabalho.

Não obstante, remanescem sérios problemas que a jurisprudência haverá de enfrentar em relação às demais hipóteses.

Os créditos decorrentes de atos ilícitos são dívidas não contratuais, mas reconhecidos por decisão judicial, que, *a priori*, deverão ser simplesmente cumpridas pelo devedor. Nessa situação, poderá o devedor em dificuldade propor alguma modificação no pagamento dessa dívida? Terão os demais credores legitimidade para alterar a eficácia de uma sentença judicial?

Sob o ponto de vista da coisa julgada, há de se optar pela resposta negativa, mas isso implica afastar aquele crédito do alcance do plano, criando-se uma hipótese extraordinária de exclusão, diversa das previstas no artigo 49, §§ 3º e 4º.

A situação torna-se ainda mais complexa quando se tratam de créditos alimentares provenientes das relações familiares de mútua assistência. Nessa situação específica, para as empresas individuais há mais um condicionante: o binômio necessidade do demandante e possibilidade do demandado, elementares essenciais à concreção deste direito.

Em situação de crise, seria plenamente plausível o argumento do empresário individual da impossibilidade de cumprir com os compromissos de alimentação de terceiros. Mas esse argumento é suficientemente forte para ignorar os efeitos jurídicos de uma sentença judicial, permitindo ao devedor de alimentos eximir-se da prestação alimentar sob o argumento de encontrar-se sob regime recuperatório? Olhando-se para o prisma da eficiência sistêmica[205] do regime recuperatório a resposta deveria ser afirmativa, mas talvez este raciocínio pusesse em risco a credibilidade do sistema ordenatório geral do Direito, pois seria correto ou justo tratar diferentemente as diversas relações obrigacionais? Em outras palavras, quanto às relações de trabalho ou de contrato, ou provenientes de ato ilícito não se opõe a condição de impossibilidade financeira para a concretização do suporte fático, podendo, no máximo, afetar a realização material da pretensão jurídica, mas, quando se tratar de relação familiar de mútua assistência, o acolhimento da pretensão jurídica poderá ser negado, criando uma

---

[204] É plenamente defensável a tese que inclui uma quarta categoria decorrente de contrato, como no caso dos fundos de pensão, ainda que, infelizmente, para muitos continuam sendo tratados como créditos comuns.

[205] Vide as discussões sobre a análise econômica do Direito.

Teoria Falimentar e Regimes Recuperatórios

situação de inferioridade ou até exclusão desse crédito, o que é inaceitável sob o ponto de vista constitucional.[206]

Na falência, a situação é ainda mais crítica, pois todos os créditos serão pagos de acordo com a regra do artigo 83, que estabelece a configuração do quadro-geral de credores. Observa-se, todavia, que, ressalvado o crédito trabalhista, as demais hipóteses acima referidas não têm expressa previsão de enquadramento. Optando-se, como não poderá deixar de ser, pelo respeito ao quadro-geral de credores, surgirá a questão: em qual categoria serão alocados? Obviamente que não serão trabalhistas, nem créditos com garantia real, tributário, com privilégio especial ou geral, nem multa ou crédito subordinado. Dessa forma, restaria alocar como crédito quirografário?[207]

Haverá, nesse particular, um problema maior, pois, uma vez que no regime da legislação anterior as prestações alimentícias não podiam ser reclamadas, não existem precedentes a esse respeito. Há necessidade de uma imediata atividade jurisprudencial frente à garantia constitucional dada a esse direito.[208]

A lei também inovou ao permitir a cobrança na falência e recuperação judicial das penas pecuniárias por infração das leis penais e administrativas, incluindo a multa tributária.

Como referido nas notas 192 e 193 onde se aludiu a uma percepção externada por Tayllerand, o Estado ao mesmo tempo que descura dos interesses e expectativas do seu povo demonstra-se muito atento na preservação de seus próprios.

De acordo com o anteriormente referido, na lei anterior, tanto as prestações alimentares como as multas penais e administrativas não poderiam ser cobradas em um processo falimentar,[209] estendendo-se essa interpretação também às multas fiscais.[210] A reforma que se preocupou muito com a segurança do crédito tributário quis garantir também a cobrança daquelas penalidades, reforçando, ainda mais, o peso do passivo tributário sobre a empresa.

Em relação à recuperação, essa discussão perde objeto, uma vez que a concessão do regime recuperatório, judicial ou extrajudicial não produz efeitos jurídicos em relação aos créditos tributários, que, dessa forma, não se submetem ao plano reorganizativo de pagamento das dívidas.

---

[206] Vide Artigo 5°, LXVII, da Constituição Federal.

[207] Crédito de sexta categoria na ordem de pagamentos em uma falência.

[208] Importante destacar que não se trata de questão de ínfima importância sob o argumento de que este problema somente atinge à empresa individual e esta, em termos estatísticos, seria insignificante frente às sociedades empresariais. Além das soluções jurídicas não se legitimarem por estatísticas, estas, na verdade favorecem às empresas individuais que representam hoje 4.569.288 (51,25%) do registros no país contra 4.434774 (48,75%) de registros de sociedade empresariais. Fonte: Departamento Nacional do Registro de Comércio, períodos: 1995 – 2005.

[209] Vide regra do artigo 23, I, II e III do Decreto-Lei n° 7.661/45.

[210] Nos termos da súmula 565 STF.

Quarta Aula – Institutos comuns à recuperação judicial e à falência (Parte I)

1. APRESENTAÇÃO

Nesta quarta aula serão abordados três temas de aplicação geral tanto para a falência quanto para a recuperação judicial, na ordem: (a) administrador judicial, (b) verificação e habilitação de créditos, (c) comitê de credores.

Por razões didáticas, não foi adotada a ordem dos artigos definida na Lei.[211] Seguindo essa diretriz metedológica, optou-se por começar a discutir a figura e as atribuições do administrador judicial.

Conforme se pode observar na lei, o administrador judicial é de fundamental importância para o procedimento dos regimes recuperatório judicial e liquidatório falimentar. Porém, torna-se impossível compreender a importância do papel que este órgão desempenha sem ter previamente compreendido o que efetivamente representa.

Após, em seqüência,será estudado o procedimento de verificação e habilitação dos créditos e o comitê de credores.

2. ADMINISTRADOR JUDICIAL

2.1. Atribuições

A figura do administrador judicial, ainda que sob outras nomenclaturas, não representa nenhuma novidade na história do Direito falimentar brasileiro. Na nova Lei, os antigos nomes identificadores das funções delegadas pelo juiz,

---

[211] Conforme a disposição originária da Lei nº 11.101/05 a ordem é: (a) verificação e habilitação de créditos (art. 7º – 20); (b) administrador judicial (art. 21 -25) e, (c) comitê de credores (art 26-34).

Teoria Falimentar e Regimes Recuperatórios

97

síndico e comissário, deram lugar a uma unificação terminológica. Assim sendo, de acordo com a Lei nº 11.101/05, tanto para a falência quanto para a recuperação judicial[212] o cargo terá a mesma denominação: administrador judicial.

A diferença está nas funções básicas. Na falência, o administrador judicial administra o patrimônio da massa falida para alcançar a finalidade proposta pela Lei: a liquidação do patrimônio da massa falida e o pagamento dos credores; na recuperação judicial, o administrador judicial, prioritariamente, fiscaliza a execução do plano e a gestão do empresário.

Existem outras funções, tanto na falência como na recuperação judicial, que têm previsão no artigo 22. O *capvt* deste artigo condiciona o exercício das atribuições conferidas ao administrador judicial a uma contínua e múltipla atividade fiscalizatória pelo magistrado e pelo comitê de credores, sendo também imprescindível a fiscalização do Ministério Público, tendo em vista o interesse público em jogo. Esta atividade fiscalizatória da atuação do administrador judicial, na maioria das vezes, será posterior ao ato praticado, do qual prestará contas e/ou esclarecimentos.

No entanto, em muitas oportunidades, o controle será preventivo, pois demandará prévia análise e manifestação autorizativa para a sua realização, sob pena de futura responsabilização do administrador judicial.

O inciso I do artigo 22 arrola aquilo que deverá ser feito no cotidiano dos processos de falência e de recuperação judicial.

Nas alíneas "a" até "d", denota-se que o administrador tem obrigações informativas diretas e indiretas. O não cumprimento das primeiras (alíneas "a", "b" e "c") possibilitará a sua destituição por não atendimento das obrigações inerentes ao cargo.

Para o cumprimento das obrigações indiretas (alínea "d" do artigo 22, I) o administrador judicial deverá relatar e requerer ao juiz para que este expeça judicialmente a ordem. Deve-se observar que o administrador judicial é equiparado a funcionário público de modo não pleno. Logo, as suas determinações e exigências para o devedor e para os credores não têm caráter oficial. Assim sendo, o não cumprimento de qualquer determinação emanada do administrador judicial não caracteriza desobediência à ordem legal de funcionário público. Dessa forma, resta-lhe comunicar ao juiz para que tome as providências previstas no parágrafo segundo deste artigo. Somente a partir da oficialidade, decorrente da ordem judicial, poderá estar caracterizado o tipo penal previsto no artigo 330 do Código Penal.

As alíneas "e" e "f" do artigo 22, I, tratam da tarefa de definir o universo de credores no processo.

---

[212] Não há previsão na lei desta função no regime de recuperação extrajudicial.

Em conformidade com o enunciado do artigo 7º, § 2º,[213] o administrador judicial, após examinar a relação primeira de credores juntada pelo devedor mais os documentos de que dispuser, elaborará a listagem de verificação provisória, a qual, após sua publicação, passará por um processo de exame e discussão, objetivando a consolidação do quadro-geral de credores (alínea "f", artigo 22,I).

De acordo com a alínea "g" (artigo 22, I), o administrador judicial tem legitimidade para requerer para o magistrado a convocação de assembléia geral de credores nos casos previstos no artigo 35 ou quando entender necessário.

A alínea "h" (artigo 22, I) permite ao administrador judicial o poder de contratação de profissionais ou empresas para o auxílio no exercício de suas funções. A disposição garante ao administrador um amplo poder de decisão gerencial, pois, pelo texto da alínea, esta contratação não se resume as atividades específicas, como a contratação de um advogado para determinada ação judicial, de um serviço de vigilância, etc. O enunciado legal autoriza, também, a contratação de pessoal para auxiliá-lo na própria condução do regime de falência ou de recuperação judicial. Contudo, essas contratações ficam subordinadas à autorização judicial, sendo sempre aconselhável a prévia manifestação do Ministério Público.

Por último, na alínea "i" (artigo 22, I) estão definidas atribuições de modo residual para situações previstas na Lei nº 11.101/05.

No inciso II do artigo 22 são apresentadas atividades do administrador judicial próprias para um processo de recuperação judicial. A base reflexiva que irá ordenar as demais atribuições está no artigo 64, o qual garante ao empresário a manutenção do comando da empresa.

Assim sendo, nos processos de recuperação judicial, em conformidade com o que dispõe a alínea "a", o administrador prioritariamente fiscaliza a empresa e seu(s) administrador(es). Dentro dessa atividade fiscalizatória, tem o compromisso de requerer ao juiz que decrete a falência caso a devedora não esteja cumprindo corretamente as obrigações contidas no plano (alínea "b" – artigo 22, II). Essa não se trata da hipótese de propositura da ação judicial de falência, possibilitada pela regra do artigo 94, III, "g" (artigo 22, II), mas de convolação da recuperação judicial em falência (artigo 73, IV), podendo ser formulado o requerimento nos próprios autos do processo de recuperação.

No exercício dessa atividade prioritariamente fiscalizatória, deverá periodicamente informar ao juiz sobre o andamento do regime de recuperação, cumprindo-lhe apresentar ao juiz relatório mensal das atividades do devedor, bem como o relatório final do processo de recuperação judicial[214] (alíneas "c" e "d" – artigo 22, II).

---

[213] O procedimento de habilitação e verificação de créditos será examinado oportunamente.
[214] Vide artigo 63,III

Dentre os diversos efeitos decorrentes da decretação da falência observa-se, nessa hipótese, a relativização do princípio da inviolabilidade dos livros e documentos obrigatórios da empresa. Estes terão seu acesso franqueado aos credores e também ao comitê, sob a responsabilidade do administrador judicial que tem a obrigação de informar dias, horários e local onde poderão ser examinados (artigo 22, III, alínea "a").

Essa regra não se aplica ao perito e ao Ministério Público que requererão diretamente ao juiz a entrega dos livros e dos documentos para exame, período que assumem individualmente a responsabilidade pela manutenção e conservação dos mesmos.

Já na falência, o administrador judicial terá um envolvimento maior na condução dos interesses da massa falida e, por força disso, precisará deter as informações estratégicas do cotidiano da empresa até a sua falência. Por isso, não poderá se eximir de prestar as informações solicitadas alegando não ter gerenciado a empresa, cabendo-lhe buscar todas os dados disponíveis na escrituração e relatar ao juiz quando detectar alguma irregularidade (alínea "b", artigo 22, III).

O moderno gerenciamento de uma empresa não mais se resume ao controle de demandas econômicas e financeiras, inclui também o chamado "risco jurídico", que poderá, muitas vezes, elevar o risco ou inviabilizar uma empresa. Muitos casos de falência decorrem de uma falta de organização mínima na administração de demandas judiciais. Uma vez decretada a falência, essa tarefa incumbe ao administrador judicial que deverá organizá-la estrategicamente para que possa, pessoalmente, se for advogado, ou através de profissional contratado (alínea "n", artigo 22, III), fazer a representação judicial da massa falida (alínea "c", mesmo inciso).

Dentro da idéia de organização estrutural dos interesses da massa falida aliada ao efeito de relativização do princípio da inviolabilidade dos livros, documentos e correspondência do falido(a), o administrador judicial tem acesso irrestrito à correspondência endereçada à falida, devendo, entretanto, em respeito ao direito assegurado ao sigilo individual, entregará ao falido, sócios ou administradores da empresa as correspondências de caráter pessoal (alínea "d" – artigo 22, III).

O administrador judicial deverá apresentar o primeiro relatório indicando as causas e as circunstâncias do gerenciamento que foram determinantes para a desagregação econômica e financeira da empresa, apontando se for o caso qualquer responsabilidade civil e criminal. Esta atribuição deverá se realizar em até quarenta dias, contados da assinatura do termo de compromisso, prorrogáveis por igual período de tempo, desde que deferida a prorrogação desse prazo pelo magistrado, observando o disposto no artigo 186 e seu parágrafo único. Esse relatório corresponde à antiga exposição circunstância do artigo 103 da lei anterior (alínea "e").

Deve-se atentar que caso o relatório aponte somente responsabilidade criminal, deverão os autos serem encaminhados para intimação do Ministério Público (artigo 22, § 4°) após a juntada do relatório para dar começo às investigações criminais, caso ainda não tenham sido iniciadas. Se, além de responsabilidades criminais, o relatório apontar responsabilidades civis, o administrador judicial deverá encaminhar o relatório ao órgão ministerial para instauração da ação penal. Entretanto, será sua a atribuição de promover a respectiva ação de responsabilização civil (artigo 82, *"capvt"*).

A falência, conforme será visto oportunamente, é uma execução coletiva, pois apuram-se todos os bens para se tentar pagar todos os credores dentro de uma ordem hierárquica pré-estabelecida pela legislação. Para viabilizar o alcance desse desiderato, bem como o controle de todas as informações existentes sobre a empresa, é imprescindível que esse patrimônio e esses dados sejam arrecadados, cuja atribuição incumbe ao administrador judicial (alínea "f" artigo 22, III).

Ultimada a arrecadação, deverá o administrador judicial avaliar os bens (alínea "g" – artigo 22, III). Se necessário, irá contratar, após autorização judicial, recomendável, prévia manifestação do Ministério Público, avaliadores, preferencialmente oficiais, se depender de condições técnicas específicas (alínea "h" – artigo 22, III). Após a avaliação deverá praticar os atos necessários para a posterior apuração dos bens da massa e o pagamento dos credores (alínea "i", mesmo inciso).

Tratando-se de um regime processual de execução coletiva, a evolução das etapas procedimentais – arrecadação, avaliação, liquidação e pagamento – deverá obedecer a uma ordenação criteriosa. Logo, espera-se que o administrador judicial somente encaminhe o processo para a liquidação no momento adequado. Não obstante, poderão existir situações emergenciais[215] que autorizam a chamada venda antecipada, a qual deverá preceder a manifestação do comitê, do falido e do Ministério Público, bem como autorização judicial, em conformidade com o artigo 113 (alínea "j", mesmo inciso).

Não é novidade, pois antes já afirmado, que na falência o administrador judicial tem um maior envolvimento com os bens, direitos, interesses e obrigações da massa falida. Por isso, a lei imputou-lhe expressamente a responsabilidade de praticar ampliadamente todos os atos conservatórios do patrimônio em liquidação (alíneas "l", "m", "n") e de preservação do andamento regular do processo (alínea "o").

Por outro lado, essa ampla confiança nele depositada implica a imposição do dever de agir sempre e incondicionadamente com transparência (alíneas "p", "q" e "r").

---

[215] Situações como arrecadação de bens de fácil deterioração, considerável desvalorização ou conservação arriscada ou dispendiosa.

Teoria Falimentar e Regimes Recuperatórios

No exercício de suas atribuições poderá exercer também a função de gerenciador dos créditos da massa, inclusive, transigindo sobre direitos reconhecidos e concedendo abatimentos sobre dívidas ativas, nessa hipótese, porém condicionado à manifestação prévia do comitê, dos credores e do Ministério Público e, ainda autorização judicial (artigo 22, § 3°).

Frente a toda essa ampla gama de atribuições com um considerável poder sobre o conjunto de bens, direitos e obrigações da massa, a lei resolveu impor restrição quanto à fixação de valores a serem pagos aos auxiliares do administrador judicial, cuja incumbência caberá exclusivamente ao juiz (artigo 22, § 1°), que não ouvirá o comitê, sendo-lhe recomendável apenas abrir vista ao Ministério Público. Esse conceito de auxiliar descrito no artigo 22, § 1°, não engloba a figura do advogado, para o qual existe outra disposição acima referida (alínea "n" – artigo 22, III).

2.2. Critérios de escolha e remuneração

Diferentemente da lei anterior, a razão para a escolha do administrador judicial não se dará pela condição de credor ou pela mera confiança do magistrado. A essa condição de confiabilidade acrescentou-se um novo pressuposto na lei vigente, que é a profissionalidade.

Dessa forma, de acordo com o artigo 21, o magistrado,[216] imediatamente após prolatar o despacho de processamento do pedido de recuperação judicial[217] ou quando prolatar a sentença decretatória de falência,[218] escolherá um profissional idôneo, advogado, economista, administrador de empresas ou contador, para o cargo de administrador judicial.

A razão desse rol de profissões preferenciais para a escolha do administrador judicial decorre da proximidade com a matéria jurídica, econômica, gerencial ou contábil, cujas experiências práticas e conhecimentos teóricos específicos são cruciais para o atendimento das prováveis demandas que decorrerão a partir da instauração dos regimes. Contudo, importa observar que de acordo com o enunciado do artigo 21, este elenco é exemplificativo, tendo o magistrado, desde que atendido o pressuposto de idoneidade, o poder de escolher profissional de diferentes áreas.[219]

Dependendo da complexidade do processo, ou compreendido de outra forma, de acordo com a grandeza do devedor ou da sua crise, poderá o juiz escolher ao invés de um profissional liberal uma pessoa jurídica especializada.[220]

---

[216] O administrador judicial é órgão de confiança do magistrado, por isso, a escolha é um ato exclusivo do juiz.

[217] Vide regra do artigo 52, I.

[218] Vide regra do artigo 99, IX.

[219] Por exemplo, um engenheiro, se o processo de falência ou de recuperação for uma empresa de construção.

[220] Artigo 21, "*capvt*", parte final.

O Direito reconhece personalidade aos entes humanos a partir de seu nascimento com vida, efeitos que retroagem á época da concepção, em conformidade com o disposto no artigo 2º do Código Civil.

A vida, entretanto, não se constitui como a única razão para o reconhecimento da personalidade jurídica, uma vez que os animais, ainda que tenham vida, não possuem o reconhecimento de personalidade jurídica. A existência humana é ligada à vida, dessa forma, todas as suas ações e projetos vinculam-se, aprioristicamente, ao ciclo existencial biológico.

Para garantir a continuidade de seus projetos, a cultura civilizatória atribuiu a entes fictícios a personalidade jurídica nos moldes da personalidade jurídica das pessoas naturais, respeitadas as diferenças conceituais. A vida é pressuposto de reconhecimento de personalidade jurídica somente para a existência humana. Os animais, ainda que vivos, não têm o reconhecimento de personalidade jurídica, apenas possuem uma proteção que lhes é garantida pelo Direito.

Por outro lado, as pessoas jurídicas têm o reconhecimento de personalidade independentemente da vida, uma vez que a sua existência é fictícia. Segundo Antônio Santos Justo, "O reconhecimento das pessoas jurídicas colectivas corresponde à satisfação de necessidades que transcendem à vida e os interesses dos homens individualmente considerados".

Logo, para uma pessoa jurídica, a personalidade é atribuída a partir do preenchimento de algumas condições. Dentre elas, destaca-se a elaboração de um documento, público ou particular, chamado ato constitutivo, que poderá ser um contrato ou um estatuto social.

Nesse documento, deverá, de acordo com o artigo 997, II, do Código Civil, como requisito obrigatório, constar o objeto da sociedade. A identificação do objeto é o caminho que permite o reconhecimento da personalidade jurídica aos entes fictícios, ou seja, representa os propósitos constitutivos dos sócios e aquilo que a sociedade, então personificada, irá realizar.

Dessa forma, o atendimento ao requisito objeto social não configura apenas uma formalidade, mas uma condição essencial e de natureza material, pois, se o objeto for ilícito, a sociedade não poderá se constituir. A geração de riqueza é somente admitida se o objeto social estiver em conformidade com as regras de convivência social que estabelecem os parâmetros jurídicos para a definição de licitude dos atos humanos.

Surge a partir da expressão lançada pela Lei, "pessoa jurídica especializada" algumas indagações: a especialização significa, apenas, comprovada e notória experiência no trato dessas questões? Ou, de outra forma, demanda, também, a identificação expressa desta atividade[221] no objeto social da pessoa jurídica?

---

[221] Atuação em processos como administrador judicial em processos de recuperação judicial e falência.

De acordo com a explanação anterior o objeto lícito é a condição que permite a aceitação da personalidade jurídica a um ente fictício. Porém, como a personalidade jurídica condiciona-se a este requisito, não pode a sociedade operar objeto diverso do que lhe fora autorizado, sob pena de perda do *statvs* jurídico de regularidade. A questão é relevante, pois, se existe o pressuposto da idoneidade, poderá uma pessoa jurídica praticar atos que não constem em seu objeto? Não estaria(m), nesse caso, o(s) administrador(es) agindo com excesso de mandato, deslegitimando a nomeação judicial?

Dessa forma, ainda que defensável a primeira idéia, a pessoa jurídica deve evitar transtornos, lançando essa atividade em seu objeto social.

O administrador judicial por prestar um serviço técnico, indelegável[222] não atua graciosamente, sendo remunerado pelos serviços prestados. A remuneração será paga pelo devedor, empresa em recuperação judicial ou massa falida, mas será fixada judicialmente de acordo com a complexidade do trabalho e com a realidade imposta pelo mercado, dentro de parâmetros legais não superiores a 5% do valor devido aos credores – na hipótese de recuperação judicial– ou do valor de venda dos bens da massa falida.[223]

Entretanto, o pagamento da remuneração é subordinado à aprovação das contas finais prestadas pelo administrador judicial e à entrega do relatório final.[224] A rejeição das contas prestadas pelo administrador judicial, além do não pagamento da remuneração, acarretará a sua destituição,[225] a qual torná-lo-á impedido para o exercício de igual função pelo prazo de cinco anos.[226]

Ainda que a regra remuneratória seja muito clara, é de se notar que os processos falimentares ou recuperatórios tendem a uma tramitação prolongada. Em situações como essa, plenamente possíveis, o legislador garantiu ao juiz, recomendando-se, sempre, a prévia manifestação do Ministério Público e do comitê de credores, se houver, o poder de antecipar parcialmente o pagamento da remuneração do administrador judicial em até 60%. O saldo restante só poderá ser pago após a aprovação das contas,[227] cuja rejeição impede o pagamento desse resíduo e obriga o administrador judicial a restituir eventual valor antecipadamente pago.

De acordo com o artigo 31, outras razões, além das relativas à falta de transparência permitem a destituição do administrador judicial:

---

[222] A delegação de funções por parte do administrador judicial não se afigura possível nem para a pessoa jurídica que indicará um representante para atuar em seu nome, mas não delega para este representante os poderes recebidos a partir da nomeação pelo magistrado, de acordo com a regra do artigo 21, parágrafo único.

[223] Vide artigos 22, § 1º e 24, § 1º e 25.

[224] Vide regra do artigo 24, § 2º.

[225] Vide regra do artigo 23.

[226] Vide artigo 30, "*capvt*".

[227] Vide artigo 24, § 2º.

1) desobediência aos preceitos da Lei;

2) descumprimento dos deveres decorrentes do cargo;

3) omissão, negligência ou prática de ato lesivo às atividades do devedor ou a terceiros.

Pela atual lei, o administrador judicial que tiver sido substituído, dependendo da razão de substituição, poderá ser remunerado proporcionalmente àquilo que desempenhou.[228]

Em qualquer caso, o administrador judicial, ainda que não destituído, poderá ser responsabilizado civil e criminalmente pelos atos lesivos que praticar.[229]

2.3. Questões de interesse

Duas questões finais costumam chamar a atenção dos alunos.

A primeira trata da alocação da remuneração do administrador judicial no quadro de pagamentos. Na lei anterior, a hipótese estava descrita como encargo da massa falida[230] ou compromisso do concordatário para o encerramento do processo. Neste segundo caso, havia uma perspectiva melhor para o comissário, desde que a concordata preventiva não se transformasse em falência, pois o comissário recebia a sua remuneração ao final do processo de recuperação financeira.

Porém, em relação à perspectiva remuneratória do síndico, a situação era bem mais complicada, pois, identificado como encargo da massa falida, dificilmente seu crédito seria atendido, considerando a hierarquia vertical na ordem de pagamentos da falência e a existência de créditos que eram preferenciais.

A alternativa jurisprudencial de correção sistêmica lançada pela Súmula nº 219 do Superior Tribunal de Justiça[231] não trouxe o resultado esperado. Diante disso, o legislador optou por uma nova regra para o tratamento da remuneração do administrador judicial.

Adotou-se, na nova Lei, a seguinte linha de raciocínio quanto à recuperação judicial: uma vez que para esta o quadro-geral não é hierárquico, apenas referencial, a ordem de pagamentos se dará no cronograma proposto pelo plano reorganizatório aprovado, dessa forma, o administrador judicial será pago de acordo com o calendário de desembolso, observadas as regra dos artigos 21, § 1º, e 24, §§ 1º e 2º.

---

[228] Vide artigo 24, § 3º.

[229] Nesta última hipótese, respeitado o processo de adequação ao tipo penal.

[230] Vide regra do artigo 124, III, do Decreto-Lei nº 7.661/45.

[231] Súmula nº 219 STJ: "Os créditos decorrentes de serviços prestados à massa falida, inclusive a remuneração do síndico, gozam dos privilégios próprios dos trabalhistas".

Teoria Falimentar e Regimes Recuperatórios

Quanto à falência, ainda que exista uma ordem hierárquica vertical prevista no artigo 83, a remuneração do administrador judicial está prevista no artigo 84 como crédito extraconcursal, recebendo, desde que as suas contas sejam aprovadas, antes dos credores concursais, contudo após o atendimento de direitos previstos nos seguintes artigos:

1) artigo 150: despesas cujo pagamento antecipado seja indispensável à administração da falência, inclusive as decorrentes da continuidade do negócio;

2) artigo 151: os créditos trabalhistas de natureza salarial vencidos nos 3 (três) meses anteriores à decretação da falência, até o limite de 5 (cinco) salários mínimos por trabalhador;

3) artigo 86: as restituições em dinheiro.

A questão final deste ponto é a do tratamento dado pela lei à recalcitrância do administrador judicial em apresentar as suas contas ou relatórios no prazo estabelecido. Nessa situação, o juiz determinará a sua intimação pessoal para o atendimento em cinco dias, sob pena de desobediência.

Aqui se depara com um sério problema uma vez que a vontade dos legisladores era penalizar a recalcitrância mediante as sanções do crime de desobediência previsto no artigo 330 do Código Penal. Porém, a redação do texto final do artigo 23, *"capvt"*, e parágrafo único, pode levar à interpretação de que este fato jurídico seria uma desobediência civil, cuja sanção imposta está no parágrafo único do artigo, que seria a sua destituição e imediata substituição, além do impedimento temporário de cinco anos para exercício de novo cargo.[232] Essa interpretação é plenamente possível, pois, ao tratar da recalcitrância do falido no cumprimento dos deveres decorrentes da decretação da falência, estabeleceu no artigo 104, parágrafo único, de forma clara, a responsabilização do falido pelo crime de desobediência.[233]

Um dos problemas da lei é ter disposições semelhantes redigidas de forma diferente. Note-se que o artigo 23 afirma que o não cumprimento da ordem judicial implica em desobediência. Já o artigo 104, parágrafo único, que trata dos deveres impostos ao falido, afirma que o não cumprimento destes, após intimação pessoal, fará com que responda por crime de desobediência. Nesta última hipótese a lei fala em crime, na primeira não. Seria o caso de uma desobediência apenas no âmbito civil? Não é absurdo assim raciocinar, uma vez que o parágrafo único do artigo 23 impõe uma sanção de natureza não penal ao administrador que desobedecer a ordem judicial, a sua destituição, que implica na perda de qualquer direito remuneratório, bem como no impedimento, durante cinco anos, de ser nomeado administrador judicial. Logo, é possível sustentar

---

[232] Vide nota nº 226.

[233] Artigo 104, parágrafo único: "Faltando ao cumprimento de quaisquer dos deveres que esta Lei lhe impõe, após intimado pelo juiz a fazê-lo, responderá o falido por crime de desobediência".

que a desobediência prevista no artigo 23, *"capvt"*, não tem a mesma natureza jurídica da prevista no artigo 104, parágrafo único, seja por terem as disposições sido redigidas de forma diversa, seja pelo fato de a desobediência do administrador judicial ter um sancionamento específico, diferentemente do que ocorre com a disposição que regula a desobediência do falido.

Em que pese tratar-se de uma tese factível, vislumbra-se um outro encaminhamento à questão. Nota-se que o tipo penal desobediência[234] tem como elementos de sua configuração a desobediência a ordem legal de funcionário público. Levando-se em conta a regra do artigo 327 do Código Penal, se o administrador judicial não cumpre a determinação do magistrado, após pessoalmente intimado, está configurado o delito, pois o processo de adequação típica apenas exigia a existência de ordem legal, emanada de agente oficial, no caso o representante do Poder Judiciário. O tipo penal é a desobediência, mas seus elementos mínimos de adequação são a ordem legal, a autoridade legítima e não obediência.

Em sentido contrário, há uma posição defendida pelo Superior Tribunal de Justiça no RHC 4250/94, pelo voto do Ministro Francisco de Assis Toledo, em que se sustenta a necessidade de expressa ressalva em lei para a caracterização do crime de desobediência.

Independentemente disso, poderá ser responsabilizado civil e criminalmente pelos atos lesivos que venha a praticar dentro das condições de responsabilização jurídica exigidas nestes regramentos legais.

A responsabilidade civil poderá ser exigida pela massa falida, neste caso a ação deverá ser proposta, em seu nome, pelo administrador judicial substituto. Outrossim, o credor lesado também terá essa legitimação e, em todas as hipóteses, o Ministério Público, incluindo a iniciativa de proposição da ação penal por crime previsto nesta Lei.[235]

3. VERIFICAÇÃO E HABILITAÇÃO DE CRÉDITO

A instauração dos regimes jurídicos de crise afeta as relações jurídicas dos credores com o devedor. Essas tornam-se mais complexas e passam a ser administradas não mais exclusivamente pela partes. A instalação do regime recuperatório e do regime liquidatório estabelece a participação de outros entes[236] que se agregam por determinação legal na análise e na discussão da relação obrigacional.

---

[234] Vide artigo 330 do Código Penal.

[235] Vide regra do artigo 183.

[236] O Magistrado, o Promotor de Justiça, o administrador judicial, o comitê de credores.

Teoria Falimentar e Regimes Recuperatórios

A relação não deixa de ser creditícia, mas, em alguns casos, não pode ser exigida enquanto o devedor estiver submetido a um desses dois processos, ou poderá sofrer alguma alteração por força da proposta de plano reorganizatório aprovado pelos credores ou irá submeter-se a uma hierarquia na ordem de pagamentos do processo falimentar.[237]

Ademais, uma vez instalado um desses dois regimes, o credor não depende mais, exclusivamente, do devedor para o reconhecimento de seus direitos, assim como de sua ação exclusiva para a satisfação do crédito. Esse crédito deverá, a partir de então, integrar a relação processual que passará a ser examinada pelo administrador judicial, Ministério Público e julgada pelo juiz.

Dessa diretiva básica excetuam-se duas situações:

1) os créditos tributários que não se submetem ao regime recuperatório e que na falência estão dispensados de habilitação;

2) na hipótese de convolação da recuperação judicial em falência, os créditos que na recuperação já haviam sido reconhecidos, encontram-se dispensados de nova habilitação.

A condição processual dessa integração ao regime é o reconhecimento do direito do credor através dos procedimentos de verificação e habilitação de crédito.

A vontade do legislador foi a de adoção de um critério de eficiência para a integração do credor ao regime jurídico, procurando, ao máximo, evitar a sua judicialização, ainda que esta possibilidade seja expressamente admitida, conforme adiante se demonstrará.

3.1. Credores Tempestivos

A nova lei, pretendendo conceder uma facilitação ao credor, adotou o procedimento de verificação da antiga concordata, atualizando-o e tornando-o comum para a recuperação judicial e para a falência.

Conforme o disposto no artigo 7º, "*capvt*", e § 1º, o devedor apresentará na recuperação judicial,[238] na falência[239] e também na autofalência[240] a relação de seus credores, a qual será publicada em edital no Diário Oficial.

Os credores terão quinze dias, contados da publicação para:

1) identificar se o seu crédito consta na relação publicada;

2) examinar se o crédito constante na relação foi corretamente arrolado em termos de valor e categoria.

---

[237] Vide regra do artigo 83.

[238] Conforme a regra do artigo 52, III e IV.

[239] Conforme o artigo 99, III.

[240] Não se compreendendo, nesse parágrafo, a omissão à regra do artigo 105, II.

Se o credor constatar (1 e 2), momentaneamente, estará dispensado de qualquer iniciativa, podendo aguardar o transcurso do prazo definido no § 1º do artigo 7º.

Se neste prazo constatar a falta do primeiro requisito, deverá, dentro de quinze dias, providenciar a habilitação de seu crédito, na forma do artigo 7º, § 1º.

Se faltar o segundo requisito, no mesmo prazo e de acordo com a mesma regra legal, deverá promover a retificação de seu crédito, apresentando as divergências em relação ao valor e/ou natureza indicados na publicação.

Na hipótese de habilitação, deverá identificar o valor principal corrigido monetariamente e com os juros pactuados e vencidos até a data da decretação da falência ou do pedido de recuperação judicial. Isso decorre do fato de que tanto a decretação da falência como a proposição da ação recuperatória não têm efeito revisional automático em relação aos juros.

Dessa forma, fica para o devedor algumas certezas:

1) os juros pactuados e vencidos são cobrados e integrarão o valor final da habilitação do crédito na falência, salvo determinação revisional proveniente de sentença judicial com trânsito em julgado;

2) os juros gerados a partir da decretação da falência serão calculados pela taxa legal e serão pagos se a massa falida dispuser de ativo suficiente para tanto,[241] desde que pagos todos os valores devidos como principal e correção monetária de todos os credores, respeitada a regra protetiva aos debenturistas;[242]

3) os juros gerados a partir do pedido de recuperação judicial com base no plano especial para as microempresas (ME) e empresas de pequeno porte (EPP) serão calculados pela taxa legal (artigo 71, II);

4) os juros gerados a partir do pedido de recuperação judicial serão livremente negociados no plano recuperatório.

Tanto o pedido de habilitação quanto o de verificação de crédito serão feitos por escrito (artigo 9º), com apresentação de documentos e títulos no original ou cópia autenticada se estiverem estes juntados em outro processo,[243] independentemente de elaboração da peça firmada por advogado.[244] Essa compreensão se justifica pela regra do artigo 5º, II, que permite apenas o ressarcimento das custas quando houver litígio, não autorizando, ainda que exista o litígio, o ressarcimento dos honorários advocatícios.

Por outro lado, não se pode esquecer que na habilitação tempestiva o credor está isento do pagamento de custas devido a natureza extrajudicial daquele

---

[241] Vide regra do artigo 124.

[242] Vide regra do artigo 124, parágrafo único.

[243] Vide regra do artigo 9º, parágrafo único.

[244] Vide COELHO, Fabio Ulhoa. *Op. cit.*, p. 42.

Teoria Falimentar e Regimes Recuperatórios

procedimento. O pedido de habilitação tempestiva de crédito será endereçado para o administrador judicial, que, com base nos livros contábeis e documentos do devedor e do credor, irá realizar os exames que se fizerem necessários.

O administrador judicial irá elaborar uma listagem de verificação provisória dos créditos,[245] a qual será publicada em um edital no prazo referencial de quarenta e cinco dias contados da publicação do edital previsto no § 1º do artigo 7º.

Essa publicação conterá:

1) os credores constantes no edital do artigo 7º, § 1º, que concordaram com os requisitos de valor e natureza e cujos créditos não sofreram nenhuma alteração ou rejeição por parte do administrador judicial;

2) os credores que foram arrolados, porém, os seus titulares, seja pela requisito do valor ou pelo requisito da natureza, promoveram, tempestivamente, pedido de retificação que foi aceito pelo administrador judicial;

3) os credores que não foram arrolados, mas tempestivamente habilitaram seus créditos perante o administrador judicial que acolheu a pretensão.

Dessa listagem serão excluídos ou nela retificados os créditos que o administrador judicial tenha divergência quanto à existência, valor ou natureza.

A habilitação tempestiva garante, ainda que de modo provisório, potencialmente, todos os direitos reconhecidos ao credor como se habilitado estivesse, sendo desnecessário o pedido de reserva ou pedido específico de autorização judicial para participar das assembléias gerais de credores. Demais disso, as habilitações tempestivas são isentas do recolhimento de custas judiciais.

Publicada a listagem de verificação provisória do artigo 7º, § 2º, conforme a regra do artigo 8º, o comitê, qualquer credor, o devedor ou seus sócios ou o Ministério Público, no prazo de dez dias, poderão apresentar impugnação à listagem de verificação provisória, que poderá tratar da:

1) incorreta inclusão ou exclusão de algum crédito;

2) incorreto arrolamento de algum crédito, por valor indevido ou natureza diversa da verdadeira.

As eventuais impugnações serão dirigidas ao magistrado, assumindo, neste momento, a natureza judicial o procedimento habilitatório.[246]

A impugnação será feita em petição dirigida ao juiz, indicando o(s) crédito(s) reclamado(s) e as razões de reclamação acompanhada das provas que o impugnante dispuser, constando, outrossim, requerimento para a produção das que forem necessárias.

---

[245] Vide regra do artigo 7º, § 2º.

[246] Vide regra do artigo 13.

110

Luiz Inácio Vigil Neto

Em conformidade com o parágrafo único do artigo 8°, combinado com o "capvt" do artigo 13, a impugnação deverá ser apresentada em 10 (dez) dias e será autuada em separado Se houver mais de uma impugnação relativa ao mesmo crédito, serão todas juntadas aos mesmos autos.

Uma vez impugnado o crédito, o credor será intimado para contestar a impugnação no prazo de 5 (cinco) dias.(art. 11). Nesse particular, considerando que todo o procedimento até então fora desjudicializado, essa primeira intimação deverá ser pessoal, salvo se a impugnação for do próprio credor em relação ao seu crédito, fazendo com que nesse caso o administrador, o devedor e os demais credores sejam intimados por meios não pessoais de cientificação.

Transcorrido o prazo do artigo anterior, o devedor e o comitê de credores terão o prazo de 5 (cinco) dias comum ininterrupto e que correrá em cartório para se manifestar sobre as impugnações (art. 12). Havendo mais de uma impugnação sobre o mesmo crédito, será esse o único prazo de que disporão os impugnantes. Havendo mais de uma impugnação, porém, sobre créditos diversos, terão prazos contados a partir do decurso individual dos prazos dos credores de contestação às impugnações sofridas.

Vencido o prazo de cinco dias, o administrador será intimado para emitir parecer sobre o objeto da impugnação e das manifestações anteriores. Sendo um parecer final, embora seja sempre indicada a posterior opinião do Ministério Público, o parecer do administrador judicial deverá vir acompanhado das peças de assessoramento elaboradas por seus auxiliares.

Decorridos todos esses prazos, os autos irão conclusos ao magistrado que deverá observar três linhas de conduta possíveis:

1) determinará a inclusão no quadro-geral de credores as habilitações não impugnadas, de acordo com a listagem de verificação de créditos;
2) julgará as habilitações impugnadas que entender suficientemente esclarecidas, determinando, caso julgue favoravelmente pela habilitação, a inclusão no quadro-geral após o trânsito em julgado;
3) impulsionará procedimentalmente as demais habilitações impugnadas.

A habilitação tempestiva ou retardatária, tão logo afirmada perante o juízo, garantirá ao credor, a partir de sua distribuição, todos os direitos assegurados pela Lei até sua homologação ou exclusão definitiva no processo. Por isso que se a impugnação não for plena, nada impedirá, observadas as regras do concurso de credores, o pagamento da parte incontroversa.

Conforme antes referido, a impugnação judicializa o procedimento, logo, o ato judicial decisório é recorrível mediante agravo, para o qual poderá ser concedido efeito suspensivo pelo relator contra a decisão de reconhecimento do crédito, nessa hipótese com a concessão do efeito suspensivo, irá, *prima facie*, afastar do credor as garantias até então adquiridas com o pedido de habilitação.

Todavia, nada impede que o relator do agravo possa garantir, ainda que provisoriamente, o direito de participação e votação nas assembléias gerais.[247]

Correta a crítica lançada por Gladston Mamede quanto à opção pelo recurso de agravo, pois o julgamento proferido pelo juiz não se constitui em uma decisão interlocutória.[248]

Os créditos arrolados na listagem elaborada pelo administrador judicial (artigo 7°, § 2°) não impugnados integrarão o quadro geral de credores, assim como os que tiverem a sua impugnação rechaçada pelo magistrado. As impugnações que visarem apenas a correção de valores ou de natureza não excluirão, após o julgamento do magistrado, o crédito retificado do quadro geral de credores. O julgamento de procedência das impugnações à listagem de verificação provisória que visarem a incluir crédito não reconhecido, anteriormente, pelo administrador, implicará a integração deste crédito ao quadro de credores, conforme a regra do artigo 18.

Após a publicação do quadro geral, o administrador judicial, o comitê, qualquer credor ou o Ministério Público poderão, até o encerramento da recuperação judicial ou falência, promover pedido de retificação ou exclusão de crédito habilitado se descoberta fraude, simulação, dolo, erro ou documentos essenciais ignorados à época do julgamento do crédito ou confecção do quadro geral.

A Lei preferiu adotar um critério diferenciador para a utilização desse instrumento processual de revisão. Se o crédito se originar da relação apresentada pelo devedor, o procedimento de retificação tramitará no juízo da falência ou da recuperação judicial. Porém, se a origem for uma ação judicial proposta contra o devedor, incluindo a reclamatória trabalhista, cujo julgamento de procedência propiciou a habilitação, deverá tramitar no juízo de origem.[249]

3.2. Credores retardatários

Pelo enunciado do artigo 7°, § 1°, somente os credores que não constarem na relação publicada no edital serão obrigados a habilitar os seus créditos. Os que nela tiverem sido incluídos estão dispensados desta obrigação, ainda que tenham discordância quanto a valores e natureza do crédito. Nesta hipótese, não habilitarão os créditos, pois a existência destes já foi inicialmente reconhecida pelo próprio devedor. Caso discordem do valor admitido, deverão, no prazo legal, apresentar ao administrador judicial um pedido de retificação.

Por outro lado, os credores não arrolados terão o prazo de quinze dias, contados da publicação do edital, para habilitarem os seus créditos. Importa destacar que o prazo do artigo 7°, § 1°, não é preclusivo. Logo, mesmo ultrapassado

---

[247] Vide regra do artigo 17.
[248] MAMED, Gladston. *Op. cit.*, p. 169.
[249] Vide regra do artigo 19, § 1°.

o prazo, os credores ainda poderão habilitar-se na falência ou na recuperação judicial enquanto o processo não estiver encerrado.[250]

Contudo, por se tratar de habilitação intempestiva, a lei dará aos credores que extemporaneamente tiverem se habilitado um tratamento menos vantajoso em relação aos credores que se habilitaram no prazo ou que foram desta dispensados em virtude do reconhecimento unilateral por parte do devedor.

A primeira conseqüência da extemporaneidade é a perda do benefício da habilitação desjudicializada. Conforme o disposto no artigo 10, § 5º, se o pedido de habilitação retardatária anteceder à publicação do quadro geral de credores,[251] será recebido como se fosse uma impugnação ao crédito e processado como tal. Em outras palavras, o pedido será endereçado diretamente ao magistrado e se submeterá a toda a procedimentalização definida naqueles artigos.

Se a habilitação for posterior à publicação do quadro geral, deverá propor ação própria, que tramitará no juízo da falência ou da recuperação judicial, cuja pretensão jurídica será a retificação do quadro geral para a inclusão do respectivo crédito.[252]

Ademais, em qualquer dessas hipóteses, ficará sujeito ao pagamento das custas judiciais e à perda de direito a rateios anteriores e, conforme a situação, a perda do direito de votar em assembléia geral de credores.[253]

Plenamente correta a conclusão de Fábio Ulhoa Coelho que sustenta a possibilidade do pedido de retificação retardatária, por valor ou natureza do crédito.[254] Nessa situação, aplicam-se, analogicamente, as mesmas regras procedimentais.[255] Se a retificação anteceder à publicação do quadro-geral de credores, deverá ser endereçada ao magistrado do juízo recuperatório ou falimentar. Se posterior, carecerá de ajuizamento de ação própria.

3.3. Pedido de reserva

Observando as sanções que a lei impõe ao credor que não habilita tempestivamente o seu crédito, conclui-se que as perdas determinadas pela lei não são pouco relevantes.

Essas sanções justificam-se pelo fato de se esperar que o credor demonstre interesse em zelar pelo seu direito, assim como não ser correto com os demais

---

[250] Vide regra do artigo 10.

[251] Vide regra do artigo 18.

[252] Vide regra do artigo 10, § 6º.

[253] Esta última conseqüência será melhor abordada na sexta aula que trata da assembléia geral de credores.

[254] COELHO, Fabio Ulhoa. *Op. cit.*, p. 48.

[255] Vide regras do artigo 10, §§ 5º e 6º.

Teoria Falimentar e Regimes Recuperatórios

credores fazer com que a tramitação do processo dependa da atitude dos que demonstram não estar preocupados com a satisfação de seu direito.

Por outro lado, inúmeras são as vezes em que se observa que o credor não habilitou tempestivamente o seu crédito por absoluta impossibilidade jurídica. É o caso, por exemplo, do trabalhador que aguarda o trânsito em julgado de sua reclamatória. Pois, além de não ter definido o valor do crédito, não sabe sequer se o Poder Judiciário irá reconhecer o seu direito. A aplicação pura e simples dos enunciados acima lançados acarretaria perdas irreparáveis ao seu direito creditício.

Para essas situações, quando ficar devidamente comprovada a impossibilidade jurídica da parte habilitar tempestivamente o seu crédito, a Lei garante ao credor o direito de pedir a reserva provisória de valores para a satisfação temporária dos direitos decorrentes da relação de crédito.[256]

Dessa forma, ficam assegurados, temporariamente, todos os direitos da parte[257] como se habilitado estivesse até que possa, definitivamente, atender aos requisitos de integração judicial ao regime. Essa reserva perderá objeto tão logo o credor proceda a sua habilitação.

Em semestres anteriores, surgiram algumas questões interessantes levantadas pelos alunos:

1) se a reserva anteceder a publicação do quadro geral, mas a habilitação do crédito só se tornar possível após este ato qual o procedimento a ser adotado pelo juiz?

1.1) Fica claro que a reserva não se confunde com a habilitação, pois, ainda que admitida, o credor não estará dispensado de habilitar o seu crédito. A sua função é apenas a preservação da integralidade dos direitos do credor, evitando algum tipo de restrição. Dessa forma, será aplicável a regra do artigo 10, § 6º, a qual indica ao credor promover ação judicial de retificação do quadro-geral de credores.

2) Se no momento da reserva o credor não dispuser de nenhum indicativo referencial sobre o valor de seu crédito, mas tendo a absoluta convicção de sua situação de credor, poderá pedir a reserva evitando as sanções arroladas pelo atraso?

2.1) Aplicando-se rigorosamente o texto legal, a resposta seria não. Todavia, nunca se deve esquecer que os métodos hermenêuticos não se reduzem à forma literal de interpretação do texto.[258] Se um ordenamento

---

[256] Vide regra artigo 10, § 4º.

[257] Esta garantia alcança em parte o direito de receber os pagamentos realizados. O devedor na recuperação judicial ou o administrador judicial na falência, deverá depositar o valor devido de acordo com o pedido de reserva. Porém, como o magistrado ainda não determinou a inclusão do crédito, pois ainda não julgado definitivamente, não poderá determinar a expedição de alvará liberatório da importância, que permanecerá depositada enquanto não for reconhecido o crédito habilitado .

[258] Talvez a demonstração mais eficaz deste pensamento esteja na regra do artigo 5º, LXVII, da Constituição Federal pela qual, respeitadas as exceções de obrigação alimentícia e depositário infiel, não permite a prisão civil por divida. Numa análise estritamente literal, alguém, desavisadamente, poderia argumentar, se a cons-

legal se legitima a partir da afirmação de que para todo o direito subjetivo existe alguma proteção jurídica, é possível argumentar que nessa hipótese o credor, no processo de falência, possa requerer uma reserva de rateio, garantindo-lhe a proteção plena de todos os direitos e seus efeitos jurídicos que independam de uma quantificação valorativa.

Dessa forma, a reserva de rateio possui uma eficácia jurídica mais restrita do que a reserva de valor, pois pode somente garantir o não pagamento de rateios para classe daquele credor nem para as classes inferiores, enquanto a parte não puder quantificar o seu crédito transformando para reserva de valor ou mesmo habilitar. Todavia, como regra geral, não garante o direito de voto em assembléia, pois este é proporcional ao crédito.[259]

3.4. Quadro geral de credores

O quadro-geral é de elaboração e publicação obrigatória, tanto em uma falência quanto em uma recuperação judicial.

A sua elaboração decorre de duas situações, ao menos teoricamente, possíveis.

A primeira situação se verifica se no prazo do artigo 8º, parágrafo único. Nessa situação, observa-se não ter sido apresentada impugnação à listagem de verificação provisória dos créditos elaborada pelo administrador judicial. Valerá a regra do artigo 14, segundo a qual o juiz simplesmente homologará a listagem de verificação provisória elaborada pelo administrador judicial (artigo 7, § 2º), tornando-a definitiva, dispensando-se nova publicação. Uma vez que, diferentemente da habilitação que poderá ser tempestiva ou mesmo retardatária, o prazo para impugnações é definitivo.

A segunda hipótese decorre da apresentação tempestiva de impugnação, prevista no artigo 8º. Nessa situação, inicia-se um procedimento judicializado de comprovação da existência, ou inexistência, natureza e quantificação da relação jurídica obrigacional, cabendo ao juiz proferir decisão (artigo 15, II, III e IV). Por ter conteúdo decisório, essa decisão é recorrível, tendo o legislador optado pelo recurso de agravo (artigo 17). Na tramitação desse recurso, duas situações poderão ser observadas, decorrentes da concessão de efeito suspensivo concedido pelo relator do recurso:

1) determinar a exclusão temporária do crédito do quadro-geral enquanto não julgado o agravo;

---

tituição veda apenas a prisão, é, então, possível escravizar, agredir e até matar o devedor. O método lógico de hermenêutica faz concluir que se o legislador constituinte vedou inclusive a prisão, sem nenhuma dúvida, não aceitaria métodos mais drásticos de recuperação do crédito .

[259] Vide regra do artigo 38.

Teoria Falimentar e Regimes Recuperatórios

2) determinar, provisoriamente, a inclusão do crédito julgado não habilitado em primeiro grau até a apreciação do agravo para garantir ao credor, exclusivamente, o direito de votar em assembléia geral.

Se o magistrado optar pela publicação do quadro-geral. em qualquer, uma dessas duas hipóteses, deverá, de acordo com as mudanças que decorrerem do julgamento de segundo grau, também determinar, posteriormente, as devidas publicações retificativas.

O ato de elaboração material do quadro definitivo é tarefa do administrador, devendo ser assinado por este e pelo juiz e publicado em até cinco dias, contados ou da expiração do prazo para apresentação das impugnações, artigo 8º, *"capvt"*, ou do trânsito em julgado da última impugnação.

3.5. Ação retificatória

O artigo 19 definiu que qualquer medida retificatória do quadro-geral de credores, incluindo-se nesse leque a simples retificação por erro material, a modificação por erro jurídico ou a exclusão do crédito, se dará mediante a propositura de ação judicial.

A Lei atribuiu a legitimidade para o administrador judicial, para o Comitê de Credores, qualquer credor ou para o Ministério Público.

O legislador ao redigir dessa forma, agrupando em um só artigo todas as situações, não observou alguns problemas.

De acordo com o texto legal, se a incorreção observada foi mero erro material que leva a simples retificação, é necessário propor uma ação judicial. Entende-se como demasiada essa exigência, pelos custos financeiros e de tempo para resolução de um problema muito simples. Além disso, deverá ser provado também nessa hipótese a descoberta de falsidade, dolo, simulação, fraude, erro essencial, ou documentos ignorados à época? A resposta somente pode ser negativa, em que pese a desatenção do legislador nesse particular. A simples retificação decorrente de erro material demandará apenas um peticionamento nos autos do processo, independentemente de propositura de ação judicial específica.

Somente para as demais situações será necessária a propositura de ação judicial.

No regime jurídico anterior, o maior problema decorrente desta situação jurídica era quando a origem do crédito fosse judicial. Em outras palavras, tratavam-se de créditos fraudulentos, forjados em acordos judiciais que apenas no plano formal passavam pelo crivo da instância judicial que os homologava em virtude da "justa composição" entre as partes, sem que nenhum problema tivesse sido apontado. Muitos juízes falimentares, ainda que identificassem a potencialidade fraudulenta e lesiva de alguns acordos judicialmente homologados, entendiam não dispor de poder suficiente para sobreporem-se aos efeitos de uma sentença judicial emanada por outro magistrado, ainda que a fraude ou qualquer outro dos vícios arrolados no artigo fossem facilmente detectáveis. Argumentavam que somente através de uma ação rescisória poderia ser alterada a situação injusta.

Sem nenhuma condição excepcional de esperteza, credores com absoluta má-fé aguardavam o transcurso do prazo para ação rescisória para então, mesmo que retardatariamente, habilitar seu crédito.

Alguns julgados ressaltavam também a possibilidade de se propor ação revocatória. O grande problema enfrentado é que a ação declaratória de ineficácia do antigo artigo 52 era condicionada a um elenco *nvmervs clavsvs* e essa situação não encontrava previsão nos itens I a VIII do artigo.

Restava apenas a ação revocatória falencial prevista no artigo 53, que exigia a comprovação da má-fé das duas partes contratantes (falido e credor), tornando, às vezes, impossível o êxito da ação pela dificuldade de comprovação do conluio e da má-fé das partes envolvidas no acordo.

O sistema de tanto enredar-se na sua complexidade tornava-se ineficiente.

A nova redação trazida pelo § 1º melhora, porém não resolve totalmente o problema, pois permite a escolha do juízo, falimentar ou de origem, quando o crédito provier de decisão judicial. Talvez, o mais acertado fosse adotar a posição de Manoel Justino Bezerra Filho que sustenta a excepcionalidade da universalidade do juízo falimentar quando a origem do crédito for judicial, devendo o juízo onde o título foi formado processar e julgar a ação retificatória.

A lei autoriza o pagamento de parte incontroversa relativa ao crédito que esteja em discussão.[260]

4. COMITÊ DE CREDORES

O comitê de credores é uma das inovações trazidas pela Lei nº 11.101/05 dentro do princípio de uma atuação mais pró-ativa e responsável dos credores durante a execução do regime de crise.

O comitê é, na verdade, um órgão de representação dos interesses dos credores em processos de falência e de recuperação judicial,[261] cujas atribuições básicas estão descritas no artigo 27.

Aprioristicamente, poderia ser visto como uma entidade híbrida que possui funções semelhantes as dos conselho deliberativo, consultivo e fiscal das empresas.

---

[260] Vide regra do artigo 16, parágrafo único.

[261] Também não existe previsão legal de constituição do comitê de credores em processo de recuperação extrajudicial.

Na falência e na recuperação judicial preponderam as atividades fiscalizatórias, de acordo com o artigo 27 nas alíneas "a", "b" e "c" do inciso I e alíneas "a" e "b" do inciso II. Por outro lado, observa-se nas alíneas "d" e "f" um espaço para as manifestações de posicionamento jurídico e econômico no exercício de sua função consultiva.

Por fim, o comitê poderá deliberar pela convocação de assembléia de credores (alínea "e" do inciso I do artigo 27) ou deliberar, nesse caso submetendo à apreciação judicial, sobre propostas de viabilização da atividade negocial da empresa em recuperação quando o empresário tiver sido afastado[262] (alínea "c", do inciso II do artigo).

Sendo um órgão representativo de interesses, o comitê não é uma entidade obrigatória nos processos instaurados. Ou, de outra forma, a decisão dos credores em não constituí-lo não gera nulidade no processo. Hipótese em que as suas atribuições serão repassadas para o administrador judicial ou para o juiz na incompatibilidade daquele.[263]

A sua constituição, em geral, é decidida em assembléia de credores,[264] mas o juiz deverá atender a requerimento subscrito por credores que representem a maioria dos créditos de determinada classe e constituir, mesmo parcialmente, independentemente de assembléia.[265]

Isso permite concluir, confirmado pela regra do artigo 26, § 1º, que a constituição do comitê não será necessariamente plena, podendo apenas uma classe ou algumas classes estarem representadas. Contudo, os credores podem decidir pela participação tardia de sua classe no comitê. Ademais, também por maioria simples dos créditos da classe, poderão decidir pela substituição dos representantes anteriormente eleitos.[266]

Ainda no artigo 26 estão configuradas as classes que se fazem representar no comitê de credores, na ordem:

I – credores trabalhistas;
II – credores com direito real de garantia ou credores com privilégio especial;
III – credores com privilégio geral e credores quirografários.

A lei, em alguns aspectos, não mereceu do legislador a atenção necessária que era esperada. O texto do inciso II descreve uma conjunção alternativa: credores com direito real de garantia ou credores com privilégio geral; enquanto

---

[262] Vide artigo 64 desta Lei.
[263] Vide regra do artigo 28.
[264] Vide regra do artigo 26, "*capvt*".
[265] Vide regra do artigo 26, § 2º.
[266] Vide regra do artigo 26, § 2º, II.

que no inciso III o texto descreve uma conjunção cumulativa: credores com privilégio geral e credores quirografários.

Inicialmente, não existe nenhuma razão jurídica que justifique tratamento diferenciado entre as duas classes. Por outro lado, se a opção fosse a alternatividade, significaria afirmar que: ou os credores com direito real de garantia ou com privilégio especial poderiam estar descartados desta representação.

É também importante destacar que o comitê, por ser órgão de representação, não é constituído pelos próprios credores, mas por alguém que represente as classes estabelecidas no artigo 26. Dessa forma, nas reuniões do comitê, não haverá a participação dos credores para a defesa de seus interesses individuais, mas de um representante por classe: o titular; ou primeiro suplente ou o segundo suplente. É evidente que não haveria nenhum impedimento para os credores escolherem alguém de dentro de sua classe para a representação no comitê. Nessas hipóteses, entretanto, o credor não poderá defender interesse próprio se este colidir com o interesse da classe, devendo, caso o interesse do grupo seja-lhe desfavorável, pedir a sua substituição.

Instala-se o comitê em reunião que será registrada no livro de atas (artigo 27, § 2º) os seus membros irão indicar o seu presidente (artigo 26, § 3º).

O comitê de credores deliberará de forma diversa dos credores. Estes reunidos em assembléia votarão nas deliberações gerais (artigo 38) proporcionalmente ao valor de seu crédito. As deliberações do comitê, registradas em livro de atas oficial (art. 27,§ 1º), são tomadas *per capita*, ou seja, um voto para cada representante que participar da reunião (ou o titular ou um dos suplentes). Dessa forma, quis o legislador garantir que não houvesse empate.

Comportando, no máximo, um representante por classe, as deliberações do comitê resolvem-se ou por unanimidade (3x0) ou maioria (2x1). Contudo, acima foi referido que o comitê não será obrigatoriamente constituído de forma plena. Assim sendo, ao invés de três representantes, é plenamente possível, em determinado processo, que haja apenas dois representantes. Nesta situação existe a possibilidade do impasse (1x1), cuja resolução ficará a cargo do administrador judicial, salvo interesse particular na questão, transferindo-se esta responsabilidade ao juiz.[267]

Os representantes dos credores no comitê serão escolhidos em assembléia geral[268] e poderão ser substituídos ou destituídos mediante requerimento do devedor, qualquer credor e do Ministério Público, ou de ofício, exclusivamente, no caso de destituição.[269]

Pela regra do artigo 30, não poderá ser integrante de comitê de credores:

---

[267] Vide regra do artigo 27, § 2º.

[268] Vide regra do artigo 44.

[269] Vide regras dos artigos 30, § 2º e 31, *"capvt"*.

Teoria Falimentar e Regimes Recuperatórios

1) quem tiver sido destituído do cargo de administrador judicial ou membro do comitê nos últimos anos;

2) quem tiver relação de parentesco ou afinidade com o devedor ou afinidade até o 3º (terceiro) grau com o devedor, seus administradores ou representantes legais ou deles for amigo inimigo ou dependente.

O membro do comitê não será remunerado pelo devedor, de acordo com a regra afirmativa do artigo 29, salvo o ressarcimento de despesas. Contudo, nada impede que os credores remunerem o seu representante classista, tratando-se de avença não integrada ao processo.

As mesmas medidas punitivas ou regras impeditivas previstas nos artigos 30, 31 e 32 para o administrador judicial são também aplicadas aos membros do comitê.

Quinta Aula – Institutos comuns à recuperação judicial e à falência (Parte II – Assembléia Geral de Credores)

1. APRESENTAÇÃO

A quinta aula deste programa acadêmico será inteiramente dedicada a uma das mais importantes modificações trazidas pela nova lei.

A assembléia geral de credores não se constitui, verdadeiramente, em uma novidade no Direito brasileiro, pois, nas anteriores legislações brasileiras que trataram de regimes falimentares e regimes alternativos à liquidação,[270] sempre houve a possibilidade de consulta direta aos credores sobre os rumos dos processos liquidatórios.[271]

A grande inovação está na maior amplitude de poderes decisórios da assembléia de credores e na quase obrigatoriedade de sua convocação, tornando-a, diferentemente das demais legislações anteriores, como um acontecimento provável no processo, não apenas possível como até então se observava.

A assembléia é a reunião dos credores, em princípio de todos, sem distinção, para a tomada de decisões estratégicas de natureza não judicial em processos de falência e de recuperação judicial.

Na correta avaliação do professor Marcelo Papaléo de Souza: "A assembléia não tem poder decisório, mas deliberativo, pois não substitui a decisão

---

[270] Seguindo a cronologia brasileira: Lei nº 556/1850 (Livro III); Decreto nº 917/1890; Lei nº 859/1902; Lei nº 2.024/1908, Lei nº 5.746/1929 e Decreto-Lei nº 7.661/1945.

[271] Vide regra dos artigos 122 e 123 do Decreto-Lei nº 7.661/45.

judicial"[272] como ato formal de natureza judicial. Por exemplo, a rejeição do plano recuperatório pelos credores em assembléia que implique a decretação da falência depende da prolação do ato sentencial pelo magistrado, formalmente elaborado de acordo com a regra do artigo 99; assim como a aprovação do plano recuperatório que implicará a concessão do regime demanda a prolação formal de um ato judicial decisório nos termos dos artigos 58 e 59 da Lei.

Na assembléia, a participação é do credor, pessoalmente, ou por representação de alguém que defenda o seu interesse individual, ainda que contrarie o interesse geral da classe a que pertença.

2. REALIZAÇÃO DA ASSEMBLÉIA GERAL DE CREDORES

Diferentemente do comitê, cuja constituição é facultativa, a assembléia de credores possui outra regra, pela qual, se for necessária, a sua realização será obrigatória, sob pena de invalidação do ato praticado. Em outras palavras, de acordo com a Lei, a realização válida e eficaz de alguns atos essenciais aos regimes recuperatório judicial e falimentar liquidatório é condicionada a uma legitimação proveniente da deliberação dos credores em assembléia.

Essa necessidade está explícita na regra do artigo 35 que prevê, salvo dispensa legal expressa,[273] a legitimidade exclusiva da assembléia para a tomada de decisões sobre as matérias ali arroladas.

O Direito e a Economia são ciências essencialmente interligadas, porém construídas com bases principiológicas diversas. Enquanto o pensamento econômico prioriza a racionalidade o jurídico prioriza a razoabilidade.

Referente ao tema assembléia geral, o legislador, optando por princípios econômicos em detrimento dos jurídicos, estabeleceu regras de racionalidade absoluta para a garantia da produção de efeitos dos encontros assembleares, frente às demandas jurídicas de razoabilidade protetiva de direitos.

Dessa forma, as deliberações das assembléias regularmente realizadas não são atingidas no plano da eficácia por qualquer decisão judicial posterior que determine uma alteração na relação creditícia de um de seus votantes nem por decisão judicial que faça incluir um novo votante no universo de credores (artigo 39, § 2º).

Se por alguma razão for anulada a assembléia, ficam garantidos os direitos de terceiros de boa fé provenientes das deliberações, responsabilizando os que por dolo ou culpa aprovaram a deliberação contrária à lei (artigo 39, § 3º).

---

[272] SOUZA, Marcelo Papaléo de. *A Nova Lei de Recuperação e Falência e as suas Conseqüências no Direito e no Processo do Trabalho.* LTr. 2006, p. 111.

[273] Vide regra do artigo 26, § 2º e 99, XII.

Por outro lado, uma vez que na assembléia são tomadas decisões estratégicas essenciais tanto na falência quanto na recuperação judicial, o legislador optou por um critério: a absoluta garantia de realização da assembléia. A defesa dessa idéia, entretanto, na forma descrita no artigo 40, poderá dar ensejo a um grande debate de constitucionalidade.

Segundo o artigo mencionado, *verbatim*: "Não será deferido provimento liminar de caráter cautelar ou antecipatório dos efeitos da tutela, para a suspensão ou adiamento da assembléia geral de credores em razão da pendência de discussão acerca da existência, da quantificação ou da classificação de créditos".

Não existe a menor dúvida de que, sob o ponto de vista econômico, a regra é importante, pois a crise não espera pelas discussões jurídicas. A forma de redação, entretanto, poderá ser questionada, pois o conteúdo da norma vulnera garantias constitucionais de acesso à Justiça e direito de petição.

2.1. Atribuições deliberativas

Em termos gerais, as atribuições da assembléia refletem apenas as questões de maior interesse dos credores. Nessa linha de raciocínio foi acertado o veto presidencial aos incisos I, "c", e II, "a", do artigo 35 que permitiam que em assembléia pudessem os credores substituir o administrador judicial. Isso porque, o ocupante deste cargo, por ser de escolha exclusiva pelo magistrado é da confiança deste e não dos credores.

A lei, no inciso I do artigo 35, arrolou, para o processo recuperatório judicial, quatro decisões estratégicas específicas para serem tomadas em assembléia. Entretanto, por força da alínea "f", de amplitude residual, observa-se a existência de um rol aberto não restrito apenas às hipóteses que serão abaixo discutidas:

1) *plano recuperatório*: conforme anunciado no início deste trabalho, a Lei nº 11.101/05 trouxe consigo uma nova estruturação sistêmica para os regimes propostos. Abandonou-se a correlação da performance econômica e financeira, condicionando-se a concessão da recuperação judicial à apresentação de um plano de viabilidade aprovado pelos credores ou pelo reconhecimento judicial de desempenho de função social da empresa em crise.

Os requisitos não são aplicados cumulativamente, em outras palavras, bastará para a concessão do regime: ou a aprovação do plano ou o pronunciamento judicial favorável de reconhecimento de desempenho de função social. Sendo requisitos não cumulativos, o legislador separou as instâncias de análise e pronunciamento.

O plano será examinado exclusivamente pelos credores em assembléia geral e a sua aprovação imporá ao juiz a sua homologação e a concessão do regime recuperatório.

Teoria Falimentar e Regimes Recuperatórios

O pronunciamento sobre a função social é atividade própria do magistrado que, sob certas circunstâncias,[274] irá conceder judicialmente a recuperação, impondo aos credores o plano por eles rejeitado.

A alínea "a" do inciso I do artigo 35 trata da primeira hipótese, determinando a legitimidade absoluta dos credores em assembléia para deliberarem sobre o plano, aprovando ou rejeitando ou propondo modificações.[275]

2) *constituição do Comitê de Credores a escolha de seus membros e sua substituição:* Como antes afirmado, o comitê de credores tem a finalidade básica de representar os credores em seus interesses classistas. Assim sendo, nada mais natural que sobre eles recaísse a decisão sobre a instalação do órgão representativo, bem como a sua formação e escolha dos substitutos aos anteriormente eleitos.

3) *pedido de desistência do regime de recuperação judicial:* A Lei nº 11.101/05 incorporou ao seu texto uma regra não escrita no Decreto-Lei nº. 7.661/45, mas proveniente da construção jurisprudencial: a possibilidade de desistência do pedido de concordata.

Conforme o artigo 52, § 4º, poderá o devedor desistir do regime de recuperação concedido, tal como a jurisprudência aceitava na vigência do regime anterior, com uma única diferença: no Decreto-Lei essa autorização dependia de uma decisão judicial. De acordo com o inciso I, "d", do artigo 35, caberá aos credores deliberarem em assembléia geral.

4) *nome do gestor judicial:* dentre os vários aspectos diferenciadores entre falência e recuperação judicial, destaca-se que na falência, por força dos artigos 75 e 103, o falido perde o poder de administrar o seu patrimônio. Essa regra não é aplicável, ao menos de imediato, na recuperação judicial, tendo em vista o disposto no artigo 64, que garante ao empresário a manutenção do seu poder de gerenciamento do negócio mesmo após a concessão do regime recuperatório.

Todavia, essa garantia não é absoluta, subordinando-se as condições previstas nos incisos I – VI do artigo 64. Essa hipóteses autorizam o afastamento do empresário da gestão do negócio. Nessa situação urge a imediata substituição no cargo de comando da empresa. Por razões corretas, a lei optou, salvo em circunstâncias transitórias (artigo 65, § 1º), pela não indicação do administrador judicial para o exercício dessa função.

Logo, deverá ser escolhido um terceiro para exercer o cargo de gestor judicial da empresa em recuperação judicial, em substituição ao administrador originário que fora judicialmente afastado. Esse terceiro, que não poderá ser o administrador judicial nem integrante do comitê, será escolhido pelos credores em assembléia geral.

---

[274] Vide regra do artigo 58, §§ 1º e2º.

[275] Para produzirem efeitos as modificações propostas na assembléia geral de credores terão de: a) ter a concordância do devedor; b) não implicar, unicamente, em diminuição dos direitos dos credores ausentes, conforme o artigo 56, § 3º.

As atribuições da assembléia geral de credores na falência não guardam a mesma relação das atribuições previstas para a recuperação judicial, observando uma diminuição no âmbito de atribuições. Ainda que óbvio seja explicar o porquê de não estarem previstas as exatas mesmas atribuições da assembléia na recuperação judicial, deve-se atentar basicamente às diferentes naturezas e objetivos dos regimes jurídicos.

Sabe-se que na falência não existe plano a ser examinado ou executado, logo, não remanesce essa atribuição. Dessa forma, se não existe um plano, não há como dele desistir.

Outrossim, na falência, o empresário é imediatamente afastado da administração do seu patrimônio, com a forte tendência de encerramento das atividades da empresa,[276] logo, não é comum, e até pouco provável, a existência de gestor judicial.

Restou, apenas, além da atribuição residual (alínea "d" do inciso II do artigo 35), a legitimidade para deliberar sobre a constituição do comitê, escolha dos membros e sua eventual substituição, uma vez que esse órgão representativo dos interesses dos credores poderá ser constituído nos regimes recuperatório judicial e falimentar liquidatório.

Somente uma atribuição específica para a falência ficou expressamente registrada. A falência é um processo de execução judicial coletiva que segue a ordem: arrecadação de bens, avaliação, liquidação e pagamento.

O artigo 142 define as formas judiciais de liquidação do ativo: leilão, propostas e pregão. Além destas três, poderá haver mais uma, não prevista expressamente na lei, mas definida pelos credores em assembléia.

2.2. Convocação

Definida a necessidade da realização da assembléia, seja em função da matéria (artigo 35, inciso I, "a" – "e" e inciso II, "a" – "c"), seja em função do interesse (artigo 35, inciso I, "f" e inciso II "d"), o próximo passo a ser dado será o chamamento dos credores para participarem do evento.

Isso se dará na forma de convocação, cuja responsabilidade formal é exclusiva do magistrado. Esse chamamento judicial poderá ser de ofício pelo magistrado ou pelo atendimento, pelo juiz, de requerimento formulado pelo administrador judicial,[277] pelo comitê de credores[278] ou dos próprios credores, de acordo com a regra do artigo 36, § 2º.

Ainda que não se possa afirmar como idéia absoluta, demonstra-se como um indicativo interessante que a convocação será de ofício pelo magistrado nas

---

[276] Vide artigo 99, XI.

[277] Vide regra do artigo 22, I "g".

[278] Vide regra do artigo 27, I, "e".

Teoria Falimentar e Regimes Recuperatórios

125

hipóteses do artigo 35, I e II. Mas, por outro lado, a omissão do magistrado em convocar legitima os demais[279] a requerer a convocação do encontro assemblear mesmo nessas hipóteses previstas nos dipositivos.

O artigo 36, § 2º, deverá trazer, futuramente, algum debate doutrinário e jurisprudencial importante, uma vez que aquilo que o legislador almejava, de acordo com as discussões e debates travados no Congresso, não foi exatamente expresso no texto do dispositivo legal.

A idéia originária era garantir a um único credor o direito de requerer a convocação de assembléia para pauta que dissesse respeito a seu interesse individual quando os demais legitimados não tivessem manifestado vontade de fazê-lo. Para legitimar esse interesse individual do credor muitas vezes contrário aos demais credores, a Lei condicionou a uma representatividade quantitativa de créditos.

Conforme o artigo 36, § 2º, *verbatim*: "Além dos casos expressamente previstos nesta Lei, credores que representem no mínimo 25% (vinte e cinco por cento) do valor total dos créditos de uma determinada classe poderão requerer ao juiz a convocação de assembléia geral". Assim sendo, se um credor detivesse pelo menos 25% (vinte e cinco por cento) dos créditos,[280] teria a legitimidade para apresentar requerimento convocatório, o qual teria de ser atendido pelo magistrado, salvo se o tema da deliberação não representasse direito ou interesse do credor solicitante.[281]

A questão que se apresenta é o fato do texto do aludido dispositivo ter sido escrito no plural. Logo, por método literal de interpretação, este credor, mesmo que detenha o percentual exigido, deverá somar-se a mais outro credor para atender a condição de pluralidade imposta para o reconhecimento de legitimidade. Porém, buscando uma interpretação teleológica,[282] seria sustentável aceitar apenas a condição percentual do crédito como critério de representatividade.

Neste debate, contudo, seguindo as posições majoritárias da doutrina, deverá a representatividade ser analisada pela quantidade de crédito e pela pluralidade de credores.[283]

A convocação será formalizada pela publicação de um edital no diário oficial e em jornais de grande circulação nas localidades da sede e das filiais,[284] estando, nestas idéias, incluído o local do principal estabelecimento,[285] com an-

---

[279] Administrador judicial, comitê de credores ou credores.

[280] Não se exigindo 25% (vinte e cinco por cento) do número de credores da classe.

[281] Esta hipótese somente se justifica na hipótese do artigo 35, I "f" e II "d", pois, nas demais situações quando a motivação é por matéria e não por interesse, o juiz estará obrigado a convocar, de ofício ou por requerimento.

[282] Método interpretativo busca alcançar a finalidade do enunciado legal.

[283] COELHO, Fabio Ulhoa, *Op. cit* e BEZERRA Filho, Manuel Justino, *Op. cit.*

[284] Os credores não serão intimados pessoalmente para a realização da assembléia geral.

[285] Vide regra do artigo 3º.

tecedência mínima de 15 (quinze) dias para a primeira convocação e de cinco dias, contados da data da primeira convocação, para a segunda convocação.

Se não houver número mínimo exigido pela lei para instalar a assembléia de credores em primeira convocação, as deliberações não poderão ser tomadas nesse encontro. Haverá uma nova oportunidade de instalação, chamada segunda convocação, que, diferentemente de estruturas assembleares previstas em outras legislações, não poderá ser realizada no mesmo dia, mas, no mínimo, cinco dias após a data fixada para a primeira.

As empresas, por necessidade de tempo, e por necessidade de diminuição racional de custos, não publicam dois editais, um para cada convocação. Contando o prazo para o atendimento do requisito temporal de antecedência, poderão, em um só edital convocatório, chamar os credores para as duas convocações.

Se na primeira convocação houver o comparecimento em atendimento ao número mínimo de créditos estabelecido pela Lei, a assembléia realizar-se-á em primeira convocação, dispensando-se a segunda. Se não houver o número mínimo, não se instala em primeira convocação, aguardam-se cinco dias e realizar-se-á em segunda convocação, pois esta poderá instalar-se com qualquer contagem de créditos.

Se o edital convocatório tiver chamado para as duas convocações, respeitadas as antecedências, não será necessária, entre a primeira e a segunda convocação, a publicação de um segundo edital.

O edital convocatório deverá conter os seguintes requisitos:

1) dia, hora e local da assembléia, em primeira e segunda convocações;
2) ordem do dia;
3) local onde se encontre cópia do plano de recuperação judicial.

Este último requisito somente será necessário se a ordem do dia for a deliberação sobre o plano de recuperação judicial. Tratando-se de outras deliberações, somente os demais requisitos deverão ser observados.

2.3. Instalação

Em que pese tratar-se de um evento oficial, porém não judicial, a lei conferiu ao administrador judicial e não ao juiz, nem mesmo residualmente, a atribuição de presidir a assembléia. O impedimento daquele implicará em sua substituição pelo credor detentor de maior crédito que se fizer presente ao encontro.

Após definida a presidência dos trabalhos assembleares, na pessoa do administrador judicial ou de credor presente que detiver a maior quantidade de crédito,[286] e definida a escolha, por quem presidir, do secretário, serão abertos os trabalhos para a verificação do quórum mínimo de instalação da assembléia em primeira convocação.

Caberá ao secretário controlar a lista de presença e confeccionar a ata da assembléia. O credor para participar deverá antes de assinar a ata, demonstrar a sua legitimidade para participação ativa, para contagem de votos, para o quórum de instalação da assembléia e para a sua habilitação para exercer o seu direito de voto. A verificação de habilitação do credor para a participação na assembléia será encerrada no momento da instalação da primeira ou da segunda convocação.

Pela regra do artigo 37, § 2º, a assembléia instalar-se-á em primeira convocação se estiverem presentes credores que representem mais da metade dos créditos totais de cada uma das três classes de credores na forma do artigo 41. Se esta regra de representatividade não for atendida, a assembléia não se instalará em primeira convocação, devendo-se aguardar, pelo menos, cinco dias da data fixada para a primeira convocação para a abertura dos trabalhos em segunda convocação, instalando-a com qualquer número.

Desse modo, se tiverem sido atendidos os requisitos de legitimidade e os requisitos de formalidade convocatória, a assembléia irá acontecer, pois, pela parte final do enunciado do artigo 37, § 2º, a instalação da assembléia em segunda convocação se dará com a presença de qualquer quorum, computado pela quantidade de crédito e, nessa hipótese, não se contando por classe.

2.4. Despesas

A ocorrência de um encontro assemblear de credores implica em geração de despesas não só para a convocação como para a sua realização. O tamanho da empresa devedora é um indicativo forte do custo dessa reunião deliberativa.

Dessa forma, haverá sempre um conflito entre as partes envolvidas para a definição da responsabilidade com os custos da assembléia.

O § 3º do artigo 36, por sua redação incompleta, haverá de gerar algumas discussões a este respeito. Conforme o texto do dispositivo supra-referido, as despesas geradas pela convocação e realização da assembléia geral correrão por conta do devedor, salvo se convocada em virtude de requerimento formulado pelo comitê de credores ou por credores que detenham pelo menos 25% (vinte e cinco por cento) dos créditos de determinada classe.

Em que pese a lei não ter trazido mais informações, algumas conclusões poderão ser tiradas:

---

[286] Vide regra do artigo 37, *"capvt"* e § 1º.

1) as despesas serão de responsabilidade do devedor quando a convocação ocorrer de ofício ou por requerimento formulado pelo administrador judicial;

2) se a convocação for de interesse dos credores, nessa hipótese, requerida pelo comitê de credores ou por credores, as despesas serão de responsabilidade dos credores, pois a ordem do dia será de seu proveito.

A dúvida que remanesce é: qual(is) credor(es) será(ão) responsável(is) pelas despesas? Serão todos, inclusive os que não desejaram a realização da assembléia? Serão os da classe representada no comitê? E se a convocação for com base no artigo 36, § 2°, e haja a expressa contrariedade do comitê quanto a realização da assembléia, ainda assim os demais credores arcarão com as despesas?

Não existe uma solução expressa na lei. Com algum bom senso e raciocínio lógico, pode-se buscar alguma alternativa. Levando-se em conta a idéia de que o interesse define a responsabilidade, a assembléia convocada por atendimento a pedido de comitê deverá ser dividida entre os credores das classes neste órgão representadas. Se a assembléia for convocada no interesse de um ou alguns credores apenas, com a representatividade exigida no artigo 36, § 2°, estes interessados deverão arcar com as despesas.

3. PARTICIPAÇÃO

3.1. Pressupostos e condições

Diferentemente daquilo que o aluno possa inicialmente pensar, o requisito para a participação na assembléia de credores não se reduz apenas em demonstrar a condição de credor, assim como a efetiva participação em uma assembléia não se resume, apenas, em nela votar.

Ser credor é, na verdade, um pressuposto para o exercício da finalidade de exercer o direito de voto, porém, a este pressuposto somam-se algumas condições:

1) integrar uma das classes previstas no artigo 41: a assembléia é um encontro formal de credores. Diante disso, toda e qualquer manifestação opinativa de mérito deverá ser registrada e somente poderá ser feita se legitimada pela Lei. Se o credor não se agrega a nenhuma das categorias que integram uma das três classes previstas no artigo 41, não terá como alocar a sua manifestação e, dessa forma, não terá legitimidade para uma participação pró-ativa na assembléia. Uma evidência dessa afirmação é a posição da Fazenda Pública. Pois, ainda que seja credora, não participará das votações em assembléia, pois não integra nenhuma das classes descritas no artigo 41;

2) integrar a lista de credores juntada no processo à época da assembléia ou ter apresentado tempestivamente a sua habilitação, se aquela ainda não tiver sido publicada, ou feito o pedido de reserva, se não puder temporaria-

mente habilitar o seu crédito: a integração à lista de credores não pode ser vista como pressuposto, mas como condição para o direito de participação na assembléia. A Lei nº 11.101/05 determina a publicação de três listagens obrigatórias:

2.1) o edital que publica a relação de credores (artigo 52, § 1º, na recuperação judicial e artigo 99, parágrafo único, na falência);

2.2) a listagem de verificação provisória dos créditos elaborada pelo administrador judicial (artigo 7º, § 2º);

2.3) o quadro geral de credores (artigo 18).

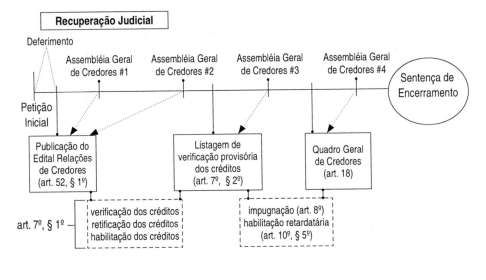

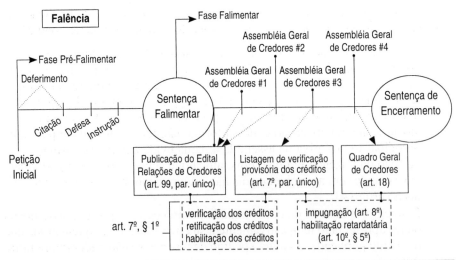

Essas listas são seqüenciais e entre si guardam uma relação de prejudicialidade, no sentido de que uma substitui a outra, determinando-se que, em um processo recuperatório ou liquidatório, somente uma lista esteja em vigor.

Para poder participar ativamente da assembléia geral com garantia de seu direito de voto, o credor, além de integrar uma das categorias alocadas nas classes do artigo 41, deverá também integrar a lista vigente à época da assembléia ou garantir judicialmente a sua participação.

3) não ter o credor nenhuma vedação para o exercício do direito de voto:[287] esta condição decorre de dois raciocínios principiológicos:

3.1) só poderá votar em assembléia o credor que tiver interesse no processo, pelo fato de ser por ele alcançado (artigo 39, § 1º e artigo 45, §3º);

3.2) mesmo sendo credor, o interesse a ser defendido na assembléia não poderá sofrer o risco de ser confundido com o interesse do devedor (artigo 43, "capvt" e parágrafo único).

Juntando essas duas regras de conteúdo principiológico, entende-se correta a restrição do direito de voto dos credores titulares das relações decorrentes de alienação fiduciária, arredamento mercantil, adiantamento ao contrato de câmbio e aqueles credores cujo plano não afeta as avenças anteriores, assim como os que tenham com o devedor alguma relação de parentesco ou negocial. Pois, em relação aos primeiros, inexiste interesse na aprovação de um plano que não altera as avenças contratuais originárias. Quanto aos segundos, a relação de parentesco ou de negócios pode parcializar a manifestação de voto do credor em favor do interesse do devedor de aprovação do plano.

Além disso, importa sempre observar a regra específica de exclusão do direito de voto de alguns credores retardatários, na forma do artigo 10, §§ 1º e 2º.

4) assinar a lista de presença da assembléia, nos termos do artigo 37, § 3º: o formalismo da assembléia de credores é devido à necessidade de organização do evento para que possa ter certeza de quem exerceu o direito de voto regularmente.

3.2. Formas de participação

Conforme anterior manifestação, a participação do credor na defesa de seus interesses e direitos individuais em uma assembléia poderá ocorrer de três formas:

1) *pela participação pessoal do credor:* situação em que o credor comparece ao local da assembleía e perante o secretário identifica-se como membro participante do encontro detentor de um número de votos correspondente à quantidade de seu crédito;

---

[287] Vide regras do artigo 10, §§ 1º e 2º, artigo 39, § 1º, artigo 43, *"capvt"* e parágrafo único e artigo 44, § 3º.

2) *pela representação de terceiro que atua em nome do credor:* nesta última modalidade a representação poderá ser através de procurador, se atendida a condição exigida pelo artigo 37, § 4º: a prévia comunicação desta forma de participação com a indicação do representante até 24 (vinte e quatro) horas antes da data prevista no edital convocatório. Se para a primeira convocação o credor não foi representado, porém esta não se instalou, poderá optar pela representação na segunda convocação, pois esta somente poderá se instalar cinco dias após a data da primeira, dispondo o credor de tempo suficiente para atender a condição temporal.

Esta prévia comunicação, acompanhada de documento válido que demonstre os poderes do representante, não precisa ser renovada para cada nova assembléia enquanto os seus poderes forem mantidos. Devendo o credor, apenas, indicar as folhas do processo em que se encontre o documento.

3) *Se o credor for um empregado, poderá optar pela representação sindical:* Nessa situação, o sindicato deverá, no prazo de dez dias antecedentes à data da assembléia, apresentar a relação dos associados que irá representar, com o esclarecimento, caso filiado em mais de uma entidade sindical, qual, dentre elas, a entidade sindical que exercerá o direito de voto em nome do trabalhador.[288]

4. REGRAS DE VOTAÇÃO

No ponto 3.1 foi referido que a presença em uma assembléia não se resume ao exercício do direito de voto, mas, inegavelmente, é este o principal objetivo do participante. A lei estabeleceu uma complexa estrutura de regras para a realização desse direito, a partir de uma regra geral complementada por diversas regras especiais.

4.1. Regra geral

A regra geral de votação está prevista no artigo 38, "*capvt*", que define a quantidade de votos não pela individualidade do credor, mas pelo valor de seu crédito.[289]

Na verdade, a Lei adota uma idéia econômica de democracia, na qual, diferentemente do sentido jurídico de democracia onde todos são iguais perante à lei, quem tiver mais crédito, terá mais direitos e, conseqüentemente, mais votos.

---

[288] Vide a regra do artigo 37, I.

[289] Artigo 38: "O voto do credor será proporcional ao valor de seu crédito, ressalvado, nas deliberações sobre o plano de recuperação judicial, conforme disposto nos §§ 1º e 2º, do art. 45 desta Lei".

Dessa forma, entre os credores haverá um desigual peso político na votação, forçando o devedor, em muitas vezes, propor ou submeter-se a um tratamento diferenciado em relação àquele que possa decidir um resultado de votação assemblear, pois, na aplicação do enunciado legal, um credor cujo crédito seja R$ 500.000.000,00 (Quinhentos milhões de reais) terá quinhentos milhões de votos, enquanto outro credor titular de um direito quantificado em R$ 2.000,00 (dois mil reais) terá direito a dois mil votos.

4.2. Regras especiais

A par da regra geral de votação, existem alguma outras regras de tratamento específico para determinadas situações, constituindo-se em regras especiais para a votação em assembléia.

4.2.1. Credores retardatários

No ponto 3.2 da quarta aula foi examinada a condição de intempestividade na integração ao processo falimentar e recuperatório e os efeitos jurídicos decorrentes.

Assim, como síntese daquela discussão, pode-se afirmar que o credor retardatário é aquele que não constou da relação publicada em edital previsto no artigo 52, § 1º, para a recuperação judicial, e artigo 99, parágrafo único, e que não habilitou o seu crédito no prazo de quinze dias contados da publicação deste edital na forma do artigo 7º, § 1º, e artigo 10, "capvt". A perda do prazo não implica a perda do direito de habilitação, o qual o credor manterá até o encerramento do processo. Porém, o credor retardatário sofrerá algumas restrições já examinadas anteriormente, com repercussão na regra de voto.

Segundo o disposto no artigo 10, § 1º, os credores retardatários, na recuperação judicial, perderão, de forma definitiva, o direito de voto em assembléias gerais, salvo se forem credores da classe trabalhista, os quais, mesmo que retardatários, mantém, na recuperação judicial e na falência, a incolumidade do seu direito de voto.

No processo de falência, a perda não é definitiva para os demais credores, podendo os retardatários não trabalhistas recuperar o direito de voto, porém apenas para as assembléias que ocorrerem após a publicação do quadro geral de credores.[290]

No processo de recuperação judicial, a intempestividade da habilitação implica em uma perda definitiva do direito de voto para os credores não trabalhistas.

---

[290] Vide regra do artigo 10, § 2º.

Teoria Falimentar e Regimes Recuperatórios

4.2.2. Credores trabalhistas

Esta regra de tratamento específico ao direito de voto dos credores trabalhistas aplica-se, tão-somente, nas assembléias de credores que ocorrerem em processos de falência. Pois, no regime liquidatório, de acordo com o artigo 83, o quadro geral de credores na falência, além de ser hierarquizado, impõe para os créditos trabalhistas decorrentes da legislação do trabalho[291] e um limite de 150 (cento e cinqüenta) salários mínimos para pagamento desses direitos na classe trabalhista. O que exceder a este valor, ainda assim será habilitado e pago na falência, porém não na classe trabalhista, mas na classe quirografária.

Na recuperação judicial, além de não existir uma hierarquia vertical no pagamento dos créditos, não há, também, a imposição de qualquer limite legal no valor a ser pago, pois isso contraria o princípio da negociação que prepondera no regime recuperatório.

Desse modo, em um processo de falência, que admite a hierarquização vertical e a imposição de limites quantitativos aos créditos, considerando o valor de R$ 350,00 (trezentos e cinqüenta reais) para o salário mínimo na época da elaboração deste texto, o limite máximo para habilitação na categoria trabalhista dos créditos decorrentes da legislação do trabalho seria R$ 52.500,00 (cinqüenta e dois mil e quinhentos reais). Se o valor do direito trabalhista do empregado fosse, por exemplo, quantificado em R$ 62.500,00 (sessenta e dois mil e quinhentos reais), seria este o valor da habilitação, com a seguinte alocação: (a) R$ 52.500,00 (cinqüenta e dois mil e quinhentos reais) na classe trabalhista e R$ 10.000,00 (dez mil reais) na classe quirografária. Essa interpretação de acordo com o texto legal poderá trazer alguma dúvida, pois se o voto é proporcional ao crédito e a alocação dos votos obedece à regra do artigo 41,[292] a contagem dos votos do empregado cujo crédito exceder ao limite de 150 (cento e cinqüenta) salários mínimos poderia ser partilhada nas classes I – decorrente de legislação do trabalho com 52.500 (cinqüenta e dois mil e quinhentos) votos – e III – quirografário com 10.000 (dez mil) votos.

A regra do artigo 41, § 1º, resolve esta dúvida, afirmando a integralidade dos votos dos créditos decorrente da legislação do trabalho na classe I da assembléia geral de credores.[293] Ou seja, o limite previsto no artigo 83 para os créditos trabalhistas em uma falência restringe-se, tão-somente, para o pagamento, não afetando o direito de voto do credor, o qual remanesce íntegro em sua classe.

---

[291] Este limite não é aplicável para as indenizações trabalhistas decorrentes de acidente do trabalho.

[292] Artigo 41: "A Assembléia geral será composta pelas seguintes classes de credores:

I – titulares de créditos derivados da legislação do trabalho ou decorrentes de acidentes do trabalho;

II – titulares de créditos com garantia real;

III – titulares de créditos quirografários, com privilégio especial, com privilégio geral ou subordinados".

[293] Deve-se observar que esta discussão não atinge ao crédito trabalhista decorrente de acidente de trabalho, pois, para este, não há a imposição de limite para habilitação e pagamento.

4.2.3. Credores com direito real de garantia

Esta regra especial é também válida apenas para as assembléias de credores que se realizarem em processos de falência. Nesse processo, conforme antes assinalado, o pagamento dos créditos subordina-se à regra do artigo 83 que aloca os créditos com direito real de garantia na classe II, cujo pagamento limita-se até o valor da garantia que será medido pelo resultado da venda do bem dado em garantia ou pelo valor da avaliação, enquanto não vendido ou quando tratar-se de alienação em bloco.

Dessa forma, se o valor do crédito for R$ 100.000,00 (cem mil reais) e o bem de garantia tiver sido vendido por R$ 60.000,00 (sessenta mil reais), a habilitação do crédito será, no valor de R$ 100.000,00 (cem mil reais), alocada na forma que segue: a) R$ 60.000,00 (sessenta mil reais) na classe II, dos créditos com garantia real; b) R$ 40.000 (quarenta mil reais) na classe VI, dos créditos quirografários. A incerteza para alocação dos votos é a mesma dos créditos decorrentes da legislação do trabalho, contudo a resposta é diversa.

Segundo o artigo 41, § 2º, o credor com direito real de garantia terá votos na classe II do artigo 41 até o limite da garantia, no exemplo, terá 60.000 (sessenta mil) votos nesta classe. Com o que exceder, votará na classe III, como quirografário, no exemplo, 40.000 (quarenta mil) votos. Ou seja, diferentemente da regra trabalhista, para os credores com direito real de garantia, os limites do artigo 83 vinculam habilitação, pagamento e voto.

Tratando-se de situação similar, poder-se-ia concluir que sistematicamente dever-se-ia aplicar a mesma regra para trabalhadores e instituições financeiras. Tal não foi feito e, respeitando opiniões em contrário, o tratamento diverso não beneficiou aos créditos trabalhistas, mas aos créditos com direito real de garantia, pois poderão votar em duas classes.[294]

4.2.4. Credores em moeda estrangeira

O crédito em moeda estrangeira em assembléias de credores que se realizarem em regimes judiciais de recuperação terão um tratamento próprio, diverso daquilo que a Lei previu para o regime falimentar. Na falência, conforme será oportunamente analisado, com a decretação do regime, haverá a imediata conversão do crédito em moeda estrangeira para moeda nacional,[295] computando-se os votos, a partir da conversão para a moeda nacional, pela regra do artigo 38, "capvt".

Tal situação, todavia, não se aplica para a recuperação judicial, tendo em vista a regra do artigo 50, § 2º. Na recuperação judicial, a aplicação, pura e

---

[294] Com o número de votos até o valor limite da garantia na classe II do artigo 41. Com o número de votos desse excedente na classe III do artigo 41.

[295] Vide regra do artigo 77.

Teoria Falimentar e Regimes Recuperatórios

simples do enunciado do artigo 38, "*capvt*", para a contagem dos votos provenientes de créditos em moeda estrangeira não é suficiente para a resolução do problema. Pois, se a quantidade de votos é proporcional ao crédito, uma vez que se trata de crédito cotado em moeda estrangeira, dois resultados são possíveis:

1) É matematicamente possível contar na relação 1 para 1. Ou seja, um crédito equivalente a US$ 10.000,00 (dez mil dólares norte-americanos) poderia corresponder a 10.000 (dez mil) votos;

2) Há também uma outra possibilidade matemática, convertê-lo em moeda nacional e após contar o número de votos. Em uma cotação dada, por exemplo, US$ 1,00 – R$ 2,10[296] a quantia de US$ 10.000,00 (dez mil dólares norte-americanos) corresponderia a R$ 21.100,00 (vinte um mil e cem reais), equivalendo a 21.100 (vinte e um mil e cem) votos.

Em uma primeira análise, sob o ponto de vista do credor, a melhor opção seria a segunda, pois o credor teria mais poder político na assembléia. Porém, frente as incertezas de nossa economia, o capital procura sempre regras que lhe concedam maior proteção, dessa forma, na recuperação judicial, a conversão dos créditos em moeda estrangeira, diversamente do que ocorre na falência, não é automática, só ocorrendo se houver concordância do credor.[297]

Enquanto o credor não concordar com a conversão de seus créditos para moeda nacional, mantém-se a cotação em moeda estrangeira.

Permanece o impasse: com quantos votos irá este credor para a assembléia? Como já foi dito, para a participação na assembléia o ideal é a conversão e a contagem pela moeda nacional, pois garante ao credor um maior número de votos. Para atender a esse interesse sem enfraquecer a segurança que o capital exige, foi criada a regra do artigo 38, parágrafo único, pela qual o crédito em moeda estrangeira será convertido para moeda nacional, temporariamente, para a realização da assembléia pela taxa de câmbio da véspera. Ocorrida a assembléia, retoma a cotação em moeda internacional até a realização de nova assembléia, quando ocorrerá nova conversão temporária, salvo se o credor concordar com a conversão definitiva, de acordo com a regra do artigo 50, § 2º.

4.2.5. Credores sem direito a voto

No início desta aula, de acordo com as discussões lançadas no ponto 3.1, foi afirmado que o exercício do direito de voto submete-se a algumas condições, dentre elas a não-existência de vedação legal que impeça o credor de, em uma assembléia, expressar a sua vontade.

---

[296] Valor de cotação da moeda norte-americana quando da elaboração deste capítulo.

[297] Vide regra do artigo 50, § 2º.

Essas vedações legais ao direito de voto estão previstas em vários artigos:
1) os créditos decorrentes de contrato de alienação fiduciária, arredamento mercantil, adiantamento ao contrato de câmbio, compra e venda com reserva de domínio e promessa irretratável ou irrevogável de venda de imóvel não têm direito a voto nas deliberações que tratarem sobre o plano recuperatório;[298]

2) os sócios do devedor, sociedades coligadas, controladoras, controladas, ou que tenham sócio ou acionista com participação superior a 10% (dez por cento) do capital social do devedor ou nas que o devedor ou algum de sócios detenham participação superior a 10% (dez por cento) do capital social, cônjuge, parente consangüíneo ou afim, colateral até o segundo grau, ascendente, descendente do devedor, de administrador ou do sócio controlador ou de membro do conselho consultivo ou fiscal ou semelhantes da sociedade devedora ou da sociedade em que estes exerçam alguma função poderão participar da assembléia sem ter direito a voto e não serão considerados para fins de instalação e deliberação;[299]

3) o credor, para a votação do plano recuperatório, se no plano não existirem cláusulas que proponham alteração nas condições originárias de pagamento de seu crédito.[300]

5. *QUORUM* DE DELIBERAÇÃO

Discutidas as regras de votação, isto é, quem vota em assembléia e como são contados esses votos, torna-se importante analisar como se aprovam as matérias lançadas na ordem do dia. Assim como no ponto anterior, o tema será desenvolvido a partir de uma regra geral e várias regras especiais.

Pela compatibilidade técnica, identifica-se que a regra geral é aplicável tanto para as assembléias de credores que ocorrerem em processos de falência e de recuperação judicial, assim como a regra especial do artigo 44 que trata do comitê de credores, órgão que poderá ser constituído nos dois regimes.

A regra especial do artigo 45, deliberação sobre o plano recuperatório, só é aplicável em regime de recuperação judicial.

Por derradeiro, a regra especial do art. 46, forma alternativa de liquidação do ativo, só é aplicável em regime liquidatório de falência.

---

[298] Vide regra do artigo 49, §§ 3º e 4º.

[299] Vide regra do artigo 43, *"capvt"* e parágrafo único.

[300] Vide regra do artigo 45, § 3º.

Teoria Falimentar e Regimes Recuperatórios

5.1. Regra geral

No ponto anterior, observou-se uma correlação interativa entre regra geral e regras especiais. Em outras palavras, ao se discutir as regras de contagens de votos, conclui-se que as regras especiais não excluem a aplicação do enunciado geral previsto no artigo 38, "*capvt*", mas o complementam.

Diferente é a hipótese tratada quanto aos quóruns de aprovação de matérias, pois entre a regra geral e as regras especiais existe uma relação de prejudicialidade que faz com que as especiais, se aplicáveis, excluam a regra geral, que se apresenta como regra de aplicação subsidiária.

Pela regra geral do artigo 42, que tem caráter residual, isto é, somente terá vigência se não for aplicável nenhuma das regras especiais, será aprovada a proposta que obtiver votos favoráveis de credores que representem mais da metade do valor total dos créditos presentes à assembléia.

A compreensão dessa regra demanda a análise de alguns dispositivos:

1) ao se instalar a assembléia geral essa será composta por três classes, de acordo com a regra do artigo 41;

2) os votos dos credores serão contados proporcionalmente ao valor de seus créditos, de acordo com a regra do artigo 38.

Juntando-se esses dois dispositivos à regra do artigo 42, a proposta que obtiver votos que correspondam a maioria simples dos créditos presentes à assembléia, independentemente de votação por classes, será considerada aprovada.

Em outras palavras, se a regra do artigo 42 for aplicada, os credores votam individualmente e proporcionalmente ao seu crédito, não havendo preocupação com a contagem das classes. Assim sendo, em um universo de 1.000 (um mil) credores, sendo que: a) 220 (duzentos e vinte) integram a classe um; b) 60 (sessenta) a classe dois; e, c) 820 (oitocentos e vinte) a classe três, se apenas um deles, independentemente da classe e ainda que contra todos os demais, detiver mais de 50% (cinqüenta por cento) dos créditos que estiverem presentes à assembléia, o seu voto aprovará ou rejeitará a proposta.

Observe-se que pela aplicação das duas regras gerais, de contagem de votos (artigo 38) e de aprovação de matérias (artigo 42), ainda que novecentos e noventa credores contrariem a idéia, prevalecerá a posição de apenas um credor, se este credor na assembléia detiver votos que correspondam a mais da metade dos créditos presentes.

Conforme acima referido, esta regra do artigo 42 além de ser geral, tem caráter residual, sendo somente aplicável quando a matéria não for uma das excepcionadas pelos artigos 44, 45 e 46. Nessas hipóteses, haverá a aplicação de regras próprias para a definição de quoruns específicos.

5.2. Regras especiais

5.2.1. Comitê de credores

A primeira regra especial é apresentada no artigo 44.[301] Essa regra, que trata da escolha dos membros de cada classe no comitê de credores, é válida tanto para as assembléias que ocorrerem em processos de falência quanto para as que ocorrerem em processos de recuperação judicial.

Por esta regra, diferentemente do que disciplina o artigo 42, os credores, ao votarem esta matéria, deverão ser separados por classes, de acordo com o artigo 41, e as votações serão internas, uma por classe, com aprovação pela maioria simples dos créditos presentes em cada classe. Dessa forma, se as três classes forem constituídas, haverá três votações, elegendo-se, em cada uma delas, os representantes, titulares e suplentes.

Em se tratando de votações independentes, os resultados das deliberações de uma das classes não influencia as demais nem afeta o direito das outras classes de constituir o comitê, que, neste caso, conforme referido anteriormente, poderá constituir-se parcialmente.

Observa-se, ainda, que diante da insuficiente redação do texto do artigo 44, que as classes, irão, primeiro decidir se constituirão o comitê e após escolherão os seus representantes.[302]

Causa perplexidade o erro primário feito pelo legislador brasileiro ao configurar diferentemente a estrutura do comitê de credores da estrutura da assembléia geral.[303]

Essa falta de atenção trará um problema de difícil solução, que residirá em saber qual a estruturação aplicável para a deliberação constitutiva e eletiva para o comitê. Será a estruturação prevista para o artigo 26 ou a prevista para o artigo 41? A interpretação sistemática indica que seria a estrutura do artigo 41, mas a interpretação lógica indica que seria a estrutura do artigo 26. Pois, como os credores com privilégio especial, que integram a classe III, poderão votar em representantes que integram a classe II? Sem dúvida todo sistema deve ser lógico, às vezes, porém, falta essa percepção ao legislativo brasileiro. Se divergência existe, lógica e sistemática, parece mais razoável optar pela primeira forma de interpretação.

---

[301] Artigo 44: "Na escolha dos representantes de cada classe no Comitê de Credores, somente os respectivos membros poderão votar".

[302] Um titular e dois suplentes para cada classe.

[303] Vide artigos 26 e 41.

Teoria Falimentar e Regimes Recuperatórios

	Comitê de Credores Art. 26	Assembléia Geral de Credores Art. 41
I	Credores Trabalhistas	Credores Trabalhistas
II	Credores com Direito Real de Garantia Credores com Privilégio Especial	Credores com Direito Real de Garantia
III	Credores com Privilégio Geral Credores Quirografários	Credores com Privilégio Especial Credores com Privilégio Geral Credores Quirografários Credores Subordinados

5.2.2. Plano recuperatório

O plano de recuperação judicial está previsto em regra especial descrita no artigo 45 da Lei, dessa forma será aprovado de forma diversa do quorum geral apresentado pelo artigo 42.

Em sua configuração inicial, o artigo 45 adota a regra idêntica a do artigo 44, pois haverá uma separação por classes. Uma vez agrupados nas três classes próprias, os credores irão examinar e aprovar, ou não, o plano pelo voto da classe. Dessa forma, ainda que haja a maioria de votos a favor, diferentemente da regra do artigo 42 e da regra do artigo 44, as três classes descritas no artigo 41 [cumulativamente] deverão aprovar o plano. Nas três classes, a lei aceita a maioria simples de votos, porém na forma que segue:

1) classe I – credores trabalhistas: a lei exige o voto favorável da maioria dos credores presentes à assembléia;

2) classe II – credores com direito real de garantia: a lei exige a maioria dos credores e dos créditos presentes;

3) classe III – credores com privilégio especial, com privilégio geral, credores quirografários e credores subordinados: a lei exige a maioria dos credores e dos créditos presentes.

Arts. 41 e 45

		Credores	Créditos	
I	Credores Trabalistas	X	-	Aprovação na Classe
II	Credores com Direito Real de Garantia	X	X	Aprovação na Classe
III	Credores com Privilégio Especial Credores com Privilégio Geral Credores Quirografários Credores Subordinados	X	X	Aprovação na Classe

Aprovação na Assembléia Geral de Credores

Dessa forma, o plano submete-se a cinco contagens:[304]

1) uma contagem na classe I, por credores;[305]
2) duas contagens na classe II, por credores e por créditos;
3) duas contagens na classe III, por credores e por créditos.

Uma vez que o artigo 45, "*capvt*", exige a unanimidade nas classes dos credores e pelo fato do primeiro inciso do artigo 41 impor duas contagens para as classes II e III, a rejeição em apenas uma contagem implica a rejeição pela classe e, consequentemente, a rejeição pela assembléia de credores, cuja repercussão direta será a decretação da falência, de acordo com a regra do artigo 56, § 4º, conforme demonstrado na simulação # 2.

Observa-se, na simulação # 1, que o plano foi aprovado nas cinco contagens relativas às três classes de credores descritas no artigo 41.

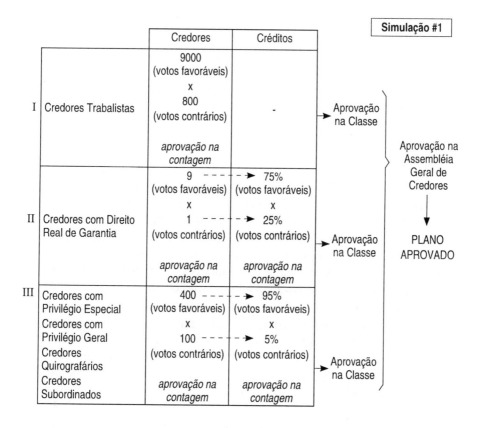

---

[304] Considerando a hipótese da existência de credores das três classes previstas no artigo 41.

[305] Deve-se atentar ao fato de que somente na deliberação sobre o plano os votos dos credores trabalhistas são contados *per capita*. Nas apreciação de demais matérias valerá a regra do artigo 38.

Teoria Falimentar e Regimes Recuperatórios

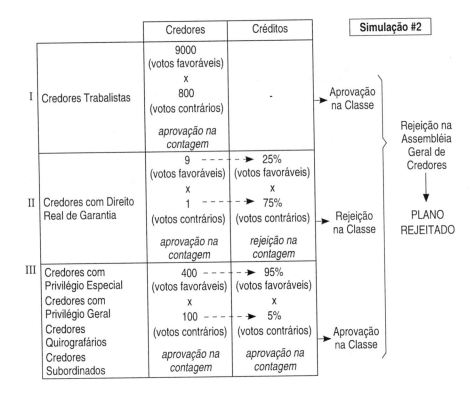

5.2.3. Forma Alternativa de Liquidação do Ativo

A falência constitui-se em um regime de liquidação dos ativos do falido para o pagamento de seus credores. A Lei, em seu artigo 142, estabelece três formas de liquidação do ativo da massa falida: (a) leilão, (b) propostas, (c) pregão.

Além dessas três formas oficiais, o juiz, com base no artigo 144, e os credores, com base no artigo 145, poderão apresentar formas não previstas no artigo 142 para a venda do patrimônio do falido, essas modalidades são também chamadas de formas alternativas para a liquidação do ativo.

Desse modo, assim como a regra do artigo 45 somente se aplica para a recuperação judicial, a regra do artigo 46 é aplicável apenas para as assembléias de credores que ocorrerem em processos falimentares, pois nestes é que ocorre a liquidação dos ativos como forma de satisfazer os direitos dos credores.

A opção dos credores de propor uma forma alternativa de venda dos bens será encaminhada pelo magistrado, se esta decisão provier de uma deliberação assemblear.

A regra do artigo 46 é muito próxima à regra do artigo 42. A votação da matéria prescinde da votação por classe, porém, ao invés da maioria simples exigida pelo artigo 42, a regra do artigo 46 requer a maioria qualificada de dois terços dos créditos presentes.

SEXTA AULA – Recuperação Judicial (Parte I)

1. APRESENTAÇÃO

Na aula de iniciação à Lei nº 11.101/05 foi afirmado que a reversibilidade da crise poderá determinar a concessão de um regime alternativo à liquidação dos bens da empresa, garantindo, através da bem sucedida execução de um plano reorganizativo, a recuperação da fonte produtora de riqueza e renda.

Esse regime recuperatório será concedido pelo Poder Judiciário, desde que o plano reorganizativo:

1) tenha sido aprovado pelos credores em deliberação majoritária de créditos presentes à assembléia, contados na forma do artigo 45; ou,

2) tenha sido imposto o plano aos credores pelo juiz, após a rejeição em assembléia, mediante o reconhecimento por parte do magistrado de desempenho de função social e de acordo com os requisitos legais descritos no artigo 58, §§ 1º e 2º.

A função social, ainda que essencial para a decisão judicial de imposição do plano rejeitado aos credores, não recebeu, contudo, uma definição por parte do legislador. Essa correta opção do legislador brasileiro deveu-se à idéia de não se propor um modelo estático de cognição do instituto. Em outras palavras, a função social é um valor cultural de um povo que se expressa, nos eixos cartesianos de tempo e espaço sociais.

Na prática, será para o magistrado um sentir e, ao mesmo tempo, um pensar. Ainda que careça de um conceito, a função social não está desvinculada de uma idéia. Há uma origem neste pensar de função social que remonta à Constituição de Weimar.[306] Nesta carta constitucional foi inserido um dispositivo em seu artigo 153: *"eingentum verpflichtet"*, cujo significado pode ser

---

[306] Dias antes do armistício da Primeira Guerra Mundial, com a fuga do Kaiser Guilherme II para a Holanda, Friderich Ebert, político vinculado ao SPD, proclamou a república, determinando o fim da monarquia na Alemanha. No ano seguinte, na cidade de Weimar, foi elaborada a Constituição de 1919, que acabou sendo conhecida como a Constituição de Weimar.

Teoria Falimentar e Regimes Recuperatórios

traduzido pela expressão: "A propriedade obriga".[307] A afirmação constitucional do Direito de Propriedade passa, então, a ter um novo viés: "Existem compromissos para aqueles que possuem titularidade sobre coisas".

No ordenamento jurídico brasileiro, a função social da propriedade foi reconhecida como mandamento constitucional a partir do enunciado do artigo 5°, XXIII, da Constituição Federal. Desse preceito constitucional básico, vem sendo forjada a legislação infraconstitucional, e, em, especial, o enunciado constante no artigo 1.228, §§ 1°, 2° e 3°, do Código Civil.

Da mesma forma, pode-se pensar que a empresa obriga a seus proprietários a cumprirem, direta ou indiretamente, certas obrigações de caráter social, realizando a função social da empresa.

No plano teórico, algumas reflexões de natureza jurídica são possíveis, como a identificação da função social com a responsabilidade social de seus administradores, os quais, durante a existência da empresa, não abusaram do poder econômico, nem da personalidade da pessoa jurídica, ou que tenham sempre respeitado o princípio da boa-fé nas relações contratuais em que tenham participado.[308]

O Direito brasileiro, conforme acima referido, não lança uma proposição afirmativa sobre o conceito socialmente funcional de uma empresa, mas apresenta alguns indicativos principiológicos. Sem ter a pretensão de se constituir em uma afirmação definitiva, a regra do artigo 47 estabelece alguns princípios que deverão ser observados pelo magistrado quando executar este ato híbrido: sentir-pensar.

Conforme o texto supra-referido, a legislação brasileira sobre sistemas recuperatórios tem em vista, na ordem: a) a preservação da empresa; b) a função social; c) o estímulo à atividade econômica.

Dessa forma, ainda que válida a tese vinculativa entre função social e responsabilidade social, observa-se que a Lei n° 11.101/05 não se restringiu apenas a esse enfoque. Assim sendo, o juiz, ao analisar a conveniência de conceder o regime recuperatório, não procurará, apenas identificar os compromissos sociais que o ordenamento legal impõe à empresa, deverá, outrossim, preocupar-se com a individualidade do ente econômico, procurando, ao máximo, preservá-lo, assim como deverá pensar na relevância da empresa em crise no contexto econômico de sua inter-relação geográfica. Essa última idéia quer significar que a importância estratégica de uma empresa, para os fins desta legislação, depende muito pouco de sua grandeza, mas depende muito da sua relevância no espaço geoeconômico de atuação. Desse modo, a importância estratégica da empresa poderá ser de âmbito nacional, regional ou mesmo local, desde que a sua ativi-

---

[307] SALOMÃO, Calixto. Função Social do Contrato. *Revista de Direito M ercantil*. v. 132. 2003 p. 07.

[308] BESSA, Fabiane Lopes Bueno Neto. *Responsabilidade Social das Empresas – Práticas Sociais e Regulação Jurídica*. Lumen Juris. 2006, p. 108.

dade envolva a circulação da riqueza e a garantia de renda para as populações no âmbito dessas comunidades. Por isso, justifica-se a inserção da microempresa e da empresa de pequeno porte como destinatárias dos regimes recuperatórios, pois mesmo que de menor tamanho econômico e de pequeno fluxo financeiro poderão desempenhar um relevante papel social em seu contexto geoeconômico.

Seguindo a linha estrutural proposta por Montesquieu, na divisão tripartida do poder do Estado, coube ao Poder Judiciário a concessão e a decretação dos regimes jurídicos. Sendo um regime jurídico, a recuperação judicial será exclusivamente concedida pelo Poder Judiciário através de um de seus representantes.

Dessa forma, por mais consensual e convergente que seja a idéia entre os credores da necessidade da implantação de um regime recuperatório judicial a uma empresa em crise, este só se tornará juridicamente vinculativo se for formalmente concedido pelo Poder Judiciário.

Contudo, respeitadas algumas exceções, o Poder Judiciário submete-se ao enunciado principiológico da atuação por demanda,[309] descrito no Direito romano pela expressão: *"ne procedat ivdex ex officio"*.[310] Logo, por mais notória que seja a crise, o juiz não irá conceder o regime recuperatório sem que haja um pedido formal que expresse esta pretensão jurídica, deduzido em uma ação de Direito processual que obrigue o Estado, através do Poder Judiciário, a prestar a jurisdição desejada pela parte.[311]

2. LEGITIMAÇÃO

Sendo a recuperação judicial um regime jurídico a ser concedido pelo Poder Judiciário, o qual [salvo raras exceções] não está legitimado a agir de ofício, o exercício do direito de ação é crucial para a concretização do desiderato recuperatório.

Porém, o direito de propor uma ação[312] subordina-se a uma condição de legitimidade processual. Esta legitimidade, por sua vez, submete-se a pressupostos e requisitos.

2.1. Pressupostos de legitimidade

O primeiro pressuposto é ser o devedor. No Direito brasileiro, somente o devedor poderá requerer, em seu favor, a recuperação judicial. Dessa forma,

---

[309] BATISTA DA SILVA, Ovídio. GOMES, Fabio Luis. *Op. cit.*, p. 49 – 52.

[310] "O juiz não procede de ofício".

[311] Aplicando-se nessa situação o trinômio conceitual ação-jurisdição-processo.

[312] Nesse contexto, uma ação de Direito Processual.

Teoria Falimentar e Regimes Recuperatórios

a Lei afastou do credor o exercício legítimo deste direito de ação.[313] A lei reconhece, outrossim, outros entes legítimos, como o cônjuge sobrevivente, os herdeiros do devedor, inventariante ou sócio remanescente.[314] Contudo, deve-se observar que em todas estas hipóteses de legitimidade secundária o interesse direto não é o do requerente, mas o da empresa em crise.

O segundo pressuposto de legitimidade é a qualidade de empresa, reconhecida pela regra do artigo 966 do Código Civil. Isto porque, de acordo com o artigo 1º da LRF, o regime recuperatório é aplicável para as empresas individuais ou sociedades empresariais. Dessa forma, como já explicado em aula anterior, a sociedade simples, ainda que se trate de entidade sob o controle privado, por não se submeter à teia jurídica do Direito Empresarial, não terá direito à recuperação judicial. Caso passe por crise econômica-financeira, será submetida ao regime jurídico denominado Processo de Insolvência Civil.

O terceiro pressuposto é a condição de regularidade da empresa em crise, uma vez que se trata de um benefício em relação à falência. O Poder Judiciário só poderá considerar a hipótese de concessão do regime recuperatório para o devedor que for empresa, individual ou societária, regular. A falência, conforme anteriormente escrito, por se tratar de uma sanção jurídica ao fracasso econômico, independe da condição de regularidade.

A regularidade, entretanto, não se restringe apenas a normalidade formal de registro ou de documentos arquivados. A essa exigência, somam-se outras duas: a) manutenção atualizada dos registros contábeis e, b) publicação periódica das demonstrações contábeis.

Juntando-se as três idéias lançadas acima, sabe-se que a empresa regular, na condição de devedora, poderá pleitear judicialmente a medida.

O Direito brasileiro reconhece como agentes econômicos de Direito Empresarial a empresa individual e a sociedade empresarial. O registro de uma empresa individual não cria um ente autônomo em relação à pessoa natural do empresário. Dessa forma, o exercício da legitimidade é da pessoa do próprio empresário individual.

O Direito Econômico Empresarial brasileiro prevê, entretanto, hipóteses em que este exercício de legitimidade não seja realizado diretamente pelo empresário:

1) pela superveniência da incapacidade civil absoluta do empresário, na forma do artigo 974 do Código Civil;[315]

---

[313] A opção brasileira não reproduz uma regra absoluta nos sistemas recuperatórios dos países ocidentais, como ocorre, por exemplo no US Bankrupcty Code que admite a legitimidade do credor para o requerimento do regime reorganizativo para o seu devedor que se encontre em crise econômica.

[314] Vide regra do artigo 48, parágrafo único.

[315] Este artigo também trata do relativamente incapaz, que poderá exercer a atividade empresarial, tomando pessoalmente as decisões estratégicas da empresa, assim como executá-las, porém, sempre com a assistência de terceiros.

2) pela morte do empresário;

3) pela constituição de procurador nos casos admitidos em lei.

Na primeira hipótese, o empresário tornou-se absolutamente incapaz por uma das razões previstas no artigo 3°, II e III[316] do Código Civil. O artigo 972, também do Código Civil, admite a continuidade da empresa por meio de seu representante, desde que haja autorização judicial. Este representante irá formular, em nome da empresa individual, o pedido de recuperação judicial. Deverá, nessa situação, ser examinada não apenas a legitimidade formal daquele que esteja ativamente propondo a ação. Deverá ser, outrossim, observado se detém suficientes poderes de representação, bem como se a legitimação jurídica para a propositura da ação ainda é da empresa individual.

Na segunda hipótese, a regra do artigo 48, parágrafo único, reconhece legitimidade ao cônjuge sobrevivente, herdeiros ou inventariante para propor a ação judicial recuperatória em nome da empresa individual do falecido.

A terceira hipótese, menos comum, mas, sem sombra de dúvida, de maior complexidade, é a que trata da possibilidade do empresário individual delegar seus poderes de administração do negócio. Existe, aprioristicamente, uma incompatibilidade lógica pois a empresa individual confunde-se com a pessoa do empresário. Contudo, o Direito admite, excepcionalmente, algumas situações, como por exemplo: a) quando o empresário for analfabeto; b) quando delegar poderes expressos para determinados atos; ou c) quando o representante legal do empresário que tornou-se absolutamente incapaz para a vida civil não encontrar-se habilitado para exercer a atividade empresarial, caso em que, com autorização judicial, nomeará um ou mais gerentes para o negócio.[317]

Já no estudo do Direito Societário observa-se a aplicação do princípio de autonomia existencial da pessoa jurídica. Em outras palavras, a pessoa jurídica tem personalidade distinta das pessoas de seus sócios.

Nessa situação a legitimidade jurídica para o exercício do direito de ação é da sociedade regularmente existente. Todavia, a pessoa jurídica é apenas uma ficção, não existindo no plano dos fatos reais. Dessa forma externará seus atos de vontade pela representação de seus administradores que poderão ser os sócios ou mesmo pela representação de administradores não sócios. Os administradores da sociedade, contudo, não têm poderes absolutos de gestão, que são limitados pela lei ou pelo contrato.

Nas sociedades tipicamente de pessoas, nome coletivo, comandita simples e comandita por ações, é aplicável a regra dispositiva do artigo 1.015 do Código Civil, que permite aos sócios administradores propor ação independentemente

---

[316] Exclui-se a hipótese prevista no inciso I, pois para iniciar o exercício de atividade empresarial deverá a pessoa estar em pleno gozo da capacidade civil que não se verifica como possível antes do menor completar dezesseis anos.

[317] Vide regra do artigo 975 do Código Civil.

da manifestação dos demais sócios, uma vez que somente os sócios com poder de administração responderão ilimitadamente pelas dívidas da sociedade, salvo a existência de cláusula contratual restritiva de poder.

Na sociedade limitada, a regra de natureza cogente prevista no artigo 1.071, VIII,[318] do Código Civil, obriga ao administrador obter autorização dos sócios. Essa autorização será obtida se a proposição tiver votos correspondentes a mais da metade do capital social, de acordo com a regra do artigo 1.076, II, do estatuto civil.

Por fim, quando se tratar de sociedade anônima valerá a regra do artigo 122, IX, da Lei nº 6.404/76, que atribui à assembléia geral de acionistas o poder exclusivo de autorizar o requerimento de recuperação judicial,[319] não sendo permitido, no estatuto social da corporação, a delegação prévia desse poder aos administradores, ressalvada a hipótese legal de urgência, admitida pela regra do parágrafo único do artigo citado.

2.2. Requisitos de legitimidade

Os três pressupostos antes discutidos não são suficientes para garantir ao requerente o reconhecimento de legitimidade, pois deverão ser atendidas, cumulativamente, as condições exigidas pelo artigo 48.

Dessa forma, o devedor, empresa individual ou sociedade empresarial regular, deverá cumprir com os enunciados que seguem:

2.2.1. Regularidade temporal

O pressuposto de regularidade, não é, por si só, suficiente para o reconhecimento de legitimidade. Esse pressuposto deverá existir ao longo de um período de tempo superior a dois anos, de acordo com a regra do artigo 48, "*capvt*". Dessa forma, a regularização momentânea da empresa não traz a legitimidade para exercer o direito de ação, pois, ainda que atenda o pressuposto de regularidade, não respeita a condição temporal de dois anos.

A regularidade, conforme antes destacado, não se restringe ao registro do ente empresarial na Junta de Comércio. Além desse requisito, deverá a empresa manter escrituração atualizada e publicação periódica das demonstrações contábeis.

Dessa forma, a empresa em crise para demonstrar sua legitimidade, deverá comprovar ter atendido esses três requisitos durante o prazo de dois anos. Esta comprovação será feita de três formas diversas:

---

[318] O texto original, publicado em 10 de janeiro de 2002, refere-se ao regime de concordata que vigorava na data da publicação do Código Civil.

[319] Idem nota anterior.

1) *comprovação de registro da empresa por prazo superior a dois anos:* mediante a apresentação de certidão emitida pela Junta Comercial da sede da empresa, órgão responsável pelo Registro Público de Empresas Mercantis, de acordo com as regras dos artigos 51, V, LRF e 1.150 do Código Civil;

2) *comprovação de publicação periódica das demonstrações contábeis:* pela juntada das demonstrações publicadas nos últimos três anos, de acordo com a regra do artigo 51, II;

3) *comprovação da escrituração regular:* pela apresentação dos livros ou sua disponibilização para qualquer interessado, de acordo com a regra do artigo 51, § 1º.

2.2.2. Não ser falido

O inciso I do artigo 48 parte da idéia de incompatibilidade existencial entre regime liquidatório e regime alternativo à liquidação. Em outras palavras, ninguém poderá, ao mesmo tempo, encontrar-se em processo de falência e em processo de recuperação judicial.

A decretação da falência, segundo a regra do artigo 102, "*capvt*", inabilita o falido para o exercício regular da atividade empresarial. Assim, enquanto não reabilitado, não poderá exercer a atividade empresarial e, se o fizer, exercerá irregularmente.

O dispositivo legal, entretanto, reconhece a legitimação daquele que ainda que tenha se submetido a um processo falimentar, demonstre ter obtido uma declaração judicial de extinção das obrigações habilitadas naquele processo.

Conforme será oportunamente demonstrado, após a decretação da falência, o administrador judicial irá arrecadar os bens do ente falido, que serão avaliados e vendidos para o pagamento de todos os credores da massa. Se não mais existirem bens, o juiz encerrará o processo e se, ao encerrar, verificar que todos os credores foram pagos, na sentença de encerramento irá declarar a extinção das obrigações. Caso existam dívidas a serem pagas, encerrará a falência sem essa declaração.

A Lei, conforme a regra descrita no artigo 160, não proíbe, todavia, a chamada declaração tardia da extinção das obrigações; isto poderá ocorrer mesmo após o encerramento do processo, desde que o devedor demonstre estar prescritas as dívidas não pagas no processo falimentar ou demonstre estar atendidas umas das condições descritas no artigo 158:

1) pagamento integral das dívidas;

2) pagamento parcial das dívidas, após o pagamento integral das classe hierarquicamente superiores, o falido poderá oferecer uma quantia par-

cial aos credores da classe quirografária que corresponda a mais de 50% (cinqüenta por cento) do valor desse passivo classista, desde que prove inexistirem outros bens a serem vendidos;

3) o decurso de 5 (cinco) anos, contados do encerramento da falência, se o falido não tiver sido condenado por crime previsto na Lei n° 11.101/05;

4) o decurso de 10 (dez) anos, contados do encerramento da falência, se o falido tiver sido condenado por crime previsto na Lei n° 11.101/05.

Existem duas questões que merecem destaque:

1) Se, enquanto inabilitado, em decorrência da decretação da falência, não puder exercer a atividade empresarial, a declaração de extinção das obrigações seria atributo suficiente para legitimar a empresa a requerer a recuperação judicial? Na verdade não, observando-se um erro de sistematização no enunciado do artigo 48, I.

A parte final do texto do artigo 102 afirma a permanência da inabilitação até o advento de dois requisitos: a declaração de extinção das obrigações e a regularidade criminal do falido.[320] Se um desses dois requisitos não estiver presente, o falido não se reabilita, mantendo-se inabilitado para o exercício regular da atividade empresarial. Se está irregular, falta-lhe um pressuposto de legitimidade que não será suprido apenas pela declaração de extinção das obrigações, como afirmado no inciso I do artigo 48. Na verdade, o artigo 48, I, deveria ressalvar, não pela declaração extintiva das obrigações, mas pela reabilitação do falido, que lhe permite recuperar a condição de regularidade no exercício da atividade de empresa.

2) Deve-se, sempre, destacar a diferença conceitual entre empresa individual e sociedade empresarial. Nesta, vale o princípio da autonomia existencial da pessoa jurídica, que tem existência distinta das pessoas de seus sócios. Logo, quando se decreta a falência de uma pessoa jurídica, sabe-se que apenas a sociedade está sob o regime de falência, não os seus sócios.

Dessa forma, ressalvadas as situações especiais de sócios de responsabilidade ilimitada nas sociedades em conta de participação, sociedades em nome coletivo, sociedades em comandita simples e sociedades em comandita por ações, a falência da sociedade não faz com que os sócios sejam considerados falidos, logo, não serão alcançados pela inabilitação decorrente do decreto falimentar.

Como, pela atual lei, não mais existe a concordata suspensiva, a sociedade falida irá inexoravelmente para a liquidação e, consequentemente, será extinta, não retomando, aquela sociedade, a atividade empresarial.[321] Essa conclusão

---

[320] Regularidade criminal que pode, sinteticamente, ser entendida pela fórmula que segue: a) não ter sido processado criminalmente; b) se tiver sido processado, ter sido absolvido definitivamente; c) se tiver sido condenado, estar extinta a punibilidade.

[321] De acordo com a posição sustentada por PENALVA SANTOS, Paulo. *A Nova Lei de Falências e de Recuperação de Empresas*. Forense. 2007, p. 138, 2007.

torna-se absoluta pela leitura da regra do artigo 158, que trata das formas obrigatoriamente tardias de extinção das obrigações, incisos III e IV, referindo-se apenas ao falido, deixando de lado as figuras do administrador da empresa, sócio majoritário ou sócio controlador.

Desse modo, essa condição de legitimidade será de interesse quando se tratar da falência da empresa individual, pois nesta, o empresário é indiscutivelmente o falido e sobre ele pesarão todos os efeitos da decretação da falência, incluindo a inabilitação, enquanto que a falência da pessoa jurídica implicará em sua extinção. Uma vez reabilitado o empresário no encerramento do processo falimentar, ou após, pela reabilitação tardia, uma nova situação de crise econômica e/ou financeira, obrigará, caso opte por um processo recuperatório ao atendimento dessas condições.

2.2.3. Não ter recebido igual benefício

A condição prevista nos incisos II e III do artigo 48 procura ser clara e definitiva em relação a anteriores crises e à aplicação dos regimes recuperatórios.

A empresa regular por mais de dois anos que não tiver falido, ou, se tiver falido encontrar-se reabilitada, e que desejar propor ação judicial para a concessão de recuperação judicial, deverá, antes, examinar se já esteve sob este regime. Se a reposta for afirmativa, aprioristicamente, não poderá promover novamente a ação judicial, salvo o decurso de um período de tempo contado da data concessão do regime anterior. Este período irá variar de acordo com regime o concedido:

1) *cinco anos*, se o anterior regime de recuperação judicial tiver por base o plano geral previsto no artigo 50;

2) *oito anos*, se o regime de recuperação judicial anterior tiver por base o plano especial para as microempresas e empresas de pequeno porte previsto no artigo 70.

Em que pese o esforço do legislador em criar uma regra clara e definitiva, surgem alguns questionamentos.

Em primeiro lugar, afigura-se incompreensível ser o prazo para as microempresas e empresas de pequeno porte muito superior que o prazo previsto para as demais empresas, médias e grandes. É aceitável o argumento pelo qual a microempresa ou a empresa de pequeno porte podem, também, optar pelo plano geral, logo, não sofreriam maiores prejuízos. Mas, como justificar o título de plano recuperatório especial sendo este mais gravoso?

Por outro lado, se a microempresa ou a empresa de pequeno porte tiver antes optado por um regime especial, mesmo que no segundo projeto recuperatório opte pelo plano geral, deverá aguardar oito anos, pois este prazo conta-se pelo anterior regime concedido e não pelo regime pretendido com a proposição da ação judicial.

Outra situação conflitiva é a da empresa que altera o seu *statvs*: era uma microempresa ou empresa de pequeno porte, fez uso do plano especial, e, após o seu cumprimento, deixou de enquadrar-se numa dessas duas situações, podendo, a partir de então, fazer uso apenas do plano geral. Todavia, uma vez que o anterior benefício foi o do plano especial, ainda que se trate de média ou grande empresa, deverá aguardar o decurso de oito anos.

Chama também a atenção a hipótese possível de uma recuperação judicial negada em primeiro grau, pela rejeição do plano pela assembléia de credores e não imposição pelo magistrado, mas revertida a situação em segundo grau pelo provimento do recurso interposto. Nesse caso, a contagem do prazo estará vinculada ao trânsito em julgado do acórdão.

Em hipótese inversa, a concessão do regime recuperatório em primeiro grau, obstada pela interposição de recurso[322] e o seu provimento pelo Tribunal de Justiça do Estado, mas, ao final, com reversão por decisão dos Tribunais Superiores, reintegratória da decisão concessiva da recuperação judicial, deve ser considerado o início da contagem a partir do julgamento judicial de primeiro grau.

Por fim, há de se discutir uma situação transicional. Se a empresa, hoje requerente de recuperação judicial, no passado recebera o benefício da concordata preventiva, existirá algum prazo a ser respeitado? Conforme o artigo 140, IV, do Decreto-Lei nº 7.661/45, entre um e outro pedido de concordata, o comerciante/empresário[323] deveria aguardar o prazo de cinco anos contados do pedido do primeiro benefício.

A nova Lei não trata desta situação intertemporal. Por uma interpretação literal, pode-se argumentar que se a lei não fez menção a este aspecto, é porque restringiu apenas entre os seqüenciais pedidos de recuperação judicial. Em se tratando de regimes instituídos por leis diversas e, conceitual e estruturalmente diversos, não existiria esta condição temporal entre o benefício da concordata e o benefício da recuperação judicial. Isto porque a regra do artigo 48, II e III, refere apenas a inexistência de impedimento para a obtenção de regime recuperatório, sem tratar de prazo para a concessão do novo regime após a concessão de uma concordata.

Essa idéia, contudo, sofre uma crítica, pois tão logo encerrada uma concordata, imagine-se, concedida no último dia de vigência do Decreto-Lei, dia 8 de junho de 2005, com prazo de 24 meses, encerrando-se em junho de 2007, a empresa poderia no dia imediato ao julgamento de cumprimento do benefício

---

[322] Vide regra do artigo 59, § 2º.

[323] De acordo, respectivamente com o Código Comercial (1850-2002) e o Código Civil (a partir de 2003).

ingressar com o pedido de recuperação judicial, aproveitando um prazo contínuo de efeitos aplicativos dos regimes.

Por interpretação sistêmica, o ideal seria a recepção da regra do artigo 140, IV, do Decreto-Lei nº 7.661/45, mantendo-se a contagem temporal de cinco anos, mesmo com o termo inicial da data do pedido, impondo às empresas uma utilização ética dos instrumentos jurídicos.[324]

Contudo, uma vez que inexiste o impedimento,[325] sem uma referência temporal mínima, tem sido aceita, por força da regra prevista no artigo 192, §§ 2º e 3º, a possibilidade de uma empresa em regime de concordata em vigor requerer a alteração para o regime de recuperação judicial, desde que em dia com as obrigações assumidas anteriormente, atenda todos os requisitos materiais e processuais exigidos pela nova legislação. Dessa forma, se é possível conceder uma recuperação judicial para uma empresa que esteja sob regime de concordata,[326] não haveria sentido impor um prazo de carência para uma empresa que tivesse cumprido o favor legal previsto no Decreto-Lei nº 7.661/45.

2.2.4. Não ter sido condenado por crime previsto na Lei nº 11.101/05

Antigamente a referência seria: não ter sido condenado por crime falimentar. Esta mudança referencial deve-se ao fato de que os tipos penais são concretizados não apenas em situação falimentar ou pré-falimentar, mas também em situações de recuperação judicial e extrajudicial.

O enunciado do dispositivo refere à condenação, ou seja, depende de sentença condenatória com trânsito em julgado.

Outrossim, diante da dupla possibilidade de regime empresarial constitutivo, empresa individual e sociedade empresarial, e atento que em relação a este último regime constitutivo vale o princípio da autonomia existencial, cujos efeitos de condenação criminal não atingem a pessoa jurídica, optou-se, corretamente, por descrever a restrição relativa ao empresário individual e à pessoa jurídica quando, para esta, houver condenação do administrador da sociedade ou do sócio-controlador, não afetando a sociedade se a condenação alcançar apenas ao sócio-majoritário que não administre ou não detenha controle da empresa.

Chama a atenção a interessante opinião trazida pelo professor Ricardo José Negrão Nogueira,[327] que entende não ser este um requisito essencial e sua falta não conduzir, necessariamente, ao indeferimento do pedido inicial, desde que o autor saliente que, dentre os meios de recuperação, estará prevista a subs-

---

[324] Quanto à diretiva principiológica da eticidade recomenda-se, também, a leitura da obra Diretrizes Teóricas do Novo Código Civil, *Op. cit.*, p. 88- 212.

[325] Salvo se a empresa em crise pleitear o plano especial do artigo 70.

[326] Extinguindo-se tão logo seja concedida a recuperação judicial.

[327] PENALVA SANTOS, Paulo, *Op. cit.*, p. 135.

Teoria Falimentar e Regimes Recuperatórios

tituição dos administradores e/ou controle societário no que tange às pessoas que ostentam condenação criminal, uma vez que por razão principiológica da lei a "condição da empresa não pode ser confundida com a condição do empresário".

3. ALCANCE DE EFEITOS JURÍDICOS DO REGIME RECUPERATÓRIO

A idéia deste enunciado temático é propiciar uma discussão acadêmica e profissional sobre o alcance de efeitos jurídicos de um regime recuperatório judicial em relação aos credores da empresa em crise. Em outras palavras, uma vez concedida a recuperação judicial, quais serão os credores submetidos aos efeitos do projeto reorganizativo?

No regime anterior, a concordata concedida alcançava apenas aos credores quirografários. Entretanto, considerando que, no atual cenário econômico-empresarial, o peso do passivo das empresas concentra-se nas dívidas trabalhistas, encargos sociais, dívidas tributárias e dívidas bancárias de alto vulto, com garantias reais, a eficiência da concordata era questionável, perdendo esta, ao longo dos anos, a idéia de instrumento recuperatório eficiente,[328] tornando-se, na prática, apenas um período preparatório à falência.

A Lei nº 11.101/05 inovou, qualificando com eficiência o regime recuperatório. Em seu artigo 49, "*capvt*", fez estender os seus efeitos para todos os créditos existentes na data do pedido, ainda que não vencidos, respeitada a garantia do credor de exercer o seu direito contra os coobrigados, fiadores e obrigados de regresso.[329] Nessas hipóteses, o direito do credor não será afetado juridicamente pelo plano aprovado, mantendo, quanto a esses terceiros, todos os direitos originariamente contratados, inclusive quanto as regras de exigibilidade.

Por outro lado, a cobrança perante os coobrigados ou garantidores impõe ao credor a obrigação de comunicar ao juízo recuperatório a satisfação, mesmo que parcial, de seu direito creditício por parte desses terceiros.

Definida a amplitude jurídica da produção de efeitos, algumas injunções provenientes do cenário político enfraqueceram a nova proposta principiológica.

---

[328] Mais uma vez, sugere-se a leitura da primeira aula que trata da Análise Econômica do Direito que afirma a necessidade dos sistemas jurídicos legitimarem-se perante a sociedade enquanto sistemas eficientes. A ineficiência sistêmica leva à perda da credibilidade e, por conseqüência, determinam a prática de condutas temerárias pelos cidadãos.

[329] Vide regra do artigo 49, § 1º.

A primeira exceção feita ao enunciado geral do artigo 49, *"capvt"*, ainda que não expressamente prevista, é relativa aos créditos tributários. Mesmo que concedida a recuperação judicial, estes créditos a ela não se submeterão.

Esta afirmação decorre não por força de uma regra própria, expressamente descrita na lei, mas por método hermenêutico lógico e sistêmico.

A primeira regra aplicável a este raciocínio lógico e sistêmico é a prevista no artigo 6º, § 7º. Pelo *"capvt"*, combinado com o parágrafo quarto deste artigo, uma vez deferida a petição inicial da ação judicial recuperatória, entre diversas conseqüências, ficará suspenso, por cento e oitenta dias,[330] o curso das ações e execuções propostas contra o devedor, com exceção das execuções fiscais, conforme o parágrafo inicialmente aludido.[331] Dessa forma, salvo se a Fazenda Pública conceder parcelamento, a execução fiscal fica imune aos efeitos da ação recuperatória, tendo seguimento normal, ou podendo ser livremente proposta mesmo após o deferimento da petição inicial, inexistindo impedimento legal à satisfação do crédito tributário durante ou após a aprovação do plano reorganizativo.

Esse raciocínio poderia ser contraditado pelo argumento de que a concessão de parcelamento suspende a execução. Isso, de fato, é verdadeiro, conforme se apura da leitura do artigo 6º, § 7º, porém, pela interpretação literal do enunciado do artigo 68, observa-se que a concessão do parcelamento fazendário não é obrigatória, não estando, de forma alguma, vinculada à concessão do regime recuperatório.[332] Pela leitura daquele texto, extraem-se duas conclusões:

1) *a Fazenda Pública e o INSS não estão sujeitos ao plano recuperatório* – a renegociação da dívida tributária, se houver, será mantida à parte das negociações com os demais credores, concretizando-se em um parcelamento que será concedido pela entidade, independente do plano apresentado aos demais credores;

2) *mesmo que o devedor tributário esteja em processo de recuperação judicial, a Fazenda Pública e o INSS não estão obrigados a conceder o parcelamento na forma esperada pelo devedor em crise* – isso porque a regra do artigo 68 da Lei afirma apenas uma possibilidade, não uma obrigatoriedade deconcessão de parcelamento para dívidas fiscais e previdenciárias, pois os requisitos legais para o refinanciamento destes passivos foram direcionados para as lei tributárias e não para a Lei Recuperatória.

---

[330] Vide regra do artigo 6º, § 4º.

[331] Artigo 6º, § 7º: "As execuções de natureza fiscal não são suspensas pelo deferimento da recuperação judicial, ressalvada a concessão de parcelamento, nos termos do Código Tributário Nacional e da legislação ordinária específica".

[332] Artigo 68: "As Fazendas Públicas e o Instituto Nacional do Seguro Social (INSS) poderão deferir, nos termos da legislação específica, parcelamento de seus créditos, em sede de recuperação judicial, de acordo os parâmetros estabelecidos na Lei nº 5.172, de 25 de outubro de 1966 – Código Tributário Nacional".

Teoria Falimentar e Regimes Recuperatórios

Estes dois argumentos seriam suficientes para concluir a respeito da exclusão do crédito tributário. Existe, entretanto, mais um, de método interpretativo lógico. Foi afirmado[333] que a condição de credor não garante a participação na assembléia de credores. Além de ser credor, é necessário, dentre outras condições, integrar uma das classes descritas no artigo 41.

Observa-se pela regra do artigo 41 que a Fazenda Pública e o INSS não integram nenhuma daquelas classes, razão pela qual não votam em assembléia geral de credores. O mesmo poderá ser constatado em relação ao comitê de credores.[334] Qual a razão para o credor participar em uma assembléia ou indicar representantes no comitê? Para fiscalizar e defender direitos individuais e classistas em processo de recuperação judicial. Se o credor não integra nenhuma dessas categorias é porque não tem nenhum interesse a zelar nesse tipo de processo, pelo simples fato de não ser por ele alcançado, em seus efeitos jurídicos.[335]

O segundo grupo de exceções está descrito no artigo 49, §§ 3º, 4º e 5º. Esse segundo grupo refere-se a certos contratos e obrigações celebradas com instituições financeiras que são: a) contratos de alienação fiduciária;[336] b) contratos de arrendamento mercantil;[337] c) o adiantamento ao contrato de câmbio;[338] d) os recebíveis bancários.[339] Quanto às alíneas "a", "b" e "c", os direitos sobre a coisa e/ou as condições contratuais não se submeterão aos efeitos da recuperação judicial, com a única restrição quantos às alíneas "a" e "b" que a coisa não será reintegrada e vendida durante o prazo do artigo 6º, § 4º.Em relação à alínea "d", durante o referido prazo, o valor "recebível" permanecerá em conta vinculada.

Por fim, são excluídos da recuperação judicial, mantendo-se as avenças originárias quando se tratarem de contratos de compra e venda com reserva de domínio e promessa irretratável ou irrevogável de venda de imóvel,[340] e, de acordo com o enunciado do "capvt" do artigo 49, os demais créditos constituídos após o ajuizamento da ação judicial recuperatória.

Observa-se, ainda, a existência de credores que não se encontram protegidos por regras de imunidade aos efeitos jurídicos gerados pelo plano. Porém, o devedor, em seu projeto reorganizatório, não apresentou nenhuma proposição alternativa às avenças originariamente pactuadas. Esses credores, que potencial-

---

[333] Vide quinta aula deste livro Assembléia Geral de Credores, ponto 3.1 Pressupostos e Condições (para participação na Assembléia Geral de Credores), p. 121 –123.

[334] Vide regra do artigo 26.

[335] Diversamente da pretensão do Estado brasileiro externada no plano político, o Poder Judiciário manifestou-se pelo alcance do período suspensivo descrito no artigo 6º, § 4º no AgRg no CC 81922/RJ – Relator Ministro Ari Pargendler, Segunda Seção, STJ. 2007.

[336] Artigo 49, § 3º.

[337] Idem.

[338] Artigo 49, § 4º.

[339] Artigo 49, § 5º.

[340] Artigo 49, § 3º.

mente estavam sob o alcance jurídico do plano, mas cujos créditos não sofreram nenhuma alteração, ainda assim participam do regime recuperatório na condição de credor, com algumas restrições. Por exemplo, a prevista no artigo 45, § 3°, que não permite a sua participação, como votante ou como componente da assembléia para contagem do *quorum* de instalação, quando esta tiver como pauta a deliberação sobre o plano. Contudo, uma vez que não excluídos do regime, terão assegurados todos os demais direitos, como por exemplo: a representação no comitê de credores da classe de sua categoria, participação nas assembléias gerais que não tratarem sobre o plano recuperatório, etc.

Sétima Aula – Recuperação Judicial (Parte II)

4. PROCEDIMENTO GERAL

De acordo com as explicações anteriores, por se tratar de regime jurídico, a recuperação judicial será concedida pelo Poder Judiciário, o qual, salvo raras autorizações legais, dentro das quais não se enquadra a concessão do regime recuperatório, não poderá agir de ofício, por mais notória que seja a situação fático-jurídica.

Dessa forma, o legitimado processual deverá fazer uso de uma ação de Direito Processual, a fim de provocar a atuação do Poder Judiciário para o exercício da *ivris dictio*.

Na lição do professor Ovídio Batista a atividade de jurisdição prestada pelo juiz deve atender a dois elementos básicos, para ser, como tal, reconhecida:[341]

1) o ato jurisdicidional deverá ser praticado pela autoridade estatal, no caso pelo juiz, que o realiza por dever de função, ou seja, o juiz, ao aplicar a lei ao caso concreto, pratica essa atividade como finalidade específica de seu agir;

2) o juiz, quando pratica essa atividade, atua na condição de terceiro imparcial em relação ao interesse sobre o qual recai a sua atividade, mantendo-se em uma posição de independência e estraneidade relativamente ao interesse tutelado.

Essa atuação do Poder Judiciário, como autoridade estatal eqüidistante às expectativas das partes e imparcial em relação ao interesse em debate, se dá no cenário judicial, completando-se, dessa forma, o trinômio: ação-jurisdição-processo.

A *ação* proposta provoca a atuação da autoridade estatal, chamada *jurisdição*, entendida como a "dicção do direito" [*ivris dictio*] que se desenvolve em um *processo* judicial.

---

[341] *Op. cit.*, p. 74

O desenvolvimento dessa relação integrada entre cidadãos/entes juridicamente personificados (parte) e Estado (Poder Judiciário) dentro da relação processual, é compreendido através do procedimento.

A linha de desenvolvimento processual demonstra a evolução dessa atividade interativa, que se divide em vários momentos processuais relevantes: 1) elaboração e distribuição da petição inicial; 2) deferimento da petição inicial; 3) verificações e habilitações de crédito; 4) apresentação do plano recuperatório; 5) apresentação de objeções ao plano recuperatório; 6) deliberação da assembléia geral de credores; 7) concessão judicial do regime recuperatório; 8) execução do plano; 9) encerramento do processo.

Na formulação procedimental, todos esses acontecimentos evoluem na linha abaixo desenvolvida:

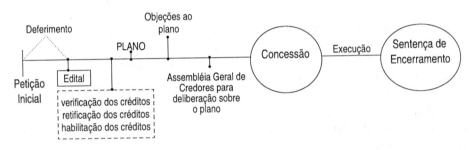

Esses vários momentos processuais relevantes, para fins didáticos, serão agrupados na forma que será a seguir desenvolvida.

4.1. Início do procedimento

A propositura da ação judicial que pretende a concessão da recuperação judicial da empresa tem o seu início procedimental a partir da elaboração e da distribuição da petição inicial. Essa peça processual é constituída por requisitos gerais, de acordo com a regra do artigo 282 do Código de Processo Civil, que se combinam com os requisitos especiais para esta ação judicial, que encontram-se arrolados no artigo 51, LFR.

Dessa forma, dentro da proposição estrutural básica prevista no artigo 282 do Código Civil, fatos, fundamentos e pedido, somam-se ao texto da petição ou a ele anexam-se alguns outros elementos exigidos pelo artigo 51.

Na aprendizagem da Teoria do Fato Jurídico identifica-se a seguinte formulação seqüencial:

1) a concretização de elementos abstratos descritivos de um suporte fático constitui um fato jurídico;

2) a constituição do fato jurídico garante ao seu titular o reconhecimento de um direito subjetivo pelo ordenamento legal;

3) o reconhecimento do direito subjetivo legitima a pretensão por parte de seu titular;

4) a pretensão será exercida pela ação.[342]

Assim, ao descrever fato, em sua petição inicial, o autor está narrando a concretização dos elementos abstratos descritivos de um suporte fático, que, por força disso, tornou-se um fato jurídico.

Ao fundamentar, o autor está indicando ao magistrado que a constituição do fato jurídico atribui-lhe um direito subjetivo.

Ao pedir, está expressando a sua pretensão, tratando-se de relações jurídicas cuja satisfação do titular ao alcance do objeto dependa da prestação de terceiros.[343]

No exercício deste direito de ação recuperatória, a empresa em dificuldade, através de seu advogado,[344] que deverá ter recebido poderes específicos para esta atuação, irá descrever a sua situação de crise econômica e/ou financeira (*fatos*); indicar a adequação à regra prevista no artigo 47 (*fundamentos*) e requerer, ao final, a concessão do regime recuperatório (*pedido* – que expressa sua pretensão jurídica).

Essa peça será complementada pelos requisitos especiais do artigo 51 que integrarão o seu texto ou a acompanharão em anexo, esses requisitos que, grosso modo, são: 1) exposição das causas concretas da crise; 2) demonstrações contábeis; 3) relação de todos os credores; 4) relação dos empregados; 5) certidão de regularidade do credor emitida pela Junta Comercial; 6) relação dos bens particulares dos sócios controladores e administradores; 7) extratos atualizados das contas bancárias e aplicações financeiras; 8) certidões de protestos de títulos; 9) relação das ações judiciais em que o devedor figure como parte.

Quanto a esses requisitos, destaca-se no de número 02 a importância da correta identificação de demonstrações contábeis relativas aos três últimos exercícios sociais, ou de outra forma explicado, os três últimos anos civis anteriores ao do pedido. Dessa maneira a proposição, por exemplo, de uma ação recuperatória no mês de maio do ano de 2007, fará com que a empresa anexe ao pedido os balanços patrimoniais, acompanhados dos demonstrativos de resultados dos anos de 2004, 2005 e 2006. Isso porque o exercício social de 2007 somente será encerrado em 31 de dezembro[345] e a empresa terá, após esta data, quatro meses para publicar o balanço anual. Em outras palavras, o balanço relativo ao

---

[342] Neste caso, referindo-se à ação de Direito Material.

[343] O ordenamento jurídico brasileiro reconhece a existência de direitos cuja satisfação de alcance ao objeto da relação jurídica independam da prestação alheia, como, por exemplo, os direitos potestativos.

[344] Pois ainda que a empresa tenha capacidade processual para ser parte, não detém capacidade postulatória.

[345] Vide regra do artigo 1.065 do Código Civil.

Teoria Falimentar e Regimes Recuperatórios

exercício econômico-financeiro do ano de 2007 somente será fechado em 31 de dezembro daquele ano e somente será publicado em 2008. Desse modo, o juiz, o Ministério Público e os credores careceriam de informações atualizadas sobre a situação da empresa.

Para não faltar a peça informativa do ano do pedido, a Lei impôs ao requerente a juntada de peças contábeis relativas: a demonstração do resultado desde o último exercício social (até o mês que antecede o pedido) e o relatório gerencial do fluxo de caixa e de sua projeção.

A regra descrita no artigo 51, § 2º, dispensa as microempresas (ME) e as empresas de pequeno porte (EPP) da apresentação dessas informações na complexidade antes descrita, podendo fazer uso de livros e escrituração contábil simplificados, nos termos da legislação.

Outrossim, importa observar que a relação de credores indicará as dívidas certas e líquidas ainda que [não] exigíveis. As que ainda se submetam a algum tipo de discussão judicial quanto à certeza e quanto à liquidez deverão ser informadas no item 09, que trata das ações judiciais em que a devedora figurar como parte processual.

Quanto às dividas certas e líquidas, além da natureza, deverá ser informado o valor, que conterá o cálculo do principal monetariamente corrigido e a taxa de juros pactuada e a eventual multa contratual por atraso no adimplemento de obrigação exigida. Os juros indicados neste momento processual serão os juros originariamente contratados, uma vez que a propositura da ação recuperatória não tem efeito revisional. O devedor, nesta circunstância, para a modificação da taxa remuneratória, ou deverá obter a aprovação de cláusula específica no plano ou deverá promover ação revisional de juros.

O requisito de número 05 trata de certidão de regularidade emitida pela Junta Comercial. A regularidade não é um pressuposto nem condição para a existência da atividade empresarial, que se concretiza pelo simples atendimento dos requisitos previstos no artigo 966 do Código Civil. Uma vez constituída na conformidade da regra legal, a empresa passa a existir e terá existência uma existência regular, se atendidos os requisitos de regularidade, ou não, caso os requisitos não venham a ser atendidos.

Antes já foi dito que os requisitos de regularidade são o registro da empresa individual ou arquivamento dos atos constitutivos da sociedade empresarial na Junta de Comércio, a escrituração contábil atualizada e as publicações contábeis periódicas exigidas por lei. A afirmação da regularidade certificada pela Junta Comercial é vinculada ao registro ou arquivamento do ato constitutivo e alterações, além da informação relativa ao arquivamento das publicações periódicas.

Quanto aos registros contábeis, a Junta Comercial somente autentica os livros obrigatórios, sem o poder de fiscalizar o seu preenchimento. Essa informação, entretanto, ficará atendida pela regra que determina a apresentação e a disponibilização dos documentos e dos livros obrigatórios do devedor, de acordo com o disposto no artigo 51, § 1º.

Após ser distribuída a petição, momento em que o devedor perde o poder de livremente alienar ou onerar os bens constantes de seu ativo permanente,[346] os autos irão conclusos ao magistrado que examinará a peça inicial e verificará se todos os documentos exigidos foram juntados. Trata-se de uma análise formal da presença dos requisitos elencados pela lei.

Desse exame, duas hipóteses poderão ser verificadas pelo magistrado:

1) *A petição inicial não se encontra em condições de deferimento:* se não deferir pelo não atendimento de um ou vários requisitos, deverá observar algumas situações:

1.1) se o indeferimento decorreu da não-apresentação de documento ou não-atendimento de requisito indicado na lei, deverá o juiz conceder prazo razoável para complementação da petição inicial;

1.2) se o indeferimento decorreu da impossibilidade de cumprir com algum(ns) do(s) pressuposto(s) ou condições da lei,[347] deverá o juiz indeferir a petição inicial, encerrando o processo. Nestas situações não haverá base jurídica para a decretação de ofício da falência.

2) *A petição se encontra em condições de deferimento:* se todos os requisitos forem atendidos, o magistrado deferirá a petição inicial, autorizando o processamento do pedido.

Deve ficar claro que o deferimento da petição inicial não significa a concessão do regime recuperatório judicial nem a assunção de qualquer compromisso por parte do magistrado em concedê-la no futuro. O deferimento da petição inicial significa, tão só, a autorização de tramitação do processo, por parte do magistrado.

No mesmo ato em que o juiz deferir a petição inicial deverá tomar as seguintes providências:[348]

1) nomeará o administrador judicial;

2) determinará a dispensa da apresentação de certidões negativas para o exercício da atividade empresarial, exceto para a contratação com o Poder Público ou recebimento de benefícios ou incentivos fiscais ou creditícios;

---

[346] Vide regra do artigo 66.

[347] Por exemplo: não conseguir provar o exercício regular da atividade empresarial por prazo superior a dois anos, ou não ter decorrido o prazo de cinco anos contados entre uma e outra recuperação judicial, etc.

[348] Vide regra do artigo 52.

Teoria Falimentar e Regimes Recuperatórios

3) determinará a suspensão, por cento e oitenta dias[349] das ações[350] e execuções[351] contra o devedor, ressalvadas as hipóteses do artigo 6º, §§ 1º, 2º, e 7º[352] e as ações e execuções promovidas pelos credores indicados nos §§ 3º e 4º do artigo 49;[353]

4) determinará a apresentação das contas demonstrativas mensais do negócio por parte do devedor em recuperação, e enquanto esta perdurar;

5) ordenará a intimação do Ministério Público e a comunicação por carta às Fazendas Públicas Federal, Estaduais e Municipais, onde o devedor tiver estabelecimento;

6) determinará a publicação de edital que contenha: a) síntese do pedido e da decisão deferitória; b) relação de todos os credores; c) advertência aos credores quanto os prazos de habilitação de crédito e objeção ao pedido.

7) determinará a suspensão do curso da prescrição das dívidas da empresa, em conformidade com a regra do artigo 6º, "*capvt*".

Em relação a essas providências, alguns comentários fazem-se necessários.

Iniciando-se pela providência de número 2, observa-se que o benefício dado ao devedor não foi muito amplo, pois a dispensa de apresentação das certidões negativas é, antes de mais nada provisória, pois o devedor terá de juntar as negativas nos autos do processo tão logo o plano seja aprovado pelos credores, segundo a regra prevista no artigo 57.

Em segundo lugar, essa providência, que assegura um benefício ao devedor em crise, não produz efeitos quando a empresa for contratar com o poder público ou receber recursos oficiais, de acordo com a parte final do artigo 51, II. Assim sendo, se a atividade econômica principal da empresa for negociar com a administração pública, deverá, desde o início do processo, negociar com o Poder Público.

Ainda assim restam algumas situações, poucas, é bem verdade, de benefício para a empresa que ajuiza o pedido recuperatório judicial, como a possibilidade da venda de bens imóveis sem a necessidade de apresentação da certidão

---

[349] Vide regra do artigo 6º, § 4º.

[350] O Tribunal de Justiça do Rio Grande do Sul entende que a ação de dissolução societária parcial, com apuração de haveres, por atingir, ao final uma valoração certa, não caracteriza ação que demande quantia ilíquida, não estando protegida pela regra do artigo 6º, § 1º .Rio Grande do Sul. Tribunal de Justiça. *AGInst 70018024786* 6ª Câmara Cível – Relator: Desembargador Oswaldo Stefanello, 2007.

[351] As sentenças que determinam o despejo, por serem auto-executáveis, prescindem de processo execução, razão pela qual não se submetem aos efeitos suspensivos previstos no artigo 6º, "*capvt*". Rio Grande do Sul. Tribunal de Justiça. *Agr Inst 7001825770-* 15ª Câmara Cível. Relator: Desembargador Angelo Marininchi Giannakos, 2007.

[352] Em interessante posição sustentada, o Superior Tribunal de Justiça afirmou que a continuidade da execução fiscal, na forma do artigo 6º, § 7º, não é absoluta, suspendendo-se a alienação do bem penhorado, salvo se o devedor tributário não solicitar parcelamento ou, caso solicitado, indeferido pelo fisco. Brasil. Superior Tribunal de Justiça – *Ag Rg no CC 81922/RJ* 2ª Seção. Relator Ministro Ari Pargendler, 2005.

[353] Ficando vedado a estes credores o direito de vender ou retirar do estabelecimento do devedor em crise os bens de capital essenciais à sua empresarial atividade.

negativa de débitos, desde que a venda seja parte integrante do plano aprovado pelos credores, ou que estes, após manifestação do comitê, autorizem em assembléia especialmente convocada para essa deliberação.

A suspensão das ações e execuções contra o devedor em crise, providência de nº 07, também não representa uma vantagem que gere em favor da empresa efeitos jurídicos absolutos.

Inicialmente, o benefício, por força da regra do artigo 6º, § 4º, é limitado ao prazo de cento e oitenta dias. Transcorrido o período, algumas situações poderão ocorrer:

1) se o plano ainda não tiver sido votado, as ações e execuções retomarão a sua continuidade processual;

2) se o plano tiver sido aprovado e existir cláusula que afete aquela relação obrigacional, vigorará a regra do artigo 59, *"capvt"*, que determina a novação da dívida certa e líquida ou a admissão, pelo devedor, da certeza e da liquidez pelo devedor, perdendo, tanto a ação quanto a execução, objeto jurídico;

3) se o plano aprovado não apresentar nenhuma proposição reformatória da avença originária, a execução poderá retomar a sua continuidade processual;

4) se o plano for rejeitado e o juiz não o impuser aos credores, pelo reconhecimento de função social e na forma do artigo 58, §§ 1º e 2º, será decretada a falência e a execução continuará suspensa até o encerramento do regime falimentar liquidatório, na forma do artigo 99,V.

Além disso, a regra suspensiva não produz efeitos em relação às ações em que se demandar quantia ilíquida, nem em relação às reclamatórias trabalhistas, nem em relação às execuções fiscais e às de direitos decorrentes de cláusula de adiantamento ao contrato de câmbio (ACC) e dos contratos de alienação fiduciária, e arrendamento mercantil, considerando que nas duas últimas hipóteses, o credor não poderá retirar o bem reclamado do estabelecimento do devedor.

Por fim, deve-se observar que esse benefício não é extensível aos coobrigados do devedor.

A apresentação das contas demonstrativas do negócio decorrem do dever de transparência imposto à empresa sob regime recuperatório. Não existe uma forma expressamente identificada na Lei para o atendimento dessa providência, sendo a forma mais recomendada a apresentação dos balancetes mensais.

A intimação do Ministério Público quando do deferimento da petição inicial, determina, segundo o enunciado do ofício nº 12/05 proveniente da Corregedoria-Geral do Ministério Público do Estado do Rio Grande do Sul, a intervenção obrigatória do Promotor de Justiça no processo recuperatório a partir daquele ato.

Teoria Falimentar e Regimes Recuperatórios

Por fim, deve-se observar que o artigo 6º determinou, tão-somente, a suspensão de prazo prescricional, afastando a possibilidade admitida pelo artigo 207 do Código Civil, de suspensão de prazo decadencial, ainda que convencionalmente estabelecida.[354]

Importante, também, destacar que, após o deferimento da petição inicial, o devedor perde o poder absoluto de desistir da ação proposta. O eventual pedido de desistência deverá ser aprovado pelos credores em assembléia geral.[355]

Da publicação do edital descrito na providência de número 06, começa a correr o prazo de sessenta dias para a apresentação do plano reorganizativo da empresa, de acordo com a regra do artigo 53, sob pena de decretação da falência. Isto porque, não haveria sentido numa dupla publicação, pois o § 1º do artigo 52, I, expressa que naquele edital constará, entre outros elementos, síntese do pedido e da decisão.[356] Aqui se observa que o legislador deu ao magistrado o poder de decretar a falência pela simples transgressão do prazo sem a apresentação do plano, havendo, nesta situação, a possibilidade de decretação da falência *ex officio*.

A partir da publicação do edital acima referido, inicia-se, também, a contagem do prazo para as habilitações de crédito na forma do artigo 7º e seguintes.

4.2. Apresentação do plano recuperatório

O plano de recuperação judicial, que deverá ser apresentado no prazo indicado pelo artigo 53, diferentemente do sistema anterior, onde a lei pré-definia o plano independentemente da situação da empresa. Na Lei atual, o plano será construído pelo devedor, de acordo com a natureza e a extensão de sua crise. O plano, pode ser dito, é resultado material das negociações entabuladas com os credores, que se formaliza em um documento.

A empresa pretendente à recuperação judicial terá 60 (sessenta) dias para a apresentação do plano em juízo, contados da publicação do edital do artigo 52, § 1º, que contém a decisão deferitória da petição inicial, sob pena de decretação de falência. Deve-se aqui observar que a pretensão jurídica expressa no pedido é de concessão do regime jurídico de recuperação judicial. Uma vez definida a pretensão jurídica, o magistrado, ao menos teoricamente, poderá apenas acolher ou rejeitar os termos da pretensão, sob risco de decidir citra, ultra ou extrapetita. Considerando que a pretensão jurídica da autora era de concessão do regime de recuperação e o magistrado, ao invés de acolher ou rejeitar a pretensão, decretar a falência, apriosticamente, poderá ser dito que julgou extrapetita. Porém, ine-

---

[354] Vide regra do artigo 211 do Código Civil.

[355] Vide regra do artigo 52, § 4º.

[356] Em sentido contrário, a posição de Manoel Justino Bezerra Filho. *Op. cit.*, p. 159.

gavelmente agiu com autoridade legal que lhe permite a decretação da falência *ex officio*.

Segundo a regra do artigo 53, além de descrever as modalidades recuperatórias, o devedor terá de demonstrar a sua viabilidade econômica futura, com a implementação do plano e um laudo econômico-financeiro e de avaliação dos bens e ativos do devedor.

Pode-se, também, dizer que o plano é livremente proposto pelo devedor aos credores e que as modalidades previstas no artigo 50 são meramente exemplificativas.[357] Diante disso, o devedor, atendendo a regra do artigo 53, I, detalhar a(s) modalidades recuperatórias, poderá optar:

1) por uma das modalidades descritas no artigo 50;

2) por várias das modalidades descritas no artigo 50;

3) por uma combinação entre as diversas modalidades do artigo 50;

4) ou, mesmo, por modalidade não prevista no artigo 50.[358]

Dessa forma, além do limite geral de licitude proposta pelo ordenamento legal, que condiciona qualquer relação de Direito Privado, a liberdade de criação de um plano submete-se, apenas, a quatro restrições previstas na lei, que o devedor não poderá deixar de observar quando da elaboração: tratam-se de duas condições de eficácia jurídica e duas condições de validade jurídica.

As duas condições de eficácia jurídica estão descritas no artigo 50, §§ 1º e 2º. Nessas o que está em questão não é a validade da cláusula, mas a produção de efeitos em relação a determinados credores. Dessa forma, se ao elaborar o plano, o devedor deixar de respeitar o enunciado legal, a cláusula não será inválida,[359] apenas não será eficaz perante aos credores que o devedor esperava atingir:

1) *cláusula que proponha a venda de bem dado em garantia, com a supressão ou a substituição da garantia (artigo 50, § 1º):* para produzir efeitos em relação ao credor beneficiário da garantia, deverá haver a sua expressa concordância. Dessa forma, se existirem dez credores que tenham a seu favor direitos reais de garantia hipotecária ao pagamento dos créditos, com uma hipoteca para cada dívida ativa, a proposição do devedor de substituição ou supressão das hipotecas para a venda dos respectivos imóveis não representa nulidade que afeta o plano de validade da cláusula, porém, produzirá efeitos somente para os credores que com ela concordarem. A negativa de alguns não afeta a cláusula nem repercute na decisão dos que com ela concordaram;

---

[357] Vide regra do artigo 50, "*capvt*".

[358] Não se pode deixar de levar em conta o princípio jurídico pelo qual os agentes econômicos de Direito Privado, diferentemente dos agentes econômicos de Direito Público, que somente podem fazer aquilo que a lei prescreve, fazem tudo aquilo que o Direito não proibir.

[359] Nessa hipótese, nula ou anulável.

Teoria Falimentar e Regimes Recuperatórios

2) *a cláusula que proponha a conversão dos créditos em moeda estrangeira para moeda nacional (artigo 50, § 2º):* para produzir efeitos em relação aos credores, demanda a sua expressa concordância. Seguindo a forma exemplificativa anterior, em havendo trinta credores em moeda estrangeira, a apresentação de cláusula de conversão será eficaz para aqueles que aceitarem esta proposição. Para os demais, será mantida a cotação em moeda estrangeira.

Como visto nos parágrafos anteriores, o devedor poderá propor cláusulas que expressem a sua vontade de converter a moeda de pagamento ou de substituir ou suprimir a garantia dada, porém, enquanto não obtiver a expressa concordância do credor, esta cláusula não produz efeitos, ainda que seja considerada juridicamente válida.

Já em relação às condições de validade, previstas no artigo 54, *"capvt"* e parágrafo único, a transgressão do enunciado traz maiores conseqüências no plano jurídico.

O enunciado dos dispositivos do artigo 54 tem outra configuração. Parte da afirmação de que o devedor *não poderá* propor a cláusula, e se a propuser o juiz não poderá aceitá-la, pois fere norma cogente, de interesse público, mesmo que os interessados estivessem dispostos a com ela concordar.

Essas cláusulas estão previstas no artigo 54:

1) *o plano não poderá prever prazo superior a 1 (um) ano para o pagamento dos créditos trabalhistas (artigo 54, "capvt"):* diferentemente da fórmula anteriormente apresentada, a transgressão do enunciado, a partir da apresentação desta proposta em cláusula de plano recuperatório, implica a sua nulidade jurídica e a rejeição de ofício pelo magistrado, mesmo que os empregados estivessem dispostos a aceitá-la, uma vez que se trata de norma cogente;

2) *o plano não poderá prever prazo superior a 30 (trinta) dias para o pagamento dos créditos eminentemente salariais vencidos nos últimos 3 três meses e não superiores a 5 (cinco) salários mínimos por credor (artigo 54, parágrafo único):* o mesmo deverá ser aplicado para a restrição contida no parágrafo único do artigo 54, com a diferença de que neste dispositivo legal são tratados apenas os créditos salariais vencidos nos últimos três meses anteriores ao pedido e não superiores a cinco salários mínimos por empregado,[360] que deverão ser honrados pelo devedor em até trinta dias contados da aprovação do plano.

Por fim, importa destacar que, em relação a essas duas restrições, a transgressão que implica nulidade restringe-se apenas à cláusula, não afetando a validade do plano recuperatório nem das demais cláusulas.

---

[360] Não sendo incluídas verbas indenizatórias a título de hora-extra, férias, décimo terceiro salário, etc..

4.3. Avaliação e votação do plano recuperatório e concessão do regime de recuperação judicial

Após a apresentação do plano, os credores terão trinta dias para manifestarem objeção ao plano. A lei não criou uma regra de fácil assimilação, pois, na verdade, apresenta dois marcos iniciais possíveis[361] para contagem desse prazo, fazendo-se necessária uma explicação mais detalhada.

A compreensão desses enunciados aparentemente contraditórios é simples, desde que apreendida a sabedoria de seu enunciado normativo. A idéia central é oferecer ao credor a garantia efetiva do prazo previsto na lei.

A regra do *capvt* do artigo 55 afirma que o prazo de trinta dias será contado a partir da publicação da listagem de verificação provisória dos créditos, elaborada pelo administrador judicial.

Seguindo a idéia acima lançada, será este o marco inicial de contagem se puder garantir aos credores a integralidade do prazo de trinta dias (simulação # 01).

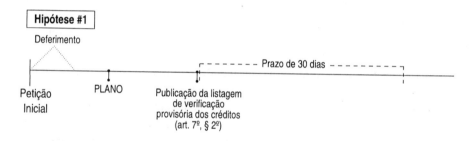

Caso não possa garantir a integralidade do prazo, será supletivamente adotado o termo inicial de contagem previsto no parágrafo único do artigo 55. Isso irá ocorrer quando a listagem do artigo 7º, § 2º, tiver sido publicada antes da apresentação do plano, pois os credores, por não o conhecerem, não poderão objetá-lo e a entrega do relatório, após o trigésimo dia de contagem, significaria a impossibilidade do credor exercer o seu direito de manifestação. Quando essa situação ocorrer, publicação da listagem do artigo 7º, § 2º, antes da entrega do plano, aplicar-se-á o marco inicial de contagem definido no parágrafo único, ou seja, o juiz determinará a publicação de um edital específico (simulação # 02). Caso a apresentação do plano preceda à publicação da listagem de verificação provisória, de acordo com o *capvt* do artigo 55, respeitada a regra do artigo 53, parágrafo único, a contagem deste prazo será a partir daquela publicação.

---

[361] Vide regra do artigo 55, "*capvt*" e parágrafo único.

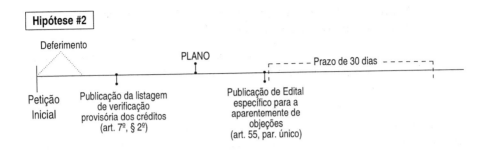

Transcorrido o prazo do artigo 55, o juiz irá examinar se foram apresentadas objeções pelos credores. Se os credores não tiverem se manifestado no prazo, o plano estará tacitamente aprovado.[362] Se objeções tiverem sido tempestivamente apresentadas, o juiz convocará de ofício a assembléia geral de credores[363] num prazo máximo de cento e cinqüenta dias, contados da data em que deferiu a petição inicial da ação judicial de recuperação.

Ainda que a Lei não tenha expressamente referido, é de se concordar com o pensamento de Gladston Mamede[364] que defende não ter sido concedido ao credor um poder ilimitado, podendo simplesmente objetar, sem a apresentação dos motivos ou por motivos irrelevantes.

A razoabilidade, princípio que permeia o sistema jurídico, exige que haja uma relevância mínima na objeção apresentada, pois esta poderá, dependendo do desencadeamento futuro do processo, levar à falência do devedor. Assim sendo, ainda que seja defeso ao juiz julgar formalmente o mérito da objeção, deverá ela corresponder a proteção de algum bem jurídico do credor, individualmente, ou da coletividade de credores atingidos pela pretensão recuperatória.

Não rejeitada(s) a(s) objeção(ões), o juiz convocará a assembléia de credores, na forma descrita no artigo 36, independentemente de requerimento específico.

A deliberação se dará de acordo com a regra do artigo 45, que exige um quorum especial para a sua aprovação. Conforme discussão em aula anterior, o plano de recuperação, para ser aprovado, necessita da aprovação unânime de todas as classes do artigo 41, as quais, internamente, aprovam por maioria simples, na forma que segue:

1) os credores da classe trabalhista, pela maioria dos credores presentes;
2) os credores da classe dos credores com direitos reais de garantia, pela maioria dos credores presentes e dos créditos presentes;

---

[362] Vide regra do artigo 58, "*caput*".
[363] Vide regra do artigo 56, "*caput*".
[364] *Op. cit.*, p. 241.

3) credores com privilégio especial, com privilégio geral, quirografários e subordinados, pela maioria dos credores presentes e dos créditos presentes.

A maioria simples nas cinco contagens[365] resulta na aprovação pelas três classes e, consequentemente, a aprovação do plano.

Se o devedor perder em uma contagem apenas, por exemplo, na contagem por crédito da classe II, ainda que vencendo por larga margem nas demais, pela idéia de contaminação, a classe II terá rejeitado o plano, pois, sendo uma classe de duas contagens, precisa da maioria nas duas. E se uma das classes tiver rejeitado, a assembléia de credores, como um todo, rejeitou o plano de recuperação.

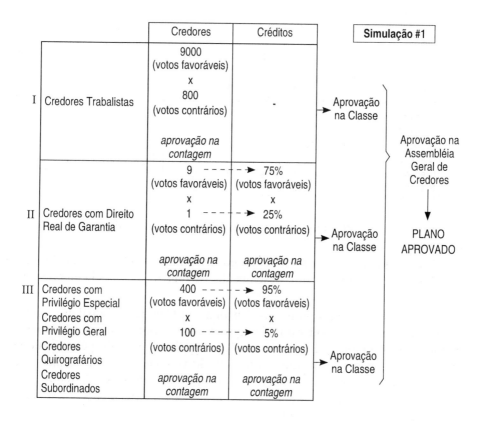

---

[365] Uma contagem para a classe I, duas contagens para a classe II e duas contagens para a classe III.

Teoria Falimentar e Regimes Recuperatórios

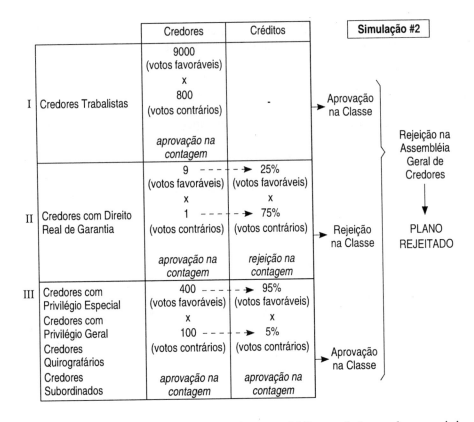

Se o plano tiver sido rejeitado pela assembléia geral de credores, o juiz deverá decretar a falência.[366]

Não obstante, o magistrado tem o poder de impor o plano, evitando o decreto falencial, se reconhecer o desempenho de função social pela empresa em crise.

Dentro das diversas propostas debatidas no Congresso brasileiro, prevaleceu a que mitigava o poder do juiz de contrariar a vontade manifestada pelos credores em assembléia. Logo, a imposição do plano rejeitado pelos credores em assembléia não se constitui em um ato de vontade absoluta do juiz, mas vinculado a alguns critérios objetivos. Somente com a presença de todos esses requisitos, poderá o juiz examinar, de forma subjetiva, se a empresa é estrategicamente importante no seu contexto social.[367]

Esses requisitos, previstos no artigo 58, §§ 1º e 2º, são:

---

[366] Vide regra do artigo 56, § 4º.

[367] A idéia de função social, ainda que não expressa em um modelo definido, adotou o princípio de relevância do ente econômico em seu contexto social. Dessa forma, a função social não se mede por atividades sociais ou filantrópicas, mas pela importância da empresa no contexto de sua operação econômica, nacional, estadual, regional ou local, na geração de emprego e riqueza.

1) aprovação pela maioria dos créditos presentes, independentemente de classes;[368]

2) aprovação em pelo menos duas classes, nos termos do artigo 45, se a assembléia tiver sido composta por três classes, ou por uma classe se no encontro deliberativo somente duas fizeram-se presentes, observando-se que nas classes II e III também haverá duas contagens, de credores e de créditos;

3) na classe que houver rejeitado, ter o plano obtido mais de um terço de votos, de acordo com a regra do artigo 45, ou seja, se for o caso mais de um terço na contagem por credor e mais de um terço na contagem por crédito;

4) não implicar tratamento diferenciado entre os credores da classe que houver rejeitado o plano.

Em relação a este último requisito, quis o legislador garantir que fosse aprovado o mesmo plano, não permitindo barganhas, favorecimentos ou reprimendas aos credores da classe que rejeitou o plano.

Se todos esses requisitos estiverem presentes, passará o magistrado a analisar o desempenho de função social pela empresa. Na idéia de função social, adotou-se o princípio de relevância do ente econômico em seu contexto social. Dessa forma, a função social não se mede por atividades sociais ou filantrópicas, mas pela importância da empresa no contexto de sua operação econômica, nacional, estadual, regional ou local, na geração de emprego e riqueza.

A ausência de um dos requisitos do artigo 58, §§ 1º e 2º, ou o não-reconhecimento de função social, resultará na decretação da falência.

Nem todos doutrinadores referem este último requisito, de análise subjetiva, que é o desempenho de função social. Porém, se a Lei exigisse apenas os requisitos objetivos descritos no artigo 58, §§ 1º e 2º, a expressão utilizada pelo legislador não seria *poderá conceder*, mas *concederá*. A definição, na Lei, da utilização da expressão verbal "poderá conceder" faz concluir que o magistrado não está obrigado a implantar o regime recuperatório pela simples existência dos requisitos. Esses são, apenas, pressupostos para uma avaliação subjetiva que o magistrado irá realizar relativa à repercussão do decreto falimentar e da decisão de preservação da empresa.

É importante destacar que se os requisitos serão examinados pelo magistrado em momento posterior à realização da assembléia geral, uma vez que, por lei, ele não a preside, o administrador judicial ou o credor que estiver na presidência deverá registrar em ata a dupla contagem de votos, na forma do artigo 45 e na forma do artigo 58, § 1º, pois, se o juiz não dispuser desta informação não terá condições de chegar a uma decisão.

---

[368] Como se fosse aplicar a fórmula do artigo 42.

Teoria Falimentar e Regimes Recuperatórios

Os artigos 57 e 58, "*capvt*", trazem uma dúvida que necessitará do relevante trabalho da jurisprudência.[369] Segundo o texto do primeiro artigo citado, após ser aprovado,[370] o plano será juntado aos autos, obrigando ao devedor, imediatamente após, juntar as certidões negativas de dívidas tributárias. Havia na versão encaminhada ao plenário da Câmara dos Deputados na votação revisional ao substitutivo apresentado pelo Senado Federal, um parágrafo único ao artigo 57, que foi excluído por força de uma emenda supressiva, o qual determinava ao juiz a decretação da falência, caso não fosse atendida essa exigência.

Em que pese salutar a aceitação desta emenda de plenário, existe uma situação de interpretação um tanto complexa.[371] Se não existe a regra expressa que ordena a decretação da falência pela não-apresentação das certidões negativas de débitos tributários, tendo o plano sido aprovado, o juiz estará legitimado a conceder a recuperação judicial? Entende-se que esta deva ser a resposta afirmativa, diante das bases principiológicas lançadas no artigo 47.[372]

No entanto, existe um outro argumento possível, de natureza formal, que se justifica pela regra do artigo 58, "*capvt*", o qual condiciona a concessão da recuperação judicial ao cumprimento de todas as exigências previstas na Lei nº 11.101/05, incluindo-se, nessa forma de pensar, a regra do artigo 57. É, sem sombra de dúvida, plenamente possível tal interpretação, porém, este formalismo no interpretar o conteúdo legal levaria à não concessão da recuperação judicial, pela interpretação lógica do artigo 58. Mas isto traz outro problema: a não-concessão, nestas condições impeditivas, obriga o juiz a decretar a falência? Se a resposta for positiva, o Estado brasileiro, mais uma vez, terá jogado por terra todos os princípios jurídicos identificadores das expectativas que a sociedade depositava nas leis formais. A Lei, dessa forma, deixará de ter atendido à expectativa social de constituir-se em um instrumento recuperatório eficiente de empresas, passando, apenas, a constituir-se em um meio legal de recuperação do crédito tributário.

Entretanto, se a resposta for negativa, e se o juiz deixar de decretar a falência pela inexistência de dispositivo legal expresso, mas ainda assim não conceder a recuperação judicial pela não apresentação das certidões negativas, a empresa continuará em crise, sem nenhuma perspectiva de recuperação, rumando, inexoravelmente, para a falência, regime em que dificilmente serão preservados os valores e expectativas sociais de manutenção da fonte produtora, do emprego, dos interesses dos credores, da preservação da empresa, etc.

---

[369] Segundo Miguel Reale o Direito possui quatro fontes relevantes: (a) a lei; (b) a jurisprudência; (c) os usos e costumes do povo; (d) as relações negociais. *Lições Preliminares de Direito.* Ed Saraiva, 1995, p. 141.

[370] Por aprovação tácita, pelo transcurso do prazo do artigo 55, ou por aprovação expressa, por deliberação da assembléia geral de credores na forma do artigo 45.

[371] Aqui um exemplo de *Hard Case*.

[372] Como a manutenção da fonte produtora, do emprego, dos interesses dos credores, valores que dificilmente seriam atendidos pelo regime liquidatório.

Uma vez que a Fazenda Pública não é alcançada pelos efeitos jurídicos do regime recuperatório, não se apresenta como aceitável a tese da força impeditiva da reorganização da empresa em virtude da não-apresentação das certidões negativas de débitos tributários, pois a execução do plano de reorganização não afeta os direitos da Fazenda Pública.

Dessa forma, considerando a aceitação do plano, ou pelos credores em assembléia geral ou pela imposição judicial, de acordo com a regra do artigo 58, §§ 1º e 2º, o juiz deverá conceder formalmente a recuperação judicial, dando legitimidade jurídica para a execução do plano reorganizativo através de uma decisão judicial, a qual será recorrível mediante a interposição de agravo.[373]

5. EFEITOS DA CONCESSÃO DO REGIME DE RECUPERAÇÃO JUDICIAL

Pela regra do artigo 59, § 1º, o ato formal de concessão do regime de recuperação judicial será uma decisão interlocutória prolatada pelo magistrado. Esta decisão, terá eficácia *ex nvnc*[374] em relação aos créditos existentes até a data do pedido, não protegidos por nenhuma regra de exclusão, na forma do artigo 49, §§ 3º e 4º, além dos créditos tributários. A decisão, entretanto, não produz efeitos jurídicos em relação aos créditos gerados após o ajuizamento da ação recuperatória.

Tão logo publicada essa decisão, surgem alguns efeitos jurídicos dela decorrentes.

O primeiro efeito da concessão do regime recuperatório, contrariando o regime anterior de concordata,[375] é o de novação dos créditos anteriores submetidos aos efeitos jurídicos do plano. Essa regra está incorretamente posta indo de encontro ao conceito apresentado pelo artigo 360 do Código Civil. Observa-se que por este enunciado legal, três são as situações que caracterizam a novação: 1) extinção da dívida anterior; 2) substituição do devedor; 3) substituição do credor.

Sem excluir de forma absoluta as hipóteses "2" e "3", a situação de maior incidência será a primeira, quando o plano reorganizativo propuser algum tipo de alteração no pagamento da dívida.[376] Pelo enunciado do artigo, se o plano que alcança juridicamente determinado crédito propuser em relação a este

---

[373] Vide regra do artigo 59, §§ 1º e 2º.

[374] Mamed, Gladston. *Op. cit.*, p. 263.

[375] Vide artigo 148 do Decreto-Lei nº 7.661/45.

[376] Seja por uma redução no valor principal, seja por repactuação na taxa de juros, seja por dilação do prazo de pagamento, etc.

Teoria Falimentar e Regimes Recuperatórios

alguma alteração referente ao originariamente avençado, pela regra do artigo 59, *"capvt"*, tal será considerado novação da dívida e, conseqüentemente, extinguirá a dívida anterior. Porém, e aqui conceitualmente incompreensível, soma-se a regra do artigo 61, § 2º, segundo a qual os credores terão reconstituídas as avenças originárias, em termos de direitos e de garantias, deduzidos os valores pagos e ressalvada a prática de atos válidos durante a recuperação judicial, no caso de decretação da falência. Em outras palavras, a extinção não é definitiva, o que, sem dúvida, demonstra-se, conceitualmente, como um contra-senso.

O segundo efeito da concessão está previsto no artigo 59, § 1º, que é a constituição de título executivo judicial em favor daqueles cujos créditos foram alcançados pelo regime.

O artigo 60, *"capvt"* e seu parágrafo único inovam, para melhor, o sistema recuperatório. Uma das formas de resolver a crise da empresa é pela venda de ativos, que transforma um bem ou uma unidade produtiva em receita líquida, diminuindo os custos inerentes àquele patrimônio. No regime anterior, se a parcela patrimonial vendida fosse uma filial ou uma unidade produtiva, quem a adquirisse corria o risco de ser considerado sucessor das dívidas daquela parcela. Um dos pressupostos da administração negocial é a escolha racional da decisão correta. Uma filial que valesse R$ 100.000,00 (cem mil reais) poderia custar três ou quatro vezes mais pelo risco do adquirente ser considerado sucessor das dívidas, determinando a perda de sua atratividade como negócio.

Como forma de motivar esse tipo de transação, viabilizando a utilização dessa modalidade recuperatória, adotou-se como princípio da lei a não-sucessão. do adquirente nos débitos existentes no patrimônio adquirido. Assim sendo, o terceiro que adquirir filial ou unidade produtiva de empresa em crise, submetida a um dos regimes jurídicos previstos na Lei nº 11.101/05, não será considerado devedor das dívidas que pesam sobre o patrimônio adquirido e o receberá livre de ônus, desde que duas condições estejam presentes:

1) na recuperação judicial essa[s] venda[s] conste de cláusula do plano aprovado pelos credores, ou imposto pelo magistrado;
2) a alienação do patrimônio se realize através de uma das formas descritas no artigo 142.

Entretanto, o legislador não conseguiu dar uma base descritiva segura aos dispositivos legais que expressam essa idéia pelas razões que seguem:

1) O princípio da não-sucessão está assegurado juridicamente para os regimes de recuperação judicial[377] e de falência,[378] pois o texto do artigo 166,

---

[377] Vide regra do artigo 60, *"capvt"* e parágrafo único.
[378] Vide regra do artigo 141, II.

que trata da alienação de filiais ou unidades produtivas na recuperação extrajudicial, não dá a garantia de aplicação desse princípio para esse regime recuperatório.

Os textos dos artigos 60, "*capvt*" e parágrafo único, e 141, II, inexplicavelmente, pois ambos têm a mesma finalidade, foram redigidos de forma diversa, sendo possível esperar diferentes interpretações da jurisprudência sobre a aplicação desse princípio nos regimes de recuperação judicial e de falência.

O enunciado do parágrafo único do artigo 60 dispõe, *verbatim*: "O objeto da alienação estará livre de qualquer ônus e não haverá sucessão do arrematante nas obrigações do devedor, inclusive as de natureza tributária, observado o disposto no § 1º do artigo 141 desta Lei".[379] Fica, dessa forma, *prima facie*, evidenciado que o legislador quis excluir do arrematante a assunção de qualquer obrigação que proviesse de relações contratuais ou legais avençadas pelo devedor em crise, pagando pela unidade ou filial o seu valor operacional. Porém, na parte final, houve, pelo legislador, uma inclusão, a título exemplificativo, no qual a não-sucessão alcança também os créditos tributários. Inclusão totalmente desnecessária, frente ao enunciado geral do dispositivo.

Todavia, a regra de aplicação do princípio no regime falimentar, na forma da redação dada ao artigo 141, II, aumenta o número de situações exemplificativas que pretende excluir, *verbatim*: "O objeto da alienação estará livre de ônus e não haverá sucessão do arrematante nas obrigações do devedor, inclusive as de natureza tributária, as derivadas da legislação do trabalho e as decorrentes de acidentes do trabalho". Dessa forma, é possível interpretar-se, ainda que não se apresente como a melhor interpretação, que a regra do artigo 141, II, é de maior amplitude, pois expressamente exclui o arrematante da sucessão, em processos de falência, além das dívidas gerais, as trabalhistas e as tributárias, enquanto que na recuperação judicial, exclui, além das dívidas gerais, apenas as tributárias. Esta interpretação é ainda reforçada pela regra do artigo 141, § 2º;[380]

2) O texto do artigo 60, "*capvt*", e do artigo 141 identificam expressamente apenas as hipóteses de venda de filial(is) e unidade(s) produtiva(s), não existindo referência às outras modalidades recuperatórias descritas no artigo 50. Diante disso, fica a pergunta: o princípio da não sucessão só poderá ser levado em conta nas formas definidas no artigo 60 e no artigo 141, ou poderá também ser estendido para outras hipóteses? Uma interpretação literal, de caráter formalista, encaminha para uma resposta negativa.

---

[379] De acordo com a regra do artigo 141, § 1º, o princípio da não-sucessão não será aplicável se o arrematante for: (a) sócio ou sociedade controlada pelo devedor; (b) parente em linha reta ou colateral até o quarto grau, consangüíneo ou afim do devedor ou sócio da sociedade devedora; (c) identificado como agente do devedor com o objetivo de fraudar a sucessão.

[380] Empregados do devedor contratados pelo arrematante serão admitidos mediante novos contratos de trabalho e o arrematante não responde por obrigações decorrentes do contrato anterior.

Contudo, posicionar-se nesse sentido é negar a aplicação de outro princípio de maior hierarquia para este diploma legal que trata da preservação da empresa. As regras do artigo 60 e do artigo 141, II, não definem nem explicam o princípio, apenas o admitem no ordenamento legal recuperatório. A opção por uma interpretação restritiva seria não aplicar na plenitude o princípio jurídico de maior importância para a Lei nº 11.101/05 que é o da preservação da empresa.

Pela regra do artigo 61, "*capvt*, o devedor poderá permanecer em recuperação judicial pelo prazo máximo de dois anos, contados da publicação da decisão judicial concessiva do regime.

Uma questão que traz a preocupação dos alunos é quanto ao prazo do plano de reorganização. Considerando que o prazo definido no artigo é de dois anos contados da concessão, pode o devedor propor para o seu plano um período de execução superior a este prazo para o cumprimento de suas obrigações? A resposta positiva é evidente. Diante do princípio da liberdade de proposição, o devedor irá construir o plano reorganizativo capaz de reverter a situação de crise que enfrenta, não existindo uma forma pré-concebida nem um prazo pré-definido. Assim, se por exemplo, o devedor propuser um prazo de vinte anos para a execução total do plano e se os credores aprovarem a proposição temporal ou o magistrado impuser o plano, condicionado ao reconhecimento da função social, será este homologado pelo juiz a partir da concessão do regime.

Ainda assim, remanesce uma pergunta, se o juiz pode homologar o plano de vinte anos, deverá então ser ignorada a regra do artigo 61? A resposta negativa é evidente. Contudo, requer-se uma leitura atenta do dispositivo para concluir que esse se refere ao prazo do regime jurídico e não do plano reorganizativo. Desse modo, a aplicação plena da regra faz concluir que se houver a homologação de um plano reorganizativo de vinte anos, a sua execução, durante os dois primeiros anos, contados da concessão, dar-se-á sob o regime de recuperação judicial, tendo a supervisão do magistrado, a intervenção e fiscalização do Ministério Público, a participação do administrador judicial e do comitê de credores, se constituído. Após esse prazo, o juiz, por sentença, decretará o encerramento da recuperação judicial, mantendo-se, porém, a obrigação de cumprir o plano na forma, nas condições e nas épocas propostas e aceitas pelos credores, pelos próximos dezoito anos.

As conseqüências do não cumprimento das obrigações sujeitas ao regime recuperatório, num e outro período[381] variam, na forma que segue:

1) durante o período de vigência do regime de recuperação judicial (dois anos contados da prolação da decisão concessiva), o não-cumprimento das obrigações assumidas com os credores submetidos ao alcance de

---

[381] Ou seja, cumprimento dentro do período de recuperação judicial e execução fora deste período.

efeitos jurídicos do regime recuperatório implicará a convolação da recuperação judicial em falência,[382] que poderá ser por esses requerida, assim como pelo administrador judicial, pelo Ministério Público, ou de ofício pelo juiz;[383]

2) após o período de vigência do regime de recuperação judicial (a partir do segundo ano), enquanto o plano não estiver totalmente cumprido, apenas os credores cujas obrigações tenham deixado de ser satisfeitas poderão promover a execução do título executivo[384] ou ingressar com ação judicial de falência,[385] [386] na conformidade da regra do artigo 62, "*capvt*";

Se, ao final de dois anos, as obrigações até então vencidas foram cumpridas, o juiz prolatará sentença de encerramento do processo judicial de recuperação, mantidas as obrigações vincendas que tornar-se-ão exigíveis à medida de seu vencimento.

Durante ou após a vigência do regime, os credores cujos direitos não foram afetados pelos efeitos jurídicos da recuperação judicial, poderão, a qualquer tempo, promover ou a execução judicial, ou a ação falimentar,[387] conforme a regra prevista no artigo 73, parágrafo único.

Efeito de alta significância, ainda que sofra algumas críticas, é o que decorre da regra do artigo 64, a qual garante a manutenção do devedor ou de seus administradores na condução da atividade empresarial.[388] Essa garantia de manutenção do administrador originário, instituído ou contratado, somente é vulnerada nas hipóteses dos incisos do artigo 64:

1) condenação definitiva do empresário ou do administrador da sociedade por prática de crime cometido em anteriores processos de recuperação judicial ou de falência ou por crime contra o patrimônio, economia popular ou ordem econômica (artigo 64, I);

2) existência de indícios veementes de prática, no processo recuperatório em tramitação, de delito previsto na Lei (artigo 64, II);

ação dolosa, simulada, fraudulenta ou contrária aos interesses dos credores (artigo 64, III);

---

[382] Vide regra do artigo 61, § 1º.

[383] Ainda que não exista expressa previsão no artigo que trata das suas atribuições, entende-se que o comitê de credores, por representativo dos interesses desses, também possui a mesma legitimidade.

[384] Vide regra do artigo 59, § 2º.

[385] Vide regra do artigo 94, I, II e III.

[386] Importa aqui destacar que mesmo acarretando as duas situações na falência do devedor, em termos processuais são totalmente diversas. Na hipótese da convolação, a decretação falimentar será incidental no processo de recuperação judicial. Na outra hipótese, demandará a propositura de ação falimentar própria.

[387] O que leva a concluir que a lei não criou uma blindagem absoluta para o devedor em crise.

[388] Por outro lado essa regra é adotada em outros sistemas jurídicos recuperatórios ocidentais, como no Direito Falimentar Recuperatório norte-americano – DIP (Debtor in Possession).

Teoria Falimentar e Regimes Recuperatórios

4) demonstração inequívoca da gestão temerária, na forma do artigo 64, IV, alíneas "a" – "d";

5) recalcitrância na prestação de informações solicitadas pelo administrador judicial ou por membros do comitê (artigo 64, V);

6) proposição constante no plano recuperatório aprovada pelos credores (artigo 64, VI).

Nessas situações, a destituição será formalizada pelo magistrado[389] e, por força disso, somente poderá ocorrer nos dois primeiros anos de execução material do plano.

Entretanto, a decisão judicial de afastamento do empresário ou do administrador da sociedade não representa o encerramento das atividades da empresa. Não obstante, a continuação das atividades demanda a condução da empresa por alguém que a administre. Esse espaço gerencial vazio será preenchido, não pelo administrador judicial que no regime de recuperação judicial carece de poderes de administração. De acordo com o artigo 65, no caso de afastamento do devedor ou do administrador originário da sociedade, instituído ou contratado, será indicado um gestor judicial pela assembléia de credores.[390]

Logo, na seqüência natural dos atos, o juiz destitui o gerenciador, mas não nomeia o substituto. Deverá convocar uma assembléia geral de credores para deliberar essa matéria. Contudo, conforme visto na aula que trata sobre a convocação da assembléia, haverá um prazo mínimo entre convocação e realização do encontro assemblear. Nesse período, provisoriamente, o administrador judicial exercerá funções gerenciais na empresa em recuperação.[391]

Tratando-se de uma decisão judicial que afeta os interesses pessoais do empresário destituído do gerenciamento, terá este legitimidade processual reconhecida para interpor recurso de agravo de instrumento.

Entretanto, o afastamento do empresário nem sempre será punitivo, pois, segundo o inciso VI do artigo 64, o seu afastamento poderá estar previsto no plano apresentado ou proposto pelos credores, e aceito pelo devedor,[392] antes da votação. Ou, também, deliberado pelos credores em assembléia posterior à aprovação do plano.[393] Nessa hipótese, não há como reconhecer legitimidade processual para a interposição do recurso. Isso porque a cláusula, mesmo que contrarie o interesse do administrador ou do empresário, terá sido por ele

---

[389] Vide regra do artigo 64, parágrafo único.

[390] Vide regra do artigo 35, I, "e".

[391] Vide regra do artigo 65, § 1º.

[392] Vide regra do artigo 56, § 3º.

[393] Vide regra do artigo 35, I, "e".

apresentada, ou por ele aceita, como alteração proposta pelos credores em assembléia.[394]

Por fim, a Lei procurou dar um incentivo aos credores que apoiarem o devedor enquanto estiver sob o regime de recuperação. Tratam-se de dois benefícios que se materializarão somente se a empresa não alcançar o resultado esperado de recuperação, passando para o regime liquidatório de falência.

Pelo artigo 67, "*capvt*", os créditos decorrentes de operações negociais entabuladas com o devedor em recuperação judicial serão considerados créditos extraconcursais no caso de falência do devedor.

Em uma primeira análise, transparece ao intérprete uma certa confusão do legislador na indicação do dispositivo legal. Isso porque a referência ordenativa desses créditos, conforme o enunciado do artigo 67, "*capvt*", é a do artigo 83, que trata dos créditos concursais da falência, em detrimento da regra dos créditos extraconcursais descrita no artigo 84. Não se pode afirmar uma incorreção técnica, talvez pudesse ser reclamada uma descrição mais detalhada.

Não há duvida, pela regra do artigo 67, "*capvt*", que os créditos que incidirem na situação nele prevista terão tratamento de extraconcursais, cuja disciplina está prevista no artigo 84. Nesse artigo estão previstas as diversas modalidades de créditos extraconcursais, cuja incidência dos créditos referidos no artigo 67 dar-se-á pela regra do inciso V do artigo 84.[395] Porém, o enunciado do artigo 67, não estabelece uma categoria certa de credores que poderão apostar no devedor em recuperação judicial. Dessa forma, pelo enunciado desse artigo, credores de qualquer natureza poderão incidir neste benefício, sendo que todos eles serão considerados credores extraconcursais, na forma do artigo 84, V. Mas, se dentre esses credores houver diferenças entre as naturezas de seus créditos, uma eventual hierarquia e preferência para pagamentos será resolvida pelo administrador judicial e, caso necessário, ratificada pelo juiz com base na regra do artigo 83.

O parágrafo único do artigo 67 concede um segundo benefício. Se o credor que apoiar o devedor for quirografário, além do benefício anterior, poderá alcançar a categoria de crédito com privilégio geral para os direitos gerados antes da recuperação judicial e, consequentemente, fora do benefício anterior, no limite do valor daquilo que prestou, vendeu ou financiou ao devedor durante a recuperação judicial.

---

[394] Vide regra do artigo 56, § 3º.

[395] Artigo 84, V: "Obrigações resultantes de atos jurídicos válidos praticados durante a recuperação judicial, nos termos do artigo 67 desta Lei, ou após a decretação da falência, e tributos relativos a fatos geradores ocorridos após a decretação da falência, respeitada a ordem estabelecida no artigo 83 desta Lei".

6. PROCEDIMENTO ESPECIAL DE RECUPERAÇÃO JUDICIAL PARA AS MICROEMPRESAS E EMPRESAS DE PEQUENO PORTE

As microempresas e empresas de pequeno porte, instituídas pela Lei Complementar nº 123 de 14 de dezembro de 2006, poderão, ao promover a ação recuperatória, optar por um procedimento mais simplificado.

Uma vez enquadradas no estatuto supracitado, as microempresas e empresas de pequeno porte que atenderem as condições exigidas no artigo 48, e que prefiram não se utilizar do plano geral previsto nos artigos 53 a 69, poderão adotar um modelo recuperatório especial, disciplinado entre os artigos 70 a 72.

Esse plano, de acordo com a regra do artigo 71, I, alcançará em efeitos jurídicos somente aos credores quirografários[396] e constituir-se-á em um parcelamento não superior a trinta e seis meses, não admitindo outra modalidade recuperatória.[397] Sobre essas parcelas, o valor principal será dividido em até trinta e seis vezes e incidirá a correção monetária e juros à taxa de 12% [aa] (doze por cento ao ano)[398] e o primeiro vencimento ocorrerá em até 180 (cento e oitenta) dias, contados da distribuição do pedido.[399]

O procedimento judicial previsto para esta espécie recuperatória é bastante simplificado. O devedor irá elaborar uma petição inicial nos moldes do artigo 51, "*capvt*", e § 2º, preferencialmente acompanhado da proposta de parcelamento, ainda que a lei lhe faculte a utilização do prazo previsto no artigo 53.[400]

Após o ajuizamento da ação judicial, o aumento de despesas e contratação de novos empregados dependerá de autorização judicial, antecedida de manifestação do administrador judicial, comitê de credores e Ministério Público.[401]

O deferimento dessa petição inicial não traz ao devedor o benefício de suspensão das ações e execuções contra ele existentes, nem da prescrição das dívidas para os créditos não alcançados pelos efeitos jurídicos da concessão do regime.[402]

Após o deferimento, o juiz aguardará a apresentação da proposta de parcelamento, caso não a tenha incluído na petição de início. Apresentada a proposta, o juiz concederá prazo de trinta dias para os credores manifestarem as suas objeções. Na seqüência, os autos deverão ir com vista para a manifestação do Ministério

---

[396] Excetuando-se os decorrentes de repasses de recursos oficiais e os previstos no artigo 49, §§ 3º e 4º, de acordo com a regra do artigo 71, I.

[397] Vide regra do artigo 71, II.

[398] Idem.

[399] O devedor deverá indicar em sua petição inicial a data, dentro desse prazo, para o início dos pagamentos parcelados.

[400] Vide regra do artigo 71, "*capvt*".

[401] Vide regra do artigo 71, IV.

[402] Vide regra do artigo 71, parágrafo único.

Público e, finalmente, conclusos para o magistrado decidir se concederá ou não o regime de recuperação judicial. Se não conceder, decretará a falência.

Observe-se que neste procedimento a participação dos credores, aprioristicamente, é menos decisiva quanto ao destino do devedor, pois, com ou sem objeção apresentada pelos credores, os autos irão conclusos para a decisão judicial. Em outras palavras, o transcurso do prazo sem manifestação tempestiva não garante a aprovação tácita do plano. Por outro lado, a apresentação tempestiva de objeções não permite a realização de assembléia geral de credores na forma do artigo 56, "capvt".[403]

Contudo, se as objeções tempestivas representarem mais da metade dos créditos quirografários alcançados pelos efeitos jurídicos do regime, o juiz não concederá a recuperação judicial e decretará a falência do devedor.[404]

Tal norma representa uma violação do princípio básico de preservação da empresa e do compromisso político assumido pelo governo brasileiro em dar maior atenção às grandes fontes geradoras de empregos no país que são as microempresas e as empresas de pequeno porte. Pois, para o regime das grandes e médias empresas, existe a regra do artigo 58, §§ 1º e 2º, pelo qual o juiz poderá impor a execução do plano se, além de atendidos os requisitos definidos nos parágrafos, reconhecer o desempenho de função social.

Inexplicavelmente, segundo o texto do artigo 72, o juiz não terá legitimidade para fazer o mesmo quando se tratar do plano especial para as microempresas e empresas de pequeno porte. O plano especial é, na verdade, menos protetivo, em todos os seus aspectos, do que o plano geral. Mais uma vez observa-se que no plano político-legislativo brasileiro o texto legal visivelmente contraria a expectativa social. Além desse aspecto crucial, observa-se que no plano geral, ressalvadas as exclusões dos créditos tributários e da regra do artigo 49, §§ 3 e 4º, os demais créditos, anteriormente constituídos, serão alcançados pelo regime. No plano especial, além de resumir-se a um parcelamento, só alcança aos quirografários e o juiz fica impedido de reconhecer a função social de quem mais a desempenha na economia nacional

7. FORMAS DE CONVOLAÇÃO DA RECUPERAÇÃO JUDICIAL EM FALÊNCIA

No último ponto desta aula que encerra a abordagem científica sobre a recuperação judicial, será tratado o tema lançado no artigo 73 onde se apontam algumas causas de transformação da recuperação judicial em falência.

---

[403] Vide regra do artigo 72.

[404] Vide regra do artigo 72, parágrafo único.

Teoria Falimentar e Regimes Recuperatórios

Na verdade, constituem-se em modos incidentais de decretação da falência nos processos de recuperação judicial.

O tema mereceu pouca atenção do legislador, razão pela qual foram cometidos alguns equívocos conceituais, destacando-se, em especial, uma contradição da titulação dada ao capítulo em relação a algumas hipóteses definidas no artigo, que tratam da decretação do regime falimentar antes da concessão do regime recuperatório, tornando contraditória a expressão convolação em falência, uma vez que em alguns casos, a empresa mesmo que tenha dado início ao processo de recuperação judicial, não teve o regime jurídico ainda concedido.

As formas estão descritas nos incisos do artigo 73, como segue:

1) *Por deliberação da assembléia geral de credores:* a consideração a ser feita a este dispositivo não é relativa à sua clareza como enunciado, nem a sua possibilidade jurídica como conteúdo normativo, mas quanto ao desequilíbrio nas relações, pois viu-se o quanto é difícil conseguir aprovar o plano,[405] ao mesmo tempo em que se observa o quanto é fácil aos credores, transformar uma recuperação judicial em falência. Isso porque o inciso I do artigo 73 reforça a idéia de que o *quorum* para esta deliberação é o do artigo 42, logo, basta a maioria dos créditos presentes, independentemente da aprovação por classes, permitindo a possibilidade de um único credor que nesta assembléia detenha mais da metade dos créditos presentes possa levar a empresa à falência, jogando por terra todo o esforço até então realizado.

2) *Pela não apresentação do plano de recuperação judicial, pelo devedor, no prazo do artigo 53:* há neste dispositivo um erro conceitual grave, pois a recuperação judicial somente será concedida por decisão judicial após a análise do plano pelos credores. O inciso II do artigo 73 expressa uma sanção pela entrega extemporânea do plano recuperatório. Chama a atenção a idéia convolatória de recuperação judicial em falência, uma vez que não é possível transformar em regime liquidatório de falência uma recuperação que ainda não existe no plano jurídico, por ainda não ter sido concedida. Ainda que se admita a possibilidade da decretação da falência durante o processo, na forma descrita no *capvt*, esta idéia contraria ao conceito lançado no capítulo.

3) *Quando houver sido rejeitado o plano de recuperação nos termos do artigo 56, § 4°:* o mesmo pode ser dito para essa forma de convolação. Como é possível sustentar a transformação do estado de recuperação judicial para falência, se o devedor ainda não estava juridicamente em recuperação judicial?

4) *Por descumprimento das obrigações assumidas no plano de recuperação judicial, na forma do artigo 61, § 1°:* esta hipótese está coerente-

---

[405] Vide regra do artigo 45.

184 *Luiz Inácio Vigil Neto*

mente descrita uma vez que a convolação pressupõe a anterior concessão do regime recuperatório. Também é importante observar que esta decisão judicial somente poderá ser tomada dentro do prazo de dois anos contados da concessão do regime.[406]

---

[406] Vide regra do artigo 61, "*capvt*".

Teoria Falimentar e Regimes Recuperatórios

Oitava Aula – Falência (Parte I – A Teoria Falimentar)

1. APRESENTAÇÃO

Nas cinco que seguem aulas serão examinados os aspectos científicos e legais do regime liquidatório das empresas em crise.

Conforme estudado na segunda aula deste período acadêmico, as empresas, tanto quanto os humanos, têm um ciclo de existência, podendo-se afirmar com segurança que, assim como os humanos, as empresas nascem, crescem e morrem.

Durante o seu ciclo de existência, é normal que em muitas oportunidades sejam os humanos acometidos por enfermidades. A reversibilidade da doença humana permite a aplicação de um tratamento medicamentoso de natureza química, cujo sucesso determinará a reabilitação da pessoa. Por outro lado, a irreversibilidade do quadro de morbidez poderá encaminhar a morte do paciente.

Tal como na existência humana, é natural que as empresas, muitas vezes, contraiam doenças ou, conforme o jargão falimentar, vivenciem crises.

As enfermidades das empresas, identificadas como crises, se forem reversíveis, permitirão que a empresa se submeta não a um tratamento medicamentoso de natureza química, mas a um regime jurídico reorganizativo, cujo sucesso tenderá a recuperar a empresa.

Entretanto, se a crise for irreversível, ou se o tratamento falhar, a empresa tenderá a "morrer", dentro de uma associação de idéias com a ciência econômica, tornar-se-á insolvente,[407] submetendo-se, dessa forma, ao regime falimentar de liquidação do patrimônio da empresa e pagamento dos credores, extinguindo-a ao final.

---

[407] Indiscutivelmente uma das causas de morte das empresas.

Desse modo, assim como após a morte humana se dá início a um procedimento de apuração dos bens do falecido(a) e partilha destes entre seus herdeiros, quando uma empresa entra em irreversível estado de insolvência, instaurar-se-á sobre ela um regime jurídico de apuração de bens e partilha entre os seus credores, que serão pagos dentro de uma ordem hierárquica estabelecida pela lei de acordo com critérios de prioridades político-sociais.[408]

Em síntese, essa é a compreensão básica da falência: um regime jurídico que regula os efeitos da morte econômica de uma empresa pela insolvência.

No regime anterior do Decreto-Lei nº 7.661/45, as regras que definiam os critérios de identificação de crise vinculavam-se à correlação econômica e financeira. Na hipótese de crise apenas financeira, o regime jurídico aplicável deveria ser o de concordata, enquanto que se a crise fosse econômica e financeira, o regime jurídico deveria ser de falência. Essa constatação, contudo, decorria de um sistema de presunções jurídicas trazidas ao Poder Judiciário em uma relação processual.

O atual sistema, quanto aos regimes jurídicos, foi, ao mesmo tempo, inovador e conservador. As principais inovações estão lançadas nos regimes recuperatórios substitutivos da concordata preventiva e da concordata suspensiva: a recuperação judicial e a recuperação extrajudicial.

Inova o sistema da Lei nº 11.101/05 quando permite a recuperação judicial ou extrajudicial ainda que a empresa se encontre em crise econômica e financeira, desde que, na recuperação judicial, o plano recuperatório seja aceito pelos credores ou, ainda que rejeitado, imposto pelo magistrado que reconhecer o desempenho de função social; ou, na recuperação extrajudicial, negociado com os credores e homologado pelo juiz. No primeiro regime, a rejeição do plano cumulada com a não-imposição pelo juiz determina a decretação da falência.

Porém, a nova Lei demonstra-se conservadora ao manter a estrutura jurídica do regime falimentar liquidatório anterior, ainda que com algumas alterações de ordem principiológica. Por exemplo, mantendo a visão do sistema jurídico anterior, a vigência de um regime recuperatório não inibe o requerimento de falência pelos credores não alcançados pelos efeitos jurídicos da decisão judicial que o concede, baseado em um sistema de presunções jurídicas de insolvência demonstradas em uma relação judicial.

A decretação da falência, tal como no antigo regime jurídico, somente poderá ser feita mediante a prolação de uma sentença judicial. Uma vez constituído o regime de execução judicial coletiva, os bens do falido serão arrecadados, avaliados e vendidos para a geração de recursos que possam viabilizar a satisfação dos direitos dos credores mediante o pagamento em pecúnia de seus créditos.

---

[408] Vide regra do artigo 83.

A falência, no Direito brasileiro, poderá ser decretada incidentalmente a um processo de recuperação judicial ou pelo julgamento de uma ação judicial própria. Esta segunda hipótese será desenvolvida nas próximas aulas, estudadas sob a seguinte divisão: a) fase pré-falimentar; b) sentença falimentar; c) fase falimentar.

A atividade jurisdicional falimentar caracteriza-se por ser bifásica. A primeira fase, chamada fase pré-falimentar, objetiva o reconhecimento judicial da insolvência, que é condição essencial para a decretação da falência. Nesta fase, o magistrado irá prestar jurisdição cognitiva, pois irá judicialmente conhecer do estado econômico-financeiro da empresa.

Caso reconheça a insolvência, o juiz decretará o regime falimentar mediante uma sentença falimentar,[409] dando início à segunda fase e à atuação jurisdicional executória, pois ordenará ao administrador judicial, na forma da lei, que arrecade, avalie, liquide e pague os credores.

Como são prestadas duas atividades jurisdicionais, o magistrado deverá prolatar duas sentenças:[410] a) a sentença que decreta a falência, dando início ao regime, chamada sentença falimentar, e b) a sentença que encerra o processo, chamada sentença de encerramento. Se ao encerrar a primeira fase o juiz não identificar o estado de insolvência, ainda que por certeza meramente formal, deverá rejeitar a pretensão falimentar requerida pelo credor, prolatando uma sentença denegatória da falência.

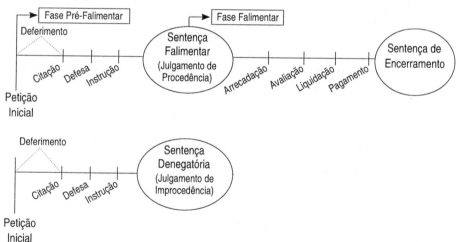

Por fim, ainda que haja duas atividades de prestação jurisdicional distintas e com a conseqüente prolação de duas sentenças, não existe uma solução de

---

[409] No Direito brasileiro, o único ato legítimo para a decretação de uma falência é a sentença judicial falimentar.

[410] Vide regras dos artigos 99 e 156.

Teoria Falimentar e Regimes Recuperatórios **189**

continuidade entre as duas fases processuais, serão desenvolvidas no mesmo juízo, pelo mesmo juiz e nos mesmos autos de processo.

Antes de começar a discussão temática, registra-se a preferência, por razões didáticas, em se dar menos atenção à ordem dos artigos positivados na lei, privilegiando-se a ordem lógica das matérias.

2. LEGITIMAÇÃO

Aproveitando-se, em parte, as idéias já lançadas nesta aula, sabe-se que a falência é um regime jurídico liquidatório e, como tal, a sua aplicação é uma atribuição exclusiva do Poder Judiciário. Em outras palavras, não é possível juridicamente, a constituição de um regime de falência mediante um instrumento público ou particular de contrato. A única forma admitida pelo Direito brasileiro para a decretação de uma falência é mediante a prolação de uma sentença judicial.

Também pode ser aproveitada a idéia, também já lançada anteriormente que trata da necessidade de provocação do magistrado para o exercício da atividade adjudicatória de aplicação do regime falimentar. Isso porque, ainda que notório o estado de insolvência, o juiz não decretará a falência enquanto não houver um pedido expresso por parte legítima.[411] Desse modo, é importante destacar as condições de legitimidade que a Lei exige para o exercício do direito de ação falimentar. Diferentemente da legitimidade para o exercício da ação judicial recuperatória, na falência, a legitimação para o exercício desse direito é um pouco mais ampla. Na falência, estão legitimados para propor a ação judicial não apenas o devedor ou os demais legitimados que em seu interesse agem mas também os credores,[412] submetendo todos às regras comuns condicionantes do exercício desse direito processual.

Para o credor, além das regras gerais, existem duas condições:

1) se não tiver domicílio no Brasil, deverá apresentar caução relativa às custas judiciais e valor indenizatório referente a eventual uso abusivo do direito de ação;[413]
2) se o credor for empresário, deverá comprovar documentalmente o seu *statvs* de empresa regular.[414]

---

[411] Ressalvadas as hipóteses excepcionais de decretação *ex officio* da falência (*v.g.* artigo 53, artigo 56, § 4º e artigo 73, IV).

[412] Vide regra do artigo 97, I, II, III e IV.

[413] Vide regra do artigo 97, § 2º.

[414] Vide regra do artigo 97, § 1º.

Juridicamente não se pode admitir a existência de algum impedimento objetivo para reconhecer legitimidade processual ativa para a Fazenda Pública,[415] o que falta, em realidade, para o fisco, é interesse oportunístico, pois, uma vez garantida a incolumidade da execução fiscal, a qual pretende fazer valer pelo enunciado da regra do artigo 76, não lhe surge nenhuma razão de ordem lógica para promover o processo de execução coletiva. Essa idéia, contudo, pode ser, com sucesso, obstada pelo argumento de que o crédito fazendário, de acordo com a regra do artigo 187 do Código Tributário Nacional, não se submete a concurso, respeitando, apenas, os créditos trabalhistas e os credores com direito real de garantia, se a sua opção não for a propositura da execução fiscal, mas a integração de seu crédito no processo falimentar.[416] A falência é um regime liquidatório de execução coletiva, cuja satisfação dos créditos habilitados se dá na modalidade concursal. Se o crédito fazendário não é passível de concurso, não poderia promover a ação que visa a constituí-lo, pois não teria interesse de agir. O Superior Tribunal de Justiça, no Resp 287824/MG, manifestou-se da seguinte forma, *verbatim*: "Afigura-se impróprio o requerimento de falência do contribuinte comerciante pela Fazenda Pública, na medida em que esta dispõe de instrumento específico para cobrança do crédito tributário. Ademais, revela-se ilógico o pedido de quebra, seguido de sua decretação, para logo após informar-se ao Juízo que o crédito tributário não se submete ao concurso falimentar, consoante dicção do art. 187 do CTN".

O cônjuge, o(s) herdeiro(s) ou inventariante do espólio do empresário individual têm legitimidade para promover a ação de autofalência descrita no artigo 105.[417]

A falência requerida por sócios ou acionistas visa, muitas vezes, a preservar seus interesses pessoais e não os da pessoa jurídica, razão pela qual não poderá ser embasada pela regra do artigo 105, mas por uma das hipóteses do artigo 94, III,[418] se a sua pretensão não tiver sido autorizada pelos demais sócios.

Questiona-se, eventualmente, a legitimidade quanto às hipóteses dos incisos I e II do artigo 94. A condição de sócio não lhe será suficiente para o reconhecimento de uma ação legítima, mesmo que juridicamente possa ser considerado credor da empresa. Nessas situações, o sócio deveria estar legitimado não pela relação de contrato social, mas de uma relação obrigacional contida em um título executivo, protestado e superior a 40 salários mínimos,[419] ou por qualquer valor, mesmo não protestado, porém previamente submetido à execução

---

[415] Posição também aceita pelo Professor Ricardo Negrão. *Op. cit.*, p. 13.

[416] Utiliza-se, nesta hipótese, o termo integração do crédito tributário ao processo, uma vez que, formalmente, a Fazenda Pública está dispensada do procedimento habilitatório, bastando, se optar pela integração ao processo, uma mera comunicação ao juízo falimentar, acompanhada da certidão de dívida ativa.

[417] Nesta hipótese, haverá a suspensão da tramitação do processo de inventário, conforme a regra descrita no artigo 125.

[418] Vide Negrão, Ricardo. *Op. cit.*, p. 16.

[419] Vide regra do artigo 94, I.

Teoria Falimentar e Regimes Recuperatórios

judicial. Estaria exercendo um direito de credor contra a sua empresa. Contudo, em vista da adoção pelo Direito brasileiro do princípio societário de confiança – *fiduciary duties* (lealdade – *duty of loyalty* – e cuidado – *duty of care*), faltaria, nessas hipóteses, um interesse de agir legítimo à parte enquanto integrante da sociedade. Pelo dever de lealdade,[420] o sócio deve abster-se de práticas, incluindo ações judiciais, que possam prejudicar a sociedade. Sua legitimidade estaria condicionada à sua retirada ou exclusão da pessoa jurídica.

As ações falimentares propostas pela sociedade no exercício de seus interesses de ente coletivo merecem uma atenção especial. Quando se tratar de uma ação falimentar proposta contra um devedor, trata-se de decisão gerencial, cabendo exclusivamente a seus administradores, salvo vedação expressa no contrato social.

Contudo, em quando se tratar de ação autofalimentar, por se constituir em uma decisão crucial para a existência da empresa, o Direito vigente exige que a decisão gerencial esteja legitimada por um prévio ato deliberativo. Dessa forma, o pedido de autofalência formulado por uma sociedade anônima deverá ser assinado pelos representantes legais autorizados pela assembléia geral de acionistas, de acordo com o artigo 122, IX, da Lei nº 6.404/76.[421]

Na sociedade limitada, se o contrato social assim estipular, a decisão tomada por parte da administração deverá ser aprovada em assembléia ou em reunião de sócios. A inexistência dessa cláusula contratual dá liberdade aos administradores. Nesse caso, o sócio dissidente poderá contestar judicialmente o pedido de autofalência.

Finalmente, os titulares de créditos não exigíveis na falência, ainda que atendidos todos os elementos abstratos descritivos dos suportes fáticos, e ainda que presumam a insolvência do devedor, tem a sua legitimidade processual afastada pela regra prevista no artigo 94, § 2º.

3. BASE JURÍDICA

A história do Direito falimentar brasileiro foi construída por diversas legislações: a) Lei nº 556/1850 – Livro III; b) Decreto 917/1891; c) Lei nº 859/1903; d) Lei nº 2.024/1908; e) Lei nº 5.746/1929; f) Decreto-Lei nº 7.661/45; g) Lei nº 11.101/05.

O número de legislações, contudo, não corresponde ao número de sistemas liquidatórios. Conforme acima se observa, contando com a atual legislação, fo-

---

[420] Vide artigo 1.017, parágrafo único do Código Civil.

[421] Artigo 122, IX da Lei nº 6.404/76: "Compete privativamente à assembléia geral:

[...] IX – autorizar os administradores a confessar a falência e pedir concordata (hoje, recuperação judicial ou extrajudicial)".

ram sete os diplomas legais que regularam regimes falimentares. Porém, apenas dois sistemas jurídicos vigoraram.

O primeiro sistema jurídico falimentar brasileiro vigorou entre 1850 a 1891, durante a vigência do Livro III do Código Comercial.[422] Na vigência desse sistema, processualmente constituído em fase pré-falimentar, sentença falimentar e fase falimentar, a decretação da falência decorria de uma certeza material de insolvência do devedor. Essa certeza material era trazida pelo próprio devedor que tinha o dever moral de declarar a sua insolvência. Se o devedor não cumprisse com esse dever, a Lei vigente permitia ao credor requerer a falência do devedor desde que demonstrasse a cessação de pagamentos. A dificuldade de obtenção dessa prova tornava o processo demasiadamente longo, implicando em uma ineficiência sistêmica do regime falimentar, pois, quando constituído, pouco restava do patrimônio do devedor falido, que se consumia durante a fase pré-falimentar devido as prolongadas discussões judiciais promovidas pelas partes para a identificação de uma certeza material do estado de insolvência do devedor.

A ineficiência do sistema instituído pelo Código Comercial determinou uma reforma no Direito falimentar que se concretizou na edição do Decreto nº 917/1891. O projeto de Carlos de Carvalho visava uma inversão de papéis, tornando o credor um agente pró-ativo do processo, tirando-o da passividade de coadjuvante processual.

A ação falimentar passaria a ser um instrumento preferencialmente utilizado pelo credor. Para isso, Carlos de Carvalho alterou a natureza da certeza jurídica exigida ao juiz para a decretação da falência. Ao invés da certeza material, o juiz poderia decretar a falência por uma certeza meramente formal de insolvência.

A viabilização desse sistema inovador no mundo jurídico ocidental[423] tornou-se cientificamente possível pela criação de um sistema de presunções jurídicas de insolvência, geradas pela ocorrência de fatos previamente descritos pelo legislador na lei falimentar. A ocorrência de uma das situações previamente descritas faz presumir a insolvência do devedor. Se essa presunção não for destruída, transforma-se em certeza, ainda que aparente, da insolvência do devedor, garantindo ao magistrado poder suficiente para o decreto falimentar.

Todos os diplomas legais que sucederam ao Decreto nº 917/1891, incluindo a Lei nº 11.101/05, repetiram esta estrutura sistêmica de aplicação do processo jurídico de identificação do estado de insolvência.

Fazendo uso de um argumento eminentemente jurídico, poder-se-ia dizer que:

---

[422] Livro intitulado: "Das Quebras".

[423] O Direito norte-americano somente adotou o sistema da impontualidade a partir de 1979 com a promulgação do *Bankrupcty Code*.

Teoria Falimentar e Regimes Recuperatórios

1) surge, pela concretização dos elementos abstratos de um dos *suportes fáticos* falimentares, um fato jurídico: impontualidade (artigo 94, I), execução frustrada (artigo 94, II) ou atos de falência (artigo 94,III);

2) esse fato jurídico confere ao devedor o *direito subjetivo* de presumir que a causa de sua ocorrência seja a *insolvência do devedor*;

3) após a aquisição do direito subjetivo, está o titular desse autorizado a manifestar a sua *pretensão jurídica*, que, no caso, será a *constituição do regime falimentar*;

4) essa pretensão jurídica será exercida através da *ação falimentar*.

A identificação do estado de insolvência, no Direito brasileiro atual, desde 1891, decorre da plena concretização do fato jurídico na forma que segue: (a) suporte fático concretizado; (b) fato jurídico; (c) direito subjetivo; (d) pretensão jurídica; (e) ação.

Diante disso, torna-se imprescindível o estudo das bases jurídicas falimentares sob a visão da Teoria do Fato Jurídico que se estrutura em suporte fático abstrato e concretizado, fato jurídico, direito subjetivo, pretensão jurídica e ação de Direito Material.

No pensamento do professor Marcos Bernardes de Mello, aludir a um suporte fático é referir a algo (fato, evento ou conduta) que ocorre no mundo real e, por sua ocorrência e efeitos práticos terem sido considerados relevantes, tornou-se objeto da normatividade jurídica. Dessa forma, suporte fático não é um conceito do mundo dos fatos, mas do mundo jurídico, pois decorre da normatização.

Enquanto este evento ou conduta estiverem apenas expressos abstratamente, como enunciados lógicos descritivos, existe o suporte fático. Quando estes enunciados descritivos se materializarem de acordo com o conteúdo normativo, concretizando-se no mundo jurídico, tornam-se fato jurídico.

A constituição do fato jurídico passa, dessa forma, pela concretização material plena de todos os elementos abstratos do suporte fático.

De acordo com Pontes de Miranda, se a concretização do suporte fático foi insuficiente, o fato jurídico será inexistente. Isto quer dizer que: (a) ou todos os elementos abstratos do suporte fático se concretizam, (b) ou não existirá o fato jurídico. Logo, não haverá direito subjetivo a ser reconhecido nem pretensão a ser acolhida e, conseqüentemente, se for proposta alguma ação, será julgada improcedente. Na mesma linha de raciocínio, Pontes de Miranda afirma que a concretização deficiente do suporte fático constitui o fato jurídico, porém inválido.

Conforme antes referido, a Lei nº 11.101/05 descreveu normativamente três fatos da vida econômica: 1) a impontualidade – artigo 94, I; 2) a execução frustrada – artigo 94, II; 3) os atos de falência – artigo 94, III.

A concretização dos elementos abstratos do suporte fático constitui os fatos jurídicos[424] que fazem reconhecer por parte do ordenamento legal um direito subjetivo que permite a seus titulares exigir uma pretensão jurídica, cujo exercício se dará através da ação falimentar.

Não se pode, entretanto, desconsiderar a hipótese em que, ainda que ocorra a concretização dos elementos abstratos descritivos do suporte fático, reconhecendo o direito do credor de presumir a insolvência como causa, poderá este, em situações específicas, não presumir a insolvência. Nesse caso, ainda que o direito subjetivo tenha potencialmente existido, não se materializou. Dessa forma, o exercício da pretensão jurídica constitutiva do regime falimentar não seria legítimo, pois carente de um direito subjetivo que lhe desse base, configurando-se em um exercício abusivo do direito de ação por parte do credor.[425]

3.1. Suporte Fático Impontualidade

O primeiro suporte fático a ser estudado está previsto no artigo 94, I. Trata-se do suporte fático impontualidade.

Segundo o artigo 94, I, o suporte fático abstrato do fato jurídico impontualidade será concretizado pela realização material dos seguintes elementos descritivos: 1) não pagamento; 2) injustificado; 3) de dívida certa, líquida e exigível; 4) superior a 40 salários mínimos; 5) contida em título executivo.

A soma desses cinco elementos torna concreto o suporte fático, configurando o fato jurídico impontualidade. A perda de um desses elementos[426] afeta a existência do fato jurídico, que não ingressará no plano de existência jurídica, com a conseqüente negação do direito subjetivo, a rejeição da pretensão jurídica, e o julgamento de improcedência da ação judicial. Pois, conforme a teoria de Pontes de Miranda, a concretização insuficiente do suporte fático determina a inexistência do fato jurídico. Se o fato jurídico não existiu, nenhum direito subjetivo poderá ser reconhecido, logo, a pretensão jurídica deverá ser negada com o julgamento de improcedência da ação.

Concretizados os elementos abstratos do suporte fático impontualidade, ter-se-á constituído este fato jurídico. A constituição deste faz conferir ao credor o direito subjetivo de presumir que a causa da impontualidade seja a insolvência do devedor. O reconhecimento desse direito subjetivo permitirá ao credor

---

[424] Impontualidade, execução frustrada e ato(s) de falência.

[425] O exercício do direito de ação sem a existência de um direito subjetivo é excepcionalmente admitido no Direito brasileiro, como, por exemplo, no caso das ações de conteúdo meramente declaratório, cuja pretensão é o reconhecimento da existência de um direito, de uma relação jurídica, ou da sua negação.

[426] Por exemplo, justa causa para o não pagamento; ou incerteza, iliquidez ou inexigibilidade da dívida; ou não superior a 40 salários mínimos; ou não contida em título executivo.

Teoria Falimentar e Regimes Recuperatórios

pretender juridicamente a constituição do regime falimentar sobre o devedor, pretensão que será exercida mediante a propositura da ação falimentar.[427]

Dessa forma, reescrevendo essa idéia, esquematicamente tem-se:

1) concretização dos cinco elementos do suporte fático descritos no artigo 94, I;

2) constituição do fato jurídico impontualidade;

3) reconhecimento do direito subjetivo do credor de presumir que a razão da impontualidade seja a insolvência do devedor;

4) legitimidade reconhecida da pretensão jurídica do autor em ver constituído o regime falimentar liquidatório contra o devedor;

5) exercício da pretensão legítima através da ação falimentar.

A dívida, obrigação de cumprimento relativo e específico em favor de credor(es) determinado(s), deverá ser superior a 40 (quarenta) salários mínimos.[428] O atendimento desse valor mínimo poderá ser alcançado somando-se dívidas diversas, ainda que de diferentes titularidades, porém reunidos em listiconsórcio ativo unitário e necessário, na forma do artigo 94, § 2º.

A dívida, certa, líquida e exigível[429] terá de estar contida em um título executivo, judicial ou extrajudicial, de acordo com a descrição prevista nos artigos 475-N e 585 do Código de Processo Civil.

3.2. Suporte Fático Execução Frustrada

O aproveitamento dos enunciados básicos do item anterior, plenamente pertinentes para este suporte fático, reduz consideravelmente a discussão. Se o suporte fático for insuficiente, o fato jurídico inexistirá. Assim sendo, deverá o intérprete observar se todos os elementos abstratos do suporte fático execução frustrada descritos nos artigo 94, II, estão presentes. Se estiverem presentes, será reconhecido o direito subjetivo de presumir a insolvência do devedor e será tornada legítima a pretensão jurídica de constituição de um regime da falência, que será exercida através da ação falimentar, a qual deverá ser reconhecida e acolhida.

Os elementos abstratos deste suporte fático são: a) existência de uma execução judicial por quantia líquida proposta; b) a qual não foi paga, não houve depósito nem foram nomeados bens suficientes à penhora dentro do prazo legal.

---

[427] Oportunamente será discutida a ação de autofalência.

[428] Correspondente a R$ 15.200,00 (quinze mil e duzentos reais) quando da elaboração deste trabalho.

[429] Vide regra do artigo 586 do Código de Processo Civil.

Se todos esses elementos abstratos estiverem presentes, haverá a concreção do suporte fático, que será transformado em fato jurídico, com as conseqüências acima descritas.

A concreção desses elementos abstratos somente será possível a partir do ajuizamento da execução por quantia certa contra devedor solvente, que se desenvolve na fórmula abaixo descrita.

De acordo com o artigo 580 do Código de Processo Civil, a execução poderá ser instaurada pelo credor que não satisfaça a obrigação certa, líquida e exigível, consubstanciada em título executivo.

O credor deverá dar início à execução, indicando a espécie, no caso, execução por quantia certa contra devedor solvente.

Iniciada a execução, o devedor será citado para em 03 (três) dias efetuar o pagamento da dívida. Se não o fizer no prazo, o oficial de justiça irá cumprir mandado de penhora de bens suficientes para o pagamento do principal, correção monetária, juros, custas e honorários advocatícios, podendo essa indicação ser feita pelo próprio credor.[430]

O Código de Processo Civil ainda garante ao executado o benefício de desonerar-se da obrigação na forma prescrita no artigo 582, parágrafo único, mesmo que já instaurado o processo executório, se, em juízo, depositar o valor da dívida,.

O processo de execução por quantia certa contra devedor solvente tem por finalidade a expropriação de bens do devedor para a satisfação do direito do credor.[431] A atitude maliciosa, de má-fé, ou a falta de interesse por parte do devedor na realização desse objetivo, é considerada conduta atentatória à dignidade da Justiça, de acordo com a regra do artigo 600 do diploma processual.

O artigo 601 do Código processual estabelece sanções para condutas moralmente reprováveis praticadas pelo devedor potencialmente capaz de cumprir a obrigação mas que deixa de realizá-la, ainda que sob um processo de execução.

Porém, quando o executado fracassa na realização concreta do processo executório, não pagando, não nomeando, ou não tendo bens para serem penhorados, e deixa de depositar o valor da dívida, inviabilizando a execução não por desídia ou má-fé, mas por absoluta falta de condição econômica e financeira, a imposição de multas ou outras sanções pecuniárias em pouco adiantarão, pois a frustração da execução decorrente das três omissões: a) não pagamento, b) não depósito; c) não nomeação de bens suficientes à penhora, não indica uma conduta eticamente reprovável e juridicamente normativa, mas sinais de impotência do devedor frente às dívidas exigíveis, gerando contra si uma presunção de insolvência.

---

[430] Vide, na ordem, as regras dos artigos 652, "*capvt*", e § 1º; 659 e 652, § 2º, todos do Código de Processo Civil.

[431] Vide regra do artigo 646 do Código de Processo Civil.

Teoria Falimentar e Regimes Recuperatórios

197

Essa conduta omissiva possui outra relevância frente à cultura social, deixando de lado o aspecto moral, sendo normatizada juridicamente sob o ponto de vista do interesse econômico.

Por força disso, o legislador brasileiro a elegeu como um dos suportes fáticos falimentares, com previsão no artigo 94, II. A concretização de seus elementos abstratos descritivos constitui o fato jurídico execução frustrada. Constituído o fato jurídico, o credor exeqüente adquire um direito subjetivo de presumir que a causa da tripla omissão que leva ao fracasso material da execução proposta seja a insolvência do executado.

Se exercer esse direito subjetivo, presumindo seriamente a insolvência em decorrência da frustração da execução proposta, está legitimado a pretender juridicamente a constituição do regime falimentar contra o executado, cujo exercício se dará com a propositura da ação falimentar.

Questão que costuma ser lançada em aula é a que trata da hipótese em que, por ato do oficial de justiça que encontra bens suficientes ou do exeqüente que os indica, a execução tecnicamente não se frustra, ainda que evidente a omissão do executado. Nessas condições, o elemento descritivo do suporte fático foi suficientemente preenchido, porém não se pode afirmar a aquisição do direito subjetivo, uma vez que existiam bens suficientes que evitaram a frustração do processo executório. Dessa forma, fica afastada a legitimidade da pretensão jurídica, não podendo ser reconhecido o direito de agir por parte do credor ao requerer a falência.

3.3. Suporte fático atos de falência

Mais uma vez, aplicam-se todos os conceitos acima referidos sobre a teoria do fato jurídico. Nesse contexto fático não está sob análise, ao menos diretamente, uma conduta impontual ou inviabilizadora da satisfação do direito do credor. O suporte fático descrito no inciso III do artigo 94 normatiza atos praticados na atividade negocial, cuja realização poderão levar o patrimônio à ruína. A proteção jurídica dada pela norma é tentar impedir a ruína do negócio, que levará ao não pagamento futuro das obrigações.

A realização desses atos demonstra a desagregação do negócio, cuja concretização dos elementos abstratos do suporte fático fazem reconhecer pelo ordenamento jurídico um direito subjetivo de presumir que a razão dessas práticas incompatíveis decorra da insolvência do empresário. Dessa forma, encontra-se o devedor legitimado a pretender a constituição do regime falimentar liquidatório que lhe garanta a arrecadação e apuração de todos os bens do devedor antes que o seu patrimônio se dissolva. Essa pretensão jurídica será exercida pela ação falimentar com base na prática de atos de falência.

198

Desse modo, a compreensão deste suporte fático está na prática de atos gerenciais de negócio incompatíveis com a administração de um patrimônio solvente.

O ponto de relevante discussão que os alunos costumam questionar está no fato de esta compreensão, ato incompatível com a solvência, carregar alta dose de subjetividade, pois a idéia de ato incompatível poderá variar de acordo com o intérprete, situação apta a gerar incerteza na aplicação do Direito. Por força disso, o legislador decidiu criar um elenco *nvmervs clavsvs* de situações consideradas como incompatíveis para o exercício da atividade empresarial, capazes de fazer presumir a insolvência do devedor, na forma descrita pela Lei:

1) proceder à liquidação precipitada dos ativos ou utilizar-se de meio ruinoso ou fraudulento para realizar pagamentos;

2) realizar ou tentar realizar, objetivando retardar os seus pagamentos ou fraudar os seus credores, negócio simulado ou alienação parcial ou total do ativo;

3) transferir seu estabelecimento a terceiro sem o consentimento de todos os credores e sem ficar com bens suficientes para o pagamento do passivo;

4) simular a transferência do principal estabelecimento com o objetivo de burlar a legislação ou fiscalização ou prejudicar os credores;

5) dar ou reforçar garantia a credor por dívida contraída anteriormente sem ficar com bens livres suficientes para o pagamento do passivo;

6) ausentar-se sem deixar representante habilitado e com recursos suficientes para o pagamento dos credores, abandonar o estabelecimento ou tentar ocultar-se de seu domicílio, local da sede ou principal estabelecimento;

7) deixar de cumprir, no prazo estabelecido, obrigação assumida no plano de recuperação judicial.

Nas primeiras seis hipóteses, não haverá a incidência da norma e, por conseqüência, a concretização dos elementos do suporte fático, não gerando a presunção de insolvência, se as condutas praticadas integrarem o plano recuperatório aprovado pelos credores.[432]

Por se tratar de um elenco fechado, qualquer outra situação, por mais consensual que possa parecer aos intérpretes, não tipificará um ato falimentar se não estiver descrita numa das hipóteses previstas no inciso III do artigo 94. Por exemplo, nos dias atuais, sabe-se que o *débacle* da empresa brasileira segue, em regra geral, a seguinte linha de acontecimentos: a) deixar de recolher as contribuições previdenciárias; b) deixar de recolher os tributos; c) deixar de honrar as obrigações com os fornecedores; d) deixar de pagar a folha de empregados. Neste último momento, haverá a paralisação de suas atividades. Assim sendo, é consenso no meio empresarial a uma empresa que, por longo período, deixa de recolher as contribuições previdenciárias tem uma forte tendência de, em período inferior a uma década, encontrar-se em irreversível estado de insolvên-

---

[432] Observa-se a péssima redação do artigo 94, III, "*capvt*".

Teoria Falimentar e Regimes Recuperatórios

cia. Contudo, por mais consensual que seja essa conclusão, o fato: "deixar de recolher contribuições previdenciárias" não está descrito nas alíneas do artigo 94, III, não podendo, dessa forma, ser identificado como ato gerencial incompatível capaz de gerar a presunção de insolvência que o ordenamento legal permite lançar contra o devedor.

4. TEORIA SISTÊMICA

Uma vez lançada a base teórica para a compreensão formativa do fato jurídico falimentar, passa, a partir de então, ser necessária a compreensão sistêmica da estrutura jurídica de decretação da falência e da aplicação do regime liquidatório antes de se estudar o seu detalhamento sob o ponto de vista procedimental.

A teoria sistêmica da fase pré-falimentar divide-se em três momentos que definem atos e situações de relevo para a compreensão deste acontecimento jurídico: 1) o lançamento judicial da presunção de insolvência; 2) a oportunidade de destruição, pelo devedor, da presunção de insolvência lançada pelo credor; 3) julgamento da presunção lançada.

4.1. Lançamento judicial da presunção de insolvência do devedor

Tomando-se como exemplo o fato jurídico impontualidade. Foi dito que ao deixar de pagar, injustificadamente, dívida certa, líquida e exigível, superior a 40 salários mínimos e contida em título executivo o devedor legitima o credor a presumir que a razão deste não-pagamento seja a insolvência do devedor.

A aquisição deste direito subjetivo de presumir a insolvência do devedor permite ao credor pretender juridicamente a constituição do regime falimentar.

Enquanto não promovida a ação judicial, ainda que o credor tome certas medidas para a proteção do seu crédito, a presunção da insolvência do devedor restringe-se a seu íntimo.

Ao exercer judicialmente o seu direito de ação, onde manifesta para o juiz aquilo que pretende, arrimado em seu direito subjetivo, está na verdade o credor relatando tudo aquilo que faticamente ocorreu,[433] lançando no cenário judicial, para o magistrado, que presume, pela concreção do fato jurídico, a insolvência do devedor.

O deferimento da petição inicial significa para o magistrado a ciência do fato jurídico e do direito subjetivo que dele decorre em favor do credor, recebendo a presunção de insolvência lançada.

---

[433] A concretização do suporte fático.

Dessa forma, o primeiro momento no desenvolvimento da teoria sistêmica tem como protagonista principal o autor (credor) que, ao promover a ação judicial, lança a presunção de insolvência contra o devedor.

4.2. Oportunidade de destruição da presunção de insolvência lançada pelo credor

Conforme dito anteriormente, o deferimento da petição inicial da ação falimentar tem como efeito imediato o conhecimento por parte do Poder Judiciário da presunção lançada contra o devedor.

O sistema jurídico reconhece duas espécies de presunção: 1) presunção *ivris et de ivre*; 2) presunção *ivris tantvm*.

Ao receber a petição inicial, o juiz terá de identificar a natureza da presunção que o ordenamento legal permite ao credor lançar. Se a presunção lançada for recebida como *ivris et de ivre*, o juiz deverá, ao deferir a petição inicial, decretar a falência, pois essa presunção, por ser absoluta, não admitirá prova em contrário.

Por outro lado, se, ao receber a petição inicial identificar a presunção lançada como uma presunção *ivris tantvm* de insolvência do devedor, estará restrito apenas aos efeitos que decorrem do deferimento da peça inicial cujo significado processual pode-se sintetizar na expressão: "processamento da ação". Isso por se tratar de uma presunção relativa da insolvência do devedor, que admitirá prova em contrário, estando o magistrado impedido de decretar o regime de falência antes de garantir ao devedor o direito de destruir a presunção de natureza relativa de sua insolvência lançada pelo credor. Este direito que é reconhecido ao devedor se expressa juridicamente no princípio do "Devido Processo Legal", em respeito à regra constitucional definida no artigo 5º, LIV, da Constituição Federal.

Nesse debate sobre a natureza da presunção admitida pelo sistema falimentar, historicamente, o Direito brasileiro já adotou o sistema de duplas presunções de insolvência.

Talvez possa parecer surpreendente, mas na vigência do Decreto nº 917/1891, quando a base jurídica para o requerimento falimentar era a impontualidade, o juiz poderia decretar a falência sem a prévia manifestação do devedor, caracterizando-se esse período pela aceitação da presunção de natureza absoluta[434] de insolvência do devedor. Mantendo, entretanto, a natureza relativa da presunção quando a base jurídica fosse um dos atos de falência.[435]

A partir da Lei nº 859/1903 e nos diplomas legais posteriores, vem se adotando o critério de única presunção para o sistema falimentar.

---

[434] Vide regras dos artigos 4, § 3º, e artigo 8º, parte final do Decreto nº 917/1891.

[435] Vide regra do artigo 4º, § 4º, do Decreto nº 917/1891.

Teoria Falimentar e Regimes Recuperatórios

A Lei nº 11.101/05, em conformidade com a regra do artigo 98,[436] assegura a prevalência da segunda natureza presuntiva. Pois, após o deferimento da petição inicial, o juiz determinará a citação do devedor para o exercício de seu direito de defesa.

Em termos sistêmicos, o exercício do direito de defesa pelo devedor é aproveitamento da oportunidade que o Direito garante ao devedor de destruir a presunção relativa de sua insolvência.

A tentativa de destruição da presunção de insolvência deverá ser feita através dos mecanismos jurídicos previstos na lei que serão oportunamente examinados.

4.3. Julgamento da presunção de insolvência

Conforme antes referido, ao deferir a petição inicial, o magistrado estará recebendo uma presunção, que admite prova em contrário, da insolvência do devedor. Por se tratar de uma presunção relativa, não pode o juiz, ao deferi-la, decretar a falência. Deverá determinar a citação do devedor para que, no prazo legal, exerça o seu direito de defesa, cujo sucesso implicará a destruição da presunção. Entretanto, se esta tentativa fracassar, o sistema de Direito falimentar entenderá que a presunção relativa transformou-se em certeza [ainda que] aparente de insolvência, legitimando, a partir disso, o decreto judicial de falência. Assim sendo, após o exercício do direito de defesa, realizada a instrução se necessária, ao prolatar a sentença, o juiz deverá formular a seguinte questão:

"Foi a presunção de insolvência lançada contra o devedor destruída?" Se a resposta for sim, não poderá decretar a falência, devendo rejeitar a pretensão jurídica constitutiva do regime liquidatório, julgando improcedente a ação e prolatando uma sentença denegatória da falência. Se a resposta for negativa, a presunção não foi destruída pelo devedor, significa afirmar que ela transformou-se em certeza, ainda que formal, de insolvência. Dessa forma, o magistrado deverá acolher a legítima pretensão jurídica do credor, julgando procedente a ação e prolatando a sentença falimentar.

Há, nesse enunciado sistêmico, uma inevitável discussão. Ao entender que a presunção não foi destruída, a sua transformação em certeza jurídica de insolvência outorga ao magistrado apenas uma legitimidade formal, estando obrigado pela lei a decretar a falência ou esta legitimidade conferida ao magistrado será apenas autorizativa do decreto falimentar, permitindo uma postura mais reflexiva quanto aos efeitos sociais de sua sentença?

A jurisprudência, nesse caso, a fonte de consulta mais indicada, ainda que não unanimemente, tem se mostrado mais formalista quanto à atuação do magistrado, exigindo deste o cumprimento de uma obrigação legal de decretação da falência.

---

[436] Artigo 98: "Citado, o devedor poderá apresentar contestação no prazo de 10 (dez) dias".

Nona Aula – Falência (Parte II – Fase Pré-Falimentar)

1. APRESENTAÇÃO

A nona aula se esgotará na discussão dos diversos procedimentos para as ações falimentares relativos à fase pré-falimentar.

Seguindo uma idéia trazida por J.C. Barbosa Moreira que vê no processo um instrumento de realização do Direito Material, esta realização do Direito Material pelo processo Falimentar ocorre quando:

1) *sob o ponto de vista do credor*:

– o reconhecimento judicial do direito subjetivo de presumir o estado de insolvência do devedor em virtude da concretização de um dos fatos jurídicos descritos na legislação;

– o acolhimento, pelo Poder Judiciário, da pretensão jurídica de constituição do regime liquidatório.

2) *sob o ponto de vista do devedor, enquanto parte passiva na relação processual*:

– o não reconhecimento do direito do credor de presumir o estado de insolvência do devedor;

– a rejeição da pretensão jurídica do credor constitutiva do regime liquidatório.

3) *sob o ponto de vista do devedor, no pedido de autofalência*:

– o reconhecimento judicial do direito subjetivo do autor da ação de afirmar a sua insolvência;

– o acolhimento da pretensão jurídica de autoliquidação de seu patrimônio como única forma de adimplência, mesmo que parcial, de suas obrigações.

Se processo falimentar é o instrumento para a realização dos direitos reconhecidos na Lei nº 11.101/05, o procedimento poderia ser visto como um cami-

Teoria Falimentar e Regimes Recuperatórios **203**

nho racional traçado pela lei processual para o alcance dessa finalidade, matéria que será a seguir estudada.

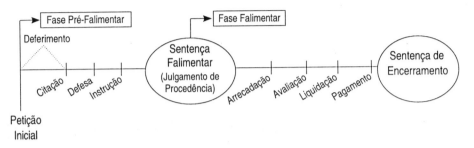

2. PROCEDIMENTO

A finalidade de um processo é a prestação da atividade jurisdicional por parte do Estado, delegada ao Poder Judiciário. Sabe-se que atividade jurisdicional se dá num ambiente processual que se inicia através de ato formal provocativo da parte interessada e se encerra por ato formal decisório do magistrado.

O procedimento é o caminho que se deve percorrer a partir da formalização do ato provocativo da jurisdição até o ato decisório de encerramento, em que a jurisdição é finalmente prestada.

O estudo da Lei nº 11.101/05 torna possível afirmar a existência de dois procedimentos básicos distintos na fase pré-falimentar de acordo com a identificação do agente ativo da relação processual.[437] Em outras palavras, haverá um procedimento que encaminhará um processo a partir de uma relação litigiosa quando a ação tiver sido proposta por credor(es) e um procedimento que encaminhará um processo a partir de uma relação não litigiosa, hipótese de jurisdição voluntária, quando a ação judicial falimentar tiver sido proposta pelo próprio devedor, na chamada ação de autofalência.

2.1. Procedimentos em ações falimentares propostas por credor

O primeiro procedimento decorre da ação falimentar proposta por credor, cujas bases jurídicas definidas pela Lei nº 11.101/05 são a impontualidade, a execução frustrada e os atos de falência, respectivamente na forma do artigo 94, I, II e III.

O procedimento básico das ações judiciais propostas por credor(es) na fase pré-falimentar é comum para todas as bases jurídicas, observando-se tênues di-

---

[437] Essa idéia não poderá prosperar quando for estudada a fase falimentar, pois nesta, conforme será oportunamente visto, haverá sempre um único procedimento (arrecadação – avaliação – liquidação – pagamento), independentemente da base jurídica e do agente ativo na relação processual.

ferenças de encaminhamento do direito de ação ou de defesa, conforme será a seguir demonstrado.

2.1.1. Procedimento falimentar por impontualidade

Para dar início à ação judicial falimentar com base na impontualidade do devedor, o credor/autor da ação deverá, através de seu representante judicial com poderes específicos para requerer falência, elaborar uma petição inicial que atenda aos requisitos gerais previstos no artigo 282 do Código de Processo Civil. Esse artigo, além dos requisitos formais, como o endereçamento do juízo, a identificação das partes, o valor da causa, o requerimento de citação do réu, define duas categorias de requisitos vinculados ao Direito Material:

1) *requisitos de afirmação de existência do fato jurídico e a sua produção de efeitos (art. 282, III e IV):*
– *fatos*, que correspondem a descrição da concretização dos elementos abstratos do suporte fático;
– *fundamentos*, que correspondem ao direito subjetivo que o autor pretende ver judicialmente reconhecido;
– *pedido*, que expressa a pretensão jurídica esperada pelo autor;
2) *requisito de comprovação da existência do fato jurídico (art. 282, VI):*
– indicação das provas através das quais o autor pretende demonstrar a verdade dos fatos alegados.

O atendimento eficiente desses requisitos depende da correta compreensão do suporte fático, cuja concretização o autor se compromete a demonstrar quando ajuiza a ação falimentar. Como esta possui por base a impontualidade do devedor, que tem como elementos descritivos *o não pagamento injustificado de dívida certa, líquida e exigível, superior a 40 s.m. (quarenta salários mínimos) e contida em título executivo*, o autor deverá afirmar a ocorrência eficiente de todos esses elementos descritivos.

Nota-se, por exemplo, que a Lei não exige que a impontualidade se caracterize pelo não-pagamento de uma única dívida, permitindo ao autor alcançar esse valor somando diversas dívidas das quais seja titular ou através de um litisconsórcio ativo necessário unitário, na forma do artigo 94, § 1º.

Duas situações merecem uma atenção especial:

1) diferentemente do que acontecia no regime anterior, na nova Lei não se permite apenas a juntada das certidões de protestos dos outros títulos, mas impõe como condição para o exercício da ação falimentar a constituição do litisconsorte ativo necessário e unitário;
2) a lei não exige a apresentação do título executivo em seu original, podendo, desde que o autor(es)/credor(es) justifique, ser admitida a apresen-

Teoria Falimentar e Regimes Recuperatórios

205

tação de cópias autenticadas, em conformidade com as regras dos artigos 94, §§ 1º e 9º, parágrafo único.

A concretização do suporte fático impontualidade tem como pressuposto teórico o vencimento da obrigação contida em título executivo, a sua cobrança pelo credor e o não pagamento por parte do devedor. Esta prova, de acordo com o Direito brasileiro, somente se fará mediante uma certidão de protesto. O protesto, ainda que possa ser lavrado como os demais protestos de títulos cambiários, salvo se o título não detiver essa natureza, deverá, por força da regra do artigo 94, § 3º, constar na intimação e no instrumento do protesto a sua finalidade falimentar. Ainda que criticado por alguns doutrinadores,[438] esse requisito atende a posicionamento jurisprudencial que, na vigência da lei anterior, exigia as garantias máximas ao devedor de conhecimento das intenções do credor. Em julgado proferido no Superior Tribunal de Justiça, afirmou-se que a nova Lei não exige a indicação do nome da pessoa que recebeu a intimação no instrumento do protesto.[439]

Porém, não se trata de uma posição pacífica neste mesmo Tribunal, que, em acórdão anterior, também prolatado no ano de 2007, afirmou a invalidade do protesto em que não se identificou a pessoa que recebeu a intimação do aponte.[440] É importante destacar que, se o valor definido na lei for alcançado pelo somatório de diversas dívidas, deverão todas essas estarem contidas em títulos protestados na forma do artigo 94, § 1º.

Ainda que na lei não haja determinação expressa de identificação da pessoa que tenha recebido a notificação de protesto, a jurisprudência vem adotando essa exigência, aceitando, contudo, a validade do protesto que, mesmo sem a identificação em seu instrumento, faça o credor prova suficiente de que a pessoa que assinou a intimação do aponte tinha poderes de representação.[441]

O ajuizamento da ação tem como um de seus efeitos básicos o lançamento da presunção de insolvência contra o devedor.

Se o magistrado deferir a petição inicial, tendo em vista que a presunção de insolvência lançada pelo devedor for de natureza relativa presunção – *ivris tantvm* –, determinará a citação[442] do devedor para o exercício de seu direito de

---

[438] Autores com destaque acadêmico, como os Professores Ricardo Negrão e Fábio Ulhoa Coelho manifestam a sua discordância com a exigência legal.

[439] BRASIL. Superior Tribunal de Justiça. AgRg na MC 13065/MS. Relator: Ministro Carlos Alberto Menezes Direito – Terceira Turma, 2007.

[440] BRASIL, Superior Tribunal de Justiça. Eresp 248143/PR. Relator: Ministro Aldir Passarinho Júnior – Segunda Seção, 2007.

[441] RIO GRANDE DO SUL. Tribunal de Justiça. Apelação Cível 70019205590 – 5ª Câmara Cível. Relator: Desembargador Pedro Luiz Rodrigues Bossle, 2007.

[442] Ainda que não exista uma referência precisa na lei, é de se admitir a citação editalícia, vedando-se a citação por carta e por hora certa. O Superior Tribunal de Justiça aceita a citação via edital, desde que esgotados todos os meios para a localização do réu. BRASIL. Superior Tribunal de Justiça. HC 39492/RJ – 6ª Turma. Relator: Min Hamilton Carvalhido, 2004.

defesa no prazo de dez dias.[443] Na conformidade do que foi anteriormente referido, a defesa objetiva a destruição da presunção relativa de insolvência lançada pelo credor/autor. Como a presunção criou-se pela concretização dos elementos abstratos do suporte fático impontualidade, a estratégia defensiva do devedor se constituirá na destruição do processo de concretização de um ou vários desses elementos. Pois, se o suporte fático for insuficiente, o fato jurídico inexistirá, o direito subjetivo não será reconhecido, a pretensão será negada e, consequentemente, a ação judicial será julgada improcedente.

Dessa forma, se o devedor, em sua peça contestatória, apresentar e comprovar, por exemplo, a existência de uma justificativa para o não pagamento da dívida, o fato analisado terá sido: (a) não pagamento; (b) *justificado*; (c) de dívida certa, líquida e exigível; (d) superior a 40 (quarenta) salários mínimos; (e) contida em título executivo. Fica evidente que não foram concretizados todos os elementos do suporte fático impontualidade, logo inexiste como fato jurídico. A inexistência desse requisito impede o reconhecimento do direito subjetivo da parte, encaminhando a improcedência da ação ante a rejeição da pretensão jurídica.

No texto da Lei, as justificativas possíveis são nominadas como relevantes razões de direito com previsão no artigo 96. Essas razões são de diversas naturezas e encontram-se descritas na forma que segue, na ordem dos incisos do artigo: 1) falsidade do título; 2) prescrição; 3) nulidade de obrigação ou título; 4) pagamento da dívida; 5) vício em protesto ou em seu instrumento; 6) apresentação de pedido de recuperação judicial no prazo de contestação; 7) cessação das atividades empresariais mais de 02 (dois) anos antes do pedido de falência; 8) dissolução plena da sociedade anônima após a liquidação e partilha do ativo; 9) decurso de 01 (ano) da morte do devedor, no caso do espólio.

Observa-se, com base no inciso V do artigo 96 – qualquer outro fato que extinga ou suspenda obrigação ou não legitime a cobrança de título, que se trata de um elenco exemplificativo.

Se houver o litisconsórcio de credores, as defesas previstas no artigo 96 serão utilizadas individualmente contra as dívidas que se somarem para alcançar o valor que supere os 40 s.m. (quarenta salários mínimos). Por exemplo, se a defesa apresentada for a prescrição e esta atingir apenas a uma das dívidas, ainda que reconhecida pelo magistrado, a falência poderá ser decretada se restarem incólumes à alegação defensiva dívidas que somadas alcancem ao valor exigidos pela Lei.

Se constatada a prescrição alegada de uma das dívidas, deverá o magistrado observar se as dívidas remanescentes ainda mantêm o valor mínimo pela Lei exigido para poder decretar a falência. Caso contrário, deverá julgar improcedente a ação por dois fundamentos: o reconhecimento da prescrição em

---

[443] Vide regra do artigo 98, "*capvt*".

Teoria Falimentar e Regimes Recuperatórios

relação a uma das dívidas, que justifica o não-pagamento, e a insuficiência do valor remanescente. Nas duas situações, fica evidente que o suporte fático não foi concretizado.

O mesmo poderá ser realizado pelo devedor quando afirmar a *incerteza*, a *iliquidez* ou a *inexigibilidade* da(s) obrigação(ões) ou a inexistência de título executivo.

Pode, ainda, o devedor, sem ter de excluir a apresentação de uma ou várias das razões descritas no artigo 96, defender-se pela realização do depósito judicial do valor da dívida, chamado, no jargão falimentar, de depósito elisivo.[444] Esse depósito deverá abranger o valor principal, a correção monetária, os juros e os honorários advocatícios e, uma vez definido o valor, calculado a partir dessas diretivas, não poderá ser recusado nem pelo credor nem pelo magistrado, que também estará impedido de decretar a falência.[445] É importante observar que a relação jurídica posta pelo legislador entre a apresentação de relevante razão de Direito e depósito elisivo é cumulativa ou alternativa, cuja opção é exclusiva do devedor.

Dessa forma, três são as possibilidades de construção estratégica da defesa do devedor: 1) elidir; 2) elidir e justificar; 3) justificar.

Nas duas primeiras hipóteses, por força da regra do artigo 98, parágrafo único, fica evidente o obstáculo jurídico objetivo à decretação da falência. Restarão apenas duas questões que o julgador deverá enfrentar: a) qual das partes litigantes terá o direito de levantar o depósito efetuado; b) qual das partes litigantes arcará com o pagamento das custas judiciais.[446]

Na hipótese de o devedor ter optado somente pela elisão da dívida, a primeira questão será facilmente resolvida, pois, se o credor apenas efetua o depósito elisivo, está implicitamente admitindo a sua condição de devedor, logo o juiz não decretará a falência e determinará o levantamento da quantia depositada pelo credor, ficando o réu/devedor responsável também pelas custas da ação a que deu causa.

Na segunda hipótese, elisão e justificação do não pagamento, o julgador também fica impossibilitado de decretar o regime liquidatório. Porém, diferentemente da hipótese anterior, o devedor não se considera juridicamente obrigado a pagar, logo, antes do magistrado definir quem irá levantar o valor depositado, deverá analisar, meritoriamente, a razão apresentada pelo devedor. Se a acolher, estará rejeitando a pretensão do autor, julgando improcedente a ação. Conseqüentemente, condenará o autor ao pagamento das custas judiciais e determinará que o valor depositado elisivamente seja levantado pelo devedor. Se o juiz rejeitar a razão do devedor, deveria decretar a falência, estando impedido

---

[444] Vide regra do artigo 98, parágrafo único.

[445] Vide nota anterior.

[446] Não se lança os honorários advocatícios como terceira questão pois estão contemplados no depósito elisivo, conforme a regra do artigo 98, parágrafo único.

conforme a expressão da Lei. Dessa forma, ainda que construa uma sentença de procedência da ação, não acolhe a pretensão jurídica constitutiva do regime liquidatório e, por essa razão, determina o levantamento da importância pelo autor/credor com a condenação do réu/devedor no pagamento das custas judiciais.

Há nesse posicionamento legal uma inafastável contradição, pois como poderá ser possível rejeitar a pretensão jurídica e julgar procedente a ação judicial? A regra prevista na parte final do parágrafo único do artigo 98, que afirma o julgamento de procedência da ação mesmo que rejeitada a pretensão jurídica, explica-se na opção por justiça exercida pelo legislador, pois, se o juiz julgar formalmente improcedente a ação, terá, pela regra do artigo 20 do Código de Processo Civil, que condenar o autor a arcar com as custas, situação sistemicamente injusta.

Essa contradição sistêmica está amparada em um critério de justiça, pois, ao elidir, o devedor sabe que o juiz não poderá decretar a falência, ainda que estivesse convicto da insolvência do devedor. Contudo, se julgar improcedente em virtude do depósito elisivo, não poderá condenar o réu ao pagamento das custas, o que seria injusto para o autor que teve de promover a ação por responsabilidade do réu, ainda que não desejada. A forma encontrada pelo legislador para justificar o ressarcimento das custas pelo devedor foi determinar ao magistrado o julgamento de procedência da ação falimentar sem o decreto de falência quando o devedor tiver efetuado o depósito elisivo.

Na terceira hipótese, o devedor apenas justifica o não-pagamento mediante a apresentação de uma relevante razão de Direito. Nessa modalidade defensiva, o devedor não neutraliza o risco da decretação de uma falência. A análise do magistrado restringir-se-á apenas ao mérito jurídico da razão apresentada. Se a aceitar, rejeitará a pretensão jurídica e julgará improcedente a ação proposta, condenando o autor ao pagamento das custas judiciais e ao eventual ressarcimento ao devedor por exercício abusivo do direito de ação.[447]

Se não aceitar a tese defensiva arrimada na razão relevante apresentada pelo devedor, acolherá a pretensão jurídica constitutiva do regime liquidatório, julgando procedente a ação e decretando a falência. Nesse caso, a condenação ao pagamento das custas judiciais, devidas pela massa falida repercutirá como crédito extraconcursal a ser habilitado na forma do artigo 84, IV.

Por fim, o devedor/réu poderá, também sem precisar excluir as demais hipóteses, no prazo legal de defesa, requerer a sua recuperação judicial, na forma do artigo 95.[448]

Esse dispositivo propicia algumas discussões em classe.

---

[447] Vide regra do artigo 101.

[448] Artigo 95: "Dentro do prazo de contestação, o devedor poderá pleitear sua recuperação judicial".

Teoria Falimentar e Regimes Recuperatórios

1) Se o exercício deste direito está limitado ao prazo de contestação, deverá o réu formalizá-lo em uma petição de defesa, juntando-a ao autos da falência, ou deverá promover ação própria de recuperação judicial?

Em aula anterior que tratava sobre a recuperação judicial, foi afirmado que, por por esta se constitui em um regime jurídico, a sua concessão se dá por ato do Poder Judiciário, o qual, salvo raras exceções, dentro das quais não se inclui a recuperação judicial, não age de ofício. Dessa forma, o acolhimento da pretensão jurídica recuperatória é condicionado à propositura de uma ação judicial específica por parte do interessado, de acordo com o ordenamento processual.

Isso faz concluir que o devedor/réu, caso opte em sua defesa também pela regra do artigo 95, terá de propor uma ação judicial específica em autos próprios e, dentro do prazo legal, por petição juntada aos autos da falência, informar oficialmente ao juiz do processo falimentar.[449] Se eventualmente tiver requerido a recuperação judicial nos autos da falência, a boa prática recomenda que o juiz determine o desentranhamento da petição para abertura de autos próprios, devendo o escrivão certificar o acontecido.

2) Uma segunda pergunta, também de alto interesse, costuma ser formulada: o requerimento de recuperação judicial é condição prejudicial ao processamento da ação falimentar?

A pergunta tem duas respostas possíveis, cujo prevalecimento de uma ou outra tese será de acordo com a situação fático-jurídica.

Antes de mais nada, é importante observar que, independentemente da resposta tratar-se ou não de questão prejudicial, deve-se sempre aplicar a regra determinada no enunciado do artigo 6º, § 4º, que determina a suspensão das ações e execuções judiciais contra o devedor em processo de recuperação pelo prazo de 180 (cento e oitenta) dias, uma vez que a ação falimentar não se enquadra em nenhuma das exceções que a Lei prevê: a) quantia ilíquida (artigo 6º, § 1º); b) reclamação trabalhista (artigo 6º, § 2º); c) execuções fiscais (artigo 6º, § 7º); d) ações decorrentes de direitos oriundos das hipóteses previstas no artigo 49, III e IV (artigo 52, III).

A solução respeita dois caminhos possíveis após o transcurso desse prazo suspensivo.

A primeira resposta possível, e talvez a mais esperada, é a resposta afirmativa. Tendo sido citado em uma ação judicial de falência e no prazo do artigo 98, *"capvt"*, o devedor propõe, como estratégia defensiva, a ação de recuperação judicial. Ao final do prazo do artigo 6º, *"capvt"*, espera-se que o plano já tenha se submetido à deliberação dos credores em assembléia. Se a recuperação for concedida pelo magistrado, prevalecerá o plano e, em consonância com a regra do artigo 59, *"capvt"*, as dívidas serão consideradas novadas pela decisão concessiva. Com o cumprimento das obrigações, de acordo com o cronograma de

---

[449] O qual deverá ser o mesmo, de acordo com a regra do artigo 78, parágrafo único.

execução do plano reorganizativo, as dívidas, incluindo a que instruiu o pedido falimentar, serão extintas. Caso o plano seja rejeitado pelos credores e o juiz não reconheça o desempenho de função social, será, no próprio processo de recuperação judicial, decretada a falência, por força do artigo 56, § 4º. Uma vez decretada a falência incidental no processo recuperatório, não haveria sentido em um novo decreto, implicando a extinção da ação falimentar originária pela perda de objeto.

Porém, a resposta negativa é também possível quando se tratar de um crédito que não seja alcançável pela concessão do regime recuperatório. Após decorrido o prazo suspensivo previsto no artigo 6º, § 4º, a ação retomará sua continuidade. Para estes credores valerá a regra do artigo 73, parágrafo único, que lhes permite promover a ação falimentar a qualquer tempo, ainda que o réu/devedor esteja em regime de recuperação judicial.

Exercido o direito de defesa nas formas acima estudadas, muitos magistrados costumam permitir o direito de réplica, ainda que não exista uma previsão expressa na Lei. Após, caso seja necessária, realiza-se a instrução do processo para ulterior julgamento.

Este julgamento irá encerrar a fase pré-falimentar, devendo o juiz oportunizar, antes da prolação da sentença, a manifestação do Ministério Público. Se julgar procedente, o juiz prolatará uma sentença falimentar, na forma do artigo 458, I, II e III, do Código de Processo Civil, que deverá atender aos requisitos do artigo 99. Se julgar improcedente, prolatará uma sentença denegatória da falência, na forma da legislação processual acima referida.

2.1.2. Procedimento falimentar por execução frustrada

Ao analisar-se comparativamente os caminhos procedimentais traçados para as ações falimentares arrimadas na impontualidade, artigo 94, I, e na execução frustrada, artigo 94, II, observam-se recíprocas vantagens e desvantagens na adoção de uma ou outra base jurídica.

A grande vantagem em favor do procedimento para a ação falimentar com base na impontualidade é, ao menos no plano teórico, a rapidez com que esta se movimenta.

Em síntese, e não respeitando os limites formais do discurso jurídico, pode-se afirmar que o procedimento arrimado na impontualidade é mais "direto", pois, tão logo vencida a obrigação sem o pagamento devido, o credor poderá imediatamente promover a ação falimentar.

Essa vantagem, contudo, sofre duas limitações: 1) a dívida terá de ser superior a 40 (quarenta) salários mínimos; 2) o(s) título(s) terá(ão) de ser protestado(s) para fins falimentares.

Teoria Falimentar e Regimes Recuperatórios

O não-atendimento cumulativo dessas duas condições impede o direito de exercício da ação falimentar por esta base jurídica.

Quando se trata da ação falimentar arrimada na execução frustrada, as vantagens para esta base jurídica são, exatamente, as desvantagens apontadas para a base jurídica impontualidade. Em outras palavras, se o credor optar pela ação falimentar com base em execução frustrada, o protesto com finalidade falimentar será desnecessário,[450] assim como a dívida reclamada poderá ser de qualquer valor. Contudo, pela base jurídica execução frustrada, o vencimento e o não-pagamento desta não são condições suficientes para legitimar o credor a promover a ação falimentar. Deverá antes, como condição material de concretização plena do suporte fático, ter o autor promovido a execução judicial do título e provar que esta se inviabilizou pela tripla omissão do executado.

De acordo com o texto do artigo 94, II, executado por qualquer quantia líquida, não paga, não deposita e não nomeia bens suficientes à penhora dentro do prazo legal. Observa-se que, além dos elementos descritivos – execução por qualquer quantia ilíquida, não pagamento, não depósito e não nomeação de bens suficientes à penhora no prazo legal –, há também um elemento normativo de caráter teleológico, que é a frustração da execução. A inexistência desse elemento permitiria a concretização do fato jurídico tão-somente pela ocorrência dos elementos descritivos, em outras palavras, pela tripla omissão do executado.

Contudo, se a execução não se frustrou por penhora involuntária de bens, por ato do oficial de justiça (artigo 652, § 1º, do Código de Processo Civil) ou por indicação do credor (artigo 652, § 2º, do Código de Processo Civil), ou extinguiu-se na forma do artigo 794, II e III, do estatuto processual, ainda que possa alegar a tripla omissão do devedor, o fato jurídico execução frustrada não terá se concretizado plenamente, dessa forma, o exeqüente terá perdido o interesse de agir processualmente contra o executado, bem como a sua legitimidade processual, pois, com a extinção da dívida, não mais será considerado credor.

Para iniciar a ação judicial falimentar com base no artigo 94, II, o autor/exeqüente, conforme a regra do artigo 94, § 4º, deverá trasladar as peças processuais da execução, acompanhada de uma certidão narratória emitida pelo juízo da execução. Essa produção probatória virá anexa à petição inicial descritiva do fato jurídico execução frustrada.

Ao ajuizar a ação, o credor estará lançando a presunção relativa da insolvência do devedor, razão pela qual, ao deferir a petição inicial, estará o magis-

---

[450] É de se observar que para alguns títulos, como a duplicata não aceita e o contrato de câmbio, o protesto será elemento obrigatório para a aquisição de executividade do título. Logo, se a execução que se frustrou foi a de uma duplicata não aceita, é possível que a ação falimentar venha acompanhada de uma certidão de protesto, contudo, esse protesto não tem finalidade falimentar, tendo sido tirada para a proposta da execução judicial do título, não para a proposta da ação falimentar.

trado impedido de decretar a falência. Deverá, dessa forma, determinar a citação do requerido para, em dez dias, contestar e/ou elidir a dívida.

Uma questão de interesse acadêmico é a que trata, dentro do exercício do direito de contestação, a possibilidade do requerido fazer uso de uma das razões arroladas no artigo 96.

Anacronicamente, o legislador manteve a mesma regra da lei anterior, pela qual as relevantes razões de Direito somente são alegáveis se a base jurídica for a impontualidade.[451] Dessa forma, seguindo a interpretação lógica desse enunciado restritivo, haveria de se afastar a possibilidade, por exemplo, do requerido argüir a prescrição do título quando se tratasse do suporte fático execução frustrada, pois a prescrição tem previsão no inciso II do artigo 96. Tal raciocínio seria absurdo não só de acordo com o Código Civil, pela regra do artigo 193 CC,[452] como também em sede aplicativa do princípio jurídico da ampla defesa. Assim sendo, com base no amplo exercício de defesa, o requerido poderá em sua contestação[453] apresentar razões jurídicas que tenham previsão legal no artigo 96.

Por outro lado, a lei procurou inovar, atendendo, de certa forma, a algumas manifestações doutrinárias e jurisprudenciais durante a vigência do Decreto-Lei, estendendo a possibilidade de realização do depósito elisivo também quando a base jurídica for a execução frustrada, na forma do artigo 98, parágrafo único. Dessa forma, assim como na defesa realizada quando a base jurídica for a impontualidade, o devedor poderá impedir a decretação da falência efetuando o depósito judicial do valor da dívida.

Por fim, pela regra do artigo 95, o devedor, dentro do prazo decendial, poderá requerer a recuperação judicial.

Após o exercício do direito de defesa, se necessário for, o juiz abrirá a fase instrutória específica para a produção de provas até então não disponíveis, encaminhando, na seqüência, ao Ministério Público para parecer e, após retorno dos autos, julgamento final de primeiro grau.

2.1.3. Procedimento falimentar por atos de falência

Conforme explicado no ponto 3.3 da oitava aula, a prática de atos gerenciais de negócio incompatíveis com a administração de patrimônio solvente faz presumir a insolvência do devedor. Determinado a evitar interpretações heterogêneas sobre o significado de ato gerencial incompatível, o legislador criou um elenco fechado de hipóteses, descritas nas alíneas "a" – "g" do artigo 94, III.

---

[451] Vide regra do artigo 96, "*capvt*".

[452] Artigo 193 do Código Civil: "A prescrição pode ser alegada em qualquer grau de jurisdição, pela parte a quem aproveita".

[453] Vide regra do artigo 98, "*capvt*".

Dessa forma, o ato que não se enquadrar em nenhuma dessas hipóteses, por mais consensual que possa parecer a sua incompatibilidade, não caracteriza ato de falência, não gerando a presunção de insolvência. Por exemplo, por mais que possa caracterizar-se como ato indicador de crise, a falta de recolhimento de contribuições previdenciárias junto ao Instituto Nacional do Seguro Social não pode ser descrita como base fática de um pedido de falência na forma do artigo 94, III, pois essa conduta não está descrita em nenhuma das alíneas do inciso.

Assim sendo, o credor deverá, em sua petição inicial, descrever ao menos uma das hipóteses do artigo 94, III, e comprová-la(s) com as provas que dispuser quando do ajuizamento da ação, ou expressamente requerer autorização para comprovação futura, sob pena de indeferimento da petição inicial.

Esse suporte fático não trata de dívida não satisfeita pelo devedor, logo torna-se totalmente desnecessária a apresentação de um título executivo vencido, sendo, dessa forma, desnecessário ao autor/credor provar a cobrança e o não pagamento através da certidão de protesto. A prova da existência da dívida, entretanto, é imprescindível não para demonstrar a concreção do fato jurídico, mas para atender as condições processuais de legitimidade e interesse de agir.

Deferida a petição inicial, o juiz determinará a citação para a contestação, que também não poderá ultrapassar o prazo de dez dias.[454] Nesta contestação, além de ser incompatível a apresentação das relevantes razões de direito para o não-pagamento da dívida, não poderá o devedor realizar o depósito elisivo extintivo da obrigação.[455]

A única forma possível de defesa, além da possibilidade de requerimento de recuperação judicial, será contradita ao fato imputado.

Costuma-se indagar da possibilidade de realização do depósito elisivo em ações fundadas na base jurídica atos de falência. O efeito jurídico imediato desse ato praticado pelo devedor seria o afastamento da legitimidade do autor da ação e a perda de seu interesse processual de agir. Deixando de atender às duas condições processuais da ação, deveria o magistrado julgá-la improcedente. Dessa forma, segundo o entendimento de alguns, constituir-se-ia em uma defesa válida, até porque a regra do artigo 98, parágrafo único, mesmo não autorizativa, não é proibitiva.

Contudo, não poderá ser aceita a tese autorizatória do depósito elisivo, pois, como a base jurídica é a incompatibilidade de ato(s) gerenciais, não se perquire sobre a exigibilidade da dívida. Assim sendo, além da expressa referência contida no artigo 98, parágrafo único, que restringe tão-somente para as bases jurídicas impontualidade e execução frustrada, deve-se entender que a

---

[454] Em todos os procedimentos descritos (bases materiais do artigo 94, I, II e III), de acordo com a regra do artigo 189, a contagem do prazo contestacional deverá começar a correr na forma prevista pelo artigo 241 do Código de Processo Civil, com especial atenção para os incisos II e V.

[455] Especialmente pelo fato de que esta sequer precisará estar vencida, não sendo, dessa forma, exigível.

promoção da ação falimentar é possível mesmo que a dívida não tenha vencido. Aceitar o pagamento de dívida não vencida, ainda que na forma de depósito elisivo, é correr o risco de sofrer uma futura ação revocatória, com base no artigo 129, II, se a falência for decretada em outro processo.

Apresentada a defesa e oportunizado o direito à réplica caso o magistrado entenda conveniente, partir-se-á para uma fase de instrução para a produção das provas do fatos alegados. Após o encaminhamento para a manifestação do Ministério Público, os autos serão conclusos para a sentença de primeiro grau.

2.2. Procedimento na ação de autofalência

A autofalência é a falência requerida pelo próprio devedor quando este, identificando a irreversibilidade de sua crise econômica e financeira, entender ser inviável a recuperação de sua empresa.

Diferentemente do sistema anterior do Decreto-Lei em que se descrevia objetivamente a situação fático-jurídica que legitimava a proposição da ação autofalimentar,[456] com a cominação de uma sanção jurídica para o não-atendimento, que se expressava no impedimento objetivo de impetração da concordata,[457] a nova Lei não deu forma jurídica à crise, deixando esta avaliação exclusivamente ao critério do próprio empresário.

Tratando-se de um pedido formulado pelo próprio devedor, cujos efeitos jurídicos nele recairão, a autofalência constitui-se em um procedimento de natureza voluntária.

No entendimento de Fábio Ulhoa Coelho, o pedido de desistência deverá ser atendido pelo magistrado quando formulado antes da prolação da sentença falimentar, ainda que o julgador observe a presença dos pressupostos jurídicos para a constituição do regime liquidatório.[458]

A petição deverá ser elaborada com atendimento aos requisitos descritos nos incisos I a VI do artigo 105 e estar acompanhada dos seguintes documentos:

1) apresentação das demonstrações contábeis dos últimos 3 (três) exercícios sociais e as levantadas dentro do exercício fiscal da propositura da ação;

2) relação nominal dos credores, indicando nome, endereço, valor, natureza e classificação dos respectivos créditos;

---

[456] Decreto-Lei nº 7.661/45, artigo 8º: "O comerciante que, sem relevante razão de direito, não pagar no vencimento obrigação líquida, deve, dentro de 30 (trinta) dias, requerer ao juiz a declaração de falência, expondo as causas desta e o estado dos seus negócios".

[457] Decreto-Lei nº 7.661/45, artigo 140:"Não pode impetrar concordata:

II – o devedor que deixou de requerer a falência no prazo do artigo 8º".

Obs: este inciso ficou posteriormente prejudicado diante do enunciado da súmula 190 STF.

[458] COELHO, Fábio. *Op. cit.*, p. 265.

3) relação dos bens e dos direitos que compõem o ativo com avaliação comprovada documentalmente;

4) prova da condição de empresa individual, apresentação do contrato social ou estatuto da sociedade anônima, se houver, ou a indicação de todos os sócios em se tratando de sociedade irregular;

5) livros obrigatórios e documentos contábeis exigidos por lei;

6) relação dos administradores nos últimos 5 (cinco) anos, com os respectivo endereços, funções e participação societária.

Uma questão de interesse acadêmico é a possibilidade de a sociedade irregular ou de fato estarem legitimadas a requererem a autofalência. Na vigência do Decreto-Lei nº 7.661/45, não havia uma previsão legal expressa que reconhecesse como legítima a pretensão jurídica autofalimentar de uma sociedade não regular. Diante disso, a doutrina, quase que unanimemente, posicionou-se no sentido de não existir possibilidade jurídica para o exercício da ação, em que pese admitir que a sua falência fosse requerida por credor(es).

Essa é uma situação que foi tratada de forma diferente na Lei nº 11.101/05, que expressamente admite a ação autofalimentar por sociedade não personificada, de acordo com a regra prevista no artigo 105, IV.

Se na petição inicial não estiverem atendidos todos os requisitos exigidos pelo artigo 105, o juiz fixará prazo para que o autor/devedor a emende.[459]

Se todos os requisitos exigidos pela Lei tiverem sido atendidos, o juiz decretará a falência.

---

[459] Vide regra do artigo 106.

Décima Aula – Falência (Parte III – Sentença Falimentar)

1. APRESENTAÇÃO

As próximas duas aulas, décima e décima primeira, serão dedicadas ao estudo de um dos temas de maior importância e abrangência no Direito Falimentar: a sentença decretatória do regime coletivo de liquidação de bens e pagamento dos credores.

Inicialmente, serão examinadas questões conceituais sobre a sentença, como a sua natureza jurídica, os requisitos processuais de elaboração e o processo revisional.

Na décima primeira aula se abordará a matéria relativa à produção de efeitos jurídicos do ato judicial que decreta a falência.

2. INTRODUÇÃO

Na aula de número oito, a partir do estudo da teoria do fato jurídico falimentar, observou-se que a concretização de elementos descritivos de suporte fático juridicizados em um dos incisos do artigo 94 constitui um fato jurídico (impontualidade, execução frustrada ou atos de falência) que garante ao credor o reconhecimento do direito subjetivo de presumir, como causa eficiente do ato a insolvência do devedor. O reconhecimento desse direito subjetivo legitima o seu titular a pretender a constituição do regime liquidatório de falência contra o devedor, a qual será exercida através da propositura da ação judicial.

Ao promover a ação falimentar, o autor/credor lança judicialmente a presunção *ivris tantvm* de insolvência do devedor e expressa, através do pedido, que pretende ver constituído o regime falimentar sobre o devedor.

Ao julgar, o magistrado irá se manifestar sobre a pretensão jurídica esperada. Essa, ainda que o devedor tenha exercido seu direito de defesa, se não

---

Teoria Falimentar e Regimes Recuperatórios

217

tiver sido destruída, transformar-se-á em certeza, mesmo formal, de insolvência, realizando completamente o processo: geração da presunção de insolvência e transformação em certeza [formal] de insolvência. O insucesso do devedor em destruir a presunção de insolvência leva a sua transformação em certeza jurídica, mesmo que aparente, e legitima o juiz, de acordo com o ordenamento legal, a decretar a falência, prolatando, nesse caso, uma sentença falimentar.

Se o devedor tiver destruído a presunção de insolvência lançada pelo credor, o juiz não poderá reconhecer a insolvência, devendo rejeitar a pretensão jurídica constitutiva de regime falimentar liquidatório, prolatando uma sentença denegatória da falência.

Por outro lado, se a presunção de insolvência nunca existiu e, mesmo assim, o autor/credor promoveu a ação falimentar, exerceu o direito de ação sem direito subjetivo que a sustentasse, hipótese não admitida no Direito Processual brasileiro, salvo no caso das ações de conteúdo meramente declaratório, o juiz prolatará uma sentença denegatória da falência e, se constatar o exercício abusivo de forma dolosa do direito de ação, imporá ao autor a sanção estipulada pela regra do artigo 101, "*capvt*", não ficando afastada a hipótese do devedor promover ação própria para reclamar a sua indenização, caso o magistrado não julgue como dolosa a atitude do autor/credor.[460]

A sentença falimentar, como visto, é o ato judicial de acolhimento da pretensão jurídica do autor que se aloca, na geografia procedimental, entre as duas fases processuais falimentares: a fase pré-falimentar e a fase falimentar. A sua dupla função processual, encerrar a primeira fase e dar início à segunda, decorre da sua natureza jurídica, preponderantemente constitutiva[461] e com eficácia *erga omnes*. Essa conclusão decorre da identificação da pretensão jurídica básica do autor, que é a constituição do regime falimentar, meio mais eficiente de qualificação eficacial de uma sentença, conforme será a seguir explicado.

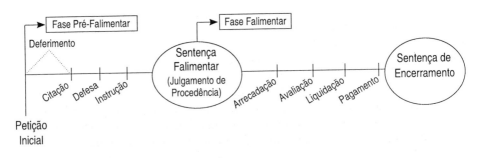

---

[460] Artigo 101: "Quem por dolo requerer a falência de outrem será condenado, na sentença que julgar improcedente o pedido, a indenizar o devedor, apurando-se as perdas e danos em liquidação de sentença. [...] § 2º – Por ação própria, o terceiro prejudicado também poderá reclamar indenização dos responsáveis".
[461] Pontes de Miranda, Francisco. Tratado de Direito Privado –Volume XXVIII.

3. NATUREZA JURÍDICA DA SENTENÇA FALIMENTAR

A natureza jurídica de uma sentença falimentar é um tema cuja discussão e debate de idéias vem acompanhando praticamente toda a evolução histórica da doutrina falimentar.

A visão mais tradicional, arrimada em comercialistas da envergadura de Carvalho de Mendonça e Bento de Faria, afirma uma natureza preponderantemente declaratória. Uma base lógica para a sustentação desse ponto de vista seria pela analogia com uma sentença de usucapião. Nesta, questiona-se: a sentença torna o possuidor proprietário? A resposta negativa é evidente. A sentença não torna o possuidor proprietário, apenas declara uma ocorrência no mundo jurídico que lhe é anterior. Assumindo, dessa forma, a sua natureza preponderantemente declaratória.

Aderindo ao enunciado lógico dessa tese, a sentença falimentar não tornaria a empresa insolvente, apenas declararia essa situação como um acontecimento anterior no mundo dos fatos. Assim, a função da sentença de decretação da falência seria apenas declarar uma situação fática precedente.

Em posição jurídica oposta, surge a tese sustentada por Pontes de Miranda, pela qual, ainda que detenha forte carga declaratória, a sentença falimentar teria natureza jurídica preponderantemente constitutiva.[462]

A melhor tese é a que procura examinar a sentença a partir da pretensão jurídica esperada pela parte. Conforme antes afirmado, a concretização de elementos abstratos de suporte fático dá existência a um fato jurídico. A existência de um fato jurídico permite o reconhecimento de um direito subjetivo, cuja satisfação o titular está legitimado a pretender através do exercício da ação de Direito Material. Na hipótese falimentar, exemplificativamente, a concreção dos elementos abstratamente descritos no artigo 94, I, faz existir juridicamente o fato impontualidade. Existindo a impontualidade como fato jurídico, o credor terá o direito subjetivo de presumir que a sua ocorrência deveu-se ao estado econômico de insolvência do devedor. Diante disso, está legitimado a pretender a constituição do regime falimentar. Denota-se, então, que a pretensão jurídica é constitutiva do regime falimentar.

Dessa forma, consegue-se identificar a natureza do ato sentencial [carga] de eficácia preponderantemente constitutiva, cuja análise não pode se afastar do conteúdo da pretensão jurídica esperada sob pena de incorreção técnica.

É importante destacar que a sentença de falência, antes de constituir o regime liquidatório, reconhece o estado econômico-financeiro de insolvência, carga eficacial importante, mas não preponderante.

---

[462] Surgiu, neste período, uma posição intermediária formulada por Trajano Miranda Valverde que sustentava a natureza híbrida da sentença falimentar: constitutiva-declaratória. Essa tese foi fortemente combatida por Pontes de Miranda e teve pouca adesão por parte doutrina.

Teoria Falimentar e Regimes Recuperatórios

A sentença denegatória de falência, por seu turno, reconhece apenas a não insolvência do requerido no processo em que foi proferida, mas não afirma a solvência do devedor. Por essa razão, não forma coisa julgada material sobre o estado econômico do devedor, sendo, possível, dessa forma, a proposição de nova ação judicial contra o mesmo requerido e até pelo mesmo requerente, baseado em outra concretização de fatos jurídicos.

4. REQUISITOS DA SENTENÇA FALIMENTAR

A sentença falimentar como ato judicial que expressa a conclusão do magistrado sobre o estado de insolvência do requerido, tendo em vista a sua oficialidade, deverá ser elaborada atendendo a alguns requisitos formais.

Estes requisitos poderão ser:

1) requisitos gerais – comuns a todas as sentenças, indicados pelo Código de Processo Civil no artigo 458:

– *relatório*, identifica o(s) suporte(s) fático(s);

– *fundamentação* afirma o direito subjetivo que reconhece;

– *dispositivo*, acolhe (integral ou parcialmente) ou rejeita a pretensão.

2) requisitos especiais – específicos para as sentenças falimentares, previstos no artigo 99.

Dessa forma, ao elaborar uma sentença de falência, o magistrado expressará a sua compreensão e cognição jurídica sobre o evento fático de acordo com o modelo requisitos gerais mais os requisitos especiais.

Os requisitos especiais, como anteriormente dito, estão arrolados no artigo 99, na ordem que segue:

I – *conterá a síntese do pedido, a identificação do falido e os nomes dos que forem a esse tempo seus administradores:* este é um requisito que, em parte, mistura-se ao requisito geral relatório, principalmente quanto a síntese do pedido, que estará incorporada no relatório. Além disso, o magistrado deverá ter absoluta atenção na identificação da entidade sobre a qual decretou a falência, em virtude do princípio de autonomia existencial entre sociedade e sócio. Não deixando, também, de identificar expressamente o(s) administrador(es) da empresa, especialmente para eventual investigação futura da gestão do negócio.

II – *fixará o termo legal da falência, sem poder retrotraí-lo por mais de 90 (noventa) dias contados do pedido de falência, do pedido de recuperação judicial ou do 1º (primeiro) protesto por falta de pagamento, excluindo-se, para esta finalidade, os protestos que tenham sido cancelados:* a sentença falimentar, conforme o desenho a seguir, tem o poder de criar um período com evolução para o futuro, chamado período ou fase falimentar. Esse período inicia com a prolação da sentença que decreta a falência e encerra com a prolação da sentença que extingue o processo liquidatório.[463] Durante esse período [fase] falimentar, haverá a produção de efeitos jurídicos decorrentes da regra do artigo 103, "*capvt*", pelo qual o falido, com a decretação do regime liquidatório, perde o poder de administrar os seus bens ou deles dispor a partir da sentença falimentar que decreta a falência até a prolação da sentença de encerramento que extingue o processo.

A eventual prática de atos de disposição patrimonial dentro do período falimentar, tendo em vista afronta direta a expresso mandamento legal, implicará a declaração de ineficácia absoluta do ato.

Entretanto, pelo enunciado do artigo 103, observa-se que a eficácia normativa desta regra é *ex nvnc*, em outras palavras, destituída de eficácia retroativa. Isso significa afirmar que a perda do poder de administração patrimonial se dá a partir da sentença falimentar. Até então, por interpretação lógica, o empresário terá na plenitude, salvo decisão judicial que determine o seqüestro[464] antes da decretação da falência, o poder de administrar e dispor de seus bens.

Não há dúvida que frente a uma situação de crise de provável irreversibilidade o empresário possa tomar atitudes prejudiciais e contrárias aos *fiduciary duties,*[465] que são exigidos de quem administra uma empresa.

Por força disso, foi criado um período de proteção retroativa aos interesses patrimoniais da falida que garanta para a massa e para os credores desta a avaliação criteriosa dos atos de disposição patrimonial *lato sensv* praticados antes da decretação da falência. Esse período é o termo legal da falência.

O termo legal tem como marco balisador de seu início a sentença falimentar. Contudo, por se tratar de um período que propõe um alcance retroativo de efeitos jurídicos, a sua evolução não se dirige para o futuro, orientada para a fase falimentar. A sua evolução orienta-se para o pretérito, ultrapassando, em algumas vezes, retroativamente, a própria fase pré-falimentar.

Assim sendo, o magistrado parte retroativamente da sentença falimentar em direção ao passado até encontrar o marco balisador (*dies ad qvem*) de encerramento do período, identificado como o limite máximo de produção retroativa de efeitos jurídicos da sentença falimentar.

---

[463] Vide respectivamente os artigos 99 e 156.

[464] Vide regra do artigo 103.

[465] Expressão do Direito Norte-americano, adotado no Brasil na forma original, que representa a confiança daquela entidade fictícia na pessoa de seus administradores. Os assim chamados *fiduciary duties* dividem-se em *duty of loyalty* (dever de lealdade, artigo 1.017 do Código Civil) e *duty of care* (dever de cuidado ou diligência, artigo 1.011 do Código Civil).

Teoria Falimentar e Regimes Recuperatórios

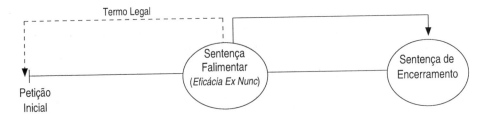

Dentro da teoria sistêmica, o balisador tem como característica fundamental servir como um indicativo ao juiz, ao Ministério Público, ao administrador judicial, ao comitê de credores e aos credores do início do período de desagregação econômica e financeira determinante da irreversibilidade da crise. Ainda que meramente formais, pois nem sempre fornecem uma informação precisa, os marcos balisadores do termo legal escolhidos pelo legislador brasileiro encontram-se definidos no texto do inciso II do artigo 99:

1) *data do primeiro protesto por falta de pagamento*, não se computando os que tenham sido cancelados;
2) *data do pedido de falência*;
3) *data do pedido de recuperação judicial*.

O critério aplicativo que o magistrado deverá utilizar na escolha do marco balisador deverá estar vinculado à base jurídica pela qual a falência foi decretada.

Se a falência tiver por base jurídica a impontualidade, sabe-se, de acordo com a regra do artigo 94, § 3º, que o protesto é elemento essencial para a comprovação da concretização do fato jurídico. Sem o protesto, o autor/credor não poderá promover a ação falimentar.

Dessa forma, se a base jurídica de constituição do regime liquidatório for a impontualidade, o magistrado retroagirá o termo legal até a data do primeiro protesto.

Se a falência tiver por base jurídica a execução frustrada (art. 94, II), um dos atos de falência (art. 94, III) ou a autofalência (art. 105), hipóteses em que o protesto não se constitui como elemento essencial para a concretização desses fatos jurídicos, será plenamente possível para o magistrado constituir o regime liquidatório sem dispor, ao menos no momento da sentença falimentar, de informações quanto à existência de algum protesto contra o falido.

Se a Lei se restringisse a fornecer ao juiz apenas o primeiro protesto como único marco balisador, a fixação do período protetivo estaria dificultada. Diante disso, optou-se por disponibilizar marcos alternativos ao primeiro protesto. Quando a falência tiver por base a concretização de um dos suportes fáticos antes referidos e se o magistrado, ao fixar o termo legal, não dispuser de nenhuma informação sobre a existência de protesto, poderá utilizar como balisador a data do pedido de falência.

Quando se estudou a recuperação judicial, viu-se que, de acordo com a regra do artigo 73, poderá um regime recuperatório transformar-se em regime liquidatório. Desse modo, é também admitida no Direito Falimentar brasileiro a decretação incidental da falência em um processo de recuperação judicial, desde que o magistrado tome essa decisão até o encerramento do prazo do artigo 61.[466] Mesmo que a Lei não mais exija a inexistência de protestos contra o devedor em recuperação, é possível, ao menos no plano teórico, ainda que se encontre em crise, não existir nenhum protesto contra o devedor.

Se por alguma(s) das razões do artigo 73 o magistrado tiver de convolar o regime recuperatório em regime liquidatório, estará obrigado a prolatar uma sentença falimentar, que antenderá aos requisitos gerais e especiais. Logo, nessa sentença, deverá ser fixado o termo legal. Considerando a possibilidade de não existirem protestos contra o devedor, o juiz não poderá fazer uso desse marco balisador do período protetivo. Restaria ao magistrado utilizar a data do pedido de falência, porém, em se tratando de decretação incidental ao processo de recuperação judicial, nenhuma ação falimentar foi proposta.

Dessa forma, o legislador teve de incluir um terceiro marco balisador para hipóteses de decretação incidental de falência em processos de recuperação judicial quando a empresa em crise não tivesse contra si nenhum protesto. Nessas situações, o juiz poderá retrotrair o período protetivo à data do pedido de recuperação judicial.

Essa regra não tem validade quando se tratar de falência decretada a partir do não cumprimento de obrigação assumida em regime de recuperação extrajudicial ou quando o descumprimento de obrigação assumida em recuperação judicial for em período posterior ao prazo do artigo 61.

Na primeira modalidade recuperatória, não existe a possibilidade de decretação incidental de falência. Se a empresa em crise deixar de cumprir a(s) sua(s) obrigação(ões), os credores deverão promover ação falimentar e, no caso de procedência, o juiz irá adotar um dos balisadores específicos para a falência decretada em virtude de julgamento de ação proposta.

Na segunda hipótese, descumprimento de obrigação assumida em recuperação judicial após o prazo do artigo 61, valerá a regra do artigo 62, segundo a qual o credor, após a desjudicialização da execução do plano, poderá ou promover a execução judicial específica, ou requerer a falência, com base no artigo 94.

Nessas situações, o juiz adotará como limite de retrotração ou a data do primeiro protesto não cancelado, ou a data do ajuizamento da ação falimentar.

---

[466] Vide regra do artigo 61, § 1º.

Teoria Falimentar e Regimes Recuperatórios

Importante sempre lembrar que o marco final de retrotração deverá garantir o maior espaço protetivo aos interesses da massa falida. Assim sendo, em existindo mais de um marco final possível, o juiz deverá optar por aquele que mais ampliar o período.

Uma vez definido o marco referencial de retroação do termo legal, poderá o juiz retrotrair por mais noventa dias, na forma do inciso II.

Tenta-se exemplificar: uma vez decretada a falência com base na impontualidade, o magistrado irá, na forma da Lei, definir a fixação do termo pela data do primeiro protesto não cancelado contra a empresa. Assim, uma falência decretada em 24 de outubro de 2007 teria um período retroativo de proteção até 01 de maio de 2007, se esta fosse a data do primeiro protesto conhecido e não cancelado, pois o protesto haverá de ser lavrado antes da propositura da ação. Definida essa data, o juiz poderá retrotrair por mais noventa dias, voltando até 31 de janeiro de 2007. Ainda que possa ser visto como uma excentricidade, nada impede que, após a escolha do balisador geral, o magistrado defina a retrotração complementar em um prazo inferior a noventa dias, pois o enunciado legal elege este prazo como período máximo de proteção retroativa, permitindo-se a criação de um período temporalmente menor para a proteção dos interesses da massa falida e dos seus credores.

Situação de alto interesse técnico é a que trata da hipótese em que a falência é decretada em grau de recurso pelo Tribunal. Nesse caso, como não houve decretação do regime liquidatório em primeiro grau, o termo legal será fixado no acórdão. Porém, deverá ser determinado o retorno dos autos para o juízo *a qvo* para o atendimento dos demais incisos contidos no artigo 99.[467]

III – ordenará ao falido que apresente, no prazo máximo de 5 (cinco) dias, relação nominal dos credores, indicando endereço, importância, natureza e classificação dos respectivos créditos, se esta já não se encontrar nos autos, sob pena de desobediência: a Lei, de acordo com a regra principiológica enunciada no artigo 75, parágrafo único, procura a eficiência pela agilidade e desburocratização dos procedimentos.

Esta exigência repercute diretamente na afirmação dos créditos no processo falimentar, pois, segundo o parágrafo único do artigo 99, combinado com o artigo 7º, § 1º, essa relação será publicada em edital. O crédito que estiver relacionado dispensa o procedimento de habilitação, submetendo-se apenas à verificação. O crédito que não estiver relacionado deverá ser habilitado em até quinze dias, contados da publicação do edital, sob pena de sofrer as sanções decorrentes da intempestividade.[468]

---

[467] RIO GRANDE DO SUL. Tribunal de Justiça. *Apelação Cível TJRGS 70019332907* – 5ª Câmara Cível. Relator: Desembargador Pedro Luiz Rodrigues Bossle, 2007.

[468] Vide regra do artigo 10 e seus parágrafos.

A intimação para a apresentação da relação de credores se faz necessária nos procedimentos falimentares que tiverem por base um dos incisos do artigo 94, pois, nessas três hipóteses, a ação judicial terá sido proposta pelo credor.

Quando a base jurídica da ação judicial for o artigo 105, pedido de autofalência, é obrigação do requerente/devedor anexar a relação de todos os seus credores,[469] dispensando-se a intimação.

IV – explicitará o prazo para as habilitações de crédito, observado o disposto no § 1º do art. 7º desta lei: o texto cria uma certa confusão. O prazo de quinze dias para as habilitações de crédito está claramente definido no artigo 7º, § 1º, não havendo nenhuma necessidade de sua explicitação por parte do magistrado. O que necessitará de esclarecimento será o termo inicial da contagem, pois essa só poderá ocorrer quando o edital referido no parágrafo único do artigo 7º tiver sido publicado.

Em se tratando de falência requerida por credor, deverão os demais credores aguardar o atendimento da determinação judicial do inciso anterior e a publicação do edital. Desta publicação, os credores deverão identificar se o seu crédito encontra-se corretamente arrolado. Caso não tenham sido arrolados ou a inclusão careça de acertamento, terão o prazo de 15 (quinze) dias para pedir habilitação ou retificação. A importância desse esclarecimento está na necessidade de evitar a indevida interpretação de que o prazo começasse a correr a partir da publicação da sentença.

V – ordenará a suspensão de todas as ações e execuções contra o falido, ressalvadas as hipóteses previstas nos §§ 1º e 2º do artigo 6º desta Lei: este tema já foi largamente discutido neste curso. Ainda assim, surge uma discussão de relevo. Conforme o texto deste inciso, ressalvadas as ações que versassem sobre quantia ilíquida e as reclamações trabalhistas, todas as demais ações e execuções ficariam suspensas, incluindo-se as execuções fiscais, uma vez que a ressalva do § 7º do artigo 6º trata apenas da recuperação judicial. Contudo, não parece ser esta a vontade do Estado brasileiro quando fez inserir na regra do artigo 76, "*capvt*", dispositivo que afasta a competência do juízo falimentar sobre todas as ações de natureza fiscal. Logo, estas não se submeterão ao princípio do juízo universal, tramitando em juízo próprio de acordo com o interesse da Fazenda.

É também importante ressaltar que o benefício da suspensão não se estende a garantidores ou avalistas. O credor não sofrerá nenhuma restrição em sua pretensão executória quanto a estes no caso de falência da garantida ou da avalizada.

VI – proibirá a prática de qualquer ato de disposição ou oneração de bens do falido, submetendo-se preliminarmente à autorização judicial e do Comitê,

---

[469] Vide regra do artigo 105, II.

Teoria Falimentar e Regimes Recuperatórios

se houver, ressalvados os bens cuja venda faça parte das atividades normais do devedor se autorizada a continuação provisória nos termos do inciso XI do capvt deste artigo: a idéia protetiva deste inciso, em que pese não estar suficientemente clara, é organizar a aplicação do regime liquidatório.

A alienação ou qualquer outra forma de utilização econômica do patrimônio do falido deverá ser dirigida pelo administrador judicial, com supervisão do juiz e fiscalização do Ministério Público e do comitê de credores. Dessa forma, a liberdade de ação, como regra, é restringida, por exceção autorizada quando se justificar pelo interesse dos credores.

As autorizações específicas serão desnecessárias quando o juiz, após decretar a falência, autorizar a continuação do negócio em relação às operações negociais.

VII – determinará as diligências necessárias para salvaguardar os interesses das partes envolvidas, podendo ordenar a prisão preventiva do falido ou de seus administradores quando requerida com fundamento em provas da prática de crime definido nesta Lei: esta(s) medida(s) preventiva(s) de caráter geral serve(m) para garantir um poder amplo ao juiz, limitado apenas à legalidade e à juridicidade de seus atos.

Em relação ao decreto prisional, a Lei o condiciona à prática de ilícito penal. Dessa forma, O ato restritivo de liberdade terá natureza processual penal, respeitando os limites e condições previstos nos artigos 311 a 316 do Código de Processo Penal.

Esta situação torna-se mais concreta quando se tratar de falência decretada incidentalmente a uma recuperação judicial, ainda que, ao menos teoricamente, não se possa afastar a possibilidade da decretação da prisão preventiva na sentença que encerre o julgamento de ação falimentar. Isto porque, a fiscalização dos atos do empresário ou dos administradores da empresa, em uma recuperação judicial, terá início a partir do deferimento da petição inicial. Na ação falimentar, não existem informações suficientes sobre a conduta do empresário ou administrador(es) da empresa, salvo situações específicas que recomendem uma fiscalização direta dos atos praticados por estes durante a fase pré-falimentar.

Se o juiz decretar a prisão preventiva, deverá assegurar-se da imediata intimação do Ministério Público, que deverá, em cinco dias, promover a ação penal. Caso não disponha de elementos suficientes para o oferecimento da denúncia, em virtude da prisão decretada, deverá manifestar-se pela imediata soltura do falido.

VIII – ordenará ao Registro Público de Empresas que proceda à anotação da falência no registro do devedor, para que conste a expressão "Falido", a data da decretação da falência e a inabilitação de que trata o art. 102 desta Lei: este requisito com eficácia jurídica mandamental possui, em última análise, uma finalidade basicamente administrativa. Deverão constar no registro público das empresas privadas todas as anotações referentes ao seu ciclo de existência, desde a constituição, o registro da empresa individual ou o arquivamento do ato constitutivo da sociedade empresarial, as alterações contratuais, até a sua extinção voluntária, por dissolução, ou compulsória, por liquidação falimentar.

Conforme a regra do artigo 1.150 do Código Civil, esse registro está a cargo das Juntas Comerciais. Dessa forma, o atendimento deste requisito se dará pela expedição de ofício ao Presidente da Junta Comercial do Estado que a empresa tiver sua sede e filiais, ainda que estas tenham sido constituídas em outros Estados da Federação, a(s) qual(is) terá(ão) de realizar a anotação determinada pelo juiz para o cumprimento da lei. Esta é, sem dúvida, uma hipótese possível no Direito Falimentar brasileiro em virtude da regra do artigo 3º, que determina a competência do juízo do local do principal estabelecimento da empresa, em detrimento da sede contratual, se esta tiver sede no Brasil, e no local da filial, se a sede for fora do Brasil.

IX – *nomeará o administrador judicial, que desempenhará suas funções na forma do inciso III do "capvt" do art. 22 desta Lei sem prejuízo do disposto na alínea "a" do inciso II do "capvt" do art. 35 desta Lei:* conforme anteriormente dito, o administrador judicial em uma falência terá uma função básica, administrar o patrimônio da massa falida. Esse poder de administração não é originário nem contratual, mas decorre de um ato de delegação do Poder Judiciário, formalizado pela nomeação feita pelo juiz. Dessa forma, de acordo com a regra do artigo 21, é o magistrado quem irá escolher o administrador judicial.

Na falência, a escolha e a nomeação do administrador judicial acontecerão no ato sentencial de decretação da quebra. Identifica-se um erro de técnica legislativa, pois manteve-se a referência à alínea "*a*" do inciso II do artigo 35, o qual autorizava aos credores, em assembléia, substituir o administrador judicial nomeado pelo juiz. Não se observou, na redação final, já que este dispositivo foi vetado pela Presidência da República.

X – *Determinará a expedição de ofícios aos órgãos e repartições públicas e outras entidades para que informem a existência de bens e direitos do falido:* requisito também de eficácia mandamental a outros órgãos e repartições. A finalidade desta determinação é de garantir a efetividade da arrecadação de bens do falido(a).

Por se tratar de uma execução coletiva, a lei determina que sejam arrecadados todos os bens economicamente apreciáveis[470] para serem transformados em dinheiro e pagamento dos credores, respeitada a ordem hierárquica prevista no artigo 83.

---

[470] O valor econômico de algum objeto é apreciável se existirem pessoas no mundo que desejem obtê-lo e, para tanto, estejam dispostas a pagar algum preço. POSNER, Richard. *Economic Analysis of Law*, p. 12. Little, Brown and Company, 1992.

Teoria Falimentar e Regimes Recuperatórios

Um dos meios de alcançar com êxito o desiderato arrecadatório é através da colaboração de outros órgãos. Contudo, a condução do processo arrecadatório/liquidatório não fica à mercê de eventual interesse colaborativo. Essa atividade proativa de outros órgãos deverá ser compulsoriamente atendida em virtude da determinação judicial.

XI – Pronunciar-se-á a respeito da continuação provisória das atividades do falido com o administrador judicial ou da lacração dos estabelecimentos, observando o disposto no art. 109 desta Lei: na lei anterior, vigorava com força principiológica, um efeito decorrente do decreto falimentar. Este efeito era o de imediato fechamento do estabelecimento empresarial, matriz e filial(is).

Por ter força principiológica, não estava expressamente previsto no Decreto-Lei e a sua omissão não implicava a oposição de embargos declaratórios, pois a continuidade do negócio pela massa falida[471] era vista como uma medida excepcional, somente concedida em situações especiais.

A Lei nº 11.101/05 alterou essa concepção, afastando a idéia de fechamento do estabelecimento e encerramento das atividades como tendência natural da decretação do regime liquidatório. Desse modo, o juiz, ao decretar uma falência sob a nova regra vigente, deverá, de acordo com o disposto no artigo 99, XI, expressamente se pronunciar se determinará o fechamento da empresa, com encerramento das atividades, ou a manterá, garantindo a continuidade do negócio. A sua omissão será considerada relevante, ensejando a oposição de embargos declaratórios.

XII – Determinará, quando entender conveniente, a convocação da assembléia geral de credores para a constituição de Comitê de Credores, podendo ainda autorizar a manutenção do Comitê eventualmente em funcionamento na recuperação judicial quando da decretação da falência: o comitê de credores, conforme examinado em aula anterior, é órgão de representação das classes dos credores em processos de recuperação judicial e de falência. A sua não-obrigatoriedade implica uma certa informalidade em sua constituição. A regra básica é a constituição decidida em assembléia geral com pauta pré-definida.[472]

Porém, poderá esta forma mais solene ser substituída por outras mais simples. A primeira regra simplificadora é a do artigo 56, § 2º, que trata da recuperação judicial, permitindo que na assembléia em que se aprova o plano seja também deliberada a constituição do comitê.

A segunda forma menos solene está prevista no artigo 26, § 2º, que permite tanto para a recuperação judicial quanto para a falência a nomeação de representantes dos membros do comitê titulares e suplentes de uma determinada classe pelo atendimento de requerimento formulado por credores que representem a maioria dos créditos desta classe.

---

[471] Vide regra do artigo 74 do Decreto-Lei nº 7.661/45.

[472] Vide artigo 35, I, "b", e artigo 35, II, "b".

A última forma menos solene é a prevista no inciso XI do artigo 99, que permite ao juiz a manutenção do comitê de credores que estava em funcionamento na recuperação judicial.

Por tratar-se, nesse caso, de uma falência incidental à recuperação judicial, a Lei procura aproveitar, como medida de economia e celeridade processual, alguns atos já constituídos no regime recuperatório, desde que tal opção seja justificada e compatível com o regime liquidatório.

XIII – *Ordenará a intimação do Ministério Público e a comunicação por carta às Fazendas Públicas Federal e de todos os Estados e Municípios em que o devedor tiver estabelecimento, para que tomem conhecimento da falência:* não se trata de um requisito com eficácia mandamental, apenas informativa, tanto para as Fazendas Públicas quanto para o Ministério Público, dando-lhes conhecimento da instauração do regime liquidatório.

A atuação das Fazendas Públicas estará vinculada ao interesse creditício que tiverem sobre o falido(a).

Para o Ministério Público, a atuação, a partir da intimação do Promotor de Justiça, torna-se obrigatória, devendo-se estender até o encerramento do processo civil falimentar e do processo penal falimentar.

5. RECURSOS CONTRA A SENTENÇA FALIMENTAR

A sentença é o ato judicial que põe fim a atividade jurisdicional cognitiva prestada na fase pré-falimentar. A jurisdição esperada pelo proponente da ação falimentar, de acordo com a pretensão jurídica constitutiva de regime liquidatório de falência, é legitimada pelo direito subjetivo de presunção *ivris tantvm* de insolvência do devedor, que se reconhece pela concretização do fato jurídico impontualidade, execução frustrada ou ato(s) de falência. Toda essa relação decorrente da formação do fato jurídico fica formalizada em um ato de natureza judicial denominado sentença falimentar.

Essa idéia conceitual de sentença foi mantida na Lei n° 11.101/05. Assim, ao encerrar a fase pré-falimentar, o magistrado, obrigatoriamente, prolatará um ato judicial denominado sentença.

Se a presunção de insolvência lançada pelo autor/credor com o ajuizamento da ação tiver sido destruída através de um ou vários meios de defesa juridicamente válidos, será prolatada uma sentença denegatória de falência, com julgamento de improcedência.

Uma vez não destruída, a presunção, transformar-se-á em certeza, mesmo que formal, da insolvência e, nessa hipótese, o juiz prolatará uma sentença falimentar constitutiva do regime liquidatório, julgando procedente a ação.

Teoria Falimentar e Regimes Recuperatórios

Tanto o ato judicial denegatório quanto o ato judicial constitutivo do regime são recorríveis, de acordo com a regra do artigo 100. Por estarem identificados como atos sentenciais, talvez, à primeira vista, fosse afirmada a recorribilidade do julgamento através de apelação, de acordo com a regra prevista no artigo 513 do Código de Processo Civil, *verbatim*: "Da sentença caberá apelação".

Entretanto, o microssistema recursal do Direito Processual Falimentar, em conformidade com a regra do artigo 100, estabelece um regime próprio para a interposição dos recursos.

Contra a sentença denegatória da falência caberá o recurso de apelação, enquanto que contra a sentença constitutiva do regime falimentar caberá o recurso de agravo.

A razão da diversidade de recursos está no fato de os atos judiciais, ainda que sob a mesma denominação, desempenharem funções diferentes no processo civil falimentar.

Mantendo-se fiel à tradição do Direito Processual brasileiro, a Lei nº 11.101/05 não seguiu o espírito da reforma do Código Geral de Jurisdição. Segundo a Lei falimentar, a identificação do recurso apropriado não decorre da nomenclatura oficial a ele outorgada, mas da efetiva função que desempenha na atividade jurisdicional. Logo, quando julga improcedente, além do nome sentença, o ato judicial tem função terminativa de jurisdição, desse modo, o recurso contra a sentença denegatória deverá ser a apelação.

Entretanto, quando julga procedente, a função do ato judicial não é terminativa, pois o mesmo juiz, nos mesmos autos, continuará jurisdicionando sobre o processo. Em que pese ter nome de sentença, a natureza efetiva do ato judicial será de decisão interlocutória, logo o recurso cabível deverá ser o de agravo.

Ainda que se possa afirmar uma indefinição na modalidade do agravo, tendo em vista a urgência de manifestação sobre os fatos remetidos à Corte Revisional, afasta-se qualquer possibilidade de cogitação sobre a modalidade retida. Ao receber o recurso, o relator deverá examinar a possibilidade de concessão de efeito suspensivo, na forma do artigo 527, III. Se não houver a retratação por parte do juiz,[473] o recurso será encaminhado para julgamento pela Câmara recursal.

Uma vez identificados os recursos contra a sentença que julga a ação falimentar, deverá o recorrente valer-se dos prazos do Código de Processo Civil para a sua interposição.[474]

Dessa forma, contra a sentença denegatória da falência, o autor deverá interpor recurso de apelação no prazo de 15 (quinze), contados da intimação

---

[473] Vide regra do artigo 529 do Código de Processo Civil.
[474] Vide regra do artigo 189.

da sentença, em consonância com as regras do artigo 506, II, e do artigo 508, ambos do Código de Processo Civil.

Por outro lado, quando se tratar de sentença falimentar, constitutiva do regime liquidatório, o recurso de agravo será interposto no prazo de 10 (dez) dias, também contados da intimação do ato sentencial.

Ainda que exista regra expressa, o que dificulta em muito uma interpretação liberal pela Corte Revisional, a análise sobre a fungibilidade recursal não poderá deixar de observar o prazo legal do recurso adequado.

Uma questão de extrema importância para essa temática é a proposta pelo enunciado da súmula nº 88 do Superior Tribunal de Justiça, *verbatim*: "São admissíveis embargos infringentes em processo falimentar".

O enunciado formal da súmula não representa a complexidade de seu argumento. De acordo com o disposto no artigo 530 do Código de Processo Civil, são oponíveis embargos infringentes ao acórdão, em grau de apelação, que por maioria de votos houver reformado sentença de mérito, de primeiro grau, ou tiver julgado procedente ação rescisória.

Se o juiz prolatar uma sentença denegatória de falência, conforme acima visto, o recurso cabível será apelação. Se o acórdão reformar a sentença por maioria, decretando a falência, o agora falido poderá opor embargos infringentes.

Todavia, se a sentença for de procedência, decretando a falência, o falido somente poderá interpor recurso de agravo. Se este for provido, reformando a sentença falimentar, mesmo que por maioria, o autor/credor e, nesta hipótese, agravado, não poderá opor embargos infringentes, pois o recurso provido não foi de apelação, mas de agravo.

Diante da situação de desequilíbrio processual, a súmula vem permitindo, excepcionalmente, em processos de falência, a oposição de embargos infringentes ainda que o recurso provido seja o agravo, reequilibrando os direitos das partes na relação processual.

Décima Primeira Aula – Falência (Parte IV – Sentença Falimentar – Continuação)

6. EFEITOS DA SENTENÇA FALIMENTAR

A sentença constitutiva produz uma série de conseqüências jurídicas que afetam os vários interesses postos em um processo falimentar. Esses efeitos, espalhados desordenadamente em inúmeros artigos, foram agrupados, tendo em vista a sua influência mais direta nos interesses das partes envolvidas em um processo falimentar. Desse modo, serão examinados sob o ponto de vista de sua influência: a) quanto aos credores; b) quanto ao falido(a); c) quanto aos terceiros.

Por razões distintas, três efeitos serão examinados separadamente, independentemente dos agrupamentos propostos.

O primeiro trata-se de um efeito que interessa a todos os grupos. Este efeito decorre do Princípio Jurídico do Juízo Universal da Falência. O referido princípio traz o efeito de imantação para todas as ações judiciais em que houver interesse da massa falida.

Desse modo, de acordo com a sua proposição principiológica, todas as ações judiciais de interesse da massa falida deveriam ser propostas, processadas e julgadas no juízo onde tramita o processo liquidatório da falência.

Contudo, a aplicação desse princípio no Direito brasileiro não é absoluta, pois, de acordo com a regra do artigo 76, a competência exclusiva do juízo falimentar será para todas as ações em que a massa falida figurar no pólo passivo da relação processual, ressalvadas as ações de natureza trabalhista e fiscal, e para as ações em que a massa falida figurar no pólo ativo da relação processual previstas na Lei nº 11.101/05.

A Lei nº 11.101/05 regula apenas três ações judiciais em que a massa figura no pólo ativo da relação processual: a) ação para responsabilização de

Teoria Falimentar e Regimes Recuperatórios

sócio, sócio controlador ou de administrador, prevista no artigo 82; b) a ação declaratória de ineficácia, prevista no artigo 129; e c) a ação revocatória falencial, prevista no artigo 130. Nessas três ações, ainda que a massa figure no pólo ativo da relação processual, por estarem previstas na Lei, serão processadas e julgadas no juízo falimentar. Nas demais ações judiciais em que a massa for autora ou litisconsorte ativa, a competência será do juízo comum.

Com absoluta razão Fábio Ulhoa Coelho ao referir que também não se submetem ao princípio do Juízo Universal as ações contra a massa falida que demandam quantia ilíquida propostas antes do decreto falimentar. Nessas situações, o processo continuará no juízo originário, cabendo ao administrador judicial a representação dos interesses desta.

Também nas demais situações, a representação dos interesses da massa falida será feita pelo administrador judicial. É de fundamental importância para a correta alocação dos conceitos da Teoria Geral do Processo Civil não confundir a representação processual de ente jurídico com a capacidade processual postulatória, que é exclusiva de advogados regularmente inscritos na Ordem dos Advogados.[475]

O primeiro efeito a ser destacado é aplicação do princípio do juízo universal, a partir do qual todas as ações de interesse da massa, que forem alcançadas por tal princípio estarão sujeitas à distribuição por dependência.[476] O segundo, é a falência do sócio em decorrência da falência da sociedade, é também destacado em virtude da carência de um resultado material relevante de sua proposição científica.

A Lei atual trouxe uma discussão há muito superada no Direito brasileiro que trata da falência do sócio como efeito secundário da decretação do regime liquidatório de uma pessoa jurídica. A regra do artigo 81, em absoluta oposição ao disposto no artigo 5º do Decreto-Lei nº 7.661/45,[477] determina que a falência da sociedade implica a falência dos sócios de responsabilidade ilimitada, os quais deverão, inclusive, serem citados dos termos da ação falimentar para o exercício do Direito de defesa.

Além de ser uma regra arcaica, pois não observa o princípio da autonomia existencial da pessoa jurídica, é totalmente inócua, uma vez que, no Direito

---

[475] Vide Lei nº 8.906 de 04 de julho de 1994.

[476] Vide regra do artigo 78, parágrafo único.

[477] Pela regra do artigo 5º do Decreto-Lei nº 7.661/45, a falência da sociedade não determinava a falência dos sócios de responsabilidade ilimitada e, obviamente, de responsabilidade limitada.

Artigo 5º, *"capvt"* do Decreto-Lei nº 7.661/45: "Os sócios solidária e ilimitadamente responsáveis pelas obrigações sociais não são atingidos pela falência da sociedade, mas ficam sujeitos aos demais efeitos jurídicos que a sentença declaratória produza em relação à sociedade falida. Aos mesmos sócios, na falta de disposição especial desta lei, são extensivos todos os direitos e, sob as mesmas penas, todas as obrigações que cabem ao devedor ou falido.

Parágrafo único – O disposto neste artigo aplica-se ao sócio de responsabilidade solidária que há menos de dois anos se tenha despedido da sociedade, no caso de não terem sido solvidas, até a data da declaração da falência, as obrigações sociais existentes ao tempo da retirada. Não prevalecerá o preceito, se os credores tiverem consentindo expressamente na retirada, feito novação, ou continuado a negociar com a sociedade, sob a mesma ou nova firma".

societário brasileiro, afora as sociedades não regulares, somente haverá sócios com ilimitação de responsabilidade em sociedades em nome coletivo,[478] sociedades em comandita simples[479] e sociedades em comandita por ações,[480] tipos societários inexistentes nos dias de hoje, ainda que passíveis de regulação por parte do Código Civil.

Dessa forma, a "inovação" trazida, na verdade, trata-se de um grande retrocesso jurídico que não terá a menor aplicação prática, pois, no atual cenário brasileiro, cerca de 99% (noventa e nove por cento) das sociedades regulares são do tipo limitada, restando cerca de 1% (um por cento) para as cooperativas e sociedades anônimas.[481] Nesses três tipos societários inexistem sócios com responsabilidade pessoal ilimitada dentro daquilo que se pode chamar como regras básicas institucionais.[482]

Essa regra não é aplicável ao sócio de responsabilidade limitada. Os integrantes de pessoas jurídicas cuja responsabilidade societária seja limitada não serão considerados falidos, logo, não terão seus bens arrecadados pelo administrador judicial. Entretanto, ainda que não ostente(m) a condição de falido(s), poderão submeter-se a alguns efeitos jurídicos da decretação do regime liquidatório, desde que haja expresso pronunciamento judicial, à desconsideração da personalidade jurídica, com alcance de seus bens pessoais.

O terceiro efeito a ser aqui examinando é a constituição da massa falida, com o reconhecimento pelo ordenamento legal de um ente jurídico destituído de personalidade jurídica. A concretização desse efeito irá variar de acordo com o ente jurídico. Em se tratando de uma empresa individual, este empresário ficará temporariamente inabilitado para o exercício da atividade empresarial, aguardando a declaração judicial de sua reabilitação.

A decretação da falência de uma sociedade empresarial dá início ao processo involuntário de sua extinção que se completará quando realizada a etapa de liquidação de seus ativos. Dessa forma, uma vez que a nova lei não tem nenhuma disposição semelhante à concordata suspensiva, a inabilitação da pessoa jurídica será definitiva, pois seu patrimônio será liquidado e, caso reste algum resíduo, será partilhado entre os sócios que são credores da sociedade.[483] Assim sendo, ainda que inexorável a extinção, a personalidade jurídica da sociedade falida permanecerá, mesmo que transitoriamente, até a finalização da etapa de liquidação de seus ativos, e o pagamento de seus credores, e eventual partilha

---

[478] Todos os sócios.

[479] Apenas o(s) sócio(s) comanditados.

[480] Apenas os acionistas diretores.

[481] Fonte: DNRC – www.dnrc.gov.br.

[482] A desconsideração da personalidade jurídica da sociedade empresarial representa uma situação excepcionalmente admitida pelo Direito, não se constituindo em uma regra institucional dos tipo societários.

[483] Excepcionalmente o juiz poderá autorizar a continuidade temporária dos negócios, porém estes serão realizados pela massa falida.

Teoria Falimentar e Regimes Recuperatórios

entre os sócios. Após, será a sociedade considerada juridicamente extinta e, conseqüentemente, terá perdido a sua personalidade jurídica. Por essa razão, é possível a desconsideração da personalidade jurídica da empresa enquanto tramitar o processo liquidatório falencial.

A massa falida é um ente destituído de personalidade jurídica, com reconhecimento específico de legitimidade para prática de alguns atos jurídicos e judiciais, como: a) a celebração de contratos, com prévia manifestação do Ministério Público, comitê de credores (se houver) e autorização judicial, e determinação legal ou b) o reconhecimento de legitimidade para a propositura de certas ações judiciais, como as ações revocatórias, por exemplo.

6.1. Efeitos da sentença falimentar quanto aos credores

6.1.1. Princípio "pars conditio creditorvm"

A expressão latina *Pars Conditio Creditorvm* deverá ser compreendida como a condição de igualdade entre todos os credores em um regime liquidatório de falência.

Uma vez decretada a falência, surge como efeito imediato da sentença judicial o estabelecimento da condição de igualdade absoluta entre todos os credores concursais, independentemente da natureza de seus créditos. Em outras palavras, sob o aspecto propositivo, o princípio procura garantir os mesmos direitos a todos os credores, dos trabalhistas aos subordinados, estabelecendo entre todos eles uma relação horizontalizada de direitos.

Essa igualdade proposta pelo princípio, entretanto, não é absoluta em todas as etapas do processo. Pode-se afirmar estarem em plena condição de igualdade os credores durante o regime falimentar enquanto se realizam as etapas de arrecadação, avaliação e liquidação.

Na etapa de pagamento, ainda que se possa afirmar a existência de uma relação igualitária entre todos os credores, essa não mais é absoluta, identificando-se diferenças de direitos entre os integrantes das classes admitidas no processo de execução coletiva. Isso decorre, inicialmente, do fato de que, na fase de pagamento, a igualdade convive com o conceito de hierarquia vertical dos créditos, que são separados por classes e pagos de acordo com a ordem hierárquica estabelecida pela Lei. Dentro das classes, salvo regra especial diferenciadora, existe uma igualdade absoluta. Entre as diferentes classes de credores, ainda que o rateio esteja subordinado ao respeito da relação hierárquica, existe uma regra igualitária. Por exemplo, se na classe I for pago o valor principal e a correção monetária, enquanto houver ativo suficiente, os credores da classe seguinte serão pagos, após a integral satisfação da primeira, nas mesmas condições, sucedendo-se a mesma situação com as demais classes.

No artigo 83 estão descritas as diversas classes de credores concursais na ordem que segue:

I – os créditos derivados da legislação do trabalho, limitados a 150 (cento e cinqüenta) salários mínimos por credor, e os decorrentes de acidentes do trabalho;

II – os créditos com direito real de garantia até o limite do valor do bem gravado;

III – créditos tributários, não incluindo as multas;

IV – créditos com privilégio especial;

V – créditos com privilégio geral;

VI – créditos quirografários;

VII – multas contratuais e penas pecuniárias por infração das leis penais ou administrativas, incluindo as multas tributárias;

VIII – créditos subordinados.

Conforme antes referido, na etapa de pagamento, haverá, ainda, a igualdade de direitos, com a diferença de que esta ocorrerá apenas dentro da classe em relação aos credores que a compuserem. Essa igualdade se apresenta nas duas maneiras possíveis:

1) *a massa tem ativos suficientes para o pagamento integral de cada um dos créditos da classe*;

Simulação # 01

Classe (X)
Credor A Credor B Credor C R$ 50,00 R$ 25,00 R$ 125,00
Passivo da Classe = R$ 200,00
Repercussão dos Créditos na Classe Credor A Credor B Credor C 25% 12,5% 62,5%
Ativo da Massa R$ 300,00
Distribuição Credor A Credor B Credor C R$ 50,00 R$ 25,00 R$ 75,00 Obs.: os R$ 100,00 (Cem reais) remanescentes serão distribuídos para os credores da classe seguinte

2) *a massa não tem ativo suficente para o integral pagamento dos créditoss da classe*: será feito um rateio em condições de igualdade entre os credores da classe. Esse rateio irá respeitar a proporcionalidade do crédito sobre o passivo da classe, da seguinte forma:

Simulação # 02

Classe (X)
Credor A Credor B Credor C R$ 50,00 R$ 25,00 R$ 125,00
Passivo da Classe = R$ 200,00
Repercussão dos Créditos na Classe Credor A Credor B Credor C 25% 12,5% 62,5%
Ativo da Massa R$ 50,00 (cinqüenta reais)
Distribuição Credor A Credor B Credor C R$ 12,50 R$ 6,25 R$ 31,25 (25%) (12,50%) (62,50%)

Os pagamentos serão feitos contemplando o principal mais a correção monetária para todas as classes. Se após o pagamento da classe dos credores subordinados[484] ainda existir patrimônio, poderão ser pagos os juros legais, também respeitando, mais uma vez, a ordem hierárquica do artigo 83.[485]

Esta regra de juros legais será aplicada após a decretação da falência, os quais serão pagos somente se existir ativo suficiente para tanto, ressalvados os direito dos debenturistas e dos credores com direito real de garantia.[486]

Os juros exigíveis antes da prolação da sentença constituir-se-ão em parte integrante do valor que será habilitado, pois a sentença falimentar não tem poder revisional automático, cabendo à parte interessada, no caso a massa falida, propor a ação adequada, caso entenda excessivos os juros contratualmente cobrados.[487] Ademais, os juros moratórios anteriores à decretação da falência também constituirão parte integrante do crédito a ser habilitado, enquanto que os juros moratórios posteriores à decretação da falência serão pagos na forma do artigo 124, isto é, se existir ativo suficiente para tanto.[488]

Quanto aos créditos que compõem as classes, alguma notas deverão ser observadas, conforme artigo 83 e seus incisos:

---

[484] Credores alocados na categoria VIII.

[485] Vide regra do artigo 124.

[486] Vide regra do artigo 124, "*capvt*" e parágrafo único.

[487] BRASIL. Superior Tribunal de Justiça. REsp 852926/RS – 1ª Turma. Relator: Ministro Teori Zavascki, 2006.

[488] BRASIL. Superior Tribunal de Justiça. REsp 872933/RS – 1º Turma. Relator: Ministro Francisco Falcão, 2006.

I – *Classe dos Credores Trabalhistas:* esta classe é formada por créditos decorrentes da legislação do trabalho (salário, hora extra, férias, etc.) e créditos decorrentes de acidentes do trabalho. O limite de 150 salários mínimos para habilitação na classe trabalhista é somente para os créditos decorrentes da legislação do trabalho, cujo excedente será habilitado como crédito quirografário,[489] assim como os créditos de natureza trabalhistas que forem objeto de cessão de direitos.[490]

A indenização por acidente do trabalho, sobre a qual não existe nenhuma limitação quantitativa, restringe-se ao direito do empregado relativo à empresa para a qual desempenhava atividade laborativa, não se confundindo com a ação acidentária contra o Instituto Nacional de Seguridade Social.

II – *Classe dos Credores com Direito Real de Garantia:* são créditos sem nenhuma característica especial, ressalvada a constituição de uma garantia real protetiva ao adimplemento da obrigação. As garantias elevam o crédito para a segunda classe na hierarquia da lei. Contudo, o pagamento do crédito com direito real também submete-se a um limite previsto na Lei, o valor da garantia, calculada pelo valor vendido ou avaliado.[491] Da mesma forma que para os créditos decorrentes da legislação do trabalho, o excedente será habilitado e pago na classe dos credores quirografários.[492]

Os credores com direito real de garantia possuem uma preferência em relação aos demais credores sobre os valores alcançados com a venda do bem dado em garantia. Dessa forma, o produto da venda deste bem será direcionado prioritariamente para o credor e não para a classe. Se o valor de venda for insuficiente para satisfazer a totalidade do crédito, o saldo remanescente perderá a natureza privilegiada e será alocado na classe dos créditos quirografários.

Deve-se, entretanto, observar que esse privilégio de direcionamento direto do produto da venda do bem dado em garantia é ineficaz perante os credores trabalhistas, tanto os que decorrem de acidentes de trabalho quanto os que decorrem da legislação do trabalho no limite estipulado no inciso I.

III – *Classe dos Créditos Tributários:* compostos pelos créditos fiscais, fazendários e parafiscais.

Inicialmente, há de se destacar que a Fazenda Pública está dispensada do procedimento de habilitação[493] para integrar um regime falimentar, bastando, tão-somente, uma comunicação acompanhada da certidão de dívida ativa ao juiz

---

[489] Vide regra do artigo 83, VI, "c".

[490] Vide regra do artigo 83, § 4º.

[491] Vide regra do artigo 83, § 1º.

[492] Vide regra do artigo 83, VI, "b".

[493] Na forma do artigo 7º e seguintes.

Teoria Falimentar e Regimes Recuperatórios

do processo, o qual, de imediato, irá determinar a sua inclusão no quadro geral de credores.

Por outro lado, levando-se em conta a regra do artigo 76, a Fazenda Pública dificilmente optará pela integração ao processo falimentar, devendo preferir o ajuizamento da execução fiscal que lhe permitirá receber o seu crédito sem ter que esperar o pagamento dos créditos das classes que lhe são preferenciais: classe dos credores trabalhistas e classe dos credores com direito real de garantia.[494]

Em relação aos créditos previdenciários, que têm natureza parafiscal, é necessário um perfeito entendimento sobre a sua natureza e a sua constituição para uma alocação correta no processo falimentar. A contribuição previdenciária do empregado é dividida em duas partes: (a) a parte do empregador; e (b) a parte do empregado.

A primeira é juridicamente considerada dívida do empregador e, se este submeter-se a um regime falimentar, o INSS terá de habilitar este crédito na classe dos credores tributários.

A parte do empregado é apenas retida pelo empregador quando do pagamento do salário, para futuro recolhimento em nome do trabalhador. Porém, por ficção jurídica,[495] considera-se que no momento da retenção, mesmo que ainda não efetivamente recolhido pelo empregador, a propriedade daqueles valores passa à titularidade jurídica do Seguro Social.

O valor retido do salário do empregado torna-se, por ficção jurídica, propriedade do instituto do seguro social. Assim, não terá instituto do seguro social o reconhecimento de um direito creditício habilitável na falência, mas o reconhecimento direito de propriedade sobre o valor da contribuição retida, que reclamará na falência através do pedido de restituição.

No Direito brasileiro, ainda prevalece a tese da existência de uma sub-hierarquia interna no pagamento destes créditos, a partir da relação verticalizada do Estado Federativo: 1) União e suas autarquias; 2) Estados, Distrito Federal, Territórios e suas autarquias; 3) Municípios e suas autarquias.

IV – *Classes dos Credores com Privilégio Especial e Classe dos Credores com Privilégio Geral:* também não possuem uma natureza própria diferenciadora das demais relações comuns de crédito. São assim considerados por expressa opção legislativa, na forma que segue:

---

[494] Nos últimos, entretanto, a orientação jurisprudencial do STJ vem apontando para uma direção contrária aos interesses da Fazenda Pública, permitindo o ajuizamento e a continuidade da execução fiscal, porém com destinação total dos bens para a massa falida – *EResp 268643/SP* . Se esta orientação se consolidar também na vigência da Lei nº 11.101/05, a promoção da execução fiscal não representará nenhuma vantagem jurídica para a Fazenda Pública.

[495] Situação em que, os fatos não tenham ocorrido e o Direito imputa-lhe os mesmo efeitos jurídicos, como se tivessem ocorrido

1) Credores com Privilégio Especial: a) as hipóteses previstas no artigo 964 do Código Civil; b)os que assim forem reconhecidos por legislação especial;[496] c) os que a legislação confira direito de retenção sobre a coisa dada em garantia.

2) Credores com Privilégio Geral: a) as hipóteses prevista no artigo 965 do Código Civil; b) os créditos que assim forem reconhecidos por legislação especial; c) a hipótese do artigo 67.

Observa-se a relação hierárquica, na ordem de pagamentos, da classe dos créditos com privilégio especial pagos primeiramente em relação à classe dos créditos com privilégio geral.[497]

O Superior Tribunal de Justiça vem entendendo que a remuneração do advogado a título de honorários advocatícios deverá integrar o quadro geral de credores concursais na categoria de credores com privilégio geral.[498] Tal interpretação é plenamente correta quando a relação jurídica entre advogado e massa decorrer da prestação de serviços profissionais prestados pelo causídico para o(a) falido(a). Existe, entretanto, uma idéia diversa que transita pelo próprio Superior Tribunal de Justiça, segundo a qual a atividade prestada pelo advogado caracteriza uma relação de trabalho, ainda que não seja um emprego, e, dessa forma, equiparável em direitos aos reconhecidos pela legislação para a classe trabalhista.[499]

Contudo, existem algumas situações muito próprias. Se o advogado assumir a condição de empregado de uma empresa, ainda que atuando em área jurídica, seu crédito deverá ser habilitado na classe dos credores trabalhistas. Se litigar com a massa como representante da parte, deverá ser respeitado o regime jurídico da sucumbência nas ações previstas na Lei nº 6.830/80.[500] Finalmente, se for contratado pelo administrador judicial, receberá de acordo com as avenças contratuais estipuladas na forma do artigo 150.

V – *Créditos Quirografários:* ainda que não estejam na última posição, são, na verdade, créditos residuais, pois nesta categoria, salvo expressa disposição legal,[501] incluem-se todos aqueles que não se enquadram juridicamente nas demais categorias creditícias, superiores ou inferiores hierarquicamente.

Além disso, a lei prevê a alocação como créditos quirografários dos saldos dos créditos não cobertos pelo produto dos bens dados em garantia, na hipótese

---

[496] Por exemplo, as notas de créditos industrial e comercial.

[497] Vide incisos IV e V do artigo 83 da Lei nº 11.101/05.

[498] BRASIL. Superior Tribunal de Justiça. REsp 662574/AL – 1ª Turma. Relator: Ministro Luis Fux, 2007.

[499] BRASIL. Superior Tribunal de Justiça. REsp 793245/MG Terceira Turma. Relator: Ministro Humberto Gomes de Barros, 2004.

[500] BRASIL. Superior Tribunal de Justiça. REsp 505388/PR – 2ª Turma. Relator: Ministro João Otavio Noronha, 2003.

[501] Regras do artigo 83, VI, "b" e "c", e artigo 83, § 4º.

Teoria Falimentar e Regimes Recuperatórios

do inciso II,[502] e o que exceder ao limite estabelecido no inciso I para os créditos decorrentes da legislação do trabalho.[503]

Por fim, configuram-se também como créditos quirografários os créditos de natureza trabalhista que forem objeto de cessão para terceiros.[504]

VI – *Multas Contratuais e penas pecuniárias por infração das leis penais ou administrativas, incluindo as multas tributárias:* esta categoria é modalidade de dívida não por relação creditícia, mas por sanções impostas ao devedor falido pelo descumprimento de obrigações assumidas em virtude do contrato ou da lei. Neste particular, observa-se a nova regulamentação dada ao tratamento da multa fiscal, que no sistema jurídico anterior, conforme entendimento da jurisprudência brasileira, não poderia ser habilitada na falência.

As multas contratuais habilitáveis são as que decorrem de descumprimento de cláusula exigível, não podendo ser considerada a que tenha a sua exigibilidade antecipada por força da decretação do regime falimentar.

Ainda que possa discutir a natureza jurídica dessa sanção, o legislador brasileiro quis alocar nesta categoria as multas decorrentes de práticas danosas ao ambiente.

VII – *Créditos Subordinados:* mesmo que não se trate de uma inovação no Direito brasileiro, tal hipótese não tinha um tratamento próprio na lei anterior.

Observando o quadro a seguir, verifica-se que, pela regra contábil de elaboração do balanço patrimonial, aloca-se a conta capital social no passivo. Isso representa a condição de credor que os sócios ostentam em relação à pessoa jurídica, permitindo-lhes juridicamente a retirada social dos lucros. Porém, o exercício deste legítimo direito está subordinado à satisfação de todos os demais credores e à existência de valor patrimonial positivo (PL positivo).

A decretação de uma falência decorre da afirmação, mesmo formal, de uma certeza da insolvência do devedor. Diante disso, é de supor a inexistência de bens suficientes para o pagamento das obrigações do falido.

Por outro lado, é teoricamente possível, ao se encerrar um processo liquidatório, observar-se a existência de ativos, mesmo após o pagamento de todos os credores. Se após satisfeitas as obrigações passivas ainda remanescer algum saldo de ativo, serão satisfeitos os créditos dos sócios da categoria de créditos subordinados.[505]

Assim sendo, pode-se afirmar que uma das categorias de créditos que integra a classe dos credores subordinados é a decorrente do direito de retirada

---

[502] Vide alínea "b" do inciso VI. do artigo 83.

[503] Vide alínea "c" do inciso VI do artigo 83.

[504] Vide regra do artigo 83, § 4º.

[505] Vide regra do artigo 83, VIII, "b".

social. Em regime falimentar identificada como a distribuição do patrimônio da sociedade liquidada no processo de falência.

Balanço Patrimonial (Forma Básica)	
ATIVO	PASSIVO
Bens Direitos	Obrigações PL (Patrimônio Líquido) Capital Social Resultado do Exercício Anterior

O direito de retirada, ainda que lícito, submete-se a algumas condições. Pode-se destacar que os sócios somente poderão retirar valores da sociedade se esta apurar lucro no exercício financeiro. Essa, entretanto, representa uma certa dificuldade, pois, o lucro ou o prejuízo serão apurados ao final do exercício anual,[506] que encerra em 31 de dezembro de cada ano. Somente após o levantamento do balanço anual é que serão definidos valores para a retirada dos lucros pelos sócios.

Uma forma de evitar essa demora é fazer as chamadas retiradas antecipadas. Essas, porém, correm o risco de o resultado do ano ter ficado aquém das expectativas projetadas. Se os sócios retiraram além do resultado, deverão devolver os valores retirados em excesso. Porém, na realidade, há uma grande probabilidade de estes valores terem sido gastos, não tendo mais os sócios como restituí-los. Nessas circunstâncias, os sócios poderão ser responsabilizados perante a sociedade e os credores.

A maneira mais comum de evitar todos esses riscos é contratualmente acordar uma prestação de serviços dos sócios à sociedade, garantindo-lhes uma remuneração a título de *pro labore*. Esta, segundo a Lei, artigo 83, VIII, "b", é uma outra modalidade de crédito subordinado. ·

Por fim, é também considerado crédito subordinado aquilo que assim for determinado por lei ou por contrato, como, por exemplo, a debênture subordinada.

6.1.2. *Habilitação automática de todos os créditos remanescentes da recuperação judicial*

Trata-se de hipótese proveniente de uma falência decretada incidentalmente em um processo de recuperação judicial. Seguindo a idéia do artigo 75,

---

[506] Vide regra do artigo 1.065 do Código Civil.

parágrafo único,[507] que incorpora ao texto normativo os princípios de celeridade e economia processual, a Lei dispensa os credores incluídos no quadro geral de um regime recuperatório judicial de um novo procedimento de verificação ou de habilitação de crédito,[508] deduzidas as importâncias eventualmente recebidas.

Se a habilitação estiver em curso, será remetida no estado em que se encontra para o processo liquidatório, aplicando-se as regras dos artigos 7° a 13, no que couber e de acordo com o momento processual adequado. Ainda que não exista previsão expressa, essa regra também deverá contemplar os procedimentos de impugnação e de habilitação retardatária.

6.1.3. Conversão dos créditos em moeda estrangeira

A falência, diferentemente da recuperação judicial,[509] produz um efeito imediato e incondicional quanto aos créditos cuja moeda de pagamento não seja a emitida pelo Governo brasileiro.

Esse efeito, de conversão incondicional e automática, encontra-se previsto no artigo 77 da Lei, que determina a conversão pela taxa de câmbio do dia da sentença falimentar.

O crédito será considerado em valor monetário brasileiro e sobre este valor em reais incidirão correção monetária e juros legais, afastando-se, desde a prolação da sentença, a variação cambial.

6.1.4. Vencimento antecipado das obrigações do falido(a)

Não representa nenhum equívoco técnico desenvolver este conteúdo nesta temática de efeitos, pois também atinge diretamente aos interesses dos credores.

A questão de debate é: uma dívida vincenda é afetada pela decretação da falência de devedor? A reposta positiva é dada pela regra do artigo 77. Dessa forma, o credor não necessita aguardar o prazo contratual do vencimento para habilitar-se, correndo, desse modo, o risco de habilitar-se tardiamente. Uma vez que a sentença falimentar antecipa o vencimento, a partir da publicação do edital do artigo 99, parágrafo único, poderá agir procedimentalmente para garantir o reconhecimento de seu crédito na falência.

Deve-se, entretanto, observar que, se houve uma antecipação do vencimento, haverá, necessariamente, a necessidade de serem abatidos os juros remuneratórios contratualmente estipulados, ainda sobre a taxa acordada, mas, com a decretação da falência, calculados *pro dia rata* – desde a celebração do contrato até a data da prolação da sentença de quebra.

---

[507] Artigo 75, parágrafo único: "O processo de falência atenderá aos princípios da celeridade e da economia processual".

[508] Vide regra do artigo 80.

[509] Vide regra do artigo 50, § 2°.

Definido o valor do crédito, composto pelo principal mais correção monetária e juros moratórios contratados contados *pro dia rata* até a data da decretação da falência, poderá o credor habilitar-se na falência. A partir da data de decretação do regime liquidatório, os juros moratórios darão lugar aos juros legais, que serão contados até a data do efetivo pagamento do crédito pela regra de contagem dos juros moratórios.

Os juros remuneratórios contratados, contados até a data da sentença de decretação da falência, são respeitados porque a sentença falimentar não tem efeito revisional sobre juros. A eficácia sentencial, conforme anteriormente explicado, é *ex nvnc*. Por força disso, a transformação da taxa contratual para a taxa legal de juros produzirá efeitos somente a partir da decretação do regime até o pagamento na falência. Antes da prolação da sentença falimentar, valerá a taxa contratada, ressalvado o direito da massa falida de propor ação revisional.

Ressalte-se que as cláusulas penais não serão habilitadas se as obrigações reclamadas vencerem-se antecipadamente em virtude da decretação da falência.[510]

6.1.5. Suspensão do curso da prescrição das dívidas

Segundo o artigo 6º, "*capvt*", combinado com o artigo 99, a decretação da falência, mediante sentença judicial, determina como efeito imediato a suspensão do curso da prescrição das dívidas passivas do falido.

Por tratar-se de efeito suspensivo, não interruptivo, o prazo decorrido até o advento da decretação do regime falimentar não se perderá. A partir do encerramento da falência, com a prolação da sentença de encerramento do processo, a contagem do prazo prescricional remanescente será retomada, considerando o tempo decorrido antes do advento da suspensão.[511]

6.1.6. Suspensão das ações e execuções contra a massa falida

Ao decretar a falência, em seu ato sentencial, o juiz deverá, atendendo à regra do artigo 99, V, em combinação com o enunciado do artigo 6º, "*capvt*", determinar a suspensão das ações e execuções propostas contra o falido que ainda estejam em tramitação.

A aplicação da regra geral não é limitada pelo enunciado do § 4º do artigo 6º, que se restringe à recuperação judicial. Dessa forma, a suspensão das ações e execuções em uma falência ultrapassa o prazo de cento e oitenta dias, permanecendo enquanto durar o processo liquidatório, podendo, somente após o encerramento deste, retomar a sua continuidade se o crédito não tiver sido solvido na falência.

---

[510] Vide regra do artigo 83, § 3º.

[511] Vide regra do artigo 157.

Teoria Falimentar e Regimes Recuperatórios

As exceções existem e estão previstas no artigo 6º, §§ 1º e 2º, e artigo 76. Estas tratam, respectivamente, de ações que demandarem quantia ilíquida, reclamações trabalhistas[512] e às relativas aos créditos fiscais, mais propriamente, às execuções fiscais, conforme estudado anteriormente.

Chama a atenção a existência de posições doutrinárias que defendem a permanência do regramento do sistema anterior, pela qual a execução iniciada com praça marcada ou realizada não sofre o efeito da suspensão. Nada na Lei nº 11.101/05 indica essa isenção. A tese do professor Marcelo Papaléo de Souza baseia-se em uma interpretação teleológica da regra do artigo 75, parágrafo único, que afirma principiologicamente a celeridade e a economia processual.

A razão de não terem sido mantidas as regras do artigo 24, § 1º, do Decreto-Lei nº 7.661/45 no sistema da Lei nº 11.101/05 está no prejuízo que a sua aplicação causava ao credor exeqüente. Isto porque, se a praça ainda não tivesse sido realizada quando da decretação da falência, a sua realização posterior não garantia ao exeqüente o recebimento do valor da venda do bem, cujo produto era arrecadado pelo síndico. Por outro lado, a arrecadação do produto de venda proveniente de praça prévia à decretação da falência era subordinada primeiramente à satisfação do crédito do exeqüente, situação desfavorável à massa. O legislador optou por suspender a execução em qualquer situação como forma de controle do patrimônio da massa e garantia da arrecadação, podendo, dessa forma, equilibrar, mesmo que subordinado às regras do rateio, os direitos dos credores concursais. Ademais, pela regra do artigo 108, § 3º, eventual produto gerado pela venda de bens da massa falida penhorados ou apreendidos entrará, obrigatoriamente, para a massa falida.

Por fim, deve-se observar que a eficácia da regra descrita no artigo 6º não alcança aos coobrigados de regresso ou de garantia nem faz com que se aplique o princípio do Juízo Universal para as execuções judiciais propostas.[513]

6.2. Efeitos da sentença falimentar em relação ao falido(a)

6.2.1. Efeitos quanto à pessoa do falido(a)

De acordo com o exposto na segunda aula, a atividade empresarial poderá ser executada pela individualidade do ser humano ou por uma coletividade de pessoas naturais e/ou jurídicas.

Sendo assim, ao decretar a falência de uma empresa individual, sobre a pessoa do empresário recairão todos os efeitos jurídicos da aplicação do regime. Se a falência decretada for de uma pessoa jurídica, haverá uma dupla geração de

---

[512] A exceção permitida ao crédito trabalhista é relativa à reclamatória. A execução dos créditos trabalhistas não poderá ser promovida, devendo o empregado habilitar-se no processo de falência de seu empregador.

[513] BRASIL. Superior Tribunal de Justiça. *Resp 794055/SP* – Terceira Turma. Relator: Ministro Humberto Gomes de Barros, 2005. Idem *Resp 642456/MT* – Terceira Turma. Relator: Ministro Carlos Alberto Menezes Direito, 2004.

efeitos jurídicos, alguns recairão sobre a sociedade, outros sobre a pessoa dos sócios ou seus administradores.

Os efeitos quanto à pessoa do falido dividem-se em regras garantidoras de direitos e determinativas de obrigações, além da sanção inabilitatória para o exercício da atividade empresarial.[514]

A idéia central está no artigo 103, "*capvt*", que determina que o falido perca o poder de administrar os seus bens. Desde já, observa-se que a perda do poder de administração patrimonial representa o limite máximo de perda jurídica em um regime falimentar. De outra forma, pode-se afirmar que, em um processo de falência, o falido não perde o direito de propriedade sobre os bens, perde apenas o poder de administrá-los enquanto tramitar o regime liquidatório. Assim sendo, por manter a titularidade na relação de domínio sobre os bens arrecadados, a disposição do parágrafo único do artigo 103 arrola os direitos garantidos ao falido:[515]

1) direito de fiscalização da administração da falência;
2) direito de impugnação das medidas e ações que entender prejudiciais ao seu patrimônio;
3) direito de manifestação e intervenção no processo;
4) direito de intimação de todos os atos processuais;
5) direito de interposição de recursos cabíveis.

De outro lado, as obrigações estão todas arroladas no artigo 104, observando-se, por exemplo, que a obrigação de comparecimento ao juízo falimentar e declaração dos itens mencionados nas alíneas do inciso I, será atendida pelo empresário individual ou pelo administrador ou sócio controlador da pessoa jurídica.

A grande discussão a respeito deste tema é quanto ao descumprimento de alguma dessas obrigações. No sistema jurídico anterior, havia, originariamente, a regra do artigo 35, que determinava a prisão do falido que faltasse com as obrigações previstas no artigo 34 do Decreto-Lei. Essa regra, a partir de 1988, foi sofrendo questionamentos a respeito de sua constitucionalidade, culminando na edição da súmula nº 280 do Superior Tribunal de Justiça, que entendeu revogado o referido artigo 35 do Decreto-Lei nº 7.661/45 por não ter sido recepcionado pelo ordenamento constitucional brasileiro vigente.

A Lei nº 11.101/05 posicionou-se de acordo com o último entendimento do STJ, redigindo o parágrafo único do artigo 104 da seguinte forma, *verbatim*: "Faltando ao cumprimento de quaisquer dos deveres que esta Lei lhe impõe, após intimado pelo juiz a fazê-lo, responderá o falido por crime de desobediência".

---

[514] Vide regra do artigo 102.

[515] Vide regra do artigo 103, parágrafo único.

Teoria Falimentar e Regimes Recuperatórios

Desse modo, ainda que fosse determinada por autoridade judicial, não mais é possível a decretação da prisão do falido pelo não atendimento das obrigações que a lei lhe impõe.

Além desses efeitos, pode-se apresentar também como um efeito que atinge diretamente à pessoa do falido a regra prevista no artigo 102, que determina a sua inabilitação para o exercício da atividade empresarial, situação que irá perdurar, independentemente do encerramento do processo de falência, enquanto o falido não for considerado juridicamente reabilitado.

6.2.2. Efeitos quanto aos bens do falido(a)

Duas são as bases de compreensão deste conteúdo jurídico:

1) *Perda do poder de administração* (limite jurídico): repisando a regra do artigo 103, *"capvt"*, que define o limite jurídico de produção de efeitos da sentença falimentar em relação aos bens do falido. É efeito da falência a perda do poder de administração dos bens do falido, que passarão a ser geridos pelo administrador judicial.

A regra é de suma importância, pois limita a perda jurídica do falido em relação a seus bens: perde apenas a administração, mas mantém a propriedade. Essa regra jurídica justifica o dispositivo do artigo 153, segundo o qual, pagos todos os credores, se houver saldo, será entregue ao falido.

Isto é também determinante para a compreensão dos limites de atuação do administrador judicial, pois, uma vez que o patrimônio pelo qual se responsabiliza é de propriedade de terceiro, a sua administração não é livre, mas direcionada para o cumprimento das etapas do regime falimentar. Por isso, é submetida à fiscalização e à prestação de contas.

2) *Alcance de efeitos sobre todos os bens do falido* (limite quantitativo): juntamente ao limite jurídico antes descrito, acrescenta-se um outro limite, quantitativo, completando-se a regra de efeitos sobre o patrimônio. O falido perderá o poder de administração sobre todos os bens economicamente apreciáveis, que serão pelo administrador judicial arrecadados, avaliados e liquidados para o pagamento dos créditos.

Quando se tratar de falência de empresa individual, uma vez que não existe uma separação conceitual entre patrimônio pessoal e patrimônio negocial do empresário, todos os seus bens economicamente apreciáveis, inclusive os bens pessoais, serão arrecadados, ressalvados os bens considerados juridicamente impenhoráveis.[516]

Se a falência for de uma sociedade, a situação torna-se um pouco mais complexa ante os princípios de autonomia existencial e patrimonial da socieda-

---

[516] Vide regra do artigo 108, § 4º.

de em relação a seus sócios. Pelo primeiro princípio, a pessoa jurídica tem existência jurídica e econômica distinta das pessoas de seus sócios; pelo segundo, a pessoa jurídica tem patrimônio próprio, diverso dos patrimônios individuais de seus sócios.

Inicialmente, há de se destacar que a decretação da falência de uma sociedade dá início ao processo de sua extinção por dissolução compulsória, cuja conclusão se dará no momento da liquidação dos ativos e do pagamento dos credores. Diversamente da legislação anterior em que esta situação poderia ser evitada pela concessão da concordata suspensiva da falência,[517] no sistema falimentar da Lei nº 11.101/05 a liquidação do ativo é inexorável, não se admitindo um pedido de recuperação judicial ou extrajudicial suspensivo da falência.

Dessa forma, a pessoa jurídica não poderá ser reabilitada pelos sócios por força da liquidação definitiva de seu patrimônio. As regras do artigo 158, que tratam da extinção das obrigações do(a) falido(a) para fins de reabilitação, aplicam-se apenas para os caso de falência de uma empresa individual.

A extinção definitiva da sociedade ocorrerá com o pagamento dos credores, se existirem bens. Após o magistrado irá encerrar o processo falimentar. Uma vez extinta a sociedade, perderá esta a proteção ao seu nome empresarial, podendo outras pessoas físicas e/ou jurídicas associarem-se e constituir nova pessoa jurídica utilizando o nome anteriormente designativo da sociedade falida.

Surge então a pergunta: se a sociedade, por ter se dissolvido com a liquidação de seus ativos, não pode ser reabilitada e perdendo esta pessoa jurídica a proteção ao seu nome empresarial, poderão os anteriores sócios novamente reunir-se em conjunção de esforços, patrimônios e interesses para a realização de uma finalidade econômica na forma empresarial utilizando-se do anterior nome da sociedade falida? A melhor resposta é, sem dúvida, a resposta afirmativa, desde que estes sócios não tenham sido considerados falidos[518] e não estejam submetidos a restrições legais:

1) na forma do artigo 181, II: impedimento para exercer cargo ou função em conselho de administração, diretoria ou gerência das sociedades empresariais;

2) na forma do artigo 1.011 do Código Civil, além das pessoas impedidas por lei especial, não podem ser administradores os condenados à pena que vede o acesso a cargos públicos, ou condenados por crime falimentar, de prevaricação, de peita ou de suborno, de concussão, de peculato; ou contra a economia popular, contra o sistema financeiro, contra as normas de defesa da concorrência, contra as relações de consumo, a fé pública ou a propriedade, enquanto perdurarem os efeitos da condenação.

---

[517] Vide regra do artigo 114 do Decreto-Lei nº 7.661/45.
[518] Vide regra do artigo 81.

Outro tema que chama a atenção dos alunos é o que trata da responsabilidade dos sócios.

Várias são as questões a serem examinadas.

A primeira questão que demanda uma análise mais profunda é a do artigo 81 pela qual, quando se tratar de falência de sociedade irregular, de fato, ou de sociedade em nome coletivo, comandita simples ou comandita por ações, os sócios ilimitadamente responsáveis serão também considerados juridicamente falidos. Com a atenção de que nas sociedades irregulares, sociedades de fato e nas sociedades em nome coletivo serão todos considerados ilimitadamente responsáveis, nas demais, sociedades em comandita simples e sociedades em comandita por ações, um ou alguns terão a sua responsabilidade ilimitada.

Nessas situações, aplicar-se-á para os sócios cuja responsabilidade seja ilimitada, a regra da arrecadação de bens[519] pessoais simultânea com os bens da sociedade. Contudo, a liquidação dos bens dos sócios atende ao princípio da subsidiariedade.[520] Quanto à arrecadação, o mesmo também poderá ser dito para o(s) sócio(s) ostensivo(s) de uma sociedade em conta de participação.[521]

Uma segunda matéria de alta importância é o estudo da responsabilidade propriamente dita. Isto é, qual a razão jurídica que determina a limitação ou ilimitação da responsabilidade dos sócios.

A ilimitação das responsabilidades sociais pode decorrer de duas vertentes fático-jurídicas: 1) a falta de personalidade jurídica; 2) a relação contratual dos sócios com a sociedade e terceiros.

Na primeira situação jurídica, denotam-se duas causas: a) a omissão dos sócios em personificar a sociedade; b) determinação legal impeditiva à aquisição de personalidade jurídica pela sociedade.

Na alínea *a*, verifica-se que os sócios se omitiram no cumprimento do dever que a lei lhes impõe de elaborar um documento escrito para a corporificação do ente fictício e/ou encaminharem-no para arquivamento na Junta Comercial.[522] Essas sociedades, denominadas sociedade em comum, de acordo com o Código Civil (arts. 986 – 990 do Código Civil), poderão ser: a) irregulares, as que possuem documento elaborado porém não arquivado e/ou tenham desatendido as obrigações de manter a contabilidade atualizada ou de realizar as publicações periódicas, b) de fato, a associação de pessoas para fins econômicos sem a elaboração de um documento escrito. A ilimitação da responsabilidade dos sócios, nestas duas situações é proveniente de uma sanção jurídica pela omissão em não ter personificado a sociedade.

---

[519] Vide regra dos artigos 108 – 114.

[520] Vide regra do artigo 1.024 do Código Civil.

[521] A sociedade em conta de participação, de acordo com a definição do Código Civil não tem personalidade jurídica, tornando o sócio ostensivo ilimitadamente responsável perante terceiros.

[522] Vide regra do artigo 985 do Código Civil.

A responsabilidade dos sócios nas sociedades em comum é solidária entre todos e ilimitada, porém subsidiária, salvo em relação ao sócio que contratou pela sociedade.[523]

Na sociedade tipo em conta de participação, a ilimitação da responsabilidade decorre da lei[524] e não de uma omissão imputável aos seus sócios. Por esta não ter, de acordo com o Código Civil, o reconhecimento de personalidade jurídica perante terceiros, a responsabilidade pelas obrigações contraídas será exclusiva do(s) sócio(s) ostensivo(s),[525] enquanto que o(s) sócio(s) participante(s) não assume(m) nenhuma responsabilidade perante terceiros, apenas com o(s) sócio(s) ostensivo(s).[526]

Por serem as duas espécies societárias antes referidas consideradas juridicamente não personificadas,[527] não faz sentido lógico promover ação para a desconsideração da personalidade jurídica de quem não a detém. A responsabilidade perante terceiros, de todos os sócios nas sociedades em comum e do sócio ostensivo na sociedade em conta de participação, decorre de expressos mandamentos legais.

Na segunda vertente fático-jurídica, item nº 02, observa-se, antes de mais nada, que as sociedades são dotadas de personalidade jurídica por terem os seus sócios cumprido com a obrigação de elaborar o ato constitutivo e encaminhá-lo para arquivamento na Junta Comercial e de atender as demais obrigações, bem como o reconhecimento pelo ordenamento legal da personalidade jurídica do ente fictício.

Nesses tipos societário, qualificados como tipos mais simples, a razão afetiva é a pessoa do sócio e do administrador, por isso chamadas de sociedades de pessoas. Esse grupo é formado pela sociedade em nome coletivo, sociedade em comandita simples e sociedade em comandita por ações. Nesses tipos societários, ainda que dotados de personalidade jurídica, os seus sócios terão responsabilidade patrimonial ilimitada pelo pagamento das dívidas sociais.

Porém, diferentemente do grupo anterior, a razão disso não decorre da falta de personalidade jurídica, mas de uma relação contratual constituída entre sócios e sociedade perante terceiros. Por esta relação contratual, os sócios que exercerem a administração da sociedade são, contratualmente, solidária e ilimitadamente responsáveis pelas dívidas sociais perante terceiros. Essa responsabilidade será extensiva ao(s) sócio(s)que exerce(m) de fato a administração da empresa. Em se tratando de administrador de fato, deverá o interessado, na

---

[523] Vide regra do artigo 990 do Código Civil.

[524] Vide regra do artigo 991, parágrafo único, do Código Civil.

[525] Vide regra do artigo 991, "*capvt*" e parágrafo único, e 996, todos do Código Civil.

[526] Vide regra do artigo 991, parágrafo único.

[527] Vide artigos 986 e 991 do Código Civil.

Teoria Falimentar e Regimes Recuperatórios

responsabilização ilimitada deste sócio, efetivamente comprová-la, pois só se presume a administração de quem assim constar no devido instrumento contratual.

Logo, mesmo sendo teoricamente possível desconsiderar a personalidade jurídica, uma vez que dotada de tal atributo jurídico, não há, para esses tipos societários, nenhum sentido em fazê-lo, pois o resultado útil que a ação poderia alcançar, sujeição ilimitada do patrimônio dos sócios que tomam as decisões estratégicas, já é garantido pelo ordenamento legal.

Nos tipos societários mais modernos, sociedade anônima[528] e sociedade limitada,[529] todos os sócios, mesmo os que detenham poder de administração, têm responsabilidade limitada. Na sociedade anônima, a responsabilidade do acionista é limitada ao montante subscrito de ações, conforme a regra do artigo 1º da Lei nº 6.404/76 e do artigo 1.088 do Código Civil. Na sociedade limitada, a responsabilidade restringe-se ao total do capital social, conforme a regra do artigo 1.052 do Código Civil.

Assim, ao decretar-se a falência da pessoa jurídica, não haverá a extensão desta condição aos sócios e, dessa forma, não haverá a arrecadação imediata de seus bens pessoais, apenas os bens que constituírem o patrimônio da sociedade.

Nas sociedades limitadas, conforme antes referido, a responsabilidade dos sócios é limitada ao total do capital social. Dessa forma, se os sócios no contrato social definiram um capital no valor de R$ 50.000,00 (cinqüenta mil reais), esse será o limite pelo qual os sócios respondem solidariamente perante terceiros, ainda que o passivo da pessoa jurídica supere esse valor.

Se o capital tiver sido integralizado, os sócios terão cumprido com o seu dever de responsabilidade e, em termos de relação contratual sócio-sociedade, nada poderá ser exigido dos sócios. Se o capital não tiver sido totalmente integralizado, os sócios respondem solidariamente por aquilo que faltar, mesmo aquele que tenha cumprido o seu dever e integralizado as suas cotas, pois, perante terceiros, de acordo com a regra do artigo 1.052 do Código Civil, é responsável pela integralidade do capital. Responderá, nesse caso, perante terceiros pela parte que devia ter sido cumprida pelo(s) outro(s) sócio(s), reconhecido a ele o direito de regresso.

O cumprimento dessa obrigação contratual poderá ser feito voluntariamente pelo(s) sócio(s) ou mediante a propositura de ação própria pelo administrador judicial[530] contra um, alguns ou contra todos os sócios.

Em síntese, pode-se afirmar que, por obrigação contratual, os sócios, perante a sociedade e terceiros, são solidariamente responsáveis pela integraliza-

---

[528] Vide Lei nº 6.404/76 e artigos 1.088 e 1.089 do Código Civil.

[529] Vide artigos 1.052 a 1.087 do Código Civil.

[530] O Decreto-Lei previa expressamente a propositura dessa ação, de acordo com a regra do artigo 51. A Lei nº 11.101/05 não faz esta previsão expressa, o que não afasta a sua admissibilidade no ordenamento jurídico, uma vez que se trata de um direito líquido, certo e exigível, decorrente de uma obrigação contratual, assim devendo ser proposta a ação executória.

ção do capital social, podendo responder, de forma conjunta ou separada, por essas obrigações no plano judicial.[531]

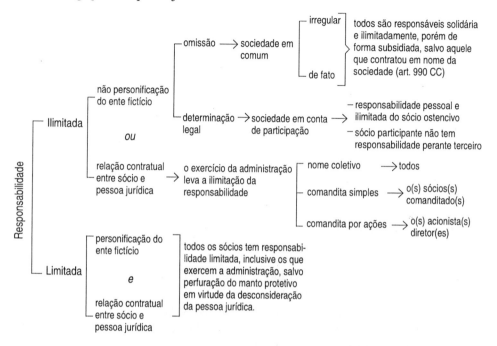

Contudo, nas sociedades de responsabilidade limitada, a perfuração do véu corporativo[532] poderá afetar a inatingibilidade do patrimônio pessoal dos sócios de uma sociedade cujo capital tenha sido totalmente integralizado. Isso dependerá de uma ação própria, prevista no artigo 82, cuja pretensão jurídica será a desconsideração da pessoa jurídica em virtude de abuso da personalidade jurídica da sociedade por desvio ou confusão patrimonial.[533]

Nos conceitos de desvio e de confusão patrimonial encontram-se os fatos ilícitos de gestão temerária. Os atos que desviem bens em proveito dos sócios ou que confundam patrimônios distintos, desrespeitando o princípio da autonomia patrimonial da sociedade em relação aos seus sócios, em geral, permitem a perfuração do véu protetivo contra os que detêm o poder de administração, pois se trata de uma decisão estratégica, ainda que prejudicial aos interesses da empresa. Desse modo, salvo imputação e comprovação da chamada omissão inescusável, os sócios cotistas não serão atingidos nessas hipóteses.

---
[531] No Direito norte-americano é adotada a expressão *joint and several liability*, de acordo com as regras do RUPA (*Revised Uniform Partnership Act*).
[532] Na expressão do Direito norte-americano: *piercing the corporate veil*.
[533] Vide regra do artigo 50 do Código Civil.

Pode-se também incluir nessa regra a chamada subcapitalização da empresa, quando os administradores tomam a danosa decisão estratégica de endividá-la muito além da sua capacidade de adimplemento de suas obrigações. Além desta condição jurídica, outras duas situações também permitem a desconsideração da personalidade jurídica, como: o excesso de mandato e a dissolução irregular da sociedade.

Haverá excesso de mandato quando o presentante legal, no exercício de seu poder de administrador da pessoa jurídica, ultrapassar os limites jurídicos traçados pela lei ou pelo contrato social. Também nessa hipótese, responderão aqueles que detenham poder de gestão, de fato ou de direito, e os sócios, mesmo cotistas, com conhecimento dos fatos e que inescusavelmente omitiram-se em evitá-los.

As empresas, conforme antes referido, também têm o seu ciclo de existência. Dessa forma, é normal e esperado que uma empresa, em algum momento da sua existência, se extinga. Seja na forma individual ou na forma societária, o Direito estabelece um regramento procedimental de encadeamento dos atos extintivos da empresa individual ou dissolutórios da sociedade. A não-realização destes torna irregular a extinção da empresa individual ou a dissolução da sociedade empresarial. Neste grupo de atos irregular de dissolução da empresa não se pode incluir, o pedido de autofalência.[534]

Sob o ponto de vista contábil, a dissolução irregular ocorre quando os sócios apropriam-se do patrimônio da empresa – bens e direitos– sem considerar as obrigações na forma demonstrada nos quadros abaixo.

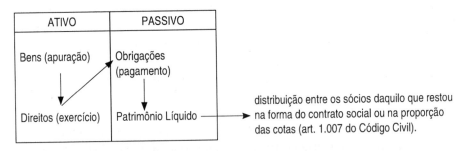

Hipótese #1
DISSOLUÇÃO REGULAR

---

[534] BRASIL. Superior Tribunal de Justiça. Resp 601.851- RS – Segunda Turma. Relatora: Ministra Eliana Calmon, 2003.

Hipótese #2
DISSOLUÇÃO IRREGULAR

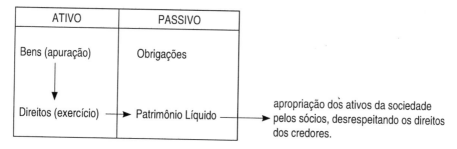

A regra de aplicação básica de qualquer sistema político harmônico em um Estado de Direito é a aceitação de presunções relativas favoráveis ao indivíduo que cedem espaço à apresentação de provas que as contrariem. Dessa forma, se afirma a inocência de qualquer cidadão(ã), salvo prova em contrário, assim como se presume a solvência de qualquer empresa, salvo decisão judicial, prolatada em ato sentencial.

O mesmo poderá ser dito em relação ao empresário, cuja administração se presume regular enquanto o inverso não tiver sido judicialmente demonstrado, garantindo-lhe o direito constitucional de ampla defesa.

Assim sendo, qualquer tentativa de alcance do patrimônio do sócio por força da perfuração do véu corporativo, incluindo o redirecionamento em execução fiscal, demanda ou a prova efetiva da apropriação patrimonial, ou a prova efetiva do excesso de mandato, ou de prática de ato ilícito por infração de lei ou contrato social. A obrigatoriedade de propositura de uma ação judicial própria evidencia-se pela necessidade de imputação e de comprovação dos fatos que caracterizem o abuso da personalidade jurídica. Como acima dito, a simples decretação de uma falência não caracteriza dissolução irregular, ou gestão temerária, ou excesso de mandato. Essas situações deverão, em processo próprio, serem provadas pela parte interessada.

Essa afirmação, óbvia em qualquer sistema jurídico civilizado, sofre dois grandes revezes:

1) a responsabilidade dos sócios, incluindo os cotistas, pelas dívidas previdenciárias, independentemente de culpa;[535]
2) a responsabilidade pelas dívidas trabalhistas, cuja jurisprudência, partindo de uma razão mais política do que jurídica, entende que o exaurimento do patrimônio da empresa, independentemente de qualquer avaliação acerca da conduta do administrador ou sócios, é motivo para redirecionar a atuação jurisdicional.

---
[535] Vide artigo 13 da Lei nº 8.620/93.

Tema que desperta o interesse dos alunos é o que trata de responsabilidade patrimonial do sócio retirante da sociedade.

Segundo a regra do artigo 81 e também a do artigo 1.003, parágrafo único, do Código Civil, o sócio que se retira de uma sociedade continua responsável pelas dívidas existentes à época da sua saída pelo prazo de dois anos na mesma condição de responsabilidade que ostentava enquanto sócio da empresa. Em outras palavras, se a sua responsabilidade fosse ilimitada no momento de sua saída, permaneceria ilimitadamente responsável pelos dois anos que seguissem à sua saída. Se, enquanto sócio, fosse limitadamente responsável, seguiria nessa condição responsável pelas dívidas até o transcurso dos dois anos.

Pela redação da lei, observa-se que, segundo o artigo 81, o momento da saída do sócio é o da data de arquivamento da alteração contratual. O problema se agrava quando a Junta Comercial, por alguma razão, atrasa o arquivamento do ato societário. Isso retarda juridicamente a saída do sócio e, na continuidade da operação negocial, novas dívidas irão surgir.

Estará o sócio retirante vinculado às novas dívidas, sendo responsável também por estas, ainda que de fato não mais participe da sociedade? A resposta não está na Lei nº 11.101/05, mas no Decreto nº 1.800/96, que regulamenta o registro do comércio.

Segundo o artigo 33, "*capvt*", deste diploma legal, o arquivamento do ato terá eficácia *ex tvnc*, ou seja retroativa à data da assinatura da alteração, se esta tiver sido protocolada[536] na Junta de Comércio em até trinta dias da sua assinatura. Após esse prazo, de acordo com parágrafo único do mesmo artigo 33 do Decreto nº 1800/96, a eficácia será *ex nvnc*, produzindo efeitos somente a partir do arquivamento.

Por outro lado, deverão ser sempre observados os prazos prescricionais diferenciados em relação aos créditos tributários, que permitem a cobrança da dívida tributária proveniente de fato gerador existente à época em que o sócio integrava a sociedade durante prazo de cinco anos contados da constituição do crédito,[537] bem como a exigibilidade do crédito trabalhista, na forma do artigo 11 da CLT em harmonia com o disposto no artigo 7º, XXIX, da CFRB.[538]

Por fim, mais dois efeitos restritivos de direitos sobre os bens do falido, previstos no artigo 116, poderão ser aqui examinados:

> 1) *a suspensão do direito de retenção sobre os bens do falido sujeitos à arrecadação, que deverão de imediato ser entregues ao administrador judicial para incluí-los na arrecadação dos bens do falido(a);*

---

[536] Dirigida ao seu Presidente, nos termos do artigo 33 do Decreto 1800/96.

[537] Vide regra do artigo 174 CTN.

[538] Artigo 7º, XXIX, CRFB: "ação, quanto aos créditos resultantes das relações de trabalho, com prazo prescricional de 5 (cinco) anos para os trabalhadores urbanos e rurais, até o limite de dois anos após a extinção do contrato de trabalho".

2) *a suspensão do direito de retirada ou recebimento de valor de quotas ou ações da falida decorrente do processo dissolutório da sociedade que é iniciado a partir da decretação da falência*, nesta hipótese, conforme anteriormente referido, os sócios habilitarão os seus direito na categoria de credores subordinados.

6.3. Efeitos da sentença falimentar quanto a terceiros

6.3.1. Em relação aos contratos

Este tema trata da falência de uma das partes de uma relação contratual que está em vigor e dos efeitos que a decretação do regime liquidatório produzirá sobre esta.

Por não existir uma única resposta para todas as situações, ou seja, a sentença falimentar poderá produzir ou não efeitos em relação aos contratos em vigor, deverá o aluno acompanhar a estrutura apresentada na Lei.

Observe-se, também, que o fato de em algumas situações a sentença falimentar não produzir efeitos sobre a relação contratual vigente e, por força disso, não implicar em sua resolução não significa a garantia absoluta da continuidade do negócio jurídico. A não produção de efeitos pela sentença de quebra transfere o destino da relação contratual para o administrador judicial em alguns casos e, em outros, submete-se a uma determinação legal específica.

A estrutura sistêmica criada pela Lei é formada por: a) uma regra residual prevista no artigo 117 e b) diversas regras próprias previstas nos artigos 118, 119, 120, 121 e 123.

A solução de problemas relativos a contratos em vigor é, ao menos teoricamente, muito simples, bastando ao intérprete identificar a espécie contratual e localizar a sua incidência em uma das hipóteses de regras específicas previstas nos artigos 118, 119, 120, 121 ou 123.

Havendo a incidência da regra específica, aplica-se de acordo com o enunciado do artigo. Em não havendo a incidência, parte-se para a aplicação da regra residual do artigo 117. Se por alguma razão excepcional esta também não incidir, poderá o intérprete fazer uso da regra complementar do artigo 126.[539]

Assim sendo, por razões didáticas e de melhor ordenação das idéias, interessa iniciar este estudo a partir das regras especiais, pois sua incidência define a regra legal aplicável, enquanto que a aplicação residual do artigo 117 indica a necessidade de examiná-lo sob um contexto de subsidiariedade. Note-se, contudo, que a regra do artigo 118 é também de aplicação supletiva, pois trata de

---

[539] Artigo 126: "Nas relações patrimoniais não reguladas expressamente nesta Lei, o juiz decidirá o caso atendendo à unidade, à universalidade do concurso e à igualdade do tratamento dos credores, observado o disposto no art. 75 desta Lei".

hipóteses não previstas nos artigos 119 121 ou 123, em que uma das partes, no caso o terceiro contratante, tenha adimplido integralmente a sua prestação.

6.3.1.1. Relações contratuais previstas no artigo 119

No artigo 119 estão previstas diversas situações contratuais conforme os incisos que seguem:

I – *O vendedor não pode obstar a entrega das coisas expedidas ao devedor e ainda em trânsito, se o comprador, antes do requerimento da falência, as tiver revendido, sem fraude, à vista das faturas e conhecimentos de transporte, entregues ou remetidos pelo vendedor* – a interpretação deste enunciado é simples: se a coisa expedida estiver em trânsito, o vendedor não poderá obstar a entrega se o administrador judicial comprovar que o comprador, antes do requerimento de falência, já a havia revendido.

Inicialmente, deve-se observar a existência de dois contratos: a) o contrato do fornecedor da mercadoria com a empresa cuja falência foi decretada enquanto a mercadoria estava em trânsito; b) o contrato de [re]venda da mercadoria pela empresa que faliu para terceiro. A Lei procura proteger o segundo contrato, impedindo que o fornecedor obstaculize a entrega do bem à massa, a qual não poderá guardá-lo, mas entregar ao terceiro quando este pagar o preço. Nessa hipótese, os dois contratos, o de venda e o de revenda, terão continuidade e serão cumpridos. A massa receberá o produto da [re]venda e pagará ao vendedor o valor da venda, não produzindo a falência nenhum efeito nas relações contratuais, que deverão ser executadas conforme as avenças originais.

Não havendo a comprovação da [re]venda, o contrato será considerado juridicamente resolvido e o vendedor poderá obstaculizar a entrega da mercadoria.

II – *Se o devedor vendeu coisas compostas e o administrador judicial resolver não continuar a execução do contrato, poderá o comprador pôr à disposição da massa falida as coisas já recebidas, pedindo perdas e danos* – a venda de coisas compostas não é afetada pela decretação da falência, tendo a Lei garantido a sua continuidade. Desse modo, a massa, aprioristicamente, cumprirá o que deve da sua obrigação e o comprador pagará o preço. Contudo, se o administrador judicial, após interpelado, não quiser manter o contrato de venda, o comprador tem o direito de pôr à disposição e reclamar as perdas e danos.

III – *Não tendo o devedor entregue coisa móvel ou prestado serviço que vendera ou contratara a prestações, e resolvendo o administrador judicial não executar o contrato, o crédito relativo ao valor pago será habilitado na classe própria* – a mora na entrega de coisa móvel já vendida ou serviço prometido já contratado, caso não cumprida a obrigação pelo administrador judicial, ensejará ao comprador o direito de habilitação de seu crédito na falência, na classe própria.

A situação fática descritiva é: a empresa antes de falir vende coisa móvel e, estando em atraso na entrega do objeto da relação jurídica, sobrevem a sua falência. Se o administrador judicial não cumprir o contrato, deixando de entregar a coisa, restará ao terceiro o direito de habilitar-se como credor quirografário, pois o fato jurídico, compra e venda, ainda não alcançou a eficácia real, que somente se verifica a partir da tradição.[540]

Em relação ao contrato de prestação de serviços, se a massa falida não puder prestá-lo, o terceiro terá de habilitar-se pelo valor estipulado no contrato, levando em consideração a cláusula penal, se existir, pois, nesta hipóte, e não se afigura aplicável a regra do artigo 83, § 3°, já que não se trata de execução tardia determinada pelo decreto falencial, mas pela incapacidade da massa falida de cumprir obrigação contratualmente assumida.

IV – O administrador judicial, ouvido o Comitê, restituirá a coisa móvel comprada pelo devedor com reserva de domínio do vendedor se resolver não continuar a execução do contrato, exigindo a devolução, nos termos do contrato, dos valores pagos – no contrato de compra com reserva de domínio, observa-se que a sentença falimentar é neutra quanto à produção de efeitos jurídicos.

Entretanto, se o administrador judicial decidir não continuar o pagamento das parcelas, o contrato extinguir-se-á, e a massa falida, após manifestação do comitê de credores, restituirá a coisa, recebendo os valores que houverem sido pagos de acordo com as cláusulas do contrato. Se o administrador entender conveniente, manterá o contrato de acordo com as cláusulas avençadas.

Dessa forma, fica evidenciado que o direito à restituição por parte do terceiro é residual, sendo exigível tal pretensão jurídica somente na hipótese em que a massa não manifestar interesse ou lhe for impossível continuar o contrato.

V – Tratando-se de coisas vendidas a termo, que tenham cotação em bolsa ou mercado, e não se executando o contrato pela efetiva entrega daquelas e pagamento do preço, prestar-se-á a diferença entre a cotação do dia do contrato e a da época da liquidação em bolsa ou mercado – caso não tenha continuidade o contrato, considerar-se-á este resolvido e a massa falida pagará ao terceiro um valor calculado pela diferença de cotação da coisa do dia do contrato e do dia contratado para a liquidação de acordo com a cotação dada pela bolsa ou pelo mercado.

VI – Na promessa de compra e venda de imóveis, aplicar-se-á a legislação respectiva – os contratos de promessa de compra e venda não são regulados pela Lei n° 11.101/05, mas pela regra própria deste negócio jurídico, regulada pela Lei n° 4.591/64 e pela Lei n° 10.931/04. Dessa forma, fica o administrador judicial impedido de resolver o contrato, relegando o promitente comprador à posição de credor quirografário.

---

[540] Vide regra do artigo 1.267 do Código Civil.

Teoria Falimentar e Regimes Recuperatórios

259

Se o terceiro, promitente comprador, desejar manter o contrato, este terá continuidade, salvo impossibilidade material de seu cumprimento. Ao final, após ter pago integralmente o valor da promessa, terá o direito a receber a escritura do imóvel para registro, que será assinada pelo administrador judicial,por determinação do juiz do processo falimentar.

VII – *A falência do locador não resolve o contrato de locação e, na falência do locatário, o administrador judicial pode, a qualquer tempo, denunciar o contrato* – o contrato de locação não fica afetado pela falência do locador, o qual terá a sua continuidade garantida, cuja representação dos interesses da massa falida, na condição de locadora, fica a cargo do administrador judicial. O mesmo pode ser dito se a falência for do locatário. A relação negocial terá sua continuidade normal, podendo, entretanto, o administrador judicial, a qualquer tempo, denunciar contrato.

VIII – *Caso haja acordo para compensação e liquidação de obrigações no âmbito do sistema financeiro nacional, nos termos da legislação vigente, a parte não falida poderá considerar o contrato vencido antecipadamente, hipótese em que será liquidado na forma estabelecida em regulamento, admitindo-se a compensação de eventual crédito que venha a ser apurado em favor do falido com créditos detidos pelo contratante* – as operações bancárias e financeiras em curso serão finalizadas pelos agentes do sistema financeiro nacional de acordo com a regra própria vigente, não sendo aplicável a legislação falimentar.

Esta regra vem disciplinar os chamados recebíveis bancários, determinando que os títulos em custódia, para a garantia do adimplemento do crédito bancário, não se submeterão aos efeitos da sentença falimentar nem o administrador judicial poderá arrecadá-los. Se a instituição desejar, o contrato será considerado juridicamente vencido, ainda que antecipadamente, restando ao final, caso o valor devido não tenha sido pago integralmente com a cobrança dos títulos dados em custódia, o direito da instituição financeira de habilitar-se na falência, deduzidos os valores recebidos.

IX – *Os patrimônios de afetação, constituídos para cumprimento de destinação específica, obedecerão ao disposto na legislação respectiva, permanecendo seus bens direitos e obrigações separados dos do falido até o advento do respectivo termo ou até o cumprimento de sua finalidade, ocasião em que o administrador judicial arrecadará o saldo a favor da massa falida ou inscreverá na classe própria o crédito que contra ela remanescer* – os compromissos assumidos para a formação de patrimônio com destinação específica serão mantidos, com a inatingibilidade do patrimônio destacado, até o exaurimento da finalidade ou do advento do termo final de destinação, quando poderá ser arrecadado o que restar pela massa falida ou garantido o direito de habilitação na falência, se alguma dívida remanescer.

Esta regra originariamente visava a garantia de financiamentos concedidos às empresas de construção civil, cujo recurso financeiro disponibilizado pelas instituições bancárias ou companhias de crédito imobiliário não fosse desviado ou destinado, por determinação judicial, para outros pagamentos em detrimento do projeto para o qual deveriam ser alocados. Esta regra, dessa forma utilizada, representa uma garantia para os promitentes compradores de imóveis em construção.

Por outro lado, a pouca clareza desse dispositivo não pode justificar a passividade do Ministério Público, do administrador judicial, dos credores e do juiz contra eventuais desvios de bens em operações dolosamente danosas em relação ao patrimônio da falida. Desse modo, esta regra, em especial, passará pelo crivo das ações revocatórias.[541]

6.3.1.2. Contrato de mandato

De acordo com o artigo 120, "*capvt*", o mandato negocial conferido pela empresa antes da decretação da quebra será afetado pela da falência da mandante, cessando, imediatamente, os seus efeitos a partir da sentença constitutiva.

O mandatário terá de prestar contas de sua gestão ao administrador judicial, que deverá exigi-la caso não tenha sido espontaneamente realizada.

O mandato de representação judicial para o advogado do devedor não é afetado pela decretação da falência, continuará em vigor até que o administrador expressamente o revogue.[542] Já, o mandato ou comissão que o falido receber antes da falência que tiver finalidade empresarial cessará a partir da decretação da falência.[543]

6.3.1.3. Contrato de conta corrente

O contrato de conta corrente, segundo a regra do artigo 121, não poderá ter continuidade, encerrando-se a partir da decretação da falência com a apuração do respectivo saldo.

Apurado saldo credor, o administrador judicial irá arrecadar o valor para a massa falida. Se o saldo for devedor, haverá a habilitação na falência.

Ainda que as instituições bancárias prefiram que seus contratos de conta corrente sejam regulados pelo inciso VIII do artigo 119, a doutrina vem aplicando a regra do artigo 121 a estes contratos.[544]

---

[541] Vide regras dos artigos 129 e 130.

[542] Vide regra do artigo 120, § 1°.

[543] Vide regra do artigo 120, § 2°.

[544] COELHO, Fábio Ulhoa. *Op. cit.*, p. 310.

Excepciona-se a aplicação dessa regra quando a instituição financeira operar de boa-fé a compensação de cheques ou liquidação de títulos antes de ser comunicada da decretação da falência.

6.3.1.4. Participação societária e condomínio indivisível

No artigo 81 foi visto que a falência da sociedade implica a falência do sócio de responsabilidade ilimitada. Por outro lado, o sócio de responsabilidade limitada não será considerado juridicamente falido, ainda que alguns efeitos decorrentes da decretação do regime venham a alcançá-lo.

O artigo 123 propõe a questão de forma invertida: a falência do sócio determina a falência e/ou a extinção da sociedade? Em todos os casos, a resposta será negativa.

Se o sócio falir, de acordo com a regra em exame, haverá um procedimento compulsório de dissolução parcial da sociedade para a apuração de seus haveres, que serão arrecadados pelo administrador judicial em favor da massa.

A sociedade continuará existindo com os sócios remanescentes, salvo a existência de cláusula de extinção no contrato social ou se deixar de existir a pluralidade de sócios não reconstituída no prazo de 180 (cento e oitenta dias). Se a sociedade for constituída por dois sócios e um deles falir, não deixará de ser atendida a regra do artigo 123 e a sociedade poderá funcionar unipessoalmente pelo período de cento e oitenta dias. Nesse período, deverá ocorrer a entrada de novo sócio, sob pena de extinção.[545]

Se o falido participar de condomínio indivisível, o artigo 123, § 2º, determina o venda do bem com a repartição entre os condôminos do valor apurado. A quota-parte do falido(a) será arrecadada pelo administrador judicial. A lei, outrossim, faculta aos demais condôminos a compra da quota-parte do falido, evitando, desse modo, a venda do bem condominial.

6.3.1.5. Contratos bilaterais

Conforme anteriormente mencionado, a regra do artigo 117 é de caráter residual, cuja análise de aplicabilidade só será possível se a relação contratual não incidir em nenhuma das regras anteriores descritas nos artigos 119 a 123.

Porém, a aplicação subsidiária do artigo 117 não se apresenta como incondicionada. Logo, além da não incidência nas demais hipóteses contratuais, a aplicação da regra deste artigo demanda o reconhecimento da bilateralidade contratual.

---

[545] Vide regra do artigo 1.033, IV, do Código Civil.

Essa bilateralidade contratual tem um caráter próprio do Direito Falimentar, cuja a atenção do intérprete não se direciona para a origem sinalagmática do contrato em análise.

A avaliação da bilateralidade, em Direito Falimentar, ocorre no momento da decretação da falência. Se, ao ser prolatada a sentença falimentar, na relação contratual anteriormente avençada, remanescerem prestações recíprocas entre as partes contratantes, haverá o reconhecimento da bilateralidade. Se, ao se decretar a falência, uma das partes exauriu a sua obrigação pelo adimplemento, o Direito Falimentar não o reconhece como contrato bilateral, ainda que oneroso e originariamente sinalagmático.

No caso, seria uma hipótese de relação unilateral de crédito, cujo direito da parte contratante resumir-se-ia à habilitação na falência como credor concursal na categoria quirografária, ressalvada a hipótese descrita no artigo 118.

Em se tratando de contrato bilateral, a regra do artigo 117 dispõe que a sentença falimentar não produza nenhum efeito automático sobre este, restando íntegro sobre o aspecto jurídico, ressalvada a existência de cláusula resolutiva do contrato no caso de falência de uma das partes.

Não produzindo nenhum efeito sobre o contrato, este não se resolve, podendo continuar de acordo com as avenças originariamente estipuladas. Para isso, a parte contratante poderá interpelar o administrador judicial, no prazo de noventa dias contados da assinatura do termo de nomeação, para que este em dez dias declare, de acordo com a conveniência da administração do patrimônio da massa, se pretende cumprir o contrato, mediante a autorização do Comitê de Credores e com a sempre recomendável prévia manifestação do Ministério Público.

Se a resposta do administrador judicial for positiva, o contrato se cumprirá de acordo com as cláusulas originariamente estipuladas. Se o administrador judicial não quiser cumprir o contrato, a massa responderá pelo dano emergente e pelo lucro cessante ou cláusula penal, devendo o terceiro habilitar-se como credor quirografário.[546]

Por derradeiro, duas importantes relações negociais merecem um estudo mais minucioso: a) a alienação fiduciária e b) o arrendamento mercantil.

A primeira é objeto de uma proteção legislativa própria, de acordo com o Decreto-Lei nº 911/69. Por esse diploma legal, em seu artigo 7º, no caso de falência do devedor, fica assegurado ao credor requerer a restituição do bem. Essa regra claramente definida pelo legislador é, até certo ponto, desnecessária, tendo em vista, que na relação negocial entabulada pelas partes, a instituição financeira mantém a propriedade resolúvel enquanto o devedor não pagar integralmente o preço. Dessa forma, o direito de seqüela em relação ao bem, expresso no pedido de restituição, seria uma mera decorrência do seu direito de propriedade.

---

[546] Vide regra do artigo 117, "*capvt*" e §§ 1º e 2º.

Teoria Falimentar e Regimes Recuperatórios

Por outro lado, se na vigência do contrato sobrevier a falência do devedor, verifica-se a indisfarçável hipótese de contrato bilateral, sendo aplicável a regra do artigo 117. As instituições financeiras, em geral, costumam usar o seu poder de "império e gládio" na elaboração das cláusulas dos contratos que celebram, relegando à parte contratante uma participação meramente adesiva. Dentro disso, com base na sua hipersuficiência, exercendo poder de império, fazem incluir a cláusula resolutiva do contrato, requerendo, de imediato, a devolução do bem através do instituto da restituição.

Ainda que conceituados doutrinadores defendam a tese da nulidade da cláusula resolutiva,[547] não há no ordenamento jurídico uma regra que impeça a alocação desta avença no pacto negocial.[548] O debate que aqui se lança não é no plano de discussão da validade jurídica da cláusula, mas de seu efetivo benefício para a instituição financeira, pois, existindo o interesse e a possibilidade da massa falida em continuar o negócio, seria, sem sombra de dúvida, muito mais vantajoso ao terceiro contratante o cumprimento docontrato do que a retomada do bem, assumindo, o credor, a obrigação de aliená-lo, na conformidade da legislação.

Situação semelhante ocorre em relação ao contrato de arrendamento mercantil, pois, enquanto não exercida a opção de compra, a propriedade do bem permanece com o arrendante. A falência de arrendatário na vigência do contrato caracteriza a hipótese descrita no artigo 117, permitindo a continuação do contrato, uma vez que bilateral.

6.3.2. Em relação aos atos revogáveis

No ponto 4, da décima aula, que trata dos requisitos da sentença falimentar, observou-se que a sentença tem o poder de criar períodos protetivos contra a prática de atos prejudiciais por parte do falido.

O primeiro desses períodos é o período falimentar definido pela regra do artigo 103, "capvt". Esta regra, conforme visto, tem eficácia *ex nvnc*, razão pela qual o legislador teve de criar um outro período para ampliar a eficácia protetiva aos interesses da massa falida que retroage para data anterior à da decretação da falência, chamado termo legal.

Porém, como a retroação do período é limitada por alguns balisadores (data do primeiro protesto – data do ajuizamento do pedido de falência – data do pedido de recuperação judicial), o legislador brasileiro vem demonstrando interesse em proteger o patrimônio da massa falida por medidas judiciais não obrigatoriamente vinculadas ao termo legal.

---

[547] Posições defendidas por Gladston Mamede e Ricardo Tepedino.

[548] BRASIL. Superior Tribunal de Justiça. *Resp 846462/SP* – Terceira Turma. Relator: Ministro Humberto Gomes de Barros, 2006.

Dessa forma, ao longo dos anos, ainda que mantido o termo legal como um período protetivo aos interesses da massa falida, criou-se uma estrutura de proteção ainda mais ampla e muito pouco dependente desse instituto. Essa nova estrutura jurídica de proteção é arrimada em duas ações judiciais: a declaração de ineficácia e a ação revocatória falencial.[549]

Essas são duas hipóteses de proteção ao patrimônio da massa falida. Na primeira situação, por ação judicial ou por declaração *ex officio* do magistrado, e na segunda situação somente por ação judicial. Dessa forma, a correta compreensão do conteúdo do termo revogação dos atos praticados alcança o plano da eficácia do ato ou do negócio jurídico perfeito, retirando-lhe a *vox*.

O alcance da revogação dos efeitos jurídicos não atinge aos fatos contrários ao Direito e nem aos fatos jurídicos, *lato sensv,* conforme o Direito (fatos jurídicos *stricto sensv* e atos-fatos jurídicos). De acordo com a compreensão teórica, em nenhuma dessas espécies de fato jurídico a vontade não se configura como elemento essencial do suporte fático. Ainda que nessas duas categorias de fato jurídico o exame científico se verifique pelos planos de existência e eficácia, excluída a análise de validade jurídica, não são passíveis de revogação ou declaração de ineficácia para o Direito Falimentar. Em relação aos fatos jurídicos *stricto sensv* e aos atos-fatos jurídicos, por carecerem de uma conduta humana imputável ou dirigida ao resultado de concreção dos suportes fáticos em questão. Quanto aos atos ilícitos, serão rechaçados mediante a ação pauliana.

Desse modo, o resultado das medidas de retirada da *vox* do ato jurídico perfeito restringe-se aos atos jurídicos *stricto sensv* e aos negócios jurídicos em cuja estrutura de construção jurídica a vontade configura-se como elemento essencial para a concreção do suporte fático.

6.3.2.1. Ação declaratória de ineficácia

A declaração de ineficácia encontra previsão no artigo 129. A força jurídica dessa declaração ataca a produção de efeitos do ato em relação à massa falida. Essa declaração de ineficácia relativa do ato não demanda prova de prejuízo nem de má-fé das partes contratantes, sobre esses dois requisitos existe uma presunção *ivris et de ivre.*[550]

Considerando a excepcionalidade deste instituto, que permite declarar a ineficácia do ato jurídico perfeito sem necessitar de prova de prejuízo ou de má-fé e, inclusive, sem necessitar da propositura da ação judicial própria, o legislador procurou restringir ao máximo a utilização deste instituto. Para isso, criou um elenco *nvmervs clavsvs*[551] de hipóteses de ineficácia declarável para si-

---

[549] Sabedor da existência de outras nomenclaturas jurídicas para estas ações judiciais, adotou-se, neste trabalho acadêmico a terminologia proposta por Pontes de Miranda.

[550] Presunção de natureza absoluta.

[551] Elenco restrito de hipóteses.

Teoria Falimentar e Regimes Recuperatórios

tuações em que vislumbrava gravidade relevante quanto aos interesses da massa falida e dos credores.

O ato que não constar descrito no rol do artigo 129, I a VII, somente será atacável mediante a propositura da ação revocatória falencial prevista no artigo 130.

Porém, fica claro que a correta aplicação do dispositivo não demanda apenas uma adequação ao elenco fechado, inclui, também, uma análise interpretativa de legalidade absoluta.

Em outras palavras, os incisos do artigo 129 descrevem atos praticados em determinados períodos. A incidência da norma ao fato se dá quando o ato descrito no inciso ocorrer no período indicado neste mesmo dispositivo. Se a prática do ato se der em período diverso, restará a propositura da ação revocatória falencial.

Os atos descritos no artigo 129 são:

I. o pagamento de dívidas não vencidas realizado pelo devedor dentro do termo legal, por qualquer meio extintivo do direito de crédito, ainda que pelo desconto do próprio título;

II. o pagamento de dívidas vencidas e exigíveis realizado dentro do termo legal, por qualquer forma que não seja a prevista no contrato;

III. a constituição de direito real de garantia, inclusive a retenção, dentro do termo legal, tratando-se de dívida contraída anteriormente; se os bens dados em hipoteca forem objeto de outras posteriores, a massa falida receberá a parte que devia caber ao credor da hipoteca revogada;

IV. a prática de atos a título gratuito, desde 2 (dois) anos antes da decretação da falência;

V. a renúncia à herança ou a legado, até 2 dois anos antes da decretação da falência;

VI. a venda ou transferência do estabelecimento feita sem o consentimento expresso ou o pagamento de todos os credores, a esse tempo existentes, não tendo restado ao devedor bens suficientes para solver o seu passivo, salvo se, no prazo de 30 (trinta) dias, não houver oposição dos credores, após serem devidamente notificados, judicialmente ou pelo oficial do registro de títulos e documentos;

VII. os registros de direitos reais e de transferência de propriedade entre vivos, por título oneroso ou gratuito, ou a averbação relativa a imóveis realizados após a decretação da falência, salvo se tiver havido prenotação anterior.

A clareza da descrição dos atos arrolados torna desnecessária uma explicação pormenorizada sobre cada um deles. Entretanto, alguns detalhes fazem-se destacar.

Inicialmente, importa observar que, de acordo com o postulado básico acima afirmado, prática do ato conforme descrição e realização no período indicado, os atos descritos nos três primeiro incisos: (I) pagamento de dívida não vencida[552] (II) pagamento de dívida vencida, mas fora dos termos contratados[553] e (III) constituição de direito real de garantia[554] deverão ocorrer dentro do termo legal. Se, por exemplo, o pagamento de dívida não vencida ocorrer antes

---

[552] Inciso I do artigo 129.
[553] Inciso II do artigo 129.
[554] Inciso III do artigo 129.

do termo legal, mas dentro do período de dois anos anteriores à decretação da falência, não será possível a declaração de ineficácia por ato de ofício ou por julgamento de ação judicial proposta. Nesta situação, somente poderá ser atacado mediante a ação revocatória falencial.

O mesmo poderá ser dito em relação às hipóteses do incisos IV e V, que deverão ocorrer no prazo de dois anos anteriores ao decreto falimentar.[555] Em outras palavras, se o ato for praticado antes do período suspeito, somente poderá ser atacada a sua produção de efeitos jurídicos mediante a propositura da ação revocatória falencial, desde que a perícia técnica consiga estabelecer uma ligação temporal do ato com o período real da desagregação econômica e financeira da empresa falida.

O inciso VI, que trata da venda ou da transferência do estabelecimento empresarial sem o consentimento expresso ou tácito[556] dos credores, não tem, a princípio, um prazo fixado, o que poderia levar à conclusão de ser possível atingir um ato praticado a qualquer tempo.

Não se apresenta como a melhor solução, sendo preferível a aplicação analógica do artigo 1.003, parágrafo único, do Código Civil, estabelecendo um prazo de dois anos a partir do ato de venda ou de transferência.[557]

Por fim, os registros de direitos reais e a transferência de propriedade entre vivos ou a averbação relativa a imóveis se realizados após a decretação da falência. O período indicado costuma causar uma certa perplexidade aos alunos, pois, se o ato ocorreu após a decretação da falência, seria o caso de ineficácia absoluta, de acordo com a regra do artigo 103, "*capvt*". Porém, deve ficar claro que não se trata de ato empresarial, mas ato praticado pelo registrador público.

O parágrafo único do artigo 129 traz uma inovação ao permitir que esta declaração de ineficácia independa de propositura de ação própria,[558] conforme referido.

A declaração de ineficácia, proveniente ou não de ação proposta pela massa falida, poderá ocorrer a qualquer tempo enquanto tramitar o processo de falência. Mesmo se tratando de um direito potestativo de interferir tirando a *vox* de um ato jurídico perfeito, não se submete a contagem decadencial.

Não haverá declaração de ineficácia ou revogação dos atos descritos nos incisos I, II , III e VI do artigo 129 se a sua realização tiver sido precedida de autorização da assembléia de credores com cláusula constitutiva do plano re-

---

[555] Nestas situações, dentro ou fora do termo legal, respeitado o período de dois anos.

[556] Sendo, nesta hipótese, imprescindível a prévia notificação dos credores.

[557] Em sentido contrário, NEGRÃO, Ricardo. *Op. cit.*, p. 141.

[558] No regime anterior, o juiz não poderia declará-la de ofício e o devedor somente poderia utilizá-la como meio de defesa se tivesse decaído o prazo para a propositura da ação.

Teoria Falimentar e Regimes Recuperatórios

cuperatório, originária ou posteriormente incluída,[559] no caso de convolação da recuperação judicial em falência.

Seus efeitos, segundo o artigo 133, poderão atingir os participantes do ato, os beneficiários indiretos e os terceiros adquirentes, se tiverem conhecimento da finalidade do ato e, seus herdeiros e legatários.

Ainda que a massa figure no pólo ativo da relação processual, a competência para processamento e julgamento será do juízo falimentar, e o processo obedecerá o rito ordinário do Código de Processo Civil, com a possibilidade de se decretar o seqüestro dos bens retirados do patrimônio do devedor.[560]

Sendo o resultado jurídico final a declaração de ineficácia relativa, o ato judicial resulta, no plano material, na retomada do *statvs qvo ante,*[561] salvo no caso de securitização das dívidas.[562]

Chama a atenção a regra do artigo 138, já existente no regime anterior, que permite a declaração de ineficácia contra ato que tenha por origem um ato judicial, ressalvando-se a decisão concessiva da recuperação judicial.

O dispositivo manteve o mesmo erro técnico ao referir que a sentença será rescindida, permitindo a interpretação equivocada de uma espécie de ação rescisória de primeiro grau. Trata-se, conforme a acertada avaliação de Pontes de Miranda, de retirada da *vox* do ato judicial perante a massa falida.[563]

6.3.2.2. Ação revocatória falencial

A ação revocatória falencial prevista no artigo 130, ainda que possua uma base principiológica comum à declaração de ineficácia, difere em alguns pontos fundamentais.

A sua regra é de aplicação residual. Isto significa afirmar que, se o ato prejudicial não estiver previsto no rol do artigo 129 nas exatas condições de tempo e modo, somente poderá ser atacado mediante a ação revocatória falencial.

Para essa hipótese inexiste previsão legal de declaração ex officio, condicionando, sempre, à propositura da ação. Porém, diferentemente da ação declaratória de ineficácia, que pode ser proposta a qualquer tempo enquanto tramitar o processo de falência, apenas pela massa falida – representada por seu administrador judicial –, a ação revocatória falencial, de acordo com o artigo 132, será proposta pelo administrador judicial, qualquer credor ou pelo Ministério Público dentro de um prazo decadencial de três anos, contados da decretação da falência.

---

[559] Vide regra do artigo 131.

[560] Vide regra do artigo 137.

[561] Vide regra do artigo 135.

[562] Vide regra do artigo 136, § 1º.

[563] PONTES DE MIRANDA, Francisco Cavalcante. Tratado de Direito Privado, v. XXVIII.

Nota-se que nesses tipos de ação a transformação no mundo jurídico independe da uma prestação ou ato de outrem, no caso, o falido ou o terceiro contratante. Dessa forma, não há como não entender a natureza decadencial do prazo previsto no artigo 132 da Lei.

Seguindo a regra do artigo 207 do Código Civil, o prazo decadencial para o exercício do direito potestativo de interferir na eficácia de ato jurídico perfeito não se suspende ou interrompe.

O êxito dessa ação demanda a comprovação do prejuízo e da má-fé das partes contratantes que não são presumidos pelo legislador, diferindo da principiologia adotada para a declaração de ineficácia.

Por se tratarem de ações autônomas em relação à massa falida, tanto a ação declaratória de ineficácia quanto a ação revocatória falencial que tramitam em autos apartados aos do processo principal poderão ter seus julgamentos de primeiro grau reexaminados em grau de recurso mediante a interposição de apelação.[564]

Por uma falta de melhor atenção do legislador, será possível o surgimento de um problema de técnica processual.

Nesta Seção IX do Capítulo V da Lei, o legislador utiliza o termo ação revocatória como gênero de duas espécies, a declaração de ineficácia e a revogação, fazendo expressa referência a uma ou outra situação quando quis dar tratamento legal diferenciado.

Na hipótese do artigo 135, ao tratar genericamente de ação revocatória, faz entender que o seu dispositivo alcança às duas formas jurídico-processuais de proteção patrimonial da massa.

Logo, pela leitura do parágrafo único do artigo 135, o recurso de apelação poderá ser interposto tanto contra a sentença que julga ação revocatória falencial quanto a que julga ação declaratória de ineficácia. Porém, como já observado, no parágrafo único do artigo 129, há um tratamento legal específico para a declaração de ineficácia, que é a possibilidade desta declaração ocorrer de ofício pelo juiz, sem a propositura de ação própria.

Como, nessa hipótese, não existirá uma ação própria associada ao fato do artigo 135, parágrafo único, não ter complementado o tratamento diferenciado proposto pelo parágrafo único do artigo 129, a parte que discordar da sentença declaratória de ineficácia terá o direito de apelar, porém, como não foram instaurados autos próprios, o recurso terá de ser examinado nos autos principais da falência, que serão remetidas à Instância Superior, paralisando, até o julgamento do recurso, a tramitação processual do regime liquidatório.

A transformação jurisprudencial desse recurso de apelação em agravo seria plenamente contestável diante da redução do prazo recursal. A criação de

---

[564] Vide regra do artigo 135, parágrafo único.

Teoria Falimentar e Regimes Recuperatórios

um instrumento para a apelação não tem previsão legal nem na Lei nº 11.101/05 nem no Código de Processo Civil.

Talvez, ainda que passível de críticas, devesse o magistrado, ao receber a informação da prática do ato prejudicial, determinar a instauração de autos específicos para este expediente, pois, de um lado, evitaria o tumulto na tramitação do processo principal da falência e, de outro, não imporia ao eventual recorrente um ônus de constituir o instrumento, não previsto na lei, assim como não traria nenhum prejuízo à tramitação do processo.

Décima Segunda Aula – Falência (Parte V – Fase Falimentar)

1. APRESENTAÇÃO

A fase falimentar, que pressupõe a decretação da falência, tem como objetivo finalístico a liquidação dos ativos da massa arrecadados pelo administrador judicial e o pagamento dos credores dentro da ordem prevista no artigo 83.

Para o atendimento dessa finalidade, a fase falimentar compõe-se das seguintes etapas: arrecadação de bens, avaliação de bens, liquidação e pagamento dos credores, providências finais para o encerramento da falência.

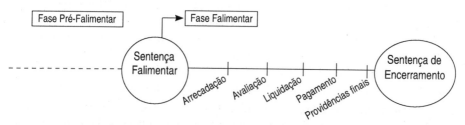

Nesta aula, serão estudadas todas estas etapas e seus incidentes, antecedida de uma visão do conteúdo principiológico normativo do regime falimentar.

2. PRINCÍPIOS JURÍDICOS APLICÁVEIS AO REGIME FALIMENTAR

Diferindo de alguns doutrinadores, a opção exercida neste programa acadêmico foi de tratar os princípios jurídicos adotados pelo Direito Falimentar não como matéria preparatória ao tema, mas sob seu aspecto aplicativo, que ocorre apenas na fase falimentar, após a constituição do regime liquidatório.

Isto decorre do fato de que estes princípios são somente aplicáveis a partir da decretação da falência, ou seja, na fase falimentar. O estudo até então feito, fase pré-falimentar, identificou o processamento da ação falimentar onde se exerce a pretensão jurídica constitutiva do regime liquidatório que somente será acolhida se a ação tiver sido julgada procedente, com a prolação da sentença falimentar. A partir disso, constituído o regime falimentar, haverá a imediata produção de efeitos jurídicos na forma dos princípios a seguir enunciados.

Uma vez identificado o estado irreversível de insolvência, levando à decretação da falência, ao constituir o regime liquidatório, o magistrado deverá produzir decisões e enunciados judiciais que respeitem aos princípios jurídicos adotados pela Lei.

Estes princípios fundamentais aplicativos ao regime falimentar estão previstos no artigo 75, "*capvt*" e parágrafo único, e artigo 76, na forma que segue:

1) princípio da preservação do patrimônio da massa;
2) princípio da otimização da utilização produtiva dos bens, ativos e recursos produtivos, incluindo os bens intangíveis;
3) princípio da celeridade processual;
4) princípio da economia;
5) princípio do juízo universal da falência;
6) princípio da *pars conditio creditorvm*.

Ainda que a falência se constitua em um regime liquidatório para a geração de ativos líquidos que viabilizem o pagamento em pecúnia dos direitos dos credores, o valor normativo que se expressa nos princípios de preservação e otimização está na atenção que o magistrado e o Ministério Público deverão prestar às ações do administrador judicial, no cuidado dispensado ao patrimônio da massa e na forma de venda que deverá levar à maximização deste patrimônio.

Os princípios de economia e celeridade processual, ainda que não deixem de proteger o patrimônio da massa, levam em conta a necessidade da eficiência sistêmica do regime liquidatório. Um processo caro e longo torna-se desinteressante ao credor, que acabará buscando formas alternativas à satisfação do seu crédito ou, mesmo, poderá, diante da ineficiência sistêmica plena, restringir sua participação na atividade econômica do país, buscando mercados mais seguros com regimes jurídicos eficientes.

Na aplicação do princípio da celeridade, observa-se que a implementação do regime falimentar dá início a um processo executório coletivo onde todos os bens do ente falido são arrecadados para serem avaliados e vendidos, cujo valor final será destinado ao pagamento dos credores. Um dos aplicativos desse princípio está descrito no artigo 139 e 140, § 2º, que indica a necessidade de realização imediata do ativo, ainda que o quadro-geral de credores não tenha sido formado. O juiz, ao definir as questões incidentais ocorrentes no processo, deverá pautar-se pelas decisões que tenham uma produção jurídica de efeitos mais rápida, pois a demora no processo traz a deterioração do patrimônio e sua perda de valor econômico, acarretando prejuízo irrecuperável tanto para o devedor como para os credores.

A compreensão do princípio da economia visa a garantir ao credor o menor gasto possível na busca da satisfação de seu crédito, bem como na definição por parte do magistrado, acompanhado pela manifestação do Ministério Público, de medidas menos burocratizantes que não só prolongarão a tramitação do processo como também o tornarão mais oneroso.

Os princípios do Juízo Universal e da *Pars Conditio Creditorvm* são princípios tipicamente aplicados ao Direito Falimentar.

Pelo primeiro, o juízo falimentar será competente para processamento e julgamento de todas as ações de interesse da massa falida. Contudo, a regra do artigo 76 explicitou a aplicação desse princípio, reduzindo consideravelmente o âmbito da proposição principiológica teórica. De acordo com esse dispositivo, nas ações em que a massa falida figurar no pólo ativo da relação processual, não haverá a aplicação do princípio e a competência será do juízo comum, salvo se a ação proposta estiver prevista na Lei nº 11.101/05. Essa acaba sendo uma regra de fácil assimilação, pois a Lei somente regula três ações:

1) ação para a responsabilização de sócio, controlador ou administrador da sociedade, pela regra do artigo 82;

2) ação declaratória de ineficácia, pela regra do artigo 129;

3) ação revocatória falencial, pela regra do artigo 130.

Nessas três ações, a massa figura no pólo ativo da relação processual, mas a competência será do juízo falimentar e não do juízo comum pelo fato de todas elas estarem previstas na Lei.

Por outro lado, quando a massa figurar no pólo passivo da relação processual, a competência para o processamento e o julgamento da ação será privativa do juízo falimentar, uma vez que, nessas hipóteses, vige o princípio, emanando seu efeito atrativo. Porém, ainda que a massa seja ré, o princípio não prevalecerá quando a competência tiver previsão constitucional: Justiça Federal,[565] Justiça do Trabalho[566] e as causas fiscais, de acordo com o artigo 76, parágrafo único.

Uma questão sobre competência costuma chamar a atenção dos alunos quanto à aplicação do princípio do Juízo Universal: se a ação judicial em que a massa falida figurar no pólo ativo da relação processual tiver sido ajuizada antes da decretação da falência, deverá o processo ser remetido para o juízo universal

---

[565] Vide regra do artigo 109, I, da Constituição Federal.

[566] Vide regra do artigo 114 da Constituição Federal.

Teoria Falimentar e Regimes Recuperatórios

273

falimentar? A jurisprudência brasileira vem entendendo, ao longo dos anos de vigência do Decreto-Lei, que o princípio não era de aplicação absoluta, não vigorando para as ações anteriormente propostas.[567]

O princípio da *Pars Conditio Creditorvm,* ainda que não tenha previsão legal expressa, é de plena aplicação no processo falimentar. A proposição principiológica é garantir a todos os credores uma relação de igualdade plena, independentemente da natureza dos créditos, estabelecendo entre os credores um alinhamento horizontal de direitos. Mais uma vez a aplicação do princípio é restritiva à sua proposição geral. Pode-se afirmar que existe uma igualdade absoluta entre todos os credores, indistintamente, durante as etapas do processo falimentar (arrecadação, avaliação e liquidação) com exceção da etapa de pagamento. Nesta, ainda que vigore o princípio, a igualdade proposta deixa de ser absoluta, restringindo-se apenas aos credores da classe, na forma descrita no artigo 83, que estabelece o quadro geral de credores. De outra forma, pode-se dizer que na etapa de pagamento, como regra geral, a igualdade é absoluta apenas dentro da classe (intra-classes), mas entre as diversas classes prevalece a hierarquia.

3. ARRECADAÇÃO E AVALIAÇÃO DE BENS

A arrecadação é o ato de coleta de bens do falido(a) para avaliação, venda e distribuição dos valores apurados entre os diversos credores, respeitada a ordem hierárquica estabelecida no artigo 83.

O ato de arrecadação é uma das atribuições do administrador judicial, que deverá convidar o Ministério Público[568] e o próprio falido para participarem do evento.

O administrador judicial deverá coletar não apenas os bens economicamente apreciáveis,[569] incluindo os bens intangíveis,[570] mas também os documentos indispensáveis, ressalvados os de interesse particular do falido ou dos administradores da sociedade, em virtude da garantia da intimidade da vida privada, na forma do artigo 5º, X, da CRFB. Ficam excluídos da arrecadação os bens impenhoráveis e os que integrem os chamados patrimônios de afetação, enquanto estiverem em cumprimento de sua destinação específica ou até o advento do termo de sua destinação, na forma prevista no artigo 119, IX.

---

[567] BRASIL. Superior Tribunal de Justiça. *Resp 467516/MT,* 3ª Turma, 2002 e REsp 263874/SP 3ª Turma, 2001.

[568] O convite ao representante do Ministério Público é aconselhável, ainda que não haja previsão legal expressa.

[569] Por se tratar de um regime processual executivo, não interessa arrecadar bens que não possuam algum valor econômico e os protegidos pela regra da impenhorabilidade.

[570] Propriedade intelectual.

Por se tratar de um ato decorrente da Lei e não da vontade do administrador, a realização da arrecadação não se submete à concordância ou à autorização do falido ou de sua participação.

A arrecadação implica para o administrador o ônus de manutenção e de conservação dos bens, sob pena de responsabilização pelos prejuízos causados.[571]

A Lei permite, em caso de necessidade ou conveniência, que o juiz nomeie o falido ou seu(s) representante(s) como fiel depositário dos bens arrecadados.[572] Ainda que exista a previsão legal, trata-se de uma medida que excepcionalmente deverá ser adotada pelo magistrado.

A existência de uma execução judicial proposta antes da decretação da falência não prejudica o direito de arrecadação, pois, além daquele submeter-se ao efeito da suspensão,[573] os bens penhorados ou o seu produto, de acordo com a regra do artigo 108, § 3º, entrarão para a massa falida, incluindo as execuções trabalhistas. Esta regra legal se faz necessária para garantir o direito coletivo dos credores em detrimento da individualidade.

O Estado brasileiro, contudo, conseguiu introduzir um dispositivo que lhe permitirá vulnerar essa regra, em face do previsto no artigo 76. Segundo o enunciado do referido artigo, o juízo falimentar não prevalece sobre causas fiscais. Ainda que de péssima redação, o texto permite com clareza interpretar que as ações fiscais, leia-se, as execuções fiscais, não sofrem nenhum tipo de efeito decorrente da constituição do regime falimentar, garantindo à Fazenda Pública uma movimentação processual independente da execução coletiva.

Note-se que em relação às ações trabalhistas houve uma separação quanto ao exercício judicial dos direitos do empregado. Conforme a regra do artigo 6º, § 2º, o exercício individual do direito do empregado limita-se até o encerramento da reclamatória. Após, deverá se habilitar no processo de execução coletiva falimentar.

Porém, não existe tal explicitação quanto aos créditos tributários, o que garantirá à Fazenda Pública reclamar o seu direito de propor ou manter uma execução fiscal sem ser importunada pelos efeitos de um processo falimentar.[574]

A lacração deixou de ser uma prática obrigatória, estando condicionada a determinação judicial contida na sentença de fechamento do estabelecimento[575] à necessidade de preservação dos bens arrecadados.[576]

---

[571] Vide regra dos artigos 32, 108, § 1º e 112.

[572] Vide regra do artigo 108, § 2º.

[573] Vide regra do artigo 6º, "*capvt*", combinado com o artigo 99, V.

[574] Vide regra do artigo 76.

[575] Vide regra do artigo 99, XI.

[576] Vide regra do artigo 109.

Teoria Falimentar e Regimes Recuperatórios

O administrador judicial formalizará judicialmente o ato arrecadatório com a elaboração e juntada no processo de um auto de arrecadação, nos termos do artigo 110. Em conformidade com o § 2º deste dispositivo, o administrador judicial deverá referir no inventário de arrecadação:

1) os livros obrigatórios e os auxiliares ou facultativos do devedor, fazendo um breve apanhado do estado em que se encontram, inclusive se revestidos das formalidades legais, os obrigatórios;

2) dinheiro, papéis, títulos de crédito, documentos e outros bens da falida;

3) os bens da massa falida em poder de terceiro, a título de guarda, depósito, penhor ou retenção;

4) os bens indicados como propriedade de terceiros ou reclamados por estes, mencionando-se essa circunstância.

A arrecadação dos bens imóveis se concretizará com a expedição de ofícios provenientes do juízo falimentar determinando a indisponibilidade desses bens.

A regra de aplicação geral é a de mantença dos bens no lugar onde foram arrecadados, salvo a necessidade de remoção por necessidade de melhor guarda ou conservação.

Notando a presença de bens perecíveis, deterioráveis, rapidamente depreciáveis, de conservação arriscada ou dispendiosa, poderá o administrador judicial requerer judicialmente a venda antecipada dos bens, com prévias manifestações do Ministério Público e do comitê de credores.[577] Acatando a proposição do princípio da celeridade estabelecido pelo artigo 75, parágrafo único, o artigo 139 orienta o administrador judicial para realizar o ativo logo após concluída a arrecadação dos bens da massa. Ainda assim, não se pode afirmar a ociosidade da regra do artigo 113, pois, em situações como a falência, por exemplo, de uma casa de carnes, ou de um supermercado, ou uma de farmácia, muitos de seus produtos terão de ser vendidos imediatamente, mesmo que não encerrada a etapa arrecadatória. Por se tratar de uma situação excepcional, mesmo com manifestação do Ministério Público e autorização judicial, é sempre importante a intimação do falido, oportunizando-lhe manifestar-se sobre a necessidade da venda antecipada e sobre o valor atribuído ao(s) bem(ns) que será(ão) liquidado.

Em aula anterior, referiu-se que na falência do empresário individual poderão ser arrecadados todos os bens, inclusive os pessoais, ressalvados os impenhoráveis e os que integrem os chamados patrimônios de afetação, na forma prevista no artigo 119, IX.

Na falência da sociedade, pelos princípios da autonomia existencial e da autonomia patrimonial, os bens arrecadáveis serão os da pessoa jurídica, não os bens pessoais dos sócios, salvo nas hipóteses de desconsideração da personalidade jurídica ou na da existência sócios com responsabilidade ilimitada (sociedade

---

[577] Vide regra do artigo 113.

em comum, sociedade em conta de participação, sociedade em nome coletivo, sociedade em comandita simples e sociedade em comandita por ações).

Deverá, também, o administrador judicial proceder a avaliação no ato de arrecadação dos bens, caso não seja possível, requererá autorização judicial para a apresentação em separado de laudo de avaliação.[578]

A Lei autoriza que até o momento da liquidação o administrador judicial possa dar uma utilização econômica provisória aos bens arrecadados, como, por exemplo, celebrar um contrato de locação. Entretanto, nessa hipótese, segundo as regras dos §§ 1º e 2º do artigo 114, o terceiro contratante não adquirirá nenhum direito de preferência no caso de venda do bem nem esta estará condicionada à sua prévia autorização.

A avaliação é o ato de valoração econômica do patrimônio arrecadado. A apuração, ou seja, a venda dos bens depende de uma mensuração quantitativa em termos de valor.

De acordo com o texto do artigo 108, "*capvt*", a valoração dos bens é um ato a ser realizado pelo próprio administrador judicial, a qual poderá ser feita em bloco ou separadamente. Espera-se que a avaliação ocorra concomitantemente à arrecadação, podendo o administrador judicial, caso necessário, requerer prazo para fazê-lo que não poderá exceder 30 (trinta) dias. Dessa forma, é possível a apresentação do auto de arrecadação destituído de avaliação, cujo laudo poderá ser apresentado posteriormente.[579]

Pela regra do artigo 108, § 5º, a avaliação dos bens ofertados como objeto de garantia real será feita separadamente, independentemente da avaliação dos bens livres de ônus, que será realizada individualmente ou em bloco. Assim sendo, haverá, em muitos processos, dois grupos de avaliação: a) a avaliação geral dos bens livres do falido(a); e b) a avaliação individual de todos os bens dados em garantia real.

Não se sentindo capacitado para realizar a avaliação de algum ou de todos os bens da massa falida, o administrador judicial, com base no artigo 22, III, "h", poderá contratar avaliadores, preferencialmente oficiais, desde que haja autorização judicial precedida de manifestação do Ministério Público.

4. PEDIDO DE RESTITUIÇÃO

Neste módulo e para fins didáticos de melhor compreensão contextual, a restituição será estudada num contexto incidental à arrecadação dos bens da massa falida.

---

[578] Vide regra do artigo 110, § 1º.

[579] Vide regra do artigo 110, "*capvt*" e § 1º.

Teoria Falimentar e Regimes Recuperatórios

4.1. Introdução

Pela regra do artigo 108, *"capvt"*, o administrador judicial deverá, tão logo compromissado perante o juiz, dar início à arrecadação dos bens e dos documentos do falido(a). Quanto aos bens, foi referido que somente serão arrecadáveis os que pertençam ao falido e forem economicamente apreciáveis, respeitados os impenhoráveis e os que constituírem patrimônio de afetação, enquanto estiverem servindo à realização da finalidade proposta.

Uma vez arrecadados os bens que compõem o patrimônio da entidade falida, constitui-se a massa, cujo patrimônio será avaliado e vendido para o pagamento dos credores dentro da ordem prevista no artigo 83. Fica evidenciado que os bens arrecadados pelo administrador judicial têm uma destinação específica, pois, após a apuração nas formas estabelecidas ou admitidas pela Lei, o resultado alcançado com a venda será partilhado entre os credores.

Se a coisa arrecadada não pertencer ao falido(a), deverá ser imediatamente devolvida ao seu legítimo proprietário. O instituto jurídico que regula esse direito reconhecido pelo ordenamento falimentar é denominado restituição.

O direito à restituição não se submete a prazos prescricionais ou decadenciais. Dessa forma, o exercício do direito restituitório não está subordinado à contagem de prazo, podendo o terceiro requerente reclamá-la a qualquer tempo enquanto tramitar o processo falimentar, desde que atendidas as condições de adequação da modalidade restituitória.

A parte reclamante da devolução deverá demonstrar a relação jurídica com a coisa que lhe legitima pretender a restituição e identificar a coisa que pretende ver devolvida.

Por se tratar de um expediente judicial, deverá ser o pedido feito através de petição subscrita por advogado. Ao deferir a petição, o juiz mandará autuá-la em separado e determinará a intimação do falido, do comitê, se houver, e do administrador judicial para que, sucessivamente, em cinco dias, manifestem-se sobre o pedido. A oposição formal à pretensão do reclamante será considerada como contestação ao pedido.

Vencida a fase instrutória do procedimento, o juiz prolatará sentença. Uma vez reconhecido o direito do terceiro, por sentença judicial transitada em julgado,[580] o magistrado determinará a entrega da coisa no prazo de quarenta e oito horas. Desse modo, a satisfação do direito à restituição, em regra, não se submete nem à hierarquia dos créditos nem aguarda a etapa de pagamento,[581] salvo se for negado o direito à restituição, quando o juiz poderá, se assim entender correto, determinar a sua inclusão no quadro geral de credores, conforme a regra do artigo 89.

---

[580] Para receber a coisa sem o trânsito em julgado da sentença deverá prestar caução, de acordo com a regra do artigo 90, parágrafo único.

[581] Quanto à restituição em dinheiro, vide regra do artigo 151.

Se o pedido de restituição não tiver sido contestado e o juiz julgá-lo procedente, a massa não será condenada ao pagamento dos honorários advocatícios.[582]

Caso o administrador judicial tenha apresentado contestação ao pedido, a sentença de procedência deverá determinar a devolução da coisa em quarenta e oito horas e a condenação da massa no pagamento dos honorários advocatícios.

Contra a sentença, as partes interessadas poderão interpor recurso de apelação, o qual não terá efeito suspensivo.[583] Antes do trânsito em julgado, o juiz poderá autorizar a entrega da coisa ou da quantia, porém condicionada a prestação de caução por parte do requerente.

Determinada judicialmente a restituição, pelo trânsito em julgado da sentença ou acórdão, o reclamante deverá ressarcir a massa falida ou quem tenha suportado as despesas de manutenção e de conservação da coisa.[584]

Uma vez ajuizado o pedido, enquanto não ficar definida a sua situação jurídica,[585] a coisa não poderá ser alienada.[586]

Uma questão sobre o incidente restituitório costuma chamar a atenção dos alunos: conforme referido, o ajuizamento do pedido de restituição suspende, enquanto não julgado definitivamente, a disponibilidade da coisa. Porém, em se tratando de bem perecível, ou deteriorável, ou mesmo depreciável, poderá o juiz autorizar a venda enquanto tramita o pedido? Nenhuma dúvida pode existir quando o magistrado se defrontar com as hipóteses de perecimento ou deterioração, devendo apenas ser tomada a precaução de prévia e urgente manifestação do Ministério Público e intimação das partes. Em relação à depreciação, pelo fato de não existir um risco imediato e concreto, deverá aguardar um requerimento do interessado e permitir a manifestação da parte contrária.

Sempre que não for possível o pedido de restituição, em especial quando se tratar de bens imóveis, a parte poderá opor embargos de terceiro à arrecadação.

Por fim, o Direito Falimentar reconhece quatro modalidades restituitórias: 1) restituição ordinária; 2) restituição extraordinária; 3) restituição em dinheiro; 4) restituição previdenciária.

4.2. Restituição ordinária

A restituição ordinária, prevista no artigo 85, "*capvt*", é a forma mais convencional deste instituto jurídico. Pressupõe um ato arrecadatório do admi-

---

[582] Vide regra do artigo 88, parágrafo único.

[583] Vide regra do artigo 90.

[584] Vide regra do artigo 92.

[585] Ou a confirmação de sua arrecadação, ou a sua devolução ao reclamante.

[586] Vide regra do artigo 91.

Teoria Falimentar e Regimes Recuperatórios

nistrador sobre bem pertencente a terceiro ou a sua detenção pelo devedor no momento da falência.

Encontra justificativa jurídica na proteção do direito de propriedade, cuja prova da relação dominial compete ao requerente, garantindo a seu titular o direito de seqüela mesmo que a coisa não mais exista ou tenha sido alienada. Nessa hipótese, a devolução não será da coisa, mas se dará pelo equivalente em dinheiro, de acordo com o valor da avaliação, se a coisa não mais existir, ou o valor da venda, se tiver sido alienada.[587]

4.3. Restituição extraordinária

A restituição extraordinária tem previsão no artigo 85, parágrafo único. Por ser extraordinária, protege algo diverso do direito de propriedade e, dessa forma, permite a devolução de coisa que, no momento da falência, não mais pertença ao terceiro.

A razão da devolução de coisa a quem não seja mais proprietário está na proteção da boa-fé nas relações negociais. Ainda que não haja expressa referência, esse tipo restituitório ocorre basicamente na venda de coisa móvel, onde a tradição transfere a propriedade.[588]

O comprador apresenta um pedido de entrega de mercadoria para pagamento a prazo, ao ser esta entregue, por se tratar de coisa móvel, a propriedade, por força da tradição, transfere-se para o comprador, restando ao vendedor apenas o direito obrigacional, não mais o direito real.

Porém, antes do vencimento, ocorre a decretação da falência do comprador. A cobrança do crédito do vendedor ficará suspensa até a etapa de pagamento do regime falimentar, quando, então, se tornará exigível.

O vendedor sofre várias perdas: 1) a expectativa de recebimento nos termos do contrato fica frustrada em virtude da decretação da falência do comprador; 2) quando a dívida tornar-se exigível, ao atingir, no processo falimentar, a etapa de pagamento, receberá de acordo com os rateios quirografários; 3) a devolução da coisa, por restituição ordinária, é juridicamente impossível, tendo em vista a perda do direito de propriedade sobre as mercadorias entregues, em virtude da tradição.

Ao mesmo tempo, observa-se um acréscimo patrimonial em favor do falido, pois ingressam as mercadorias em seu ativo sem a contrapartida do pagamento.

Essa situação de enfraquecimento da posição do negociante em relação ao falido fez com que extraordinariamente se permitisse devolver a coisa a quem não mais fosse o seu legítimo dono.

---

[587] Vide regra do artigo 86, I.

[588] Correta a afirmação de Fábio Ulhoa Coelho ao tratar como restituição de mercadoria. *Op. cit.*, p. 335.

É evidente que, em muitas oportunidades, o vendedor tem o pleno conhecimento da situação de crise em que se encontra o comprador, assumindo, ainda assim, o risco da operação.

Restaria ao magistrado o exame casuístico de cada uma situações negociais em debate a fim de perquirir no estado anímico das partes envolvidas, a absoluta boa-fé do vendedor e a má-fé do comprador. A dificuldade em corretamente avaliar, com justiça, esta condição subjetiva fez com que o legislador definisse três requisitos objetivos identificadores da boa-fé do vendedor:

1) tratar-se de venda a crédito;

2) cuja entrega da coisa tenha ocorrido nos quinze dias anteriores ao requerimento de falência;

3) quando formulado o pedido de restituição, a coisa ainda não tenha sido alienada.

A falta de um desses requisitos impede o reconhecimento do direito de restituição reclamado pelo terceiro pela falta de concretização dos elementos abstratos descritivos do suporte fático.

Considerando esses elementos como nucleares do suporte fático, o prazo de quinze dias antecedentes ao pedido de falência deverá ser considerado como de direito material.

Por outro lado, o pagamento na modalidade *pro solvendo*, por exemplo, mediante a emissão de cheque, se recusado o pagamento pela instituição bancária sacada, deverá ser visto também como pagamento a prazo, pois a entrega do cheque, por si só, não é extintiva da dívida, e a quitação dada é vinculada ao cumprimento da ordem.

Uma situação interessante que desperta o debate em aula é a que discute a interpretação jurídica correta quando, em uma venda a crédito, a coisa ainda não tiver sido entregue quando do requerimento da falência.

Observa-se que, se a mercadoria ainda não foi entregue (tradição real), está, inegavelmente, em trânsito e, nessa hipótese, deverá ser aplicada a regra do artigo 119, I. Se o administrador judicial demonstrar a existência de um contrato de [re]venda da mercadoria, a entrega não poderá ser obstada e os dois contratos, o de venda pelo fornecedor ao falido e a [re]venda pela massa ao terceiro, deverão ser cumpridos de acordo com as cláusulas avençadas. Dessa forma, o requerente não terá legítimo interesse na restituição, pois terá recebido integralmente o preço, na forma e no prazo estipulado no contrato.

Se não houver prova da [re]venda, conforme o artigo 119, I, o vendedor poderá obstar a entrega e deverá reclamar a devolução se esta tiver ocorrido após a decretação da falência.

Teoria Falimentar e Regimes Recuperatórios

4.4. Restituição em dinheiro

Existem hipóteses em que a devolução judicialmente determinada não será da coisa em espécie, mas de um instrumento de valoração econômica. Para essas situações foi criada uma modalidade própria de restituição, chamada restituição em dinheiro. A restituição em dinheiro poderá ser de três espécies:

1) *decorrente de fato jurídico "lato sensv"* – esta primeira espécie trata da situação fática em que a coisa foi comprovadamente entregue ao devedor ou mesmo arrecadada pelo administrador judicial, porém, por algum fato jurídico *lato sensv*, deixou de estar em poder da massa, tornando materialmente impossível a sua devolução. Nesse caso, de acordo com a regra do artigo 86, I, o terceiro receberá o valor correspondente à avaliação do bem, se este tiver deixado de existir, ou o valor da venda, se tiver sido alienado. Em inúmeras situações observa-se a venda da coisa por preço inferior a de seu real valor. Como se trata de restituição, a massa somente poderá devolver aquilo que detém. Dessa forma, restituirá o valor pago, acrescido de correção monetária, excluídos os juros por se tratarem de ganho de capital. O restante poderá ser pleiteado como crédito quirografário.

2) *decorrente de cláusula contratual* – a segunda modalidade trata, especificamente, da cláusula contratual complementar ao contrato de câmbio, pela qual o valor devido pela instituição financeira a ser pago em momento futuro é pago antecipadamente. Nas operações internacionais de comércio, um dos elementos tensionadores da relação é a moeda de pagamento das transações. As partes, necessariamente, convergirão para a escolha de uma moeda que tenha aceitação no mercado internacional. Definido produto, especificações, forma e prazo de entrega, valor, época e moeda de pagamento, o exportador, por exemplo, deverá celebrar um segundo contrato, no qual negociará com um banco que opere com carteira de câmbio no Brasil a venda da divisa internacional que irá receber do importador. Este segundo contrato de venda, obrigatório e imediato ao primeiro contrato, de exportação é chamado contrato de câmbio. De acordo com a legislação brasileira, a cobrança do preço será feita diretamente pelo banco ou por uma instituição que sirva de correspondente, que, após o pagamento feito pelo importador, irá fazer a conversão e entregar ao exportador o correspondente em reais do preço de sua venda internacional. Em muitas situações, o exportador não pode esperar a liquidação do contrato de câmbio na data aprazada. Em face disso, faz incluir como avença complementar ao contrato de câmbio uma cláusula, pela qual a instituição bancária antecipe, total ou parcialmente, o valor que se comprometera a pagar em data futura. Essa cláusula antecipatória da prestação da instituição financeira é chamada de cláusula de adiantamento ao contrato de câmbio. Na relação de comércio internacional, muitas variáveis poderão ocorrer, desviando a

atitude de cumprimento dos contratos.[589] Qualquer uma destas razões, dentre tantas, a falência do exportador, impedirá a concretização dos contratos estabelecidos entre as partes operantes no contrato de exportação. Dessa forma, a moeda estrangeira que a instituição bancária havia, por contrato, comprometido-se a comprar não lhe será entregue pelo importador por não ter este recebido a mercadoria. Nessa situação, a instituição financeira fica desonerada de seu pagamento. Ainda assim, de acordo com o artigo 75 da Lei n° 4.728/65, poderá judicialmente reclamar a sua perda econômica. Pois, ao não receber o valor em moeda estrangeira esperado, fica a sua carteira de câmbio em posição de desequilíbrio, no jargão financeiro, em posição comprada. Segundo o artigo 75, "*capvt*", da Lei n° 4.728/65, a instituição bancária, desde que proteste o contrato de câmbio, poderá promover a execução judicial ou, no caso de falência, habilitar no quadro-geral de credores pela diferença das taxas cambiais (contratação e pagamento) acrescidas dos agregados financeiros permitidos pela legislação. Porém, caso o contrato de câmbio contenha a cláusula de adiantamento, mesmo que parcial, a instituição bancária, por ter antecipado o valor relativo à quantidade de moeda internacional que iria transferir no futuro, terá não só uma perda econômica, mas também financeira. Diante disso, o legislador, de acordo com a regra do artigo 86, II, garantiu às instituições bancárias a devolução do dinheiro antecipado, sob forma de restituição em dinheiro, convertido em moeda nacional pela taxa de câmbio da data da decretação da falência.[590]

3) *decorrente de perda de eficácia do fato jurídico* – por fim, a restituição em dinheiro poderá decorrer da perda de eficácia do negócio jurídico. De acordo com o ponto 6.3.2 da décima primeira aula, a revogação de atos prejudiciais terá como efeito o retorno ao *statvs qvo ante*, determinando o retorno do bem ao patrimônio da massa. Por não se tratar de uma ação anulatória nem objetivar punir os contratantes, o êxito da revogação não legitima um locupletamento indevido por parte da massa. Dessa forma, caso o terceiro contratante tenha transferido algum valor para a massa, uma vez comprovada a sua boa-fé, será, na forma do artigo 86, III, restituído da quantia paga. Considerando a exigência da boa-fé como condição afirmativa do direito de restituição, esta hipótese legal somente será aplicada se a perda da eficácia for fundada na ação declaratória de ineficácia do artigo 129, haja vista que a ação revocatória falencial do artigo 130 exige para o julgamento de procedência a comprovação da má-fé das partes contratantes do negócio. Ainda que não tenha má-fé, o terceiro que adquirir a coisa deste contratante não terá direito restituitório contra a massa falida, pois inexiste relação jurídica que lhe legitime reclamar algum direito na falência.

---

[589] JACKSON, John. *International Economic Relations.* West Publishing Co., 1998, p. 44.
[590] Vide regra do artigo 77.

Teoria Falimentar e Regimes Recuperatórios

Em todos os casos de restituição em dinheiro, o valor principal será acrescido da correção monetária, excluindo-se os juros, que poderão ser habilitados na falência.

4.5. Restituição previdenciária

A restituição das contribuições previdenciárias, já examinada neste curso acadêmico, será exigível somente em relação à contribuição do empregado, pois, em relação a parcela contributiva deste, a partir de sua retenção pelo empregador, por ficção jurídica, o valor passou a ser de propriedade do Instituto Nacional de Seguro Social (INSS), tratando-se, na verdade, uma modalidade de restituição[591] em dinheiro prevista em Lei Especial, enquanto que a parcela contributiva a cargo do empregador, na hipótese de não recolhimento, será habilitada no quadro-geral de credores, de acordo com a regra do artigo 83, III.

Todavia, em relação à parcela restituível da contribuição do empregado, não alcança valores referentes a juros, que deverão constituir o crédito previdenciário integrante do quadro geral de credores concursais na categoria de crédito tributário.[592] Também não poderá integrar o pedido de restituição qualquer espécie de multa, que deverá ser alocada também no quadro geral de credores, de acordo com a regra do artigo 83, VII.

5. LIQUIDAÇÃO

5.1. Introdução

A falência, conforme anteriormente dito, é um processo de execução coletiva contra um devedor insolvente. Dessa forma, após a coleta e a valoração dos bens do falido, etapas de arrecadação e avaliação, o administrador judicial dará início a etapa de liquidação dos bens. Esta etapa, cuja finalidade é a geração de recursos líquidos para o pagamento dos credores na ordem prevista no artigo 83, concretiza-se com a venda dos bens arrecadados.

Dessa forma, a síntese deste capítulo temático é a discussão sobre a normatização das modalidades de venda dos bens da massa falida.

Uma primeira regra, de natureza principiológica para a condução do processo falimentar, está prevista no artigo 75, parágrafo único, que orienta os magistrados a tomarem decisões e os demais participantes do processo a apresentarem proposições sempre levando em conta os princípios da celeridade ou da economia processual.

---

[591] BRASIL. Superior Tribunal de Justiça. REsp 666351/SP – 1ª Turma. Min Luis Fux, 2005.

[592] Vide regra do artigo 83, III.

A celeridade orienta os operadores do regime falimentar a promover a venda dos bens imediatamente após a arrecadação, baseada na regra do artigo 139, e independentemente da formação do quadro geral de credores,[593] permitindo-se, inclusive, a venda antes mesmo de se completar a coleta de todos os bens nas hipóteses emergenciais descritas no artigo 113.

Pelo respeito ao princípio da economia processual, o administrador judicial deverá optar pela(s) forma(s) de venda mais otimizante(s) para a liquidação do patrimônio da massa falida, na forma indicada, exemplificativamente, no artigo 140:

1) alienação da empresa, com a venda de seus estabelecimentos em bloco;

2) alienação da empresa, com a venda de suas filiais ou unidades produtivas isoladamente;

3) alienação em bloco dos bens que integram cada um dos estabelecimentos do devedor;

4) alienação dos bens individualmente considerados.

Importa reafirmar que a ordenação dos projetos liquidatórios dos bens da massa falida dada pelo artigo 140 é apenas referencial, não estando o magistrado obrigado a determinar o seu cumprimento seqüencial se tal escolha não for oportuna para a maximização do patrimônio em liquidação ou possível nas condições do regime falimentar em execução. Nessa linha de raciocínio, poderá adotar mais de uma forma de alienação ou mesmo optar por combinação entre elas, de acordo com a regra do artigo 140, § 1º.

Como forma de viabilizar a venda de filiais ou de unidades produtivas da falida, a Lei nº 11.101/05 incorporou também ao regime liquidatório falimentar o princípio da não-sucessão das dívidas, garantindo ao terceiro adquirente de ativos da empresa ou de suas filiais não assumir a condição de sucessor das dívidas,[594] respeitadas as exceções previstas no artigo 141, § 1º.

É importante ressaltar que, nas vendas decorrentes da liquidação em processo de falência, o juiz determinará a expedição de mandado judicial o qual servirá de título aquisitivo suficiente para o registro, quando este se fizer necessário.

Também chama a atenção positivamente a regra do artigo 146 pela qual a massa falida fica dispensada de apresentar as certidões negativas fiscais e parafiscais.

5.2. Modalidades de liquidação

Definido o projeto de liquidação dos ativos, o administrador judicial deverá escolher a(s) modalidade(s) para a venda dos bens da massa falida. A

---

[593] Vide regra do artigo 140, § 2º.

[594] Vide regra do artigo 141, II.

Teoria Falimentar e Regimes Recuperatórios

Lei nº 11.101/05 prevê três formas oficiais de alienação dos ativos da massa, de acordo com a regra do artigo 142: 1) leilão; 2) propostas; 3) pregão.

Importa observar que em qualquer uma das modalidades haverá a necessidade de divulgação da alienação por instrumentos jornalísticos, facultado o uso de outros meios, respeitados os prazos mínimos de publicação de quinze dias, se a venda contemplar apenas bens móveis, e de trinta dias, se dentre as coisas vendidas existirem bens imóveis.[595]

Na modalidade de venda por leilão, a condução dos trabalhos será feita por um leiloeiro nomeado pelo juiz do processo. Os bens serão cotados em valores definidos na avaliação, que, na conformidade do artigo 142, § 2º, é apenas referencial, pois a alienação do(s) bem(ns) dar-se-á pelo maior lance, ainda que inferior ao da avaliação. Esse dispositivo deverá, contudo, ser examinado com muita cautela. Uma vez que pela regra do artigo 103 a constituição do regime liquidatório determina ao falido(a) apenas a perda do poder de administração, mas não o direito de propriedade. Assim, não se pode, por comodidade do administrador judicial ou do leiloeiro, simplesmente optar por medidas que dilapidem o seu patrimônio. Logo, ainda que se tenha a celeridade como norma principiológica, a aplicação do enunciado acima referido deverá ser excepcional, sendo possível somente se homologado judicialmente, com anterior manifestação do Ministério Público, ou previamente autorizada pelo falido(a).

Na venda por propostas não há a participação do leiloeiro, exigindo-se, diante disso, uma atuação mais pró-ativa do administrador judicial na condução do projeto liquidatório dos bens da massa.

Nessa modalidade, após a definição das condições de oferecimento das propostas quanto a valor e prazo, os bens serão oferecidos através da divulgação na forma prevista no artigo 142, § 1º. Os interessados deverão apresentar suas propostas no prazo fixado no edital, mediante a entrega de envelopes lacrados, no cartório do juízo falimentar, que serão abertos em data fixada pelo magistrado.

Na modalidade de alienação por proposta a venda se dará em favor da melhor oferta, ainda que não seja a de maior valor. Pois, diferentemente do leilão onde os lances representam uma oferta de pagamento à vista, na venda mediante propostas, as ofertas poderão contemplar, se dessa forma definido pelo administrador judicial, o pagamento parcelado.

Assim, ao julgar qual a melhor proposta, o magistrado deverá observar não somente o preço ofertado mas também o prazo de pagamento. Por exemplo, entre uma proposta que ofereça R$ 100.000,00 (cem mil reais) em dez vezes e uma outra proposta que ofereça R$ 85.000,00 (oitenta e cinco mil reais) à vista, não há dúvida que a segunda deverá prevalecer.

O pregão é uma modalidade liquidatória nova trazida pela Lei nº 11.101/05. Segundo o § 5º do artigo 142, a modalidade de pregão é uma combinação entre

---

[595] Vide regra do artigo 142, § 1º.

as modalidades de proposta e leilão. Divide-se em duas fases: a) o recebimento das propostas lacradas, e b) o leilão por lances orais em que participarão somente os interessados cuja proposta não seja inferior a 90% (noventa por cento) da maior oferta.

Os ofertantes selecionados serão notificados judicialmente para comparecimento ao leilão. A segunda fase, de leilão, terá por lance inicial a melhor proposta, sobre a qual ficará vinculado, de acordo com a regra do inciso II do § 6º do artigo 142.

Destaca-se um equívoco identificado na Lei que, ao redigir o artigo 142, § 5º, que trata da forma de venda mediante pregão, modalidade híbrida de proposta e leilão, faz referência ao recebimento de propostas, primeira fase do pregão, na forma da § 3º, que trata dos lances orais de leilão. Denota-se um equívoco redacional, pois a referência deveria ter sido ao § 4º do artigo.

Uma vez escolhida a forma de alienação, o Ministério Público deverá ser pessoalmente intimado, sob pena de nulidade do ato de venda.[596] A ausência do Promotor de Justiça, diferentemente do regime jurídico anterior, não afeta a validade do ato.

Realizada a venda, os credores, o devedor ou o Ministério Público poderão oferecer impugnação ao ato no prazo de quarenta e oito horas, contadas da arrecadação. Como se trata de prazo em horas, caso esta se encerre em fim-de-semana ou em feriado, deverá ser tomada medida judicial no juizado de plantão.

Essas três formas oficiais de venda não são exclusivas, podendo o magistrado[597] ou os credores, por deliberação em assembléia,[598] definir uma forma alternativa de liquidação às previstas no artigo 142 da Lei ou mesmo uma forma alternativa à própria liquidação.

Nessa última hipótese, ainda que não se trate propriamente de uma liquidação dos ativos, em conformidade com o disposto no artigo 111, o juiz poderá autorizar aos credores adquirirem ou adjudicarem os bens arrecadados, observado o valor dado na avaliação e respeitada a regra hierárquica prevista no artigo 83.

Essa possibilidade, contudo, esbarra em algumas situações concretas. A ordem de pagamentos não se restringe aos créditos concursais previstos no artigo 83. Antes deles existe a preferência no pagamento de alguns outros créditos, por exemplo, os créditos extraconcursais,[599] destacando-se, dentre várias hipóteses, a remuneração do administrador judicial e de seus auxiliares.[600] Como o *capvt* do artigo 84 expressamente refere que os créditos arrolados nos seus inci-

---

[596] Vide regra do artigo 142, § 7º.

[597] Vide regra do artigo 144.

[598] Vide regra do artigo 145.

[599] Assim como os créditos salariais, previstos no artigo 151, e as restituições em dinheiro, previstas no artigo 86.

[600] Vide regra do artigo 84,I.

Teoria Falimentar e Regimes Recuperatórios

sos são pagos preferencialmente aos mencionados no artigo 83, a adjudicação, ainda que respeite a hierarquia entre os credores concursais, somente poderá ser deferida pelo magistrado se houver ativo líquido suficiente para o pagamento de direitos reconhecidos na Lei nº 11.101/05 que não integrem o quadro geral dos credores concursais, na ordem: a) despesas de administração, conforme artigo 150, de pagamento indispensável; b) créditos salariais, previstos no artigo 151, c) restituições em dinheiro, previstas no artigo 86, d) créditos extraconcursais, previstos no artigo 84, cuja necessidade de pagamento não se enquadre na hipótese do artigo 150.

O artigo 145 permite que os credores possam, por deliberação em assembléia, também definir uma forma não prevista no artigo 142 para a liquidação do patrimônio. A Lei, todavia, impôs uma condição de representatividade na tomada da decisão, que se traduz na obtenção da maioria qualificada de votos que correspondam a 2/3 dos créditos presentes à assembléia, independentemente da deliberação por classe de credores.[601] Alcançada a maioria prevista na legislação, o magistrado homologará judicialmente a deliberação dos credores tomada em assembléia.

Uma, dentre outras formas alternativas à liquidação, de acordo com o artigo 145, está na criação de uma sociedade para propósitos específicos, constituída por credores e/ou empregados.

Como medida preservatória e otimizadora do patrimônio, o administrador judicial poderá optar pela locação temporária ou permanente de bens da massa. A temporariedade está subordinada à futura venda dos bens, observada integralmente a regra do artigo 114.

Porém, considerando os princípios da preservação, da otimização e da celeridade, se for mais interessante para a massa falida e factível para os credores, a locação poderá ser mais duradoura, extinguindo-se com o encerramento do processo falimentar, se com o ganho econômico deste contrato foi possível pagar os credores.

6. PAGAMENTO

A etapa de pagamento poderia ser chamada de a *ratio essendi* de um processo falimentar, pois o magistrado decreta a constituição do regime liquidatório como forma de viabilizar, mesmo que precariamente, a satisfação dos créditos.

Existe uma relação de vínculo entre a arrecadação dos bens e sua destinação após a liquidação que determina o direcionamento dos valores apurados

---

[601] Vide regra do artigo 35, II, "c".

para a satisfação dos direitos dos credores concursais. Contudo, a ordem de pagamentos prevista na Lei não privilegia os credores concursais.

De acordo com o artigo 149, os credores concursais serão pagos, na ordem hierárquica descrita no artigo 83 após os credores extraconcursais (de acordo com a ordem hierárquica prevista no artigo 84) e estes serão pagos após a realização das restituições, incluindo-se as restituições em dinheiro.

Porém, pela regra do artigo 86, parágrafo único, as restituições em dinheiro serão pagas após a satisfação dos créditos salariais, vencidos nos três meses anteriores ao decreto falimentar e não superiores a cinco salários mínimos por credor.[602]

Entretanto, não pode ser desconhecida a regra do artigo 150, que trata do pagamento das despesas indispensáveis à administração da falência, que será realizado à medida em que se tornarem exigíveis.

Dessa forma, considerando todos os dispositivos legais, é possível estabelecer-se uma ordem para os desembolsos:

1) pagamento das despesas indispensáveis para a administração da massa falida, à medida em que vencerem (artigo 150);

2) pagamento dos créditos estritamente salariais, vencidos nos três meses anteriores à decretação do regime liquidatório, não superiores a cinco salários mínimos por credor trabalhista (artigo 151);

3) pagamento das restituições em dinheiro (artigo 86);

4) pagamento dos créditos extraconcursais, respeitada a hierarquia prevista nos incisos do artigo 84, na ordem que segue:

– remunerações devidas ao administrador judicial e seus auxiliares, créditos trabalhistas decorrentes de relações de trabalho prestadas à massa falida;

– quantias fornecidas à massa falida pelos credores;

– despesas com arrecadação, administração e realização do ativo e distribuição do produto da venda e pagamento das custas judiciais;

– custas judiciais relativas às ações e execuções em que a massa falida tenha sido vencida;

– obrigações resultantes de atos jurídicos válidos praticados durante a recuperação judicial, na forma do artigo 67, ou após a decretação da falência e os tributos relativos a fatos geradores ocorridos após a decretação da falência, na ordem estabelecida na Lei;

5) pagamento dos créditos concursais, respeitada a hierarquia prevista pelo artigo 83, na ordem que segue: I – créditos derivados da legislação do trabalho no limite de 150 s.m. (cento cinqüenta salários mínimos) e decorrentes de acidentes do trabalho; II – os créditos com direito real de garantia até o limite do valor do bem gravado; III – créditos tributários, excetuadas

---

[602] Vide regra do artigo 151.

Teoria Falimentar e Regimes Recuperatórios

as multas tributárias; IV – créditos com privilégio especial; V – créditos com privilégio geral; VI – créditos quirografários; VII – as multas contratuais e pecuniárias por infração das leis penais e administrativas, incluindo as multas tributárias; VIII – créditos subordinados.

Observa-se que a realização dos pagamentos obedece diversos tipos de normas regulatórias.

Em relação ao item 01(despesas urgentes), o pagamento se fará pelo valor da despesa, desde que comprovada e autorizada pelo juiz, e antecedida de manifestação do Ministério Público e do comitê de credores.

Quanto aos itens 02 (créditos salariais) e 03 (restituições em dinheiro), o pagamento se dará em condições de absoluta igualdade entre os beneficiários. Em outras palavras, ou serão pagos os valores integralmente ou haverá um rateio proporcional entre os integrantes de cada uma das categorias jurídicas.

Finalmente, para as relações jurídicas arroladas nos itens 04 (créditos extraconcursais) e 05 (créditos concursais), existe uma hierarquia entre os diferentes tipos de crédito os quais serão pagos na ordem decrescente dos incisos dos artigos 84 e 83. Nessas hipóteses, a igualdade existe somente entre os créditos de igual natureza.

Os pagamentos indevidos aos credores serão restituídos em dobro, acrescidos dos juros legais se evidenciada conduta do credor movida por dolo ou má-fé.

Após realizados todos os pagamentos, se algum valor restar, será imediatamente devolvido ao falido, de acordo com a regra do artigo 153.

7. PROVIDÊNCIAS FINAIS PARA O ENCERRAMENTO DO PROCESSO FALIMENTAR

Após o cumprimento de todas as etapas do regime liquidatório, o administrador judicial tomará as providências para o encerramento do processo falimentar.

A primeira medida que deverá realizar é a apresentação das contas finais de sua gestão. O relatório de gestão, acompanhado dos documentos comprobatórios, será juntado em autos apartados dos autos principais.

Os interessados terão o prazo de dez dias para apresentarem impugnação. Após, os autos irão com vista ao representante do Ministério Público para a apresentação de parecer no prazo de cinco dias, com direito à defesa do administrador no caso de impugnação das contas ou parecer contrário.

Se as contas forem aprovadas, o juiz determinará o pagamento da remuneração total ou do saldo que ainda remanescer[603] e a apensação dos autos de prestação de contas aos do processo falimentar. Se forem rejeitadas, o juiz fixará as suas responsabilidades, determinará a devolução do valor de remuneração eventualmente antecipado, inclusive com a indisponibilidade de seus bens pessoais para a garantia de efetividade de futura execução a ser proposta pela massa falida.

Além disso, poderá sofrer execução judicial para indenização dos prejuízos causados à massa e, durante cinco anos, não poderá integrar comitê de credores nem exercer novamente a função de administrador judicial.[604]

Após o julgamento das contas, o administrador apresentará o relatório final da falência, informando se a massa teve êxito em pagar todos os créditos habilitados ou se permaneceram obrigações ainda não satisfeitas.

Finalmente, os autos irão conclusos ao magistrado para a prolação de sentença de encerramento do processo falimentar que deverá se pronunciar sobre a extinção das obrigações ou sobre a existência de dívidas que restaram não solvidas pelo regime de execução coletiva. Contra esta sentença caberá apelação, em conformidade com a regra do artigo 154, § 6º,

8. REABILITAÇÃO DO FALIDO

Conforme estudado na décima primeira aula, um dos efeitos imediatos da sentença falimentar é a inabilitação do falido(a) para exercer a atividade empresarial. Esse efeito terá contornos diversos de acordo com a forma de exercício da atividade empresarial.

Se a atividade empresarial for exercida coletivamente, com a reunião de pessoas físicas e/ou jurídicas, constituindo uma sociedade empresarial, a decretação do regime falimentar, além da inabilitação, acarreta à pessoa jurídica o início de um processo compulsório de extinção, uma vez que seu patrimônio (bens e direitos) será apurado para pagamento de seus credores. Se todos os credores tiverem sido pagos, o saldo remanescente será partilhado entre os sócios. Na hipótese contrária, remanescendo débitos a serem pagos e não mais existindo bens a ser liquidados, o juiz irá prolatar a sentença de encerramento do processo falimentar, declarando a existência de dívidas não pagas pelo devedor. Essa situação dissolutória é inexorável, pois a Lei nº 11.101/05 não prevê um regime suspensivo da falência, como acontecia na vigência do Decreto-Lei nº 7.661/45,

---

[603] Vide regra do artigo 24, § 2º.

[604] Vide regras dos artigos 154, § 5º e 30, "*capvt*".

Teoria Falimentar e Regimes Recuperatórios

que previa a possibilidade de concessão do regime jurídico de concordata suspensiva, evitando-se a liquidação do ativo da empresa.

Não obstante, pode-se, com segurança, afirmar que o mesmo não ocorre na falência da empresa individual. Ainda que se arrecadem todos os bens economicamente valorados, incluindo os bens pessoais, ressalvando-se apenas os impenhoráveis e os vinculados à uma destinação específica, na forma do artigo 119, IX, por se tratar de pessoa natural, o processo falimentar não extingue a pessoa do empresário.

Dessa forma, sempre se faz presente a questão: encerrado o processo falimentar, poderá a empresa individual retomar as suas atividades econômicas?

Inicialmente, pode-se apresentar uma resposta negativa, pois a decretação da falência torna-o inabilitado para a atividade empresarial. A teoria do Direito Falimentar reconhece a reabilitação como o meio jurídico para o falido recuperar o direito de exercer regularmente a atividade empresarial.

A reabilitação do falido exige o cumprimento de duas condições: 1) extinção das obrigações; 2) regularidade criminal, de acordo com o artigo 181, I.

A extinção das obrigações encontra disciplina nas regras dos artigos 157 e 158, podendo concretizar por uma ou várias das hipóteses que seguem:

1) *pela prescrição individual de cada uma das dívidas não pagas no regime de execução coletiva:* esta é uma hipótese possível somente após o encerramento do processo falimentar, pois a contagem de prazo prescricional fica suspensa com a decretação da falência, sendo retomada após o trânsito em julgado da sentença de encerramento do processo;

2) *pelo pagamento de todos os créditos:* durante o processo falimentar ou mesmo após o seu encerramento;

3) *pelo pagamento, de mais de 50% (cinqüenta por cento) do passivo quirografário, após liquidado todo o ativo:* esta modalidade exige duas condições: a) o exaurimento do ativo, b) o pagamento de todos os credores das classes hierarquicamente superiores à classe quirografária. Atendidos esses dois requisitos, o falido, durante ou após o encerramento do processo, poderá oferecer um percentual superior a 50% (cinqüenta por cento) do passivo da classe;

4) *o decurso de 5 (cinco) anos, contados do encerramento do processo falimentar:* trata-se de uma hipótese de extinção das obrigações sem o pagamento das dívidas. Diferentemente das hipóteses anteriores, somente poderá ocorrer após o encerramento do processo falimentar;

5) *o decurso de 10 (dez) anos, contados do encerramento do processo falimentar:* trata-se da mesma situação fático-jurídico, diferenciando-se da anterior por ter o falido, nesta situação, sido condenado por prática de crime previsto na Lei.

A regularidade criminal se explica em três situações jurídicas possíveis: 1) não ter sido processado por prática de crime previsto na Lei; 2) se processado por prática de crime previsto na Lei, ter sido absolvido; 3) se condenado por prática de crime previsto na Lei, estar a punibilidade extinta.

Ultimados todos os atos de encerramento do processo e apresentado pelo administrador judicial o relatório final, o juiz irá, por sentença, encerrar a falência.

Se, ao encerrar, o magistrado verificar que as duas condições para a reabilitação foram atendidas: a) extinção das obrigações, nas hipóteses (2 e 3), e b) regularidade criminal, irá declarar o encerramento do processo, a extinção das obrigações e a reabilitação do falido para o exercício regular da atividade empresarial. Se, no encerramento do processo verificar a extinção das obrigações, nas hipóteses acima descritas no parágrafo anterior, mas o falido estiver sendo processado por crime ou condenado e a punibilidade ainda não estiver extinta, irá declarar encerrado o processo, a extinção das obrigações, mas não irá reabilitar o falido, pois, no momento do encerramento do processo, aquele ainda não se encontra em condições de regularidade criminal.

Por fim, se ao prolatar a sentença de encerramento, não verificar que as obrigações foram extintas nem a regularidade criminal, limitar-se-á a encerrar o processo e declarará a existência de dívidas a cargo do falido.

Nas duas últimas hipóteses, ainda que encerrado o processo, o falido não será considerado juridicamente reabilitado e não poderá exercer a atividade empresarial.

Contudo, a lei não afasta a possibilidade do falido atender as duas condições para a reabilitação após o encerramento do processo, chamada reabilitação tardia. Sendo-lhe possível, para a extinção das obrigações, utilizar-se de todas as modalidades extintivas.

Quanto à regularidade criminal, caso condenado, deverá atender a regra descrita no artigo 181, § 1º.

Teoria Falimentar e Regimes Recuperatórios

Décima Terceira Aula – Recuperação Extrajudicial

1. APRESENTAÇÃO

Na segunda aula deste curso, foram apresentados os regimes jurídicos instituídos pela Lei n° 11.101/05, que regulam a crise econômica e financeira das empresas. Foi afirmado que a aplicação dos regimes vincula-se ao estado de crise em que a empresa se encontra: a) se irreversível, o regime indicado será o falimentar/liquidatório, b) reversível, o regime indicado será o recuperatório. Em relação a este regime também foi dito que a Lei o instituiu sob duas modalidades: a recuperação judicial e a recuperação extrajudicial.

Dessa forma, pode-se, com segurança, afirmar que a recuperação extrajudicial é também um regime recuperatório da empresa em crise alternativo à liquidação.

Assim como os demais regimes já estudados, a recuperação extrajudicial, por se tratar de regime jurídico, será concedida pelo Poder Judiciário, cuja atividade se expressará na interpretação da lei e na análise de adequação do fato aos enunciados normativos, realizando a *ivris dictio.*

O instrumento provocativo da atuação jurisdicional do Poder Judiciário denomina-se ação de Direito Processual, que terá de ser proposta por uma parte que o ordenamento legal atribua a condição de parte processualmente legítima.

Inicialmente, como pressuposto essencial do Direito Recuperatório brasileiro, somente o devedor poderá exercer o direito de ação. Além disso, a legitimidade processual para pretender juridicamente a concessão do regime das empresas individuais ou das sociedades empresariais em crise, condiciona-se ao atendimento dos pressupostos de regularidade e das condições exigidas no artigo 48, além de uma condição específica para o regime extrajudicial: não ter outra recuperação extrajudicial em andamento ou não ter recebido o mesmo benefício há menos de dois anos, de acordo com a regra estabelecida no artigo 161, § 3º.

Em relação ao alcance de efeitos jurídicos, o regime recuperatório extrajudicial tem uma amplitude um pouco mais restrita pois, além de não produzir efeitos jurídicos sobre as relações contratuais previstas no artigo 49, §§ 3º e 4º, também não alcança aos créditos tributários nem aos créditos trabalhistas, tanto os decorrentes da legislação do trabalho quanto os infortunísticos.[605] Nesta modalidade recuperatória, o alcance se restringirá apenas aos créditos constituídos até a data do pedido de homologação.[606]

2. PROCEDIMENTO

Conforme referido em aula anterior, na recuperação extrajudicial o devedor negocia previamente com os credores e o resultado desta negociação será materializado em um plano, que conterá a assinatura dos credores que a ele aderirem e acompanhará a petição inicial, a qual deverá ser elaborada de acordo com os requisitos previstos no artigo 163, § 6º, I, acompanhada dos documentos exigidos nos incisos II e III do mesmo dispositivo e que, ao final, requererá a homologação judicial do plano.

A elaboração do plano, resultante da livre negociação entre as partes, assim como na recuperação judicial, não possui uma forma ou modalidade prédefinida pela lei. Por força disso, poderá integrar o plano qualquer proposta de renegociação das dívidas dentro dos limites de licitude jurídica, que respeite algumas restrições impostas na legislação:

1) não prever pagamento antecipado de nenhuma dívida;[607]
2) não propor tratamento desfavorável aos credores não sujeitos ao regime recuperatório;[608]
3) a eficácia jurídica de cláusula que propuser venda ou substituição de bem dado em garantia deverá estar condicionada à concordância do credor titular da garantia;[609]
4) a eficácia jurídica de cláusula que propuser a conversão de crédito em moeda estrangeira deverá estar condicionada à concordância do credor.[610]

O regime recuperatório, respeitadas as exceções previstas no artigo 163, § 1º, acima referidas, é de livre adesão por parte dos credores, que deverão

---

[605] Vide regra do artigo 161, § 3º.

[606] Vide regra do artigo 163, § 1º.

[607] Vide regra do artigo 161, § 2º, primeira parte.

[608] Vide regra do artigo 161, § 2º, segunda parte.

[609] Vide regra do artigo 163, § 4º.

[610] Vide regra do artigo 163, § 5º.

manifestar o seu interesse em participar da recuperação do devedor,[611] porém, uma vez manifestada a adesão, o credor não poderá se retratar, salvo se obtiver a anuência de todos os demais signatários.[612]

Existe, outrossim, uma regra especial que permite ao devedor impor sua pretensão recuperatória a uma classe de credores ou a grupo dentro de uma classe de credores descrita no artigo 83, respeitadas categorias pré-excluídas,[613] desde que assinado por titulares de crédito que representem mais de 3/5 (três quintos) de todos os créditos de cada espécie que o devedor pretenda atingir,[614] contados somente os créditos incluídos no plano.[615] Em outras palavras, o devedor, ao invés de negociar individualmente com os credores, elabora uma proposição comum a todos que compõem uma mesma classe,[616] ou um grupo mais restrito de credores dentro desta classe.

Essa opção poderá ser tomada em relação a mais de uma classe e não excluirá o direito do devedor de propor uma renegociação separada para credores que não integrarem a classe que pretenda atingir com uma proposta única ou aos que dentro da classe não integrarem o grupo restrito.

Dessa forma, fica evidente que, em um plano recuperatório extrajudicial, o devedor poderá, simultaneamente, fazer uso do artigo 162 e 163.

Se a petição inicial for deferida, o juiz determinará a suspensão do curso apenas das ações e execuções dos créditos submetidos ao regime de recuperação extrajudicial.[617]

Além disso, o juiz determinará a publicação de edital no diário oficial e em jornal de grande circulação nacional ou da localidades da sede e da(s) filial(is), convocando os credores para apresentarem impugnação ao plano no prazo de trinta dias, contados da publicação,[618] que só poderá ser oferecida, nos termos do artigo 164, § 3°, I, II e III, e § 6°, na forma que segue:

1) *não preenchimento do percentual mínimo previsto no artigo 163, "capvt"*: a impugnação é relativa à hipótese em que o devedor seleciona uma classe específica de credores ou um grupo de credores dentro da classe;

2) *prática de qualquer dos atos previstos no artigo 94, III, ou do artigo 130, ou descumprimento de requisito previsto na Lei*: a hipótese reúne idéias conceitualmente distintas. A primeira delas é a existência de prova de prática pelo devedor de conduta que faça presumir o seu estado eco-

---

[611] Vide regra do artigo 162.

[612] Vide regra do artigo 161, § 5°.

[613] Os contratos descritos no artigo 161, § 1°.

[614] Vide regra do artigo 163.

[615] Vide regra do artigo 163, § 2°.

[616] Por exemplo, a classe dos credores quirografários.

[617] Vide regra do artigo 161, § 4°.

[618] Vide regra do artigo 164, § 2°.

Teoria Falimentar e Regimes Recuperatórios

nômico e financeiro de insolvência, realizando um dos atos de falência descritos no artigo 94, III. A segunda hipótese é quando pratica com má-fé um ato economicamente prejudicial aos interesses da empresa, na forma do artigo 130, que potencialmente legitima a proposição de ação revocatória falencial. Observe-se, contudo, que a ação não será intentada enquanto não for decretada a falência.

A última hipótese trata da falta de um dos requisitos antes descritos, que são preparatórios ao exercício da ação que juridicamente pretende a concessão do regime recuperatório extrajudicial;

3) *descumprimento de qualquer outra exigência legal:* trata-se de um previsão que não tem muito sentido, pois está contida na hipótese última do inciso II;

4) *prova de simulação de créditos ou vício de representação dos credores que subscreverem o plano:* situação prevista no artigo 164, § 3º, que condiciona o exercício da conduta judicial das partes ao princípio da boa-fé.

Esta regra está expressa no artigo 164, "*capvt*", ao definir todos os credores, legitima a apresentar objeção também daqueles cujos créditos o devedor não pretenda renegociar.

Caso os credores tenham oferecido impugnação, o devedor terá cinco dias para apresentação de resposta.

Após a manifestação do Ministério Público, os autos serão conclusos para o juiz, que examinará a(s) impugnação(ões) e a(s) resposta(s) e decidirá por sentença, independentemente de convocação de assembléia geral de credores.

Uma vez que a homologação decorre de um juízo de valor por parte do magistrado, ainda que não hajam objeções apresentadas, o juiz poderá negar o pedido com base em uma das hipóteses do artigo 164, § 3º, III, e § 6º.

Se homologar o plano, ainda que não transitada em julgado a sentença,[619] sua execução terá início imediato. Se não homologar, não decretará a falência, podendo a empresa, se for o caso, apresentar nova proposta.[620]

Contra a sentença que homologar o plano ou negar a sua homologação caberá recurso de apelação, porém sem efeito suspensivo.[621]

Há uma visível confusão conceitual entre o *capvt* e o § 1º do artigo 165. O texto do *capvt* determina que a produção de efeitos ocorra somente após a homologação do plano, enquanto que o § 1º permite a produção desses para períodos anteriores à homologação.

O primeiro dispositivo trata do momento da execução do plano, com o qual o devedor fica vinculado ao cumprimento das obrigações assumidas.

---

[619] Vide regra dos artigos 164, § 7ºe 165.

[620] Vide regra do artigo 164, § 8º.

[621] Vide regra do artigo 164, § 7º.

298   *Luiz Inácio Vigil Neto*

Já o § 1° do artigo 165 trata da produção de efeitos decorrentes da sentença concessiva do regime recuperatório extrajudicial no plano de eficácia dos atos jurídicos perfeitos. Por essa regra, a homologação do plano reorganizativo respeitará os pressupostos de existência e de validade dos negócios jurídicos alcançados pela recuperação, afetando apenas o plano da eficácia alterada pela proposta de repactuação homologada.

Na recuperação extrajudicial também se aplica o princípio da não sucessão das dívidas, porém na forma regulada para o regime falimentar.[622]

A sentença de homologação do plano recuperatório extrajudicial constitui título executivo judicial. O não cumprimento das obrigações assumidas pelo devedor legitima os credores a promoverem a execução judicial do título, na forma do artigo 646 e seguintes do Código de Processo Civil, ou promover a ação falimentar contra o devedor, de acordo com as hipóteses descritas nos artigos 94, I, II e III.

---

[622] Por inescusável falta de atenção, o legislador referiu o artigo 142, que trata das formas de liquidação, ao invés do artigo 141.

Teoria Falimentar e Regimes Recuperatórios

DÉCIMA QUARTA AULA – Direito Penal e Direito Processual Penal Falimentar e disposições finais e transitórias

1. APRESENTAÇÃO

A vida humana, dentro de seu ciclo de existência, somente poderá ser corretamente compreendida se analisada sob o contexto das decisões racionais. Todos os dias, todos os minutos, homens e mulheres, de forma consciente ou não, tomam decisões que tenham algum tipo de justificativa e, por isso, consideradas racionais, dos mais variados tipos: de natureza associativa, de natureza religiosa, de natureza política, de natureza educativa, de natureza cultural, de natureza humanitária.

Dentre todas as decisões racionais, algumas visam à geração de riqueza, possuindo natureza econômica. Essas decisões poderão ser tomadas por aqueles que atendam voluntariamente aos requisitos do artigo 966 do Código Civil, os quais são considerados pelo ordenamento jurídico como entes econômicos empresariais. Atendidos esses requisitos, o ente de Direito, pessoa natural ou jurídica, passa a integrar a teia Direito Econômico-Empresarial. A partir desse momento, todas as decisões que tomar e ações racionais de natureza econômica que realizar passam a ser regradas por esse subsistema jurídico.

Nas aulas anteriores, ficou compreendido que os agentes econômico-empresariais possuem um ciclo de existência, sendo a morte um acontecimento esperado. A morte econômica de uma empresa pode ser interpretada como a sua insolvência econômica e financeira, cuja irreversibilidade legitima a constituição de um regime falimentar de liquidação dos ativos para o pagamento do passivo.

Teoria Falimentar e Regimes Recuperatórios

Em uma situação de menor gravidade, pode-se afirmar que a empresa encontra-se em crise econômica e financeira, porém, tendo em vista a sua reversibilidade, não se pode adjetivá-la como uma empresa em estado de insolvência. Nessas hipóteses, a empresa poderá pleitear a concessão de um regime recuperatório.

A Lei nº 11.101/05, além de regulamentar os regimes recuperatórios e liquidatório reservou, também, um capítulo para o estudo da repressão penal das ações criminalmente ilícitas na gestão econômica de empresas que se submetem a um dos regimes jurídicos de regulação da crise.

2. DIREITO PENAL FALIMENTAR

2.1. Aspectos gerais

A gestão negocial de uma empresa é o resultado de um enorme número de decisões estratégicas tomadas e executadas por seus administradores dia após dia durante o seu ciclo de existência.

Nesse somatório de decisões e ações, identifica-se a(s) razão(ões) que justifica(m) os resultados econômicos de afluência ou insolvência. Algumas das decisões estratégicas levam a ações que ultrapassam os limites da licitude jurídica. Quando, no exercício da gestão de uma empresa em crise, observar-se condutas que possam ter ultrapassado os limites da licitude penal, torna-se necessária a avaliação desta sob os critérios valorativos e finalísticos do Direito Penal Falimentar.

O Direito Penal Falimentar cuida da definição e repressão das condutas gerenciais da gestão empresarial que ofendem aos valores da cultura social voltada à atividade econômica.

Com a nova Lei, abriu-se uma discussão de caráter conceitual: o que propriamente está sendo reprimido por este Direito Penal? Os crimes falimentares? Os crimes de gestão empresarial? Ou apenas condutas cujo resultado finalístico afronta à normatização penal?

A análise detida de todos os tipos penais, admite a prevalência da terceira tese. Isto porque, ainda que existam crimes praticados no contexto da falência, antes ou após a decretação do regime liquidatório e que existam condutas puníveis praticadas no exercício da gestão empresarial, a repressão penal alcança também os fatos delituosos praticados no contexto temporal da solicitação e da execução dos regimes recuperatórios. Além disso, várias condutas puníveis não são praticadas pelo empresário em crise, mas por terceiros que praticam condutas conspiratórias à estabilidade da empresa ou se aproveitam oportunisticamente de sua crise para obtenção de vantagens indevidas.

2.2. Fundamentos do sistema repressivo penal falimentar

Constituindo-se em sistema autônomo, ainda que microcósmico, em relação ao Direito Penal e, em muitas situações, utilizando-se subsidiariamente de suas regras, o Direito Penal Falimentar é constituído por uma base principiológica e normativa distinta dos demais segmentos repressivos do Direito Criminal.

Esse sistema penal repressivo constitui-se de seis fundamentos: 1) justa causa; 2) configuração típica; 3) condição(ões) para o exercício legítimo da pretensão punitiva; 4) identificação dos agentes puníveis; 5) prescrição; 6) direito intertemporal.

2.2.1. Justa causa

A existência de uma empresa é permeada, seqüencialmente, por momentos, longos ou breves, de sucesso e de crise. Muitas crises são superadas mesmo sem a aplicação dos regimes recuperatórios ou liquidatórios. Em outras, porém, a crise desencadeará uma desagregação econômica e financeira tão intensa que torna necessária a aplicação de um dos regimes jurídicos.

A Lei nº 11.101/05 reprime penalmente somente as condutas puníveis praticadas no contexto da crise que leva à instauração do regime recuperatório ou falimentar.

Para as condutas penais que possuam alguma relação fática e temporal com o período de desagregação econômica e financeira da empresa que implique instauração dos regimes, haverá justa causa na punição por crime falimentar.

Em outras palavras, somente haverá razão jurídica suficiente para punir atos cuja prática tenha sido identificada no período de desagregação, o qual deverá ser indicado na perícia que acompanha o relatório do administrador judicial.

Assim sendo, estando a empresa sob um dos regimes previstos pela Lei nº 11.101/05, a partir de janeiro de 2007 não haveria razão jurídica suficiente para punir um ato típico praticado, por exemplo, no ano de 1930. Ainda que tecnicamente não pudesse ser afirmada a prescrição[623] do crime falimentar, é evidente que não será considerada conduta punível, pois a sua prática não contribuiu para a crise da empresa.

Ainda que em 1930 tenha estado em crise, esta foi superada, logo não diz respeito a uma falência decretada ou recuperação concedida setenta e seis anos após.

Em síntese, conforme se observa nesse exemplo, que o fato não guarda uma relação histórica com a crise que justifica a imposição de um dos regimes, logo não poderá ser levado em consideração na análise de repressão penal.

---

[623] Vide regra do artigo 182.

Teoria Falimentar e Regimes Recuperatórios

A idéia de uma justa causa para o exercício da pretensão repressiva está na proteção que o ordenamento falimentar e recuperatório deve garantir aos credores. Se estes não tiverem sido lesados, nem material nem potencialmente, não haverá razão legítima para a repressão penal salvo nas hipóteses de crimes formais.

2.2.2. Configuração típica

Ao tratar sobre configuração típica discute-se o procedimento jurídico de descrição abstrata de fatos puníveis e a sua concretização material.

Os tipos penais são concretizados na forma consumada assim como na forma tentada, sendo aplicáveis as disposições normativas previstas no Código Penal. As condutas são sempre punidas a título de dolo, uma vez que a Lei não prevê punição para a modalidade culposa. Isso, por mais contraditório que possa parecer, não afasta a possibilidade de o ato ter sido praticado com negligência, imperícia ou imprudência, formas de realização dos tipos criminais culposos, como, por exemplo: a) a contratação pelo empresário de contador ineficiente que elabora a escrituração contábil ou balanço com dados inexatos; b) ter o contador, por falta de capacidade técnica, elaborado peça contábil inexata; c) propagar irresponsavelmente um boato sobre as condições de uma empresa sem ter certeza sobre a existência da crise. Ainda assim, o fato será punido como crime doloso.

Os tipo penais descritos em situações diversas: 1) os relativos ao contexto da falência; 2) os relativos ao contexto recuperatório; 3) os relativos ao contexto conspiratório à empresa; 4) os relativos ao exercício ilegal de atividade; 5) os relativos às condutas oportunísticas.

Em relação aos itens 1 e 2, identificam-se como condutas puníveis: a fraude falimentar a credores (artigo 168 e parágrafos); a indução em erro (artigo 171); o favorecimento aos credores (artigo 172); o desvio, a ocultação ou a apropriação de bens (artigo 173); a aquisição, o recebimento ou o uso ilegal de bens (artigo 174); a habilitação ilegal de crédito (artigo 175); a omissão dos documentos contábeis obrigatórios (artigo 178).

Os delitos conspiratórios à sobrevivência da empresa representam uma novidade no Direito Falimentar brasileiro. Representam condutas que não se direcionam à apropriação ou ao desvio dos bens da empresa nem que visam a fraudar ou favorecer os credores, ou confundir o administrador judicial, o Ministério Público ou o Poder Judiciário, mas que afetam o conceito da empresa perante o seu segmento mercadológico a ponto de levá-la a uma crise irreversível. A Lei prevê duas condutas conspiratórias contra a empresa: a) a violação de sigilo empresarial (artigo 169) e, b) a divulgação de informações falsas (artigo 170).

O exercício ilegal de atividade decorre do desatendimento de uma determinação judicial de inabilitação ou de incapacitação para o desempenho de funções relativas a cargos previstos na Lei, como administrador judicial, leiloeiro, membro de comitê (artigo 176).

Por fim, os delitos de prática oportunística por parte de agentes do processo: administrador judicial, Juiz, Desembargador, Promotor ou Procurador de Justiça, gestor judicial, perito, avaliador, escrivão, oficial de justiça ou leiloeiro, que, aproveitando-se da sua condição de agentes ou operadores públicos do processo e, por força disso, utilizando-se de informações privilegiadas, adquirem ou especulam com os bens da massa falida. Essa hipótese está definida como violação de impedimento (artigo 177).

2.2.3. Condição(ões) para o exercício legítimo da pretensão punitiva

No sistema repressivo do Direito Falimentar, a pretensão punitiva, sob o ponto de vista jurídico, não pode ser expressa a partir da prática do ato punível nem a partir da coleta de provas suficientes sobre autoria e materialidade. Além desses dois requisitos, a Lei impõe uma condição para o exercício da pretensão punitiva em criminalidade falimentar.

O sistema anterior previa uma condição de natureza processual para o exercício da pretensão punitiva. De acordo com o artigo 504 do Código de Processo Penal, para o sistema penal falimentar do Decreto-Lei nº 7.661/45, a sentença de decretação do regime liquidatório constituía-se em condição de procedibilidade para o exercício da ação penal.

A falta de uma base doutrinária qualificada na matéria penal falimentar e o desejo do legislador de resolver todos os problemas de justificação repressiva levaram o legislador a cometer o mesmo erro observado no sistema anterior.

Em conformidade com o artigo 180 da nova Lei, *verbatim*: "A sentença que decreta a falência, concede a recuperação judicial ou concede a recuperação extrajudicial de que trata o art. 163 desta Lei é condição objetiva de punibilidade das infrações penais descritas nesta Lei".

A inovação trazida pelo novo sistema resumiu-se apenas em alterar a natureza da condição, sem, contudo, trazer uma adequada solução ao tema. Neste sentido, teria sido muito melhor ter mantido a natureza processual da condição.

Quando se trata de condição penal objetiva de punibilidade, denota-se que o ato típico, em outras circunstâncias diversas da condição concretizada, não interessaria ao Direito Penal, pois não se trataria de conduta punível.

Dessa forma, quando se analisa o fato típico descrito no artigo 169,[624] observa-se que ainda que ocorra o atendimento de todos os elementos da descrição

---

[624] Artigo 169: "Violar, explorar ou divulgar, sem justa causa, sigilo empresarial ou dados confidenciais sobre operações ou serviços, contribuindo para a condução do devedor a estado de inviabilidade econômica ou financeira: Pena- reclusão, de 2 (dois) a 4 (quatro) anos , e multa".

típica, o ato só se torna punível se a falência for decretada ou a recuperação judicial ou extrajudicial forem concedidas, condições que, por força do artigo 180, tornam a conduta punível.

Porém, ainda que plenamente acertada essa conclusão, ela não responde suficientemente a todas as situações que o Ministério Público e o Poder Judiciário irão enfrentar. Por exemplo, quando se pratica o ato descrito no artigo 168: "[...] ato fraudulento de que resulte ou possa resultar prejuízo aos credores, com o fim de obter ou assegurar vantagem indevida para si ou para outrem", antes da falência, houve a prática de uma conduta típica e punível, mas que somente irá ser processada como crime de falência ou de recuperação judicial ou extrajudicial se for prolatada a sentença falimentar, que, no caso, ainda serve como condição de procedibilidade. Isto porque, na hipótese de a falência não ser decretada, poderá, ainda, dependendo da adequação típica suficiente, ser o ato punido como estelionato comum.

Por fim, quando o agente adquire, recebe ou usa, ilicitamente, bem que sabe pertencer à massa falida, ou influir para que terceiro de boa-fé o adquira, receba ou use,[625] deve-se observar que a concretização suficiente do fato típico só será possível se o bem pertencer à massa, a qual somente é constituída pela sentença falimentar, que, nessa situação, é elemento essencial do tipo penal.

Ainda assim é inquestionável a necessidade da sentença falimentar para se dar início à ação penal, pois, mesmo definida pela lei unicamente como condição objetiva de punibilidade, não há justificativa para o oferecimento de denúncia ou queixa contra fato impunível, atípico ou sem condição essencial para o exercício da ação penal.

Observa-se que a Lei nº 11.101/05 não trouxe nenhuma grande melhoria ao tema, remanescendo as mesmas questões que eram lançadas no sistema anterior.

2.2.4. Identificação dos agentes puníveis

A Lei nº 11.101/05 na identificação dos agentes puníveis por condutas ilícitas procurou trabalhar com um leque mais amplo que o proposto pelo Decreto-Lei nº 7.661/45.

Ao invés de estruturar o sistema punitivo basicamente na figura do empresário, ampliou o seu raio de ação, estendendo-o aos que sem gerenciar tenham contribuído para a grave crise da empresa ou, aproveitando-se dela, beneficiaram-se indevidamente. Os crimes deixaram de ser exclusivamente próprios do falido com participação de terceiros.

Dessa forma, a estrutura repressiva da atual Lei quanto a agentes puníveis, nunca incluindo a pessoa jurídica, abrange:

---

[625] Vide regra do artigo 174.

– o empresário e seus auxiliares nos atos referentes à gestão da empresa, à administração do processo;

– os terceiros que por ação dolosa ou irresponsável contribuem para a geração ou agravamento da crise;

– os terceiros, por desvio ou apropriação indevida de bens do devedor;

– os agentes oficiais que oportunisticamente se apropriam ou especulam com os bens da empresa em recuperação judicial ou da massa falida;

v os que exercem indevidamente funções oficiais no processo falimentar ou recuperatório.

No primeiro grupo, o processo material de adequação típica deverá ser feito diretamente aos que tenham o poder de administração da empresa: o empresário individual, o administrador da sociedade empresarial, os sócios que tenham essa atribuição, bem como aqueles que participam do ato, incluindo os sócios sem a atribuição diretiva e membros de conselhos, além do próprio administrador judicial, na forma prescrita pelo artigo 179.

As hipóteses de gerenciamento temerário são encontradas:

1) no artigo 168, que pune atos de fraude a credores e que expressamente estabelece o concurso de pessoas entre os empresários e administradores com contadores, técnicos em contabilidade ou quaisquer outros que concorrerem para a prática do(s) ato(s);

2) no artigo 172, que pune os atos de disposição ou oneração patrimonial ou gerador de obrigação para a empresa em favor de terceiros, praticados antes ou depois da prolação da sentença que concede a recuperação judicial ou homologa o plano de recuperação extrajudicial. A prática desse ato pelo falido, após a decretação da falência, deverá, nesta modalidade típica, ser considerada crime impossível, pois, de acordo com a regra do artigo 103, o falido perde o poder de administração, logo não pode juridicamente dispor do patrimônio, nem onerá-lo, nem aumentar o seu endividamento. Esses atos, se praticados pelo falido após a sentença falimentar, são considerados ineficazes perante a massa falida. Nessa hipótese, a conduta será punível se praticada pelo administrador judicial e/ou por seus auxiliares, incluindo os membros do comitê de credores que tiverem algum tipo de participação.

As condutas puníveis referentes às dificuldades criadas pelo falido na administração do processo estão descritas como:

3) a indução a erro, descrita no artigo 171, quando o presentante da empresa ou sociedade empresarial, em processo recuperatório ou falimentar, omite ou sonega informações com a finalidade específica de induzir em erro o juiz, o Ministério Público, os credores, a assembléia geral de credores, o comitê ou o administrador judicial;

Teoria Falimentar e Regimes Recuperatórios

4) crime de desobediência referido no artigo 104, quando o falido ou o presentante da sociedade deixar de atender as obrigações decorrentes da decretação da sua falência;

5) no crime de omissão dos documentos contábeis obrigatórios, previsto no artigo 178, no qual o contador não elabora, não escritura ou não autentica documento obrigatório para a escrituração contábil.

O segundo grupo trata de condutas praticadas por aqueles que interessada ou desinteressadamente contribuem para o estado de crise. Se em decorrência dessa conduta do terceiro, a empresa necessitar ou for-lhe aplicado um dos regimes instituídos pela Lei, os seus autores serão responsabilizados por:

6) violação de sigilo empresarial, na forma do artigo 169, hipótese em que o terceiro, utilizando-se de informações confidenciais, torna público o estado da empresa. O sigilo aqui exigido não é quebrado quando a parte informa, antes mesmo do próprio devedor, dados que tenham natureza ou interesse público, como a lavratura de protesto, o não adimplemento de obrigação, a demissão de funcionários, contumaz desrespeito aos consumidores ou ao meio ambiente. A informação a qual o agente está privado de tornar pública é a que provém do sigilo empresarial, tais como os dados confidenciais constantes nos livros contábeis, o sigilo bancário ou o fiscal, pois para estes não há uma razão justificatível que permita a revelação;

2) divulgação de falsas informações, na forma do artigo 170, que se diferenciam das informações punidas no item anterior que são verdadeiras, porém de divulgação vedada. Nesta hipótese a ação do agente tem um fim específico de criar uma situação falsa de crise que abale o conceito da empresa no mercado, inviabilizando as suas operações negociais.

Na terceira situação, movidos por sentimento oportunístico e com dolo intenso os terceiros, nessa hipótese incluindo membros do comitê, administrador judicial e seus auxiliares ou leiloeiro, procuram apropriar-se do patrimônio da empresa em crise nas condutas de:

7) desvio, ocultação ou apropriação, direita ou indiretamente, de bens pertencentes ao devedor, na forma do artigo 173;

8) aquisição, recebimento ou uso ilegal de bens da massa falida, na forma do artigo 174, hipótese em que a adequação típica somente será concretizada em processo falimentar;

9) pela habilitação ilegal de crédito, na forma do artigo 175, que trata de crime próprio do credor.

As hipóteses oportunísticas em que agentes públicos no desempenho efetivo de suas atividades, ou mesmo os que eventualmente a estejam desempenhando, caso do leiloeiro, do administrador judicial, do gestor judicial, aproveitam-se de sua situação favorável no processo para lucrar indevidamente com o patrimônio da empresa em crise, na forma abaixo descrita:

10) violação de impedimento, de acordo com a regra do artigo 177, que pune a conduta do membro do Poder Judiciário, do membro do Ministério Público, do servidor do Poder Judiciário, dos ocupantes de cargo na falência ou que desempenhem atividade de auxílio que adquiram ou especulem com os bens da empresa.

Por fim, também há pretensão punitiva contra aqueles que indevidamente exercem funções no processo, de acordo com o tipo abaixo descrito:

11) exercício ilegal de atividade para a qual foi inabilitado ou incapacitado por decisão judicial, de acordo com o enunciado do artigo 176. A Lei define uma série de impedimentos para o exercício de cargos e funções em processos falimentares e recuperatórios, como, por exemplo, as regras do artigo 30, "*capvt*". O desrespeito a esse impedimento viola a norma estabelecida no artigo 176. Importa destacar que não se o ato judicial não se restringe ao condenatório penal. A decisão judicial em processo falimentar ou recuperatório destitutiva de cargo, torna-o impedido para novos acessos durante cinco anos.

2.2.5. Prescrição

Tema de alta importância na matéria penal é o que regula a prescrição dos crimes previstos na Lei nº 11.101/05. Neste tema, em particular, houve uma simplificação dos dispositivos que permitirá aos aprendizes e aos aplicadores da lei uma compreensão mais correta do tema.

A regra encontra previsão no artigo 182, que dispõe que o prazo prescricional respeitará as disposições do Código Penal. No sistema anterior o prazo de prescrição era de dois anos independentemente da pena cominada ou aplicada. Pela nova lei, o prazo irá variar de acordo com o enunciado das regras dos artigos 109 e 110 do Código Penal.

Nesse mesmo dispositivo, também encontra-se definido o termo inicial de contagem do prazo, que não mais será do trânsito em julgado da sentença de encerramento do processo, mas do dia da decretação da falência, ou da concessão da recuperação judicial, ou da homologação do plano de recuperação judicial.

Ainda utilizando-se da regra do Código Penal, resolve-se, com facilidade, uma situação extremamente complexa no sistema anterior. O termo inicial da contagem prescricional será o do artigo 182 quando o fato tiver ocorrido antes da falência, ou da concessão da recuperação judicial, ou da homologação do plano. Se o ato tiver sido praticado após a decretação da falência, contar-se-á a prescrição a partir do fato pela regra geral do artigo 111, I e II do Código Penal, nas hipóteses em que é possível a modalidade tentada.

Iniciada a contagem prescricional, submete-se às causas interruptivas da prescrição previstas no artigo 117 I, IV a VI, respectivamente: a) pelo recebimento da denúncia ou da queixa; b) pela sentença condenatória recorrível; c) pela reincidência.

Para os crimes cometidos durante os regimes de recuperação judicial e de recuperação extrajudicial, a decretação da falência, de forma incidental, ou em virtude de ação proposta, também será causa interruptiva da prescrição.

2.2.6. Direito intertemporal

Uma situação que costuma chamar a atenção dos alunos é a que trata do Direito Penal intertemporal. Isto porque, existe uma regra prevista na Lei que regula este tema.

Segundo o artigo 192, os regimes de falência com sentença prolatada antes de 09 de junho de 2005 deverão ser regidos pelo Decreto-Lei. Dessa forma, e por esse raciocínio, se na investigação ficasse demonstrada autoria e materialidade de fato punível, por exemplo: "gastos excessivos em relação ao cabedal", o agente deveria estar sendo processado pela prática de conduta prevista no artigo 186, I, do diploma anterior.

Contudo, em Direito Penal, ainda que Penal Falimentar, existam regras próprias que prevalecem em detrimento de outros segmentos da ciência jurídica. No exemplo lançado, a partir de 09 de junho de 2005 deveria ocorrer o imediato trancamento da ação penal em virtude da *abolitio criminis*, pois essa conduta tornou-se atípica para a atual Lei.[626]

A conduta praticada e punível pelo Decreto-Lei, com o oferecimento da denúncia antes de 09 de junho de 2005, que tiver sido mantida como tipo penal, porém agravada a pena, será punida integralmente na forma do regime penal anterior, em virtude da ultratividade da lei penal mais benéfica, como pode ser observado pela análise comparativa entre os dispositivos dos artigos 187 do Decreto-Lei nº 7.661/45 e 168 da Lei nº 11.101/05.

Uma situação importante é a que trata do debate que segue. Tendo a falência sido decretada em 09 de setembro de 2005, aplicar-se-á para o processo todo o regramento previsto na Lei nº 11.101/05, incluindo os dispositivos penais. Considerando que a lei criou novos tipos penais, como, por exemplo, a violação de sigilo empresarial e a divulgação de informações falsas, aprioristicamente, o agente realizador desses atos deverá ser penalmente responsabilizado. Porém, se o ato de divulgar informação falsa contra a empresa foi praticado no dia 08 de junho de 2005, mesmo que a condição penal objetiva de punibilidade tenha sido

---

[626] BRASIL. Superior Tribunal de Justiça. *HC 85147/SP* – Quinta Turma. Relatora: Ministra Rejane Silva (Desembargadora convocada), 2007.

atendida no dia 09 de junho, não poderá o agente ser punido por sua prática em virtude do princípio da irretroatividade da lei penal incriminadora.

2.3. Efeitos da condenação

A condenação irá trazer alguns efeitos secundários não automáticos[627] previstos no artigo 181:

I – *a inabilitação para o exercício de atividade empresarial:* o enunciado é passível de críticas, pois este efeito já decorre da regra prevista no artigo 102, independentemente da condenação. A finalidade, infelizmente não atingida ao se descrever este enunciado, é esclarecer que, com a condenação, o falido não se reabilitará tão-somente com a extinção das obrigações, mas cumulativamente com o cumprimento da pena e o decurso de cinco anos após a extinção da punibilidade na forma do artigo 181, § 1º, ressalvada a hipótese de reabilitação penal;

II – *o impedimento para o exercício de cargo ou função em conselho de administração, diretoria ou gerência das sociedades sujeitas a esta Lei:* ainda que secundário e condicionado a expressa referência na sentença judicial, é um sucedâneo necessário, pois os crimes praticados pelo empresário são crimes, basicamente, de gestão ou a ela complementares. A sua prática não pode passar despercebida pelo Poder Judiciário, restringindo, dessa forma, o acesso a cargos de gestão para quem administrou de forma temerariamente dolosa.

III – *a impossibilidade de gerir empresa por mandato ou por gestão de negócio:* trata-se da mesma espécie de impedimento, contando com a mesma justificativa. A diferença se encontra no fato deste inciso tratar de gestão de empresa individual, enquanto que o inciso II trata de gestão de sociedade empresarial.

3. DIREITO PROCESSUAL PENAL FALIMENTAR

O Direito Processual Penal Falimentar regulado pela nova legislação, aplicável somente para fatos praticados após a sua vigência,[628] ainda que submetido a inovações relevantes, manteve a estrutura de dupla regulamentação legislativa: a investigação é regida pela Lei nº 11.101/05 e a ação penal, uma vez proposta, será regulada pelo Código de Processo Penal.[629]

---

[627] Isso significa que deverão estar expressamente previstos na sentença condenatória.

[628] BRASIL. Superior Tribunal de Justiça. *HC 85147/SP* – Quinta turma. Relatora: Ministra Rejane Silva (Desembargadora convocada), 2007.

[629] Vide regra do artigo 185.

Teoria Falimentar e Regimes Recuperatórios

O primeiro dispositivo a ser examinado está previsto no artigo 187, pelo qual, após a prolação da sentença falimentar ou da concessão da recuperação judicial, o representante do Ministério Público com atribuições perante o juízo falimentar ou recuperatório, respectivamente com base nos artigos 99, XIII, e 52, V, será intimado de seu conteúdo, devendo examinar se das informações contidas nos autos é possível a identificação de condutas puníveis previstas na Lei.

Presentes indícios suficientes de autoria e materialidade, o Promotor de Justiça deverá oferecer denúncia no prazo de quinze dias, se o acusado estiver solto, e cinco dias, se estiver preso. Se houver identificado conduta punível, mas carecer de um ou dos dois requisitos, requisitará a abertura de inquérito policial. Nessa hipótese deverá manifestar-se pela imediata soltura do investigado que estiver preso.

Por outro lado, a Lei assegura ao Promotor dispensar a peça policial e aguardar a apresentação da exposição circunstanciada prevista no artigo 186.[630] Ao receber a exposição circunstanciada deverá oferecer denúncia no prazo de quinze dias, não podendo solicitar novas diligências, salvo se demonstrar necessidade ao juiz.

Ao receber o inquérito policial, o representante do Ministério Público poderá oferecer denúncia ou pedir o arquivamento da peça informativa, cujo requerimento submete-se à regra prevista no artigo 28 do Código de Processo Penal.

Conforme o dispositivo do artigo 184, "*capvt*", os crimes previstos na Lei nº 11.101/05 são de ação penal pública incondicionada, salvo se o promotor de justiça deixar transcorrer o prazo sem manifestação, que permitirá a apresentação da queixa subsidiária pelo administrador judicial ou por qualquer credor habilitado.

Nessa hipótese, deverá, tanto pelo credor habilitado como pelo administrador judicial, ser observado o prazo decadencial de seis meses para o oferecimento da queixa, enquanto que o promotor de justiça orientar-se-á apenas pelos prazos prescricionais.

A denúncia ou queixa serão oferecidas no juízo criminal da jurisdição onde tenha sido decretada a falência, concedida a recuperação judicial ou homologado o plano de recuperação extrajudicial.[631] Ainda que não exista um dispositivo expresso na lei, recomenda-se o reconhecimento de atribuições para exame das condutas e persecução penal ao Promotor de Justiça com atuação no juízo falimentar ou recuperatório.

Após o recebimento da denúncia pelo juiz criminal competente, este, de acordo com o artigo 394 do Código de Processo Penal, irá presidir o processo na

---

[630] Vide regra do artigo 187, § 1º.

[631] Vide regra do artigo 183.

forma do procedimento, de rito ordinário, para todos os delitos descritos na lei, com exceção da conduta tipificada no artigo 178. Note-se que a ressalva contida no parágrafo segundo do artigo não afeta esta conclusão uma vez que a Lei nº 11.101/05 não impede a aplicação do rito comum, apenas, em conformidade com a legislação processual penal anterior, estipulava o rito sumário para todos os delitos nela descritos.

De acordo com a correta avaliação realizada por Luis Fernando Copetti Leite,[632] a afirmação de adoção do procedimento sumário deverá ser recebida com alguma cautela.

Inicialmente, excluem-se os artigos 531 a 537 do Código de Processo Penal por contrariedade aos princípios adotados pela CFRB. Ademais, após uma análise de todos os tipos penais, conclui-se que somente um dentre onze tipos permite a aplicação das regras procedimentais sumárias, o artigo 178 que pune a omissão dos documentos contábeis, cuja pena cominada é detenção. Por outro lado, sendo a cominação máxima a detenção por dois anos, a competência para o processamento desse delito será do Juizado Especial Criminal.

Uma vez arquivado o inquérito ou ultrapassado o prazo para o oferecimento de denúncia previsto no artigo 187, § 1º, surgindo indícios de prática de crimes posteriormente à elaboração das peças, o juiz imediatamente cientificará o Ministério Público.[633]

Em concordância com os pensamentos de Anco Márcio Valle[634] e de Luis Fernando Copetti Leite, a transação penal é possível somente para o crime de omissão de documentos obrigatórios, cuja pena máxima privativa de liberdade é de dois anos.

A prisão preventiva poderá ser ordenada pelo juízo criminal em qualquer das circunstâncias que autorizem a decisão, de acordo com o artigo 311 do Código Penal. Antes do oferecimento da denúncia, admite a lei o decreto prisional preventivo com base no artigo 99, VII, contudo, nessa situação, a ordem de prisão preventiva será determinada pelo juízo falimentar.

4. DISPOSIÇÕES FINAIS E TRANSITÓRIAS

Os textos legislativos costumam apresentar, ao final, disposições finais e transitórias, que são regras de adequação transicional entre o diploma que en-

---

[632] COPETTI LEITE, Luis Fernando. *Aspectos Criminais da Nova Lei de Falência* – artigo publicado na Página do Ministério Público do Estado do Rio Grande do Sul, 2005, p. 4. In www.mp.rs.gov.br

[633] Vide regra do artigo 187, § 2º.

[634] *Nova Lei de Falências e Recuperação de Empresas*. Forense. *Op. cit.*, p. 419.

Teoria Falimentar e Regimes Recuperatórios

cerra a sua vigência e o que passa a viger, bem como a apresentação de regras de fundamentação principiológica do novo texto legal.

Parte-se, inicialmente, para o artigo 189, que afirma a aplicação subsidiária das regras do Código de Processo Civil, respeitados os pressupostos principiológicos da Lei nº 11.101/05.

Os artigos 193 e 194 garantem a finalização do procedimento de liquidação de obrigações no âmbito das câmaras de compensação reguladas dentro do sistema financeiro nacional, fazendo-se incluir, nessa regra, também os recebíveis bancários.

A falência de empresa concessionária de serviço público implicará a extinção da concessão e a imediata assunção do serviço pelo Poder Público (artigo 195), que em virtude do interesse social não poderá permitir a paralisação do seu fornecimento ou prestação.

O artigo 196 determina uma obrigação para as Juntas de Comércio correlata à obrigação que a Lei impõe ao juiz quando conceder recuperação judicial, prevista no artigo 69, parágrafo único, e ao decretar falência, prevista no artigo 99, VIII, de imediatamente comunicar ao Tribunal de Comércio. Ests obrigação imposta ao juiz visa à manutenção de um banco de dados atualizado sobre a situação de todas as empresas registradas no país. Encaminhada essa informação, a Junta Comercial deverá tomar as medidas de atualização dos dados cadastrados, relacionando as empresas em falência e em recuperação judicial.

Matéria de certa indagação é a regulada pelo artigo 197. Conforme a regra do artigo 1º da Lei, o regime liquidatório e os regimes recuperatórios destinam-se a agentes econômicos, os quais, por atenderem os requisitos descritos no artigo 966 do Código Civil, adquirem o *statvs* jurídico de empresa.

Contudo, a eficácia do enunciado normativo do artigo 1º não é absoluta, pois encontra restrição na regra do artigo 2º, que afasta a incidência dos regimes regulatórios instituídos na Lei nº 11.101/05 para alguns entes econômicos empresariais: a) as instituições financeiras, por natureza ou semelhança, tendo em vista a atividade de captação de poupança privada e, b) sociedades operadoras de plano de saúde.

O sistema regulatório instituído para essas atividades econômicas empresariais definiu regimes próprios previstos em leis especiais aplicáveis em suas situações de crise, afastando a aplicação direta do estatuto geral.

Porém, em todas as leis especiais que instituíram esses regimes próprios, existia a possibilidade da aplicação subsidiária do Decreto-Lei nº 7.661/45, estatuto falimentar então vigente.

A vigência do novo Código Civil, a partir de 2003, introduzindo uma nova matriz normativa, respaldada pela Teoria da Teia de Aranha, adotada para o Direito de Empresa, tornou necessária a realização de uma reforma sistêmica, demandando a criação de um novo complexo de leis orbitais à nova regra elementar.

Diante disso, em breve, o subsistema jurídico-econômico-empresarial será complementado por novas regras. Dentre elas destacam-se as que regulam o mercado financeiro: bancos, financeiras, companhias de crédito imobiliário, companhias de arrendamento mercantil, que futuramente estará sendo regido por novas leis orbitais, criadas a partir das disposições do Livro II do Código Civil, regra matriz do subsistema. Tendo em vista a forte possibilidade das futuras regras orbitais regularem integralmente a aplicação dos regimes recuperatórios, o legislador optou pela regra de exclusão descrita no artigo 2º, II. Ao mesmo tempo, lançou uma regra transitória prevista no artigo 197, pela qual, enquanto não forem aprovadas as novas leis orbitais, a Lei nº 11.101/05 terá aplicação subsidiária aos regimes especiais de regulação de crise das instituições financeiras, por natureza ou por semelhança operativa, excluindo-se os planos de saúde, na forma que segue:

1) pela regra do artigo 68 do Decreto nº 73/66, as empresas seguradoras não estão sujeitas ao regime de falência, submetendo-se apenas a um regime próprio de liquidação de acordo com o diploma referido, tratando-se, nesse caso, de aplicação subsidiária apenas de forma principiológica;

2) quando se tratar da crise das instituições financeiras reguladas pela Lei nº 6.024/74, a situação é bastante diversa. Ests lei institui os regimes de intervenção extrajudicial e de liquidação extrajudicial que poderão cessar pela decretação da falência, em conformidade com o disposto no artigo 7º, "c" e 19, "d", da referida lei. Fica evidenciado que, enquanto não sobrevier nova legislação que revogue a Lei nº 6.024/74, será possível, subsidiariamente, a decretação de falência de instituições financeiras, após a decretação dos regimes de intervenção ou liquidação extrajudicial.

Como últimos dispositivos transitórios a serem examinados, os artigos 198 e 199. Pelo primeiro, afirma-se que as empresas que no regime anterior não tinham direito à concordata, no atual, não tem direito à recuperação judicial ou extrajudicial.[635]

Diante disso, pergunta-se: como a VARIG, uma empresa de navegação aérea, e que por força disso não tinha direito à concordata, pôde requerer e obter a concessão de recuperação judicial? A resposta não está no artigo 198, mas no artigo 199, que ressalva as empresas de navegação aérea, as quais, ainda que não pudesse ter pedido concordata no regime anterior, no atual, estão legitimadas a requerer recuperação.

---

[635] Vide regra do artigo 198.

Teoria Falimentar e Regimes Recuperatórios

Bibliografia

ANDERSON, Perry. *O Fim da História – de Hegel a Fukuyama*. Rio de Janeiro. Jorge Zahar, 1992.

ANTUNES VARELA, João de Matos. *Das Obrigações em Geral*. Coimbra. Almedina, 2000.

ARISTÓTELES. *A Constituição de Atenas*.

BARZOTTO, Luis Fernando. Justiça Social – Gênese, estrutura e aplicação de um conceito. *Revista do Ministério Público*, v. 50, 2003.

BATISTA DA SILVA, Ovídio Araújo e GOMES, Fabio Luis. *Teoria Geral do Processo*. São Paulo. Revista dos Tribunais, 2006.

———. *Jurisdição e Execução na Tradição Romano-Canônica*. São Paulo. Revista dos Tribunais, 1997

BEZERRA FILHO, Manoel Justino. *Lei de Recuperação de Empresas e Falências Comentada*.São Paulo. Revista dos Tribunais, 2007.

BIX, Brian. *Jurisprudence Theory and Context*. Boulder. Westview Press, 1996.

BLACK, Jeremy. *Mapas e História*. Bauru. EDUSC, 2003.

BLUM Brian. *Contracts*. Boston. Little, Brown and Company, 2001.

———. *Bankruptcy and Debtor/Creditor*. Boston. Little, Brown and Company, 1999.

BREEN, John M. Statutory Interpetration and Lessons of Llewellyn. Los Angeles. *Loyola Law Review*. v. 33. 2000.

BRETONNE, Mario. *História do Direito Romano*. Lisboa. Editorial Estampa, 1998.

BURNHAM, William. *Introduction to the Law and Legal System of the United States*. Saint Paul. West Publishing Co, 1992.

CAENEGEM, Raoul Charles van. *An Historical Introduction to Private Law*. Cambridge. Cambridge University Press, 1994.

———. *The Birth of the English Common Law*. Cambridge. Cambridge University Press, 1988.

CALABRESI, Guido. *The Costs of Accidents – A Legal and Economic Analysis*. New Haven. Yale University Press, 1970.

CALHEIROS, Maria Clara. Prolegômenos a uma História da Origem Romanística dos Modernos Signos Jurídicos Lingüisticos. *Instituto Jurídico Interdisciplinar*. v. V – junho de 2003.

CASTANHEIRA Neves, Antônio. *Metodologia Jurídica. Stvdia Ivridica*, v. 1. Coimbra. Coimbra Editora, 1993.

CHANDER, Anupam. Minorities, Shareholders and Otherwise. New Haven. *Yale Law Journal*, v. 113, 2003, p. 119-177

CHEVALIER, Jean-Jacques. *Les Grandes Oeuvres Politique de Machiavel à nous Jours*. Paris. Armand Colin, 1990.

CICERO, Marco Tulio. *De Officivm*.

COASE, Ronal Harry. *The Firm, the Market and the Law*. Chicago. The University of Chicago Press,1990.

COELHO, Fabio Ulhoa. *Curso de Direito Comercial*. São Paulo. Saraiva, 2006.

DAVID, René. *O Direito Inglês*. São Paulo. Martins Fontes, 2000.

DWORKIN, Ronald. *Law's Empire*. Cambridge. Harvard University Press, 1986.

ENGISCH, Karl. *Introdução ao Pensamento Jurídico*, 3ª ed.. Lisboa. Calouste Gulbenkian, 1965.

EPSTEIN, David; NICKLES Steve; WHITE, James. *Bankrupcty*. Saint Paul. West Publishing, 2000.

FARBER, Daniel e FRICKEY, Philip. *Law and Public Choice – A Critical Introduction*. Chicago.University of Chicago Press, 1991.

Teoria Falimentar e Regimes Recuperatórios

FARIA, Antônio Bento de. *Das Fallências*. Rio de Janeiro. Jacintho Ribeiro dos Santos, 1913.

FERREIRA da Cunha, Paulo. *O Século de Antígona*. Coimbra. Almedina. 2003.

FERREIRA FILHO. Manoel Gonçalves. *Curso de Direito Constitucional*. São Paulo. Saraiva, 2007.

FINNIS, John. *Ley Natural y Derechos Naturales*. Buenos Aires. Abeledo Perrot, 2000.

FOSTER, Nigel and SULE, Satish. *German Legal System and Laws*. Oxford. Oxford University Press, 3rd Edition, 2003.

GAUDEMET, Eugène. *Théorie Générale des Obligations*. Paris. Sirey, 1937.

GAURIER, Dominique et al. *The French Legal System- an Introduction*. London. Foumart Publishing, 1992.

GIACOMUZZI, José Guilherme – *Raízes do Realismo Norte-Americano*. Porto Alegre. Revista do Ministério Público do Rio Grande do Sul nº. 51, 2006.

GIBBON Edward. *Declínio e Queda do Império Romano*. São Paulo. Cia das Letras, 1989.

GILLISEN, John. *Introdução Histórica do Direito*. Lisboa. Calouste Gulbenkian, 2003.

GLADSTON, Mamede. *Direito Empresarial Brasileiro*, v. IV. São Paulo. Atlas, 2006.

HART, H.L.A. *The Concept of Law*, Oxford. Oxford, 1961.

HAYMANN JR. Robert et al. *Jurisprudence: Classical and Contemporary*. Saint Paul. West Group, 2nd Edition, 2002.

HUBERMAN, Leo. *História da Riqueza do Homem*, 21ª Ed. Rio de Janeiro. Editora Guanabara,1986.

HUNTINGTON, Samuel P. *O Choque das Civilizações*. Rio de Janeiro. Objetiva, 1997.

JACKSON, John et al. *International Economic Relations*. Saint Paul. West Publishing Co, 3rd Edition, ano 1998.

JOHNSON, Paul. *História do Cristianismo*. Rio de Janeiro. Imago, 2001.

KALINOWSKI, Georges. *La Logique des Normes*. Paris. Presses Universitaires de France, 1972.

KASER, Max. *Direito Romano Privado*. Lisboa. Calouste Gulbenkian, 1999.

KELLY, J.M. *A Short History of Western Legal Theory*. Oxford. Clarendon Press-Oxford, 1992.

KELSEN, Hans. *Teoria Pura do Direito*. São Paulo. Martins Fontes, 1994

LARENZ, Karl. *Metodologia da Ciência do Direito*, 2ª ed. Lisboa. Calouste Gulbenkian, 1983.

LE GOFF, Jacques. *A Civilização do Ocidente Medieval*. Bauru. EDUSC, 2005.

LOBO, Jorge. *Direito Concursal*, Rio de Janeiro. Forense,1996.

LOCKE, John. *Segundo Tratado do Poder Civil*.

MACHADO, Rubens Approbato (Org.). *Comentários à Nova Lei de Falências e Recuperação de Empresas*. São Paulo. Quartier Latin, 2005.

MAMEDE GLADSTON. *Direito Empresarial v. 4*. São Paulo. Atlas, 2006.

MANGABEIRA UNGER, Roberto. *The Critical Legal Studies Movement*. Cambridge. Harvard Press University, 1986.

———. *What Should Legal Analysis Become(?)*. London. Verso, 1996.

MARTINS COSTA, Judith e BRANCO, Gerson. *Diretrizes Teóricas no Novo Código Civil Brasileiro*. São Paulo. Saraiva, 2002.

———. *Comentários ao Novo Código Civil*, v. V, tomo I. Rio de Janeiro. Forense, 2003.

MAXIMILIANO, Carlos. *Hermenêutica e Aplicação do Direito*. Porto Alegre. Livraria do Globo, 1923.

MELLO, Marcos Bernardes de. *A Teoria do Fato Jurídico* v. I, II e III. São Paulo. Saraiva, 2007.

MENDONÇA, JX Carvalho. *Tratado de Direito Comercial*. Rio de Janeiro. Freitas Bastos, 1972.

MIRANDA VALVERDE, Trajano de. *A Lei de Falência no Direito Brasileiro*, v. I, II e III. Rio de Janeiro. Ariel, 1934.

MORAES, Marcos Antônio e SILVA FRANCO, Paulo Sergio. *Geopolítica*. Campinas. Átomo, 2000.

MOREIRA, Jose Carlos Barbosa. *Temas de Direito Processual*. São Paulo. Saraiva, 2000.

MURPHY, Jeffrey e COLEMAN, Jules. *Philosophy of Law an Introduction to Jurisprudence*. Boulder. Westview Press, 1990.

NEGRÃO, Ricardo. *Aspectos Objetivos da Lei de Recuperação de Empresas e Falência*. São Paulo. Saraiva, 2005.

NETTO BESSA, Fabiane Lopes Bueno. *Responsabilidade Social das Empresas- Práticas Sociais e Regulação Jurídica*. Rio de Janeiro. Lumen Iuris, 2006.

OCHOA, Roberto Ozelame e WEIMANN, *Amadeu. Recuperação Empresarial*. Porto Alegre. Livraria do Advogado, 2006.

OLDENBOURG, Zoé. *As Cruzadas*. Rio de Janeiro. Civilização Brasileira, 1968.

OST, François. *Contar a Lei. As Fontes do Imaginário Jurídico*. São Leopoldo. Unisinos, 2004.

PAPALÉO DE SOUZA, Marcelo. *A Nova de Lei de Recuperação e Falência e as suas Conseqüências no Direito e no Processo do Trabalho.* São Paulo. LTr, 2006.

PICCARD, Edmond. *L'Evolution Historique du Droit Français alias Introduction Historique au Droit Civil.* Paris. Elibron Classic, 2005.

PLATÃO. *Criton.*

PONTES DE MIRANDA, Francisco Cavalcante. *Tratado de Direito Privado.* Rio de Janeiro. Borsoi. 1968.

POSNER, Richard. *Problems of Jurisprudence.* Cambridge. Harvard University Press, 1993.

———. *Economic Analysis of Law.* Boston. Little, Brown and Company, 1992.

RAWLS, John. *A Theory of Justice.* Cambridge. Harvard Press University, 1999.

REALE, Miguel. *Filosofia do Direito.* São Paulo. Saraiva, 1993.

———. *Lições Preliminares de Direito.* São Paulo. Saraiva, 1995.

ROUBIER, Paul. *Droits Subjetifs et Situations Juridiques.* Paris. Dalloz, 1963.

SALOMÃO, Calixto. *Função Social do Contrato.* São Paulo. Revista de Direito Mercantil, v. 132, 2003.

SANTOS JUSTO, Antônio. *Direito Romano Privado. Stvdia Ivridica,* v. 50. Coimbra. Coimbra Editora, 2003.

SANTOS, Paulo Penalva (Coord.). *A Nova Lei de Falências e de Recuperação de Empresas.* Rio de Janeiro. Forense, 2007.

SAVIGNY, Freidrich Karl von. *Meteolodogia Jurídica.* Campinas. Edicamp, 2001.

———. *Sistema del Derecho Romano Actual.* Centro Editorial de Madrid. Góngora, 1933.

SÓFOCLES, *Antígona.*

STEIN, Peter. *Roman Law in European History.* Cambridge. Cambridge University Press, 2003.

STEPHEN, Frank. *Teoria Econômica do Direito.* São Paulo. Makron Books, 1993.

STONE, I.F. *O Julgamento de Sócrates.* São Paulo. Companhia das Letras, 1988.

SUETÔNIO. *A Vida dosDoze Césares.* São Paulo. Martin Claret, 2004.

TEIXEIRA DE FREITAS, Augusto. *Consolidação das Leis Civis.* Rio de Janeiro. Garnier, 1896.

———. *Vocabulário Jurídico.* Rio de Janeiro. Garnier, 1883.

VAMPRÉ, Spencer. *Repertório Geral de Jurisprudência.* São Paulo. Saraiva Editores, 1925.

WARREN, Elizabeth. *Business Bankruptcy.* Washington DC. Federal Judicial Center, 1993.

WESTERMANN, Harry. *Código Civil Alemão – Parte Geral.* Porto Alegre. Sergio Antonio Fabris, 1991.

WIEACKER, Franz. *História do Direito Romano Privado,* 3ª ed. Lisboa. Calouste Gulbenkian, 1980.

WOLFF, Hans Julius. *Roman Law – An Historical Introduction.* Kansas City. University of Oklahoma Press, 1951.

ZANINI, Carlos Klein et al. *Comentários à Lei de Recuperação de Empresas e Falências.* São Paulo. RT, 2007.

———. *A Dissolução Judicial da Sociedade Anônima.* Rio de Janeiro. Forense, 2005.

Impressão:
Evangraf
Rua Waldomiro Schapke, 77 - P. Alegre, RS
Fone: (51) 3336.2466 - Fax: (51) 3336.0422
E-mail: evangraf.adm@terra.com.br